ETOS
江戸東京研究センター
Hosei University Research Center for
Edo-Tokyo Studies

# 東アジアの都市とジェン[illegible]ー

## 過去から[illegible]す

小林ふみ子
染谷 智幸 ……編
Kobayashi Fumiko
Someya Tomoyuki

文学通信

# 目次

# 第2部　女性の描く都市・都市のなかの女性

## 第3部　日中韓の女性たち

## 付録

# まえがき――東アジア近世・近代都市はいかに経験されたか

◉小林ふみ子

## 都市を考えるうえでの近世・東アジア

都市と地方との格差が国を超えて問題化する今日、都市とは人間にとってどのような場なのか、そこに暮らす、あるいは行く意味とはなんなのか、あらためて問い直すべき時が来ている。私たちが生きる近代化以降の社会のありようを相対化するために不可欠なのが、その前の近世、そしてそこから近代への移行期を考えることであろう。近世とは、まさに貨幣経済の浸透とともに都市が大きく発達した時代である。どの国の歴史においても、都市のあり方を考えるうえで近世が一つの画期となるのは同様ではないか。

本書は、近世から近代初期の江戸東京に視点をおき、同時代の東アジアの諸都市と比較しながら、その特徴を探るとともに、あらためて人間にとっての都市という存在の意義を問い直すこころみである。中国文明の大きな影響のもとにあって、歴史的に一国の政治経済の中心として建設された点で江戸東京と共通する朝鮮の漢陽との比較をはじめとして、東アジアのさまざまな都市を視野に、この問題を考える。

## テキストから共通認識を探る

本書で扱われるのは、多くが文芸をはじめとする文字テキストである。この文章で都市の「経験」を副題に掲げたのは、それらのテキストはそれぞれの著者が直接ないし間接的に自身の経験を投影して織りなした叙述であり、多かれ少なかれ主観的であることを免れないということを意識したからである。

都市は、物理的な空間としては誰の前にも同じように存在する。それだけに見過ごされやすいのは、ある人がそこでどのような経験をするかという点にはその人の属性や背景によっておのずと差が生じるという事実である。ジェンダーはその最たる要因であろう。現代の先進国でも犯罪や嫌がらせに遭う危険性には大きな差があり、その結果として現代でもジェンダーが行動に影響する。それは前近代、基本的な権利において男女に差が付けられていた時代であればなおさらのことであったに違いない。

階層によってもその経験は異なることであろう。生活や労働の形態、それらによる人間関係の広がりも異なるうえ、その経済力次第で都市生活に必然的にともなう消費行動が大きく変わってくるからである。このこともまた現代に至るまで厳然たる事実であるが、近代市民社会の成立以前、歴然と身分制が存在し、それによって異なる生き方が求められた時代には、その違いはいっそう大きかったことであろう。さまざまな背景をもつ人びとの異なる経験が反映されたのがこれらのテキストといえる。

基本的には著作者の主観の表出である作品を通じたこのような研究は、史料を多角的に積みかさねて、できる限り客観的な歴史的事実に迫ろうとする歴史学の手法とは一線を画するものである。日記や詩歌による自己表現は、歴史学で近年注目されるエゴ・ドキュメント（自己文書）研究に近いところもあろうが、フィクションであることを前提とした小説や語り物の類はそれらとも異なる。しかし、読者や観衆を想定した作品には、その受容も視野に入れれば、作者の主観の投影だけでなく、多くのその時代の人々の共通認識をうかがうことができよう。その点で、広く人間にとって都市とはなにか、どういう意味をもつのかという問いにとっては、歴史学の都市史研究に劣らず、有為といえるのではないか。

本書においては、都市史あるいは文化史の視点からの記述と、これらの経験に基づいて都市を描くテキストによる記述が相互に補いあうかたちをとることで、人間にとって都市とはどのような場であるのかという問題に迫ってみたい。

それでは順を追って本書の構成をみていこう。

## 本書の構成

**第1部「都市生活を較べる」**は、漢陽の文人柳得恭（ユドゥクコン）の記した歳時記『京都雑志』をもとにした『朝鮮の雑誌――18～19世紀ソウル両班の趣向』に基づいた、漢陽と江戸東京の比較研究となっている。

**第1章**は両都市の芸能の比較を日本音楽・芸能史を専門とする土田牧子氏に依頼した。漢陽では芸能の場が屋外で外に開いてゆくものであったのに対し、日本では劇場を設けてその内側に芸能の活力を凝集するという、外界に対する方向性の違いが見いだされる。

**第2章**は『朝鮮の雑誌』の翻訳を手がけてくれた金美眞氏による、おもに漢陽の市場についての考察である。江戸東京では魚や青物など品目別の食品市場が形成されたのに対し、漢陽では衣類や雑貨も含め多様な品目が商われる総合的な市場が発達、身分を超えた様々な人々が行き交い芸能民も集う場となり、文芸の主題にもなったことが紹介される。

前章が漢陽に多くの紙幅を割いていたのに対し、**第3章**ではそれを補完するかたちで、建築史の金谷匡高氏が近代東京の神田青物市場に焦点をあて、その位置づけ、立地・構成員・空間を論じる。そのなかで防火が大きな課題となり、空間構成にも行政の関与が大きくなったことで、広場のような路上の商業空間が失われたことがあきらかにされる。

**第4章**は江戸東京博物館で江戸の園芸や朝鮮文人の生活の展示を手がけられた市川寛明氏がその経験を生かして両都市における園芸趣味の発達を比較する。中華の文人たちの花卉を愛する正統文化の影響下にある点では共通するものの、自然のままを尊んだ朝鮮文人らに対して、営利目的も絡んで大胆な加工も厭(いと)わなかった江戸の園芸人たちの逸脱ぶりを照射する。

**第5章**はやはり『朝鮮の雑誌』の翻訳を担当してくれた鄭敬珍氏による行楽文化の比較である。漢陽ではあくまでも自然そのものが楽しまれたのに対し、江戸では人工的に花の名所が作りだされたこと、前者ではそれらの名所が都城近くにあって政治権力との結びつきが緊密であったのに対し、後者では寺社が多くそうした性格は希薄なことを指摘している。

**第6章**は、建築史の高村雅彦氏が漢陽と江戸東京に、北京や蘇州といった中国都市の視点を加えた東アジア三国の都市比較である。いずれにおいても都市の周縁部の境界領域に、地形や寺社の存在などの場所性を生かして行楽の名所が立地するがゆえに今日まで継承されていることを論じ、さらに蘇州を例に中国では行楽が単なる娯楽ではなく心身を清め、一新する行為とされることを指摘する。

このことは、山水に遊ぶことに精神的な意味を見いだす文人文化の受容によって、多かれ少なかれ、近世の朝鮮や日本にも影響を与えていよう。第1部では自然そのものを尊重する漢陽の文人たちに対して、江戸では自然界の事物を我がものとし、手を加えて作り込む営為が多方面で見られた。儒学や老荘思想を基底に、山林に隠遁する生活に理想の生き方を見いだす中国の精神的な伝統との距離の相違が、都市とそこでの生活のあり方にも相違をもたらしている可能性が見えてくる。

**第2部「女性の描く都市・都市のなかの女性」**では女性に焦点をあてる。女性に行動制約があった歴史は長く、都市でどのような経験をするかという点ではジェンダーによって大きな差異があることはさきに述べたが、その様相は、各国・地域の文化・制度・慣習によって異なる。本書では、中国・朝鮮・日本に加え、さらに広く琉球・台湾の状況も視野に入れる。それぞれの社会・文化の相違もさることながら、諸論考を国・地域別ではなく問題の近さで配列してみると共通してみえてくることもある。

**第7章**では琉球文芸の専家である福寛美氏が、首里で神女聞得大君らが祭祀を一手に担いながら、それが男性による王権支配の強化を霊的に支える構造になっていたことを指摘する。**第8章**では山田恭子氏が朝鮮王朝後期、家系に恵まれた女性詩人たちが儒教的な婦徳を強調するような詩作を行ったのに対し、妾の立場におかれた女性たちによってその苦悩をかいま見せるような表現がなされたことを描出する。**第9章**では仙石知子氏が女性に求められる貞節の規範が身分によって異なった明清時代の中国で、娼妓の存在が都市部における貞操観念の弛緩を招き、そこに女性たちの自由の芽が胚胎したことを説く。これら三章は、前近代東アジアにおいて女性たちが男性中心の社会のなかで身分や立場に応じてそれぞれの役割を課され、異なる規範のもとにおかれ、分断されてきたことを浮かびあがらせる。

続く三章は、そうした女性たちにとっても都市が可能性をもたらす場であったことを論じる。**第10章**では、高永爛氏が朝鮮王朝期の小説にみえる女性たちが主体的に自身の愛欲に従って行動する姿を取りあげる。儒教的な規範のもと貞節が求められた朝鮮の女性たちにとってそこから逸脱する危うい夢を見ることを許すのが漢陽であったと結論する。**第11章**では小林ふみ子が江戸戯作の男性世界にわけ入った女性を紹介する。この人の作品を中心に、日本近世においても都市が女性たちにとって危険であると同時に、可能性をも開く両義的な場として描かれることを述べる。**第12章**では岩田和子氏が清末から民国初期の語り物において、女性たちが表に出ることを忌む規範を乗りこえて都市に訴訟に出ることによって、孝心あるいは貞節の立証のために正義を実現する物語が大衆的な支持を得たことを論じる。

つぎの二章はいずれも近代都市における女性たちの執筆を取りあげる。**第13章**では女性文学研究者藤木直実氏が近代都市の消費文化を象徴する百貨店広報誌による女性作家の起用を談じる。販売戦略に沿った作品が発表される一方で、近代家族制度からの逸脱を志向する、芸妓や同性愛的行動を描く作品も著されていることが論じられる。**第14章**は、呉翠華氏による清末民国初期の台湾における有力家族の女性が残した日記に基づく報告である。家庭に尽くして終わる伝統的な女性とは異なり、社会活動にもかかわり、台湾や日本で自由に都市文化を享受する女性の姿が描出される。

いずれの国・地域においても男性を中心とする社会構造のなかで、女性たちは倫理規範や行動の制約が課され、既存の体制を補佐する役割にとどめられた。そこにはしかも身分・階層、あるいは職分による分断も大きく存在した。それらによる差が非常に大きいのが身分制社会であった近世の特徴であり、都市においてもそれは変わることはなかったが、一方でそれからわずかにでも逃れる機会が得られるのも、都市という、さまざまな羈絆から比較的自由な空間であったこと、それが近代に入るとわずかずつながらも拡大してゆくことが共通して見えてくる。

**第3部「日中韓の女性たち」**は第1・2部の企画の双方において助言者的な役割を担ってもらった三名による論考からなるが、いずれも第2部の女性をめぐる論考をふまえたものとなっている。**第15章**では田中優子氏が、古代・中世にさかのぼって日本の都市では農漁村同様、女性が多様な職業を担い、その姿が文芸の俎上にのせられたことを概観、女性を特定の役割に押しこめがちな現代日本への警鐘を鳴らす。**第16章**は大木康氏が中国では男女の力関係において都市と農村の落差が大きいこと、女性作者が詩歌に偏り、時代がくだると女性による通俗文芸の創作がみられることは日本と同様であることを指摘する。一方、力による仇討ちではなく裁判の過程がさかんに小説の題材とされた点に相違をみる。**第17章**では共編者染谷智幸氏が、儒教倫理が強く社会を覆い、女性たちが外出を制限されるなど抑圧されたとされる朝鮮において覆い隠されてきた面に光を当てる。女性だけの夜間の外出解禁時間の記録があること、なにより家庭内では驚くほど性的に奔放な面があったことに取材する巷説が多数残ることを紹介する。

本書は、二〇二一年春に本書と同じく文学通信より刊行された小峯和明、染谷智幸、金文京、ハルオ・シラネ四氏の編にかかる『東アジア文化講座』全四冊とは本来、別の企画である。しかしながら、それと大きく重なる東アジア領域を扱い、これらでは扱われなかった都市空間、そして女性という視点を補い、また何より執筆者が一部重なりあう。併せて御覧いただければ幸いである。

# 第1部　都市生活を較べる

# 01

# 十八世紀の漢陽と江戸における芸能
## ――「芸能の場」という視座からの考察――

土田牧子
TSUCHIDA MAKIKO

**要旨**――本章は、十八世紀の漢陽と江戸における芸能の特徴を絵画資料によって概観し、それらが行われている「芸能の場」を比較してみようという試みである。漢陽については、主として伊藤好英の研究を参考にしながら、『奉使図』に描かれた曳山台（イエサンデ）に着目し、また『落成宴図』に描かれた山戯（サンヒ）と野戯（ヤヒ）に相当すると思われる芸能を読み解く。江戸については、服部幸雄の『大いなる小屋』を引きながら、「祝祭空間」と言われる芝居小屋の正面や小屋内部の表象を改めて確認する。また漢陽の曳山台との比較の観点から、山王祭における屋台の形状にも少し触れる。以上を踏まえて、漢陽と江戸を比較してみると、漢陽における芸能が自然の中に自らを置き、内なる世界から外なる宇宙へというベクトルが感じられるのに対し、江戸における芸能は人間の手によって創り込んだ世界、外界とは区切られた世界に芸能を入れ込む、外から内へというベクトルが働いているように感じられる。

## 一、はじめに

本章では、主として十八世紀の漢陽と江戸における「芸能の場」に着目してみたい。「芸能」は非常に広い意味を持つ言葉だが、ここでは演劇的なものに限定して考察を進める。ただし「演劇」といっても、現在の私たちが思い浮かべる演劇とは（とりわけ漢陽においては）かなりイメージの異なるものであるため、「芸能」という言葉を用いることにしたい。

十八世紀は、李氏が治めて長きにわたった朝鮮王朝（一三九二〜一八九七）が終焉に向かう時期である。統治期間ははるかに短いものの、徳川氏が治めた江戸時代（一六〇三〜一八六八）にとっても、十八世紀後半からは江戸後期にあたる年代である。いずれも近代化を迎える前の時代であった点で共通している。とはいえ、李氏と徳川氏では統治の形は異なり、それによって治められる社会の仕組みも当然違っていた。また、民衆が力を持って主たる都市芸能を牽引していた江戸と、いまだ民衆が力を得る過程にあった漢陽とでは、芸能の在り方も異なっている。しかし、後で述べるように、朝鮮の演劇的な芸能は支配者層によって催されるものであっても、庶民、あるいは庶民による民間芸能の存在は看過できない役割を担っている。

さて、芸能における「場」は、演技の行われる場とそれを見る場から構成される。江戸においても漢陽においても、「芸能の場」は演技者と観客との境界があいまいなオープン空間である。現在の多くの劇場で見られるような、演技者と観客との間を明確に区切るプロセニアムステージとは根本的に異なっている。ただ、オープン空間であっても演技の行われる場とそれを見る場を、何らかの方法で外界から区切る必要はある。それは必ずしも目に見える区切り（結界）である必要はない。駅前で通行人に囲まれて歌を歌う人や、商店街の盆踊り大会の例などから分かるように、演じる者と見る者がいることで、日常の場が「芸能の場」に変容し、「芸能の場」が外界と区切られることも、我々は経験済みである（盆踊りは演じ手と見る者が重なる例である）。結界がより明確になされたとき、「劇場」と呼ばれる場所が生まれると言えるのかもしれない。本章では、演じ手と見る者との間の境界ではなく、演じ手と見る者が作り出す「芸能の場」を外界から区切る境界に注目してみたいと考えている。

以上を踏まえ、まずは漢陽と江戸でこの時期にどのような芸能（演劇的なもの）が行われていたのかを見ていくことにする、その上で、それらが行われていた「場」について、両者を比較しながら考察を加えたい。

## 二、十八世紀、漢陽における芸能

朝鮮王朝では山台儺戯（山台儺礼戯）という儀式が行われていた。[*1] 大晦日に行われるいわゆる追儺（鬼やらい）の儀式だが、朝鮮時代には大晦日だけでなく、王の行幸などの国家行事、中国使臣を迎える儀式などにも行われたという。山台儺礼の山台とは、山型の作り物を意味し、芸能の場を意味するものだった。伊藤好英は、山台には「大山台」と呼ばれた置山式の大型のものと、「曳山台」と呼ばれた山車状の小型のものがあったということが、『朝鮮王朝実録』の記録などから分かるとする。[*2] もっとも、十七世紀初頭以降には「大山台」は設置に労力や資金がかかりすぎるということで作られなくなり、「曳山台」のみが行われていたという。[*3]

一方、柳得恭（一七四九～一八〇七）が遺した『京都雑志』巻一「声伎」の項に、当時の演劇について次のように記される。「演劇には山戯と野戯のふたつの部類があり、いずれも儺礼都監に属する。山戯は綵棚を結って帳を下ろし、獅子、虎、曼碩僧などの舞をする。野戯は唐女と小梅に扮してあそぶ」との記述がある。[*4] 綵棚とは、華やかな彩りの飾りが施された高床式の楼閣を指し、演技の場としては山台とほぼ同意義と考えてよいものらしい。[*5] つまり、山戯は山台を用いた演戯、野戯はそれを用いないフィールドでの演戯を意味することになる。それぞれに決まった登場人物がいて、ある程度類型化された演技が繰り広げられていたであろうことが推測できる。

以下では、この曳山台や綵棚をめぐって、秦京煥（チンギョンファン）『朝鮮の雑誌―十八～十九世紀ソウル両班の趣向』の「第十六章　演奏と踊り、そして芝居」（以下、『朝鮮の雑誌』）および、伊藤好英「韓国芸能における「山台」の意義」（『東アジア比較文化研究』十八号、東アジア比較文化国際会議日本支部、二〇一九年）に紹介されている絵画資料を用いながら考察を進めていきたい。

## 三、『奉仕図』第七幅に描かれた曳山台

一七二五年に朝鮮を訪れた中国使臣、阿克敦（アクドゥン）が残した『奉使図』第七幅には、中国使臣を歓迎するために催された種々の芸能が描かれている【図1】[*6]。本図は使臣のひとりであった阿克敦が滞在した宿舎の庭が舞台となっている。正面奥に家屋があり、その中に立っている人物が阿克敦だという。阿克敦入京前の図とされるので、厳密には漢陽ではないが、十八世紀朝鮮の芸能のひとつの形として取り上げておきたい。

広い庭ではいくつかの芸能が催されている。左下には綱渡りをしている様子がはっきりと見て取れる。その横には逆立ちをしている者たちや、赤い旗のようなものを振っている二人（よく見ると緑の仮面をつけている）、あるいは黒い仮面をつけて舞っている二人の姿がある。その上部の梯子状の道具上では皿回しをしている。そして図の右下には大きな岩のようなものが描かれ、それを見上げる人だかりが見られる。ここに挙げただけでも、綱渡りや逆立ち、皿回しといった曲芸の類、仮面をつけた舞、岩山のようなものを用いた芸能など、多様な芸能が一枚の図に描かれていることが分かる。

このうち、岩山のようなものを用いた芸能について詳しく見てみることにしよう。奇妙な形をした岩山のよう

図1 『奉仕図』第7幅（中国民族図書館善本部所蔵）（阿克敦著、黄有福・千和淑校註、《中韓文化交流史料叢書》編委會編、千和淑・黄有福・文淑東主編、遼寧民族出版社、1999年）

図2 『奉仕図』第7幅（部分）

なものは、拡大すると【図2】のようになり、この岩山には車輪が付いていることがわかる。これだけの巨岩を車輪の上に乗せることはできないだろうから、この岩山は作り物、まさに曳山台なのである。この曳山台の上には、白と赤の着物を着て舞を舞っているように見える女性、釣りをしている人物、その上には家屋のようなものや、猿らしき動物が認められる。伊藤は、これらの岩の上の者たちが人形であり、曳山台を推しているように見える右下の白い衣の二人はその人形を操る人々であると主張する史真実（サジンジル）の説を支持している。

この曳山台の形状にも着目したい。これは太湖石と呼ばれて、中国で古くから珍重されてきた石を模したものである。太湖石は、太湖という湖の周辺で採れたことからこの名で呼ばれ、水による浸食で複雑な形状をした石灰岩で、庭園や屋内の観賞用として愛でられてきた。ちなみに中国では、この石には次のようなイメージがあるのだという。

> 太湖石に複雑に空いた孔は洞窟と同じであり、多くの別世界が一つの太湖石のなかにいくつも内包されていると考えられていた。奇石愛好と鍾乳洞の愛好は、ともにそのなかに小宇宙を、あるいは別の世界を見るのである。（中略）太湖石や奇石は○○峰と名づけられ、それ自体が峰や山岳に見立てられた。[*7]

孔を通して別世界を見るという考え方は興味深い。そう思ってもう一度この図を見ると、個々の窪みに釣りをしている人物、舞姿の女性、家屋、猿らしき動物が置かれて、それぞれの世界を構築しているように見えてくる。さらに、太湖石は明代の戯曲において、別世界へつながる洞穴のイメージから、現実と夢やあの世とこの世をつなぐ、あるいは離れた男女をつなぐといった重層的なイメージへと拡がりを見せるのだという。[*8]この『奉使図』の場合は、戯曲の中で太湖石を登場させるのとは少し意味合いが違うかもしれないが、太湖石の形状をした曳山で人形を遣うことで、目の前の実際の景色から無限に拡がる世界が見えてくる効果があるのかもしれない。

## 四、『落成宴図』に描かれた民衆芸能

次に、少し時代が下る『落成宴図』（フランソワミッテラン国立図書館所蔵の彩色のヴァージョン）を前項と同じく伊藤の論を基にして見てみよう【図3】。この図は、朝鮮時代の城塞都市である水原華城（スウォンファソン）が完成したことを祝って、一七九六年十月に開かれた宴を描いている。*9

最奥部は建物内部で水原の留守（ユス）（長官）が芸能を鑑賞する様子だという。その前部には天幕のついた仮設の舞台（補階（ホゲ））が張り出し、そこでは舞鼓（ムゴ）や抛毬楽（ポグラク）が行われ、あるいは行われようとしている。補階では鑑賞する人々も整然と並ぶが、手前から三列目に並ぶ七名の人物は楽器を持った楽人たちである。よく見ると、一番右の楽人が大笒（テグム）（大きな横笛）を吹いており、左の二人が杖鼓（チャンゴ）と太鼓を打っていることがわかる。間の四名は後ろ姿からは判然としないが奚琴（ヘグム）（胡弓のような弦楽器）を弾いているように見える楽人もいる。こうした楽器の構成、あるいは舞鼓、抛毬楽といった芸能ジャンルから、この補階で行われているのは宮中芸能であることがわかるのだという。補階の下の庭にも整列して舞台を見上げる人々が大勢描かれており、厳しい身分制度を表しているようでもある。

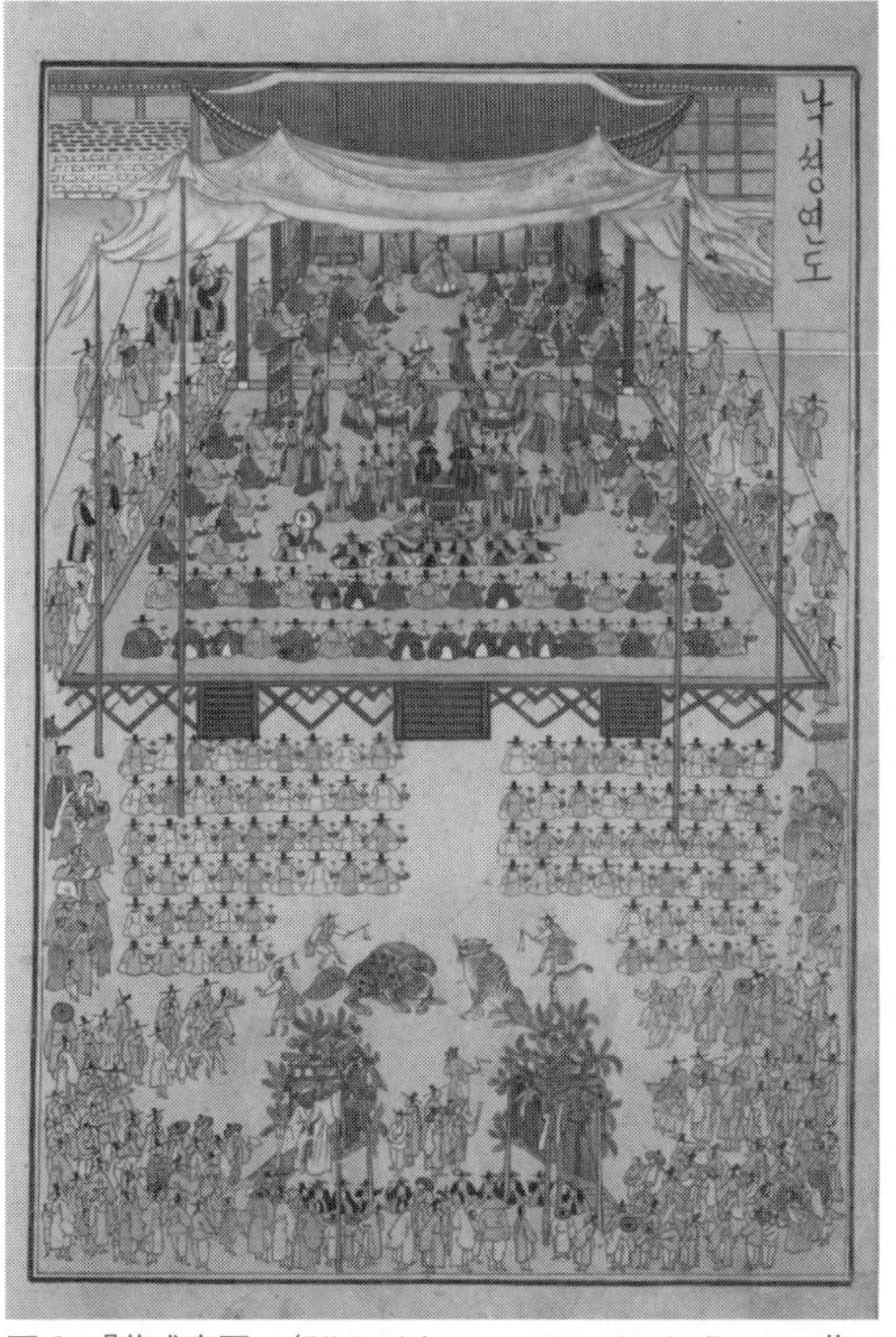

図3　『落成宴図』（Bibliothèque nationale de France 蔵、『整理儀軌』ark:/12148/btv1b10516093g より Folio43v）

補階の手前の部分では別の芸能が行

図4 『落成宴図』（部分）

われている。それを拡大したものが【図4】である。奥には大型の虎と獅子の人形が見え、周囲に鞭のようなものを持った三人の人物がいる。またその手前には、松の木や幕を付けた高床式の構造物が左右に置かれ、その上にはそれぞれ二人ずつ、計四名の人物が描かれる。左側には白い衣服をまとって赤い仮面をつけた人物と韓服を着た女性が、右側には灰色の衣服に灰色の仮面をつけた僧侶風の人物と左と同様に韓服を着た女性が描かれている。構造物の下には十名ほどの楽人の姿も見られるが、持っている楽器は判然としない。周りを囲む見物人たちは、宮中芸能を見る人々とは違って雑然としており、庶民風の人々である。伊藤によると『華城城役儀規』「附編」には「少し離れた広い場所に綵棚（チェブン）を設置して、多様な遊び（雑戯）を繰り広げ、上下がみな一緒に楽しむことにできるようにしてもらいたい」という一文が見られるという。[*10] 補階で行われていた宮中芸能に対し、ここで行われているのは庶民芸能であるということが分かる。高床式の構造物がすなわち、綵棚である。

『落成宴図』のこの部分が、先にも引いた柳得恭の『京都雑志』における描写（演劇には山戯（サンヒ）と野戯（ヤヒ）のふたつの部類があり、いずれも儺（ナ）

と小梅に扮してあそぶ）と礼都監に属する。山戯は綵棚を結って帳を下ろし、獅子、虎、曼碩僧などの舞をする。野戯は唐女と小梅に扮してあそぶ）と近しいものであることは、すでに先行研究で示されているとおりである。[*11] なお、朝鮮時代には国家行事として山台儺戯が行われていたが、伊藤が指摘するように、その本質は民間芸能にこそあると考えられる。なぜなら、『京都雑志』には「演劇」の分類として山戯と野戯が示され、『落成宴図』において両者は共に民間芸能として、宮中芸能とは一線を画す存在として描かれているからである。

ただ、柳得恭が分類している山戯と野戯は、この図ではやや混ざり合った形で示される。右の綵棚の上にいる灰色の僧侶風の仮面の人物が曼碩僧、左右の綵棚に一人ずついる女性の姿が唐女と小梅に相当すると考えられるようだが、とすると、柳得恭の文章では野戯のキャラクターとされていた唐女と小梅が山戯に登場していることになる。また逆に、地上に描かれる虎は、山戯のキャラクターとされている。これについて伊藤は、曼碩僧と思われる灰色の僧衣の人物と左側の白い衣に赤い仮面の人物は階段を下りて綵棚から地上へ降りようとしていると捉え、さらに獅子と虎も綵棚から登場したと想定できるのではないかとする。[*12] このことから、もともと山戯として行われていたものも、山台のみを演技の「場」とするのではなく、山台から地上へ降りることで野戯へと移行していったのではないかと推測するのである。つまり、山戯のほうが根源的な芸能の形であって、「芸能の場」としては山から野への移行が見られたという推測である。今日の韓国には○○山台ノリという名で呼ばれる仮面劇が数多く残り、しかも「山台」の名を冠しているにもかかわらず、実際には山台を用いない、という実態がそれを裏付けていると見ることもできる。

## 五、十八世紀、江戸の芸能

次に、江戸に視点を移してみよう。江戸時代の庶民文化の華は何と言っても歌舞伎である。人形浄瑠璃も盛んであったが、十八世紀から十九世紀初頭の江戸という都市に限定するならば、やはり歌舞伎が筆頭に上がるだろう。漢陽のケースとは違い、歌舞伎は国家行事や外国使節の歓迎などとは無縁の、庶民による庶民のための芸能である。江戸における官許の歌舞伎劇場（芝居小屋）は、中村座、市村座、森田座の三座であった。天保期（一八三〇～一八四四）になると三座は浅草に集められるが、十八世紀にはまだ堺町に中村座、葺屋町に市村座、木挽町に森田座に位置していた。とはいえ、堺町と葺屋町は隣接していた上、周辺には他にも中小の芝居小屋が集まって大きな芝居街を形成していたし、木挽町も芝居小屋や芝居茶屋がひしめく芝居街となっていた。江戸の町には水路がめぐらされていたので、芝居街へ足を踏み入れるには橋を渡っていく必要があった。この「橋」が、芝居街という祝祭空間、別世界への通路として特別の役割を果たしていたという服部幸雄の論はよく知られるところである。[*13] この町そのものが「芸能の場」を形成していたと考えてよいだろう。さらに、芝居小屋の内外にはやはりその祝祭性を演出する仕掛けが数多く施されていた。こうした仕掛けについても服部の論に詳しいが、本章では十八世紀の江戸に限定し、「芸能の場」を構成している要素について振り返ってみることにする。

また、漢陽の事例に曳山台や綵棚が出てきたので、それに類するものについても少し考えてみたい。日本全国を見渡せば、山や鉾、山車と言われるものの上で人が演技をしたり、人形を操ったりする芸能は数多く存在する。「山・鉾・屋台行事」としてユネスコの無形文化遺産に登録されたことも記憶に新しい。十八世紀の江戸における屋台行事としては神田祭、山王祭を挙げることができる。江戸時代、天下祭と呼ばれたこれらの祭では、山車行列や、踊り屋台、曳きもの、仮装行列を伴う附け祭が祭のもっとも華やかな部分を担っており、今よりもはる

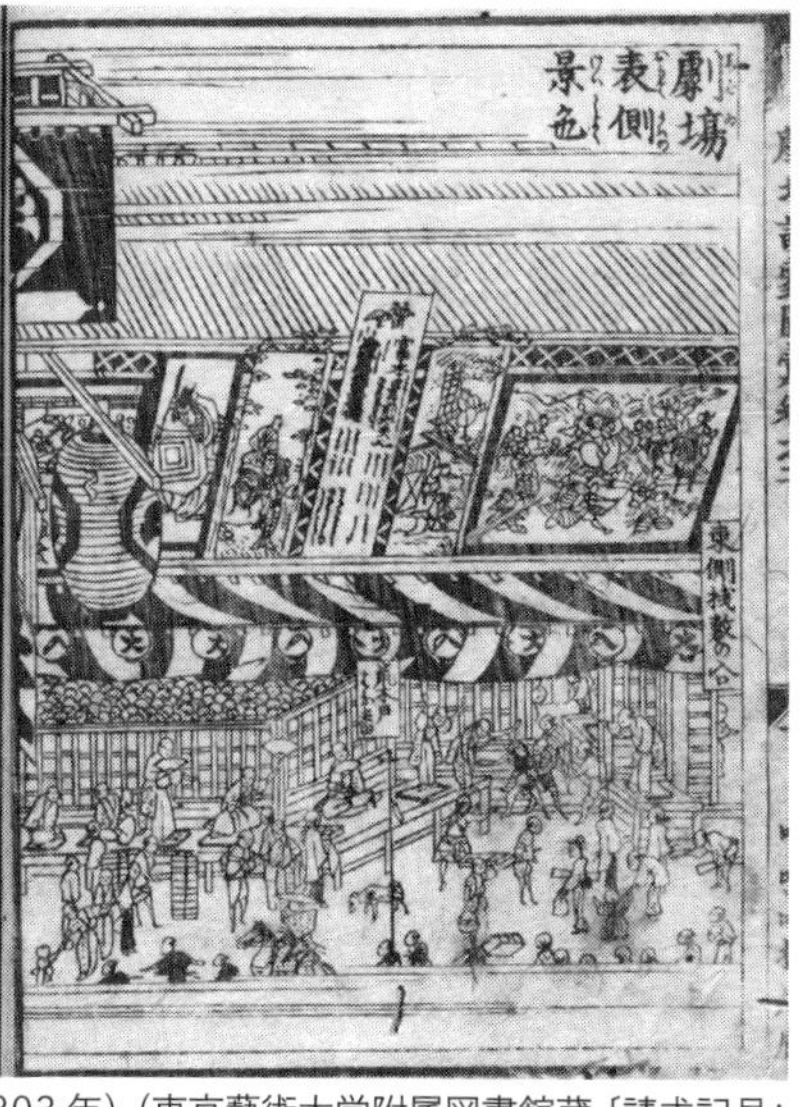


図5　『戯場訓蒙図彙』巻2　劇場表側景色（1803年）（東京藝術大学附属図書館蔵〔請求記号：W774/Sh34〕、国書データベース、デジタル請求番号：DIG-TKGL-21624〔29コマ〕）

かに盛大なものだった（近年、神田祭には附け祭の復活が見られる）。近代に入ってその姿は大きく変容してしまったが、天下祭は江戸っ子の威信をかけて贅を尽くした祭だったのである。最後にこの山王祭の様子を例に挙げ、江戸における「芸能の場」としての山、山車と言われるものの在り方にも目を向けてみたい。

## 六、劇書・錦絵に描かれた芝居小屋の内外

先に述べたように、複数の芝居小屋や芝居茶屋が集まって形成された芝居街は、それそのものが外界とは区切られた別世界であった。さらに、芝居小屋のファサードには、芝居街の目抜き通りを歩く人々の目を引き付けるような様々な仕掛けが施されていた。【図5】は、堺町にあった中村座の顔見世興行時の外観を描いた図である。この図を挿絵に含む『戯場訓蒙図彙（しばいきんもうずい）』が出版されたのは享和三年（一八〇三）なので、わずかに世紀をまたいで十九世紀に入ってしまっているのだが、江戸の芝居小屋の状況が大きく変わったのは天保の改

革以降であるので、この図に描かれた状況は十八世紀と大きくは変わらないものとしてとらえておきたい。

芝居小屋の正面には櫓を備え（官許劇場の印でもあった）、多くの絵看板や文字看板、提灯などで飾り立てられている。服部によると、[*14]芝居小屋の絵看板にはこの図では右端に見える「大通り看板」、櫓の直ぐ下に掲げられた「櫓下（櫓下看板）」、左側に四枚並べて建てられている「三尺」と呼ばれた縦長の看板、櫓のすぐ左にある「すごみの看板」など様々な種類があったという。看板はそれぞれに役割や描かれ方が決まっていた。例えば顔見世の時の大通り看板には一番目時代物の大詰（最後の場面）が大きく描かれるのに対し、櫓下（図5では提灯の後ろに位置する）では主な役者を全員絵組に入れながら一日の狂言の筋が分かるように描く、などである。こうした看板類は、大小たくさんの提灯や、小屋前（図5では右下）に積まれた酒樽の積みものなどとともに、この内部が特別な空間であることを表象している。服部が主張するようにそこは祝祭空間であり、外界と区切られた特別な場所であることは言うまでもない。鼠木戸と呼ばれる小さな入り口をくぐって入ることの意味や効果も、すでによく知られた論であろう。服部は、洞窟を聖なる入り口と見る西洋のイメージを紹介して、鼠木戸も中には「聖なる空間」が広がる洞窟の入り口だったのではないかと述べているが、それは先述した中国における太湖石の孔に対するイメージと少し似ている。ただ、太湖石の場合は孔から無限の宇宙が拡がっていたのに対し、鼠木戸の場合はそこをくぐって通じるのは芝居小屋という、閉ざされた「聖なる空間」であった。

劇場内部の様子も少し見ておこう。【図6】宝暦七年（一七五七）に鳥居清広が市村座の内部を描いたものである。市村座は中村座に次ぐ格を誇った江戸三座のひとつ。破風屋根を備えた舞台では役者が見得をきっているように見える。大臣柱に掛けられた木札から、演じられているのは第一番目『染手綱初午曽我』であることがわかる。舞台は、観客に囲まれた張り出し舞台であるが、この破風屋根と大臣柱が舞台という特別空間を強調しているよ

図6　鳥居清広『大芝居狂言浮絵図』（1757年）（早稲田大学演劇博物館蔵、作品番号：201-3704、早稲田大学文化資源データベース〔浮世絵データベース〕より）

うにも思える。観客がひしめく客席は平土間と左右（上下）の桟敷、桟敷の前の高土間からなり、桟敷は二層になっている。ここにぎっしり詰まっている観客もまた特別空間を演出する要素の一つと言えるだろう。桟敷の上は障子窓になっているが、そこには明かりを閉ざす板戸が備えられていて、それを開閉することで照明装置の役割を担った。

服部の論では、芝居小屋が外界から区切られていること、閉ざされていることが強調されるが、江戸の芝居小屋が持つ外界との区切りは、現代の劇場が持つようなあらゆる音や光を遮断する区切りとは少し異なる。障子を使った照明装置は、外からの光を取り入れる仕組みであった。また、桟敷の後ろは板戸になっていて、そこから出入りができるようになっているので、一枚向こうは外ということになる。板戸一枚で仕切られた木造の劇場からは、鉄筋コンクリートの劇場とは違い、内部で使われる唄や囃子が、あるいはもしかしたら役者のセリフでさえも、外へ漏れ聞こえてもいただろう。漏れ聞こえる音には、外を行きかう人々の心を劇場内部へ誘う作用もあったかもしれない。また、芝居小屋のファサードに視点を戻すならば、物語の筋が分かるように描かれた櫓下や一場面を大きく描いた大通り看板は、劇場の外からもその内部を垣間見られるような仕掛けでもある。宣伝という意味では現代のポスターと同じだが、筋が分かるように描かれるなど情報量が多く、芝居の一部を共有する度合いは大きい。看板自体が持つ祝祭性もある。さらに、劇場の前には木戸芸者と呼ばれる者たちがいて、呼び立てをするとともに、役者の声色で一部を演じて見せたりもしていた。木戸芸者も看板と同様に人々を劇場へ呼び込むための宣伝ではあるが、これらの仕掛けによって劇場の外の世界は内部の祝祭性をわずかながら共有していたとも言えるのではないだろうか。

## 七、『山王祭之図』に描かれた祭屋台

『山王祭之図』は文政九年（一八二六）の山王祭の附け祭を描いたものである。[*15] 神田祭と山王祭の二つの天下祭も、天保の改革で幕府の介入が入って大きく様変わりしてしまったが、文化文政期（一八〇四～一八三〇）に最盛期を迎えた。神田祭においても山王祭においても、最も華やかな存在が附け祭だった。またもや本章の対象年代である十八世紀よりも後の資料になってしまうのだが、祭り屋台の事例として『山王祭之図』を取り上げてみたい。

附け祭では、仮装の行列、楽や囃子など演奏者の行列、人形屋台、踊り屋台、驕奢な作り物を乗せた山車（曳き物）などが練り歩いた。作り物を乗せた山車は、祇園祭をはじめとする日本全国の祭りに見られる山鉾や屋台と類似する。この行列の中で、芸能をして見せるのは踊り屋台と底抜け屋台である。底抜け屋台とは【図7】のように、底（床）のない枠の中に演奏者が入って歩きながら演奏をする（徒囃子（かちばやし）と呼ばれた）もので、潜り屋台とも言った。

図7 『山王祭之図』(1826年)(国立国会図書館デジタルコレクションより)

江戸に特殊なものというわけではなく、浜松まつりでもかつては行われ、遠州地域の祭に影響を与えたと言われる。今日では飯能まつりに底抜け屋台と徒囃子を見ることができる。

【図7】は、『山王祭之図』「住吉人形餝(かざり)付船引物」、すなわち住吉船屋台に続いた行列に描かれた底抜け屋台である。四角の木枠に柱を付け、そこに舁き棒がついて四方を担ぐ形である。天井には市松模様の障子屋根が付いているが、上部をふさぐ形にはなっておらず、上が開いている。神田祭にも山王祭にも多くの底抜け屋台が登場するが、多くはこの形のようである。屋根の障子部分には桜の飾りを、下方には菊の花らしきものをあしらっている。草履の足が見えることから、底抜けであることがわかる。この図は該当しないが、囃子方自身も派手な着物を着てそれ自体が「飾り」となっているケースも多い。歌舞伎などで活躍する著名な演奏家も出演したことが番付などから分かっており、名実ともに江戸文化をここに集約したような祭だったのである。

さて、この図の底抜け屋台には六名の囃子方が乗っていて、笛や鼓、太鼓などの鳴物を演奏している。左端の楽器は銅鑼だろうか。こうした底抜け屋台がいくつも出たので、たいそう賑やかであっただろう様子がうかがわれる。屋台の前方を行くのは、浄瑠璃太夫三名と三味線方三名である。浄瑠璃は「山王住吉御代寿」であったという。[*16] この『山王祭之図』においても、また前年の文政八年（一八二五）に行われた神田祭を描いた『神田祭御祭礼御用御雇祭絵巻』においても、底抜け屋台には鳴物だけが乗り、唄と三味線はその前を歩いている様子が描かれるが、唄や三味線も屋台に入るケースもあった。『守貞漫稿』（一八三七〜一八五三）の二四には「囃子は別に底ぬけ屋体と云て、四柱に屋根は造り花などにて是は手舁也。其中に浄瑠璃かたり唄うたひ三絃鼓皆対の衣服にて歩行也」とある（日本国語大辞典）。

この底抜け屋台の役割は何であろうか。歩きながら演奏するだけであれば屋台に入る必要はない。楽器の置き場所が必要なのであれば、底抜けでないほうが便利だ。そこにはやはり結界の意味があるだろう。劇場に比べればはるかに狭いが、そこにはやはり別世界、「聖なる世界」としての「芸能の場」が存在していると見ることができるのではないだろうか。屋台が市松模様や花飾りで彩られていることも、外界とは違う特別な祝祭空間を演出している。その結界は枠組みだけであるので、当然ながら音は外へ向かって流れいくわけだが、見物人は不思議なことに行列の中の世界へと引き込まれていくのである。

## 八、おわりに――漢陽と江戸の「芸能の場」

ここまでに触れてこなかったが、漢陽で行われていたような儺礼都監（ナレトカン）管轄の山台儺礼戯（サンデナレヒ）の系統をひく仮面劇は、現在もタルチュムという形で韓国に残っている。韓国の仮面劇には、類型化されたキャラクターや、ある種の即興性、支配階級や破戒僧を揶揄する諧謔性などの特徴がある。こうした特徴には狂言との類似性を見出すことができ、また、追儺という年中行事から分派して発展した芸能が存在することには能との共通性が感じられる。そのほか、芸能における獅子の存在やまたその造形、あるいはパンソリという語り物の存在など、今日の韓国の芸能における個々の要素にも日本の芸能との類似点や共通点を見出すことは、そう難しいことではない。いずれの国の文化も中国から強い影響を受け、それを朝鮮化／日本化していったという大きな流れによるものであろう。

本章では、そうした諸要素の類似点や共通点、あるいは相違点についての議論はひとまず措き、ほぼ同時代の両国の「芸能の場」の例をいくつか挙げてきた。初めに述べたように両国は社会の仕組みも芸能の性格も異なるため、いささか雑駁な話にはなったが、漢陽と江戸の「芸能の場」には異なる性格が浮かび上がったのではないかと思う。

はじめに断っておくべきことは、朝鮮（韓国）では建造物としての劇場は二〇世紀初頭まで現れなかったということである。[*17] それまで、芸能はもっぱら屋外で演じられるものだった。『奉使図』でも、仮面劇や曲芸、曳山台での人形劇などが、中国からの使臣が滞在する宿舎の庭で行われていた。広々とした庭で行われる芸能は、見る者がその世界に入っていくというよりは、芸能から放たれる空間的な拡がりが感じられるようである。むろん、『奉使図』が見たままを写したわけではないことは考慮しなければならない。しかし、『落成宴図』を見ても、演劇的な芸能は宮中芸能とは一線を画して屋外で行われており、見物人がそれを取り囲むことで「芸能の場」を形成していた。そして、伊藤の論によれば、綵棚や山台を舞台とした演戯が存在したものの、芸能の場を「山」という限定されたものから広い「野」へ移すという経緯を辿ったことになる。これらの芸能をめぐる「場」には、内から外へというベクトルが働いていると見ることができよう。

また、『奉使図』に描かれた曳山台は太湖石という自然界の産物を模していた。これはあくまで曳山台の一例であって、これが十八世紀の曳山台のすべてを表しているわけではない。『落成宴図』の綵棚のようにカラフルな幕や木などで飾り立てたものもあったろう。ただ、この太湖石も作り物であって松の木を配しているのである。日本の山や鉾にも草木を飾るものはあるが、それは極めて人工的な「作り物」や「飾り」である。煌びやかな建造物の上に唐突に樹木を乗せる祇園祭の山鉾や、山王祭、神田祭の附け祭の屋台と、リアルな太湖石の作り物に自然界に近い形で松の木を配し曳山台とは大きく印象が異なる。後者には芸能という人間の創造物を広い自然の中に置く姿勢を見て取れるのである。

興味深いのは太湖石をめぐる中国のイメージである。孔から小宇宙や別世界を見たり、現実と夢やあの世とこの世をつなぐ存在として捉えたりする思想には、狭きこの世界から広い別世界を見るという、内から外へ向かうベクトルが感じられる。この中国の思想は当然ながら朝鮮にも影響を与えているのだろう。内から外へというイメージは、芸能を自然の中に位置づけて、芸能の持つ力量を外へと放とうとする漢陽の芸能の在り方と重なるものと言えるのではないだろうか。

江戸の芝居小屋はそれとは逆である。人工的な看板や飾りを施すことで、内部を特別な空間として演出する。あらゆる芸能のパワーを区切られた空間に閉じ込めるかの如くである。そして、中から音が漏れ聞こえるのも内から外へのベクトルというよりは、木戸芸者などと共に、外にいるものを内へと呼び込む力学が働いている。それは江戸三座のような立派な建造物であっても、山王祭の底抜け舞台であっても共通していて、観客を祝祭の空間へと誘うのである。李御寧は、俳句や入れ子の箱、扇子、折詰めの弁当など、様々な事例をあげながら、日本文化を「縮める」、「折畳む」、「引き寄せる」、「詰める」、「構える」といった言葉で表現した。本章で見た芝居小屋や祭屋台の事例も日本文化のこうした特徴に重なるものと言えるのではないだろうか。[*18]

繰り返しになるが、日本と韓国の芸能を個々の要素に着目して比べると、いくつもの類似点や共通点が見られる。しかし、「芸能の場」という視点から、やや強引なところもありながら少し俯瞰的に比べてみると、ベクトルが逆の方向に向いていることに気づく。この似ていて似ていない志向／嗜好が、現在残されている芸能にどのように表れているかという点もまた興味深い点である。

注

1 朝鮮王朝における芸能全般については、徐淵昊著・伊藤好英・村上祥子共訳『韓国演劇史―伝統と現代』(朝日出版社、二〇〇九年)を参照した。
2 伊藤好英「韓国芸能における「山台」の意義」(『東アジア比較文化研究』十八号、東アジア比較文化国際会議日本支部、二〇一九年)。
3 伊藤好英『折口学が読み解く韓国芸能―まれびとの往還』(慶應義塾大学出版会、二〇〇六年)、二六一頁。
4 伊藤、前掲論文(注2)より引用(二六一頁)。
5 伊藤、前掲書(注3)、二五七頁。
6 以下、本図の解説については伊藤(前掲論文〈注2〉)による。
7 宮崎法子『花鳥・山水を読み解く・中国山水画の意味』(角川書店、二〇〇三年)、一一四頁。
8 川浩二「戯曲における太湖石の機能とイメージ―明代伝奇における展開を中心に」(『多元文化』四号、早稲田大学多元文化学会、二〇一四年)、二十一～四十六頁。
9 以下、本図の解説についてはは伊藤(前掲論文〈注2〉)による。
10 伊藤、前掲論文(注2)、六五頁。
11 「田耕旭新資料　彩色が「落成宴図」を通してみた山戯の実態」(『民族文化研究』七十三号、二〇一六年、三〇六～三一二頁〈原文韓国語〉)。本情報は伊藤の論文に拠る。
12 伊藤、前掲論文(注2)、六十六頁。

13　服部幸雄『大いなる小屋—江戸歌舞伎の祝祭空間』（平凡社、一九九四年）。
14　同右。
15　都市と祭礼研究会編『江戸天下祭絵巻の世界—うたい　おどり　ばける』（岩田書院、二〇一一年）。以下、底抜け屋台の説明についても本書による。
16　同右、七十四頁。
17　瀬戸宏「柳敏榮『韓国演劇運動史』を読む—中国演劇研究の立場から」（『摂大人文科学』二十九号、二〇二二年）、一～十二頁。
18　李御寧『縮み志向の日本人』（講談社、二〇〇七年）。

参考文献


・李御寧『縮み志向の日本人』（講談社、二〇〇七年）。
・伊藤好英『折口学が読み解く韓国芸能—まれびとの往還』（慶應義塾大学出版会、二〇〇六年）。
・伊藤好英「韓国芸能における「山台」の意義」（『東アジア比較文化研究』十八号、東アジア比較文化国際会議日本支部、二〇一九年）。
・川浩二「戯曲における太湖石の機能とイメージ—明代伝奇における展開を中心に」（『多元文化』四号、早稲田大学多元文化学会、二〇一四年）、二十一～四十六頁。
・徐渕昊著・伊藤好英・村上祥子共訳『韓国演劇史—伝統と現代』（朝日出版社、二〇〇九年）。
・瀬戸宏「柳敏榮『韓国演劇運動史』を読む—中国演劇研究の立場から」（『摂大人文科学』二十九号、二〇二二年）、一～十二頁。
・都市と祭礼研究会編『江戸天下祭絵巻の世界—うたい　おどり　ばける』（岩田書院、二〇一一年）。
・服部幸雄『大いなる小屋—江戸歌舞伎の祝祭空間』（平凡社、一九九四年）。
・宮崎法子『花鳥・山水を読み解く・中国山水画の意味』（角川書店、二〇〇三年）、一一四頁。



［付記］本稿を執筆するにあたり、二〇二一年に開催されたシンポジウム「漢陽と江戸　それぞれの暮らし」のディスカッションやアフタートークにおいて、ご出席の先生方に多くのご教示を賜りました。この場をお借りして厚く御礼申し上げます。

また、東京大学駒場図書館、フランソワミッテラン国立図書館（Bibliothèque nationale de France）、東京藝術大学附属図書館、早稲田大学演劇博物館には貴重な資料の閲覧・使用をご許可いただきました。心より御礼申し上げます。

# 02

# 十八〜十九世紀の漢陽の市場、その中を覗いてみる

金 美眞
KIM MIJIN

**要旨**——本章は朝鮮後期に活躍した実学者の柳得恭（ユドゥクコン）『京都雜志』に描かれている市場に関する記事を手掛かりに、十八〜十九世紀の漢陽の市場について考察したものである。当時の漢陽は約三十万人の人々が住む大都市であった。地方から流入する人口が急激に増えるにつれて、多くの物資が漢陽に流れ込み、消費都市として成長した。このような大都会の漢陽を理解するため、まず、『京都雜志』に書き記されている漢陽の雲従街（＝鐘街）、梨峴、昭義門、七牌にあった市場の中を覗いてみた。雲従街は朝廷の許可を得て運営する市廛があった通りで、「首善全図」「首善総図」のような当時の地図からどのような店が並んでいたのかがわかる。また、朝鮮後期の漢詩集「城市全図応令」と屏風「太平城市図」から活気溢れる漢陽の市場の様子をうかがうことができる。十八〜十九世紀の漢陽の市場は、様々な階層の人々が集まる活気の源であったのである。

## 一、はじめに

朝鮮後期の漢陽は、地方から流入する人口が増え、急速に都市化が進んだ。耕地面積は減り、人々は米や野菜などの食料を買って食べていた。また食器や麻布などの生活に必要な品物もそれぞれを専門に取り扱う店で購買する巨大な消費都市として発展した。漢陽にはいくつかの大規模の市場があり、それぞれ特徴を持っていた。本章では、漢陽という商業都市の中でも一番活気があふれる場所である市場の中を覗いてみたい。まず、十八〜十九世紀の漢陽の様子を書き記した柳得恭の『京都雑志』（成立時期未詳）を手掛かりに、漢陽のどこに市場ができていたのか、雲従街という市場にはどのような店があったのかについて考察する。そして、朝鮮後期の漢詩集「城市全図応令」と屏風「太平城市図」に描かれている漢陽の市場について考える。

## 二、漢陽の市場

近世後期の歳時記である『京都雑志』の作者である柳得恭は、十八世紀の半ばから十九世紀の頭に活躍した実学者である。彼は一七七八年に燕行使である蔡済恭の随行員として清に赴き、帰国後、渤海の歴史について執筆した『渤海考』（一七八四年成立）を刊行した。また詩文にも優れたため、一七七九年に第二十二代の朝鮮国王である正祖（在位期間：一七七六年〜一八〇〇年）によって朴齊家、李徳懋、徐理修とともに奎章閣の検書官に任命された。柳得恭の『京都雑志』は、金邁淳の『洌陽歳時記』（一八一九年成立）、洪錫謨の『東国歳時記』（一八四九年成立）とともに朝鮮後期の三大歳時記として高く評価されている。本作は全二巻の構成となっており、巻一には被り物や衣服、酒や食べ物、茶やたばこなどの当時の風俗に関わるのが十九項目、巻二には正月、端午の節句などの年中行事に関わるのが十九項目掲載されている。それでは『京都雑志』巻一に載せられている「市鋪」

の項を見てみたい。

①絹、紬、紙、木綿を売る大きな店舗は鐘街（チョンガ）を中心にたて込み、他の店舗はあちらこちらに散在している。買い物をする人々は朝早くから梨峴（イヒョン）と昭義門（ソイムン）の外に集まっては、正午には鐘街に集まる。
②都で消費されるもののうち、東部の野菜と七牌（チルペ）の魚がもっともよく売れる。
③南山（ナムサン）の下では酒を上手く醸し、北部には餅屋が多くて、南酒北餅と言った。
④薬を売る店舗は葦の畑に神農遺業、万病回春などを書いて掲げておく。薬を売る人はみな奉事と称した。

（『京都雑志』巻一「市舗」の項）

引用文の①から漢陽の鐘街には絹、紬、紙、木綿などを販売する店があり、梨峴と昭義門のあたりにも市場があったことがわかる。②の東部の野菜というのは、朝鮮後期には漢陽を囲む城壁の中では畑を耕すことができなかったため、東部の郊外で野菜が栽培されたことによる記述である。また、七牌というのは現在の南大門（ナムデムン）（旧称、崇禮門（スンレムン））と昭義門（ソイムン）の間に形成された市場で、西の方で捕れた海鮮が七牌の市場でよく売られたということである。③からは南山の下には醸造所が、その北部には餅屋が多かったのがわかる。④からは、薬屋が「神農遺業」「万病回春」を看板のように掲げ、奉事と称する人が薬を売っていたことがわかる。

## （一）朝鮮後期の漢陽のどこに市場ができていたのか

前掲の『京都雑志』の①と②により、鐘街、梨峴、昭義門に市場ができていたことがわかるが、それぞれが漢陽のどこに位置するのかを他の資料と照らし合わせて確認したい。朝鮮後期の漢陽には、「市廛」と「乱廛」という二種類の市場があった。市廛は道路の両側に朝廷が許可した店が並んでいる市場で、乱廛は許可なしで商売する市場である。市廛は、現在東大門と呼ばれる興仁之門と西大門と呼ばれる敦義門を結ぶ大通りである雲従街（または、鐘街とも称される）にあった。雲従街の鐘楼の両脇には、六つの種類の商品を取り扱う六矣廛が並んでいた。市廛には、宮廷や官庁にものを納入する代わり、「禁乱廛権」という商品を独占販売する権利が与えられていた。乱廛は、雲従街から少し離れた梨峴、昭義門、または七牌に形成されていた。朝鮮後期の市場の位置を確認するため、地理書である編者未詳の『東國輿地備考』（十九世紀成立）の巻之二を次に引用する。

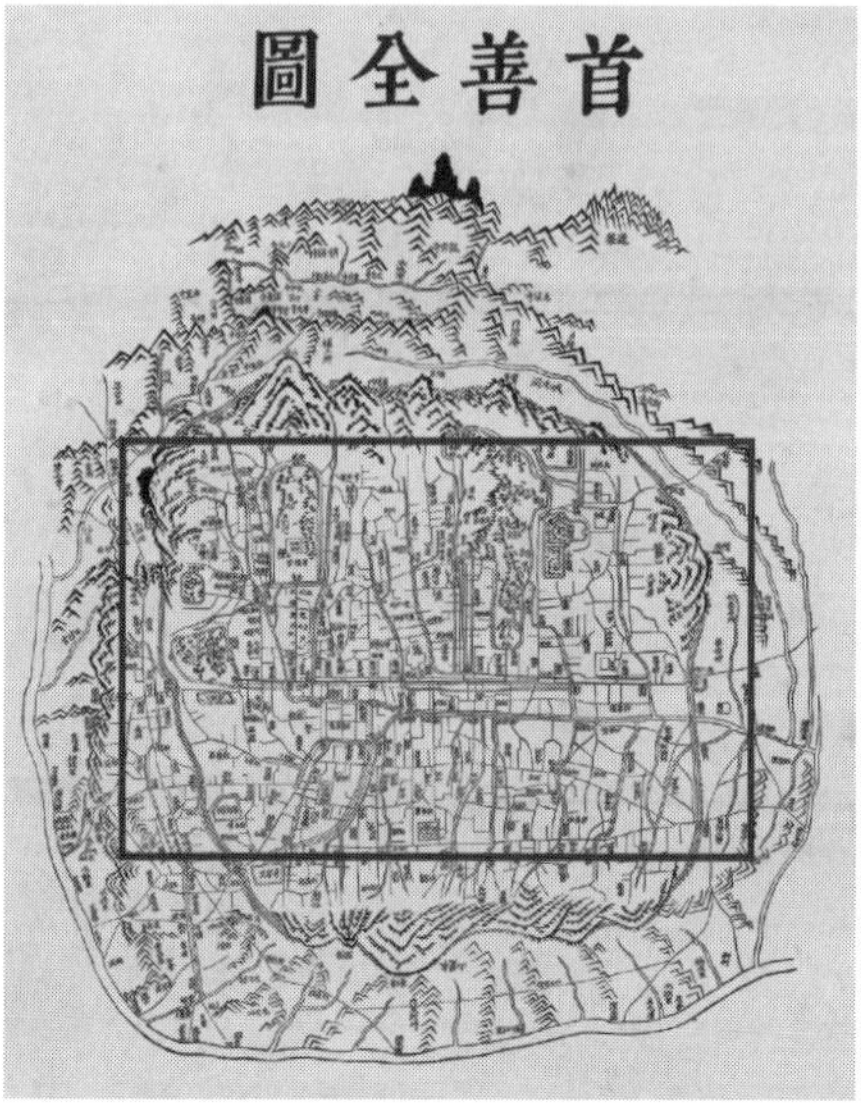

図１　「首善全図」（韓国国立中央博物館蔵）

---

○〔市街〕雲従街　鐘楼西街。俗称、生鮮廛。英宗（英祖の間違い：筆者注）庚辰（一七六〇年：筆者注）に、国が始めた時の旧名を復元して、雲従街と呼ぶことになった。

○〔場市〕世に告げるに、㋐神武門の外の北側に以前市場があったというが、これは周禮の後市のことで、今はない。㋑（今は市場が：筆者注）四ヶ所にある。鐘樓街上・梨峴・七牌・昭義門外である。

○〔市廛〕定宗元年（一八九八年：筆者注）、市廛を置き始めた。左右行廊が八百餘間。㋒恵政橋か

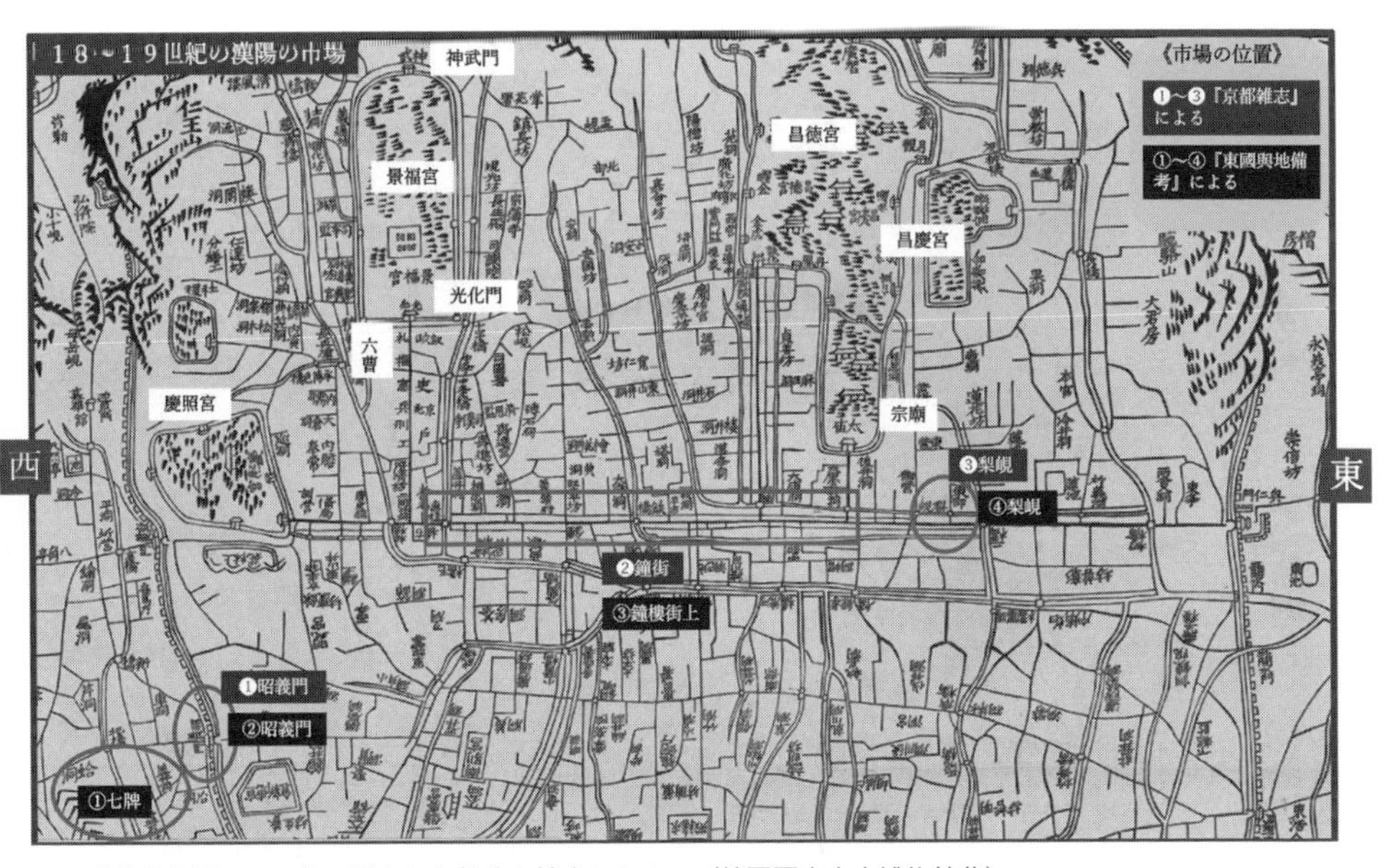


図２　「首善全図」の四角で囲まれた部分を拡大したもの（韓国国立中央博物館蔵）

ら昌慶宮の入り口までに至る。

（『東國輿地備考』巻之二）

右の引用文の傍線部㋐からは、昔は神武門の外の北側に市場があったことが、㋑からは朝鮮後期には漢陽の鐘樓街上・梨峴・七牌・昭義門の外という四カ所に市場ができていたことがわかる。そして、朝鮮後期の「市廛」は、傍線部㋒のように恵政橋から昌慶宮の入り口までに至ると記している。

【図1】は十九世紀に成立した漢陽の地図である「首善全図」に、『京都雑志』と『東國輿地備考』に記されている市場の位置を示したものである。

【図2】は【図1】の「首善全図」の四角で囲まれた部分を拡大したものである。前掲の『東國輿地備考』傍線部㋐で述べている神武門は、【図2】に示したように景福宮の北側にある門で、昔はその外側に市場があったのである。これは『周禮』に記してある「後市」による配置であるが、朝鮮後期にはこの市場はなくなったのである。傍線部㋑で十八〜九世紀の市場があった梨峴・鐘樓街上・昭義門・七牌の位置は、【図2】に①〜④で示しておいた。『京都雑志』では、【図2】に❶〜❸で示したように梨峴・鐘街・昭義門に市場ができていたと記していたのに対し、『東國輿地備考』では七牌が加わっているという違いが見られる。そして、『東國輿地備考』引用文の傍線部㋒の市廛が形成された「恵政橋から昌慶宮」とは、【図2】の四角で囲まれている鐘樓街上を意味する。恵政橋から昌慶宮までの間に形成された市廛には、特定の商品の独占販売のできる六矣廛があった。朝鮮王朝の財政と軍政に関して執筆した徐栄輔（ソヨンボ）編の『万機要覧（まんきようらん）』（一八〇八年成立）には六矣廛について、次のように述べている。

> 王都の制は、左は宗廟、右は社稷、前　は朝廷、後には市廛である。市場は小民が貿遷（売買：筆者注）するところであり、公家の需用の元となるところであるので、治国する者が重要視した。都の各廛は座って商売するところで、大きいところが「線廛」、「綿布廛」、「綿紬廛」、「内外魚物廛」、「紙廛」、「苧布廛」、「布廛」の六つあった。これを六矣廛という〔割注＝俗称、六注比。古くは、線廛、綿布廛、綿細廛、紙廛、苧布廛及び内魚物廛、靑布廛があったけれど、それらを合わせて六矣廛と呼ぶ。〕（中略）行商が集い、交易して、解散することを市場という。（中略）鐘街、梨峴、七牌がこれである。〔割注＝世に伝わることによれば、神武門の外に市場がある。これはすなわち市場を後ろに置くという意味であるが、今は考えられない〕。
>
> （『万機要覧』の「六矣廛」の項）

六矣廛は、商品に対する独占権が与えられた代わりに、朝廷に税金を払うのが義務付けられた。また、六矣廛に属していないが、税金を払う義務のある商品を扱う店もあった。六矣廛とそのような店を合わせて「有分各廛」と呼んだ。『万機要覧』には有分各廛の一覧があり、それより一番高い税金を払うのは、中国の絹を取り扱る「線廛」であったことがわかる。その次は国産の綿を取り扱う「綿布廛」、国産の絹を扱う「綿紬廛」、紙を取り扱う「紙廛」、麻布を取り扱う「苧布廛」、最後は魚物を取り扱う「内魚物廛」と「外魚物廛」の順である。安い布、筆、雑貨などを取り扱う店は、税金の義務が課されなかったのである。

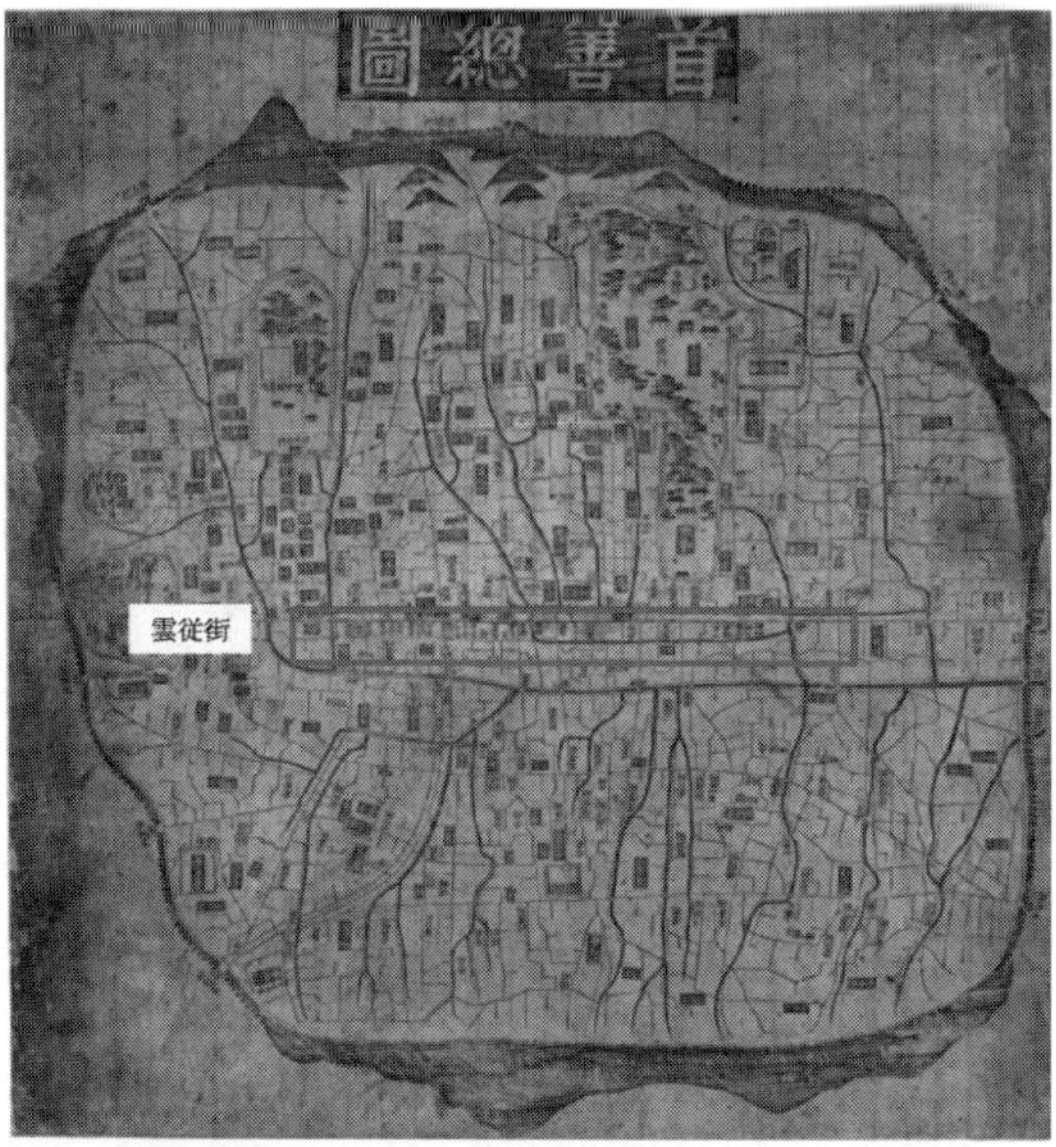

図３　「首善総図」（ソウル市歴史博物館蔵）

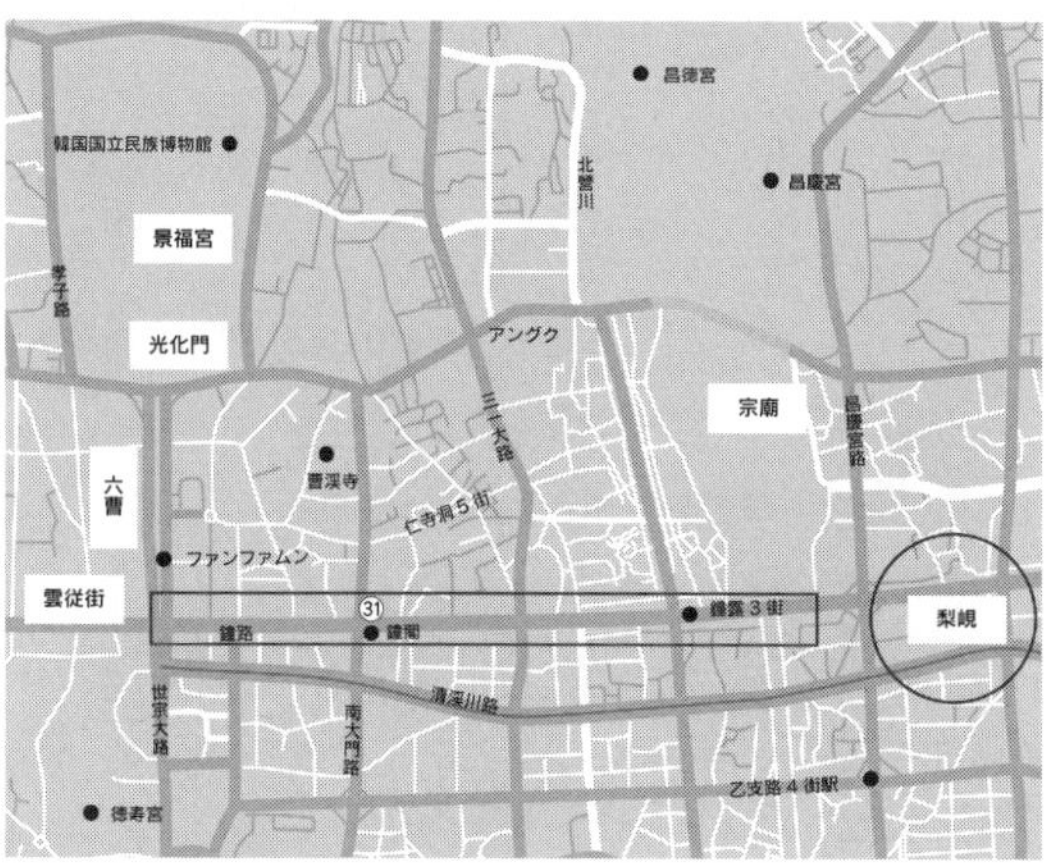

図４　現在の地図における雲従街

## (二) 雲従街の市廛ではどのようなものを販売していたのか

では、朝鮮後期の漢陽を描いたもう一つの地図である「首善総図(しゅぜんそうず)」を通して、十九世紀の雲従街の市廛にどのような店があったのかを具体的に見てみよう。

【図3】はソウル市歴史博物館所蔵の「首善総図」で、四角で示したのが雲従街(または、鐘街とも)である。【図4】は現在の地図に雲従街を示したものである。光化門前の大通りの東側と西側には六曹(吏曹・戸曹・礼曹・兵曹・刑曹・工曹)が並び、その先にある恵政橋から東の方の昌慶宮までの大通りが雲従街である。実際に【図4】の四角で囲まれている通りを歩いてみると、鐘路青進地区の市廛行廊遺跡が一般市民にも見られるように展示されている(現在の「Dタワー」辺り)。

次頁の【図5】は【図3】の四角で囲まれた部分を拡大したものである。【図5】の①から㉞までの店名と取り扱う品物をまとめると【表】のようになる。雲従街が始まるところには、①雨金廛(雨具の店)があり、その隣には②生鮮廛(魚屋)があったことがわかる。雲従街は朝廷が許可した店が立ち並んでいる市廛通りであり、【図5】の「首善総図」から雲従街には約三十四の店舗があったことがわかる。このうち、⑧綿紬廛、㉑魚物廛、㉚苧布廛、㉛線廛、㉝魚物廛、㉞紙廛は六矣廛に属する店で、他の雲従街の市廛とは販売する品物や分役(朝廷に払う税金)が異なった。輸入した絹を取り扱う㉛線廛があった場所は、【図4】の㉛で現在は「鐘路タワー」が立っており、建物の前には朝鮮後期の線廛があった場所であるという碑石が置かれている。

朝鮮後期には漢陽という都市を描いた作品が多くある。漢山居士(ハンサンコサ)の『漢陽歌(かんようか)』(一八八四年成立)は漢陽の風俗をハングルで書いた文集で、雲従街に立ち並ぶ店の様子がうかがえる。ここでは紙面の関係上、㉛線廛、㉚苧布廛に係る記述だけを次に紹介する。

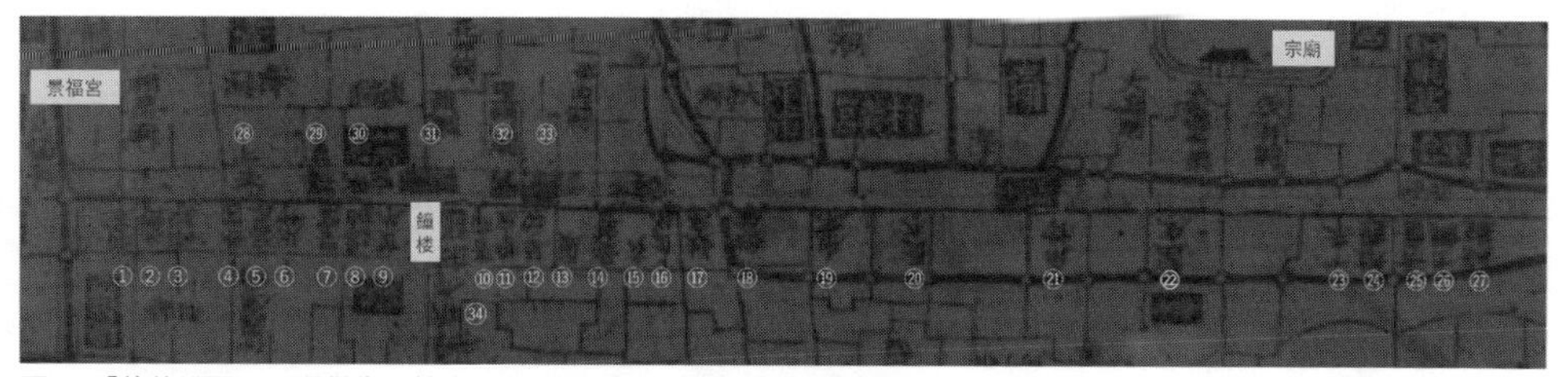


図５ 「首善総図」の雲従街を拡大したもの（ソウル市歴史博物館蔵）

表 図３「首善総図」の店と販売する品物一覧 ＊印が付いたのは六矣廛に属する店を表す

| 番号 | 市廛 | 販売する品物 | 番号 | 市廛 | 販売する品物 |
|---|---|---|---|---|---|
| ① | 雨金廛 | 傘などの雨具 | ⑱ | 鉄廛 | 上同 |
| ② | 生鮮廛 | 石持、鯖などの魚 | ⑲ | 布床廛 | 雑貨 |
| ③ | 雉鶏廛 | 乾燥させた雉肉 | ⑳ | 長木廛 | 木材 |
| ④ | 沙器廛 | 瀬戸物 | ㉑ | 魚物廛＊ | 魚・貝・海苔 |
| ⑤ | 壽床廛 | 雑貨 | ㉒ | 藍床廛 | 染物 |
| ⑥ | 煙竹廛 | 煙草、煙管 | ㉓ | 下米廛 | 品質の劣る米 |
| ⑦ | 果宗廛 | 果実 | ㉔ | 雉鶏廛 | 乾燥させた雉肉 |
| ⑧ | 綿紬廛＊ | 国産の絹織物、主に明紬 | ㉕ | 清蜜廛 | 蜂蜜 |
| ⑨ | 望床廛 | 馬尾、燭など雑貨 | ㉖ | 生鮮廛 | 青果 |
| ⑩ | 青布廛 | 青い麻糸で織った木綿 | ㉗ | 縄鞋廛 | 草鞋 |
| ⑪ | 華皮廛 | 染料 | ㉘ | 上米廛 | 品質の良い米 |
| ⑫ | 草笠廛 | 笠 | ㉙ | 真絲廛 | 麻糸 |
| ⑬ | 履廛 | 履物 | ㉚ | 苧布廛＊ | 麻布 |
| ⑭ | 匙箸廛 | スプーンや箸 | ㉛ | 線廛＊ | 輸入の絹 |
| ⑮ | 衣廛 | 衣服 | ㉜ | 銀麹廛 | 酒をつくる麹 |
| ⑯ | 馬床廛 | 馬 | ㉝ | 魚物廛＊ | 魚・貝・海苔 |
| ⑰ | 鉄床廛 | 金釘や釜などの金属 | ㉞ | 紙廛＊ | 紙 |

（一）線廛

線廛は首廛で、お金持ちの商売人たちが
非常に豪華で派手な様子で入り乱れ、商売をする人々はみんな容貌が優れている
様々な種類の絹が陳列されて非常に華麗である
貢緞（厚手の無地の絹織物：筆者注）・大緞・紗緞（薄絹：筆者注）・宮綃・生綃・雪寒綃
金鶏啼罷一輪紅（金鶏が鳴くと紅色の日が出る：筆者注）、日光緞
一年明月今宵多（今夜の月が一年の中が最も明るい：筆者注）、月光緞
秋雲淡淡映悠悠（秋空に雲が淡々と悠々と映っている：筆者注）、雲紋大緞

（二）苧布廛

布廛の中を見たら、様々な色の麻布でいっぱいだった。
農布・細布・重散置・咸興五乗・深衣布
六鎮長布・安東（アンドン）布・ゲチュリ・海南布
倭麻・唐麻・生ゲチュリ・門布・造布・永春布
吉洲・明川の細い麻布はバリ（小さい茶碗：筆者注）の中に入る麻布である（吉洲・明川産の麻布はバリの中に納められるくらいに細いという意：筆者注）

（『漢陽歌』）

引用文（一）は線塵を描いたもので、裕福な人々が色鮮やかな高級絹を買っている様子や、取り扱われた絹の種類が列挙されている。また、引用文（二）は、苧布塵を詠んだもので、傍線部のように、現在も麻布の中で最上品と言われる、安東地方の麻布や日本製・中国製の麻布が売られたことがわかる。

## 三、描かれた漢陽の市場――「城市全図応令」と「太平城市図」

ここでは、「城市全図応令」と「太平城市図」を通して十八〜十九世紀の漢陽の市場の具体的な様子をうかがってみたい。十八世紀の終わりには、正祖の勅命によって、漢陽の都城の風物を描いた屏風「城市全図」と漢詩集「城市全図詩」が製作された。このうち、「城市全図」は現存していないが、「城市全図」を画題として詠まれた漢詩集「城市全図詩」は今も確認することができる。「城市全図詩」がいつ、誰によって詠まれたものであるか、そしてどのように評価されたのかについては、李徳懋の『雅亭遺稿』（十九世紀頃成立）に次のように述べられている。

「城詩全図」七言古詩。百韻。

○壬子年（一七九二：筆者注）四月、王が諸臣に製進を命じた。兵曹佐郎の申光河、検書官の朴齊家、検校直閣の李晩秀、右副承旨の尹鼎秉及公、検書官の柳得恭、同副承旨の金孝建、前奉教の洪樂游、行左承旨の李集斗、檢校直閣の徐榮輔、前奉教の李重蓮、左副承旨の李百亨、兵曹佐郎の鄭觀輝、右承旨の申耆、注書の徐有聞、兵曹正郎の鄭東幹、前檢書官の李藎模が優れた作として選ばれた。上位六人の試券に対しては、王が御評したが、私の試券に対しては、「雅」と評した。

（『雅亭遺稿』巻十二）

「試券」とは、朝鮮時代の科挙の受験者が文章を作って提出する答案紙のことである。引用文により、一七九二年四月、正祖の勅命で申光河、朴齊家、柳得恭などが「城市全図」を画題とした漢詩百韻を詠んだことがわかる。傍線部のように『雅亭遺稿』の著者である李徳懋の詩文は、「雅」と評されたのである。奎章閣の日記である『内閣日暦（ないかくひこよみ）』には、「城市全図詩」のディベートの成績について、もっと詳しく書かれており、二番目に高い評価を受けたのは、朴齊家の「城市全図応令」であったと記してある。

「城市全図」は前述したように現存していないが、【図6】と【図7】の「太平城市図」を通して、十八～十九世紀の漢陽の市場の様子をうかがってみたい。「太平城市図」は全八曲の屏風で、漢陽に住んでいる人々の都市生活が生き生きと描かれている。第一扇から第六扇の半ばまで（斜線のところまで）は、商売空間を描いた部分で、第六扇の半ばから第七扇までは、生活空間を描いている。先行研究によると、「太平城市図」は中国の「清明上河図（せいめいじょうがず）」の影響を受けて成立したものと言われているが、【図8】の第五扇の㋐「ディディルバンア」という踏み臼を踏んでいる様子や㋑家の中でアイロンをかけている様子、【図9】の第六扇の㋐壺を頭の上に載せて、歩いている女性の姿と㋑身分の高そうな男性が身にまとっている被り物や衣服など、朝鮮風の部分が多く盛り込まれている。

では、前述の朴斎家「城市全図応令」には、漢陽の市場がどのように描写されているのかを見てみる。「城市全図応令」には全二百首が記されており、そのうち四十七～百首目までが市場を題材とした漢詩である。また「太平城市図」から、「城市全図応令」に描かれている市場や人々、路上芸能に対応する図柄を引用して紹介したい。

まず、「城市全図応令」の四十七首目から六十首目までは、市場の様子、布、穀物、果物、魚介などの市場で

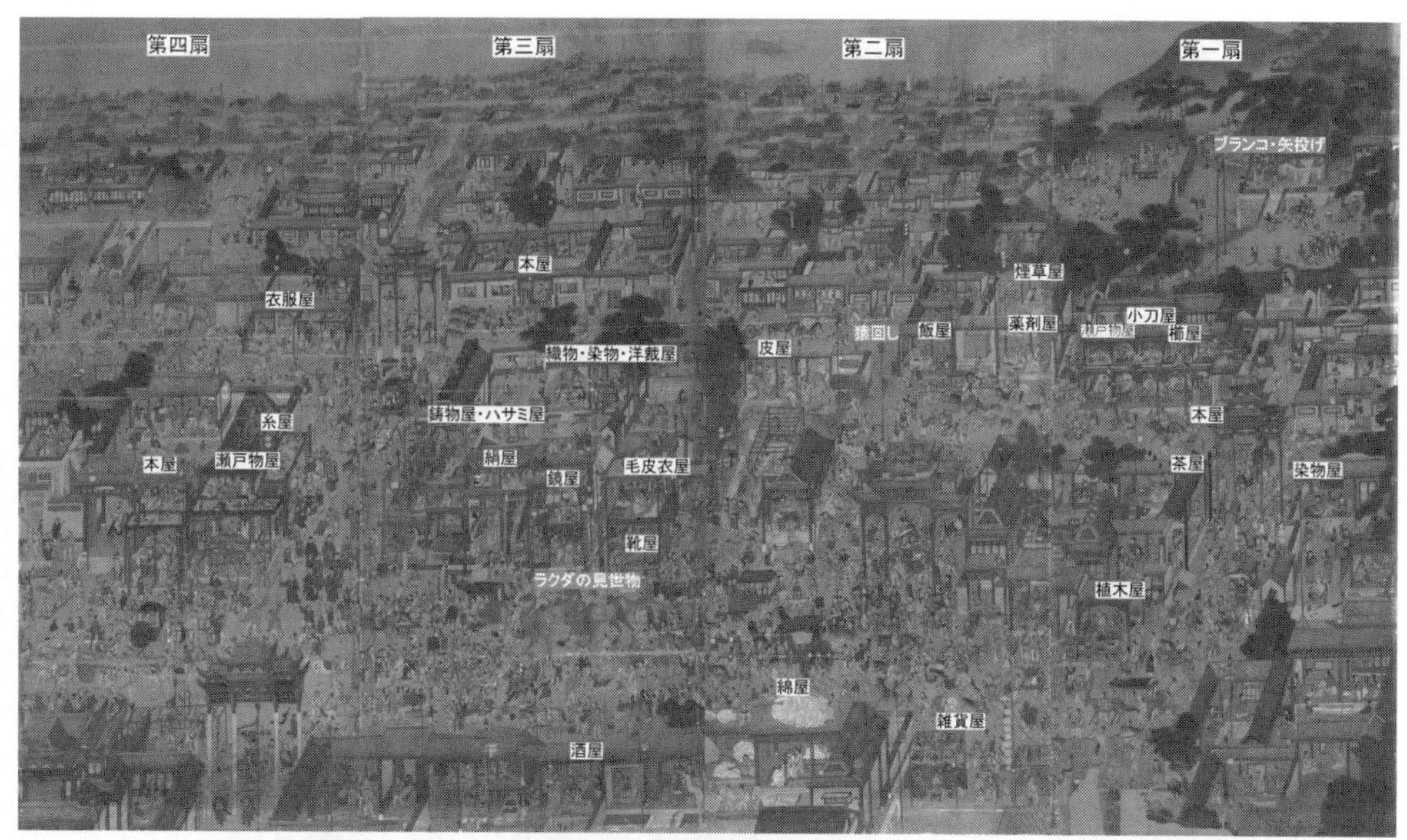


図 6 「太平城市図」第 1 扇から第 4 扇（韓国国立中央博物館蔵）

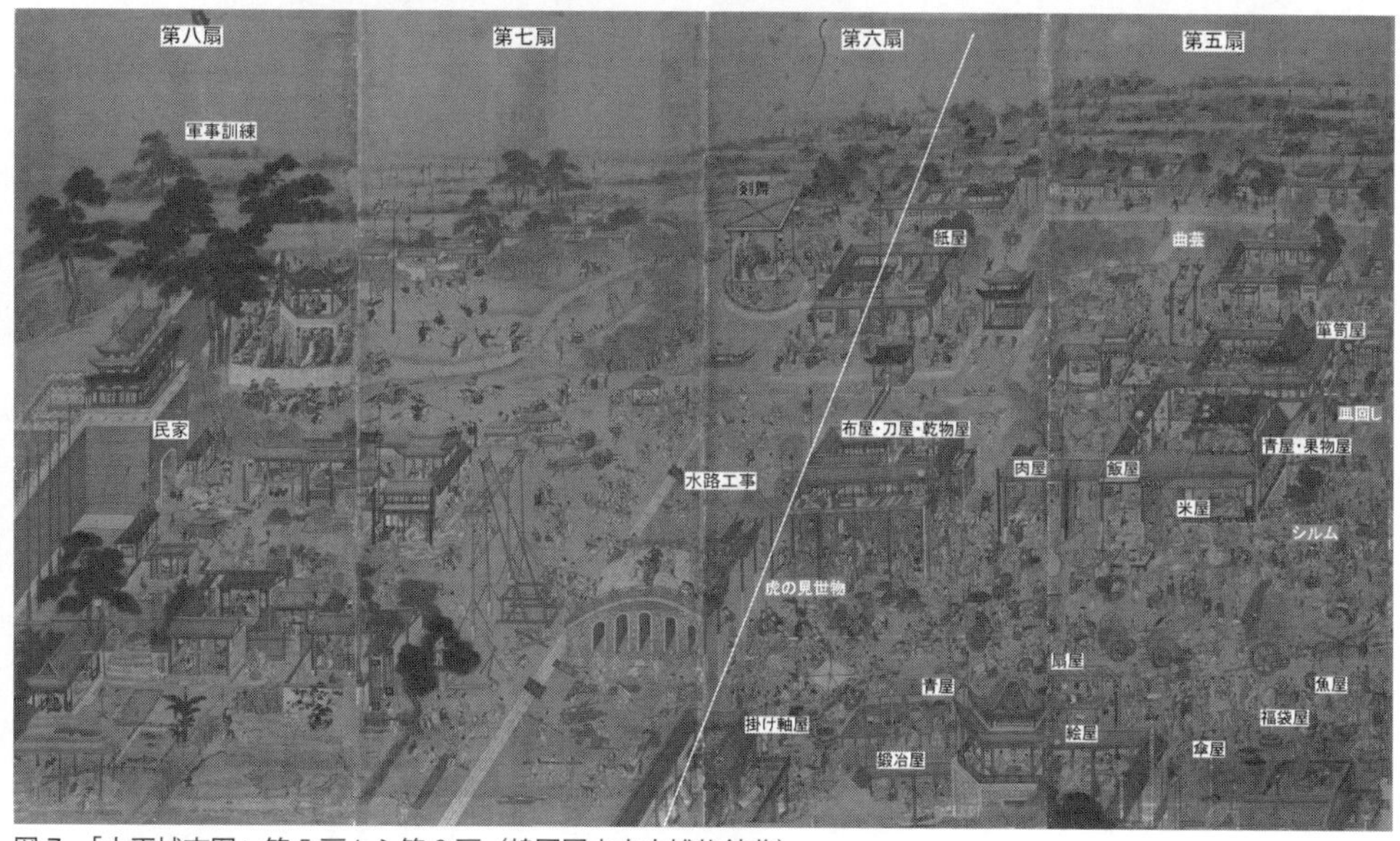


図 7 「太平城市図」第 5 扇から第 8 扇（韓国国立中央博物館蔵）

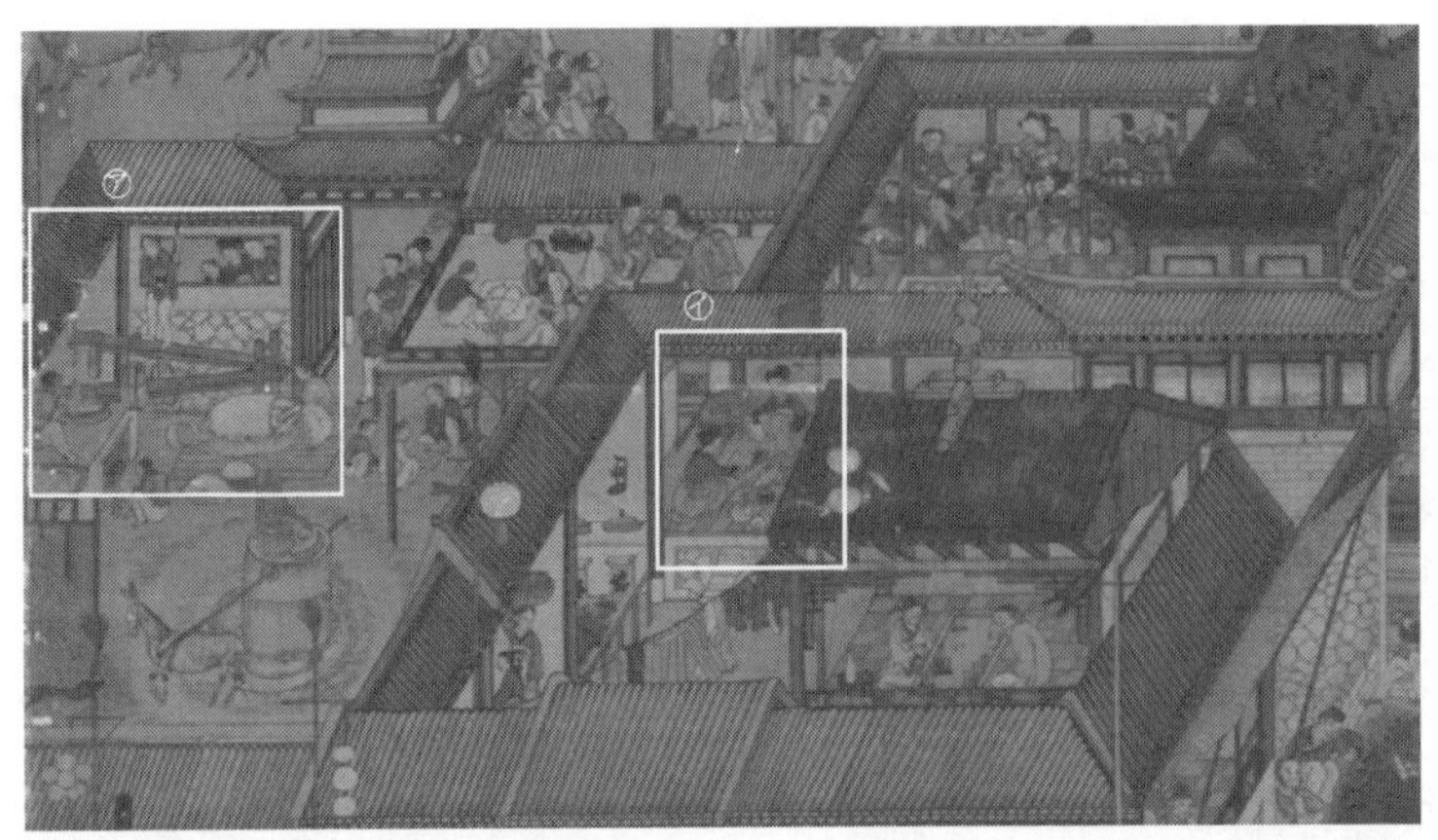

図８　「太平城市図」第５扇の一部

図９　「太平城市図」第６扇の一部

売られたものが次のように描かれている。

47 梨峴、鍾樓、及び七牌、48これが都城の三大市場である。
49 数百人の職人が生業を営み、人日は肩を摩り、
50 万の貨の利益を追い、車の列が連なる。
51 鳳城（朝鮮と中国の国境の鳳凰城：筆者注）の羢帽、燕京の絲、52 北關の麻布、韓山の枲。
53 米、菽、禾、黍、粟、稷、麥。54 粳、柟、楮、漆、松、梧、梓。
55 椒、蒜、薑、葱、韮、

芥、蕈。56 葡萄、棗、栗、橘、梨、柹。57 さばいて干した魚と糸で貫いた雉、58 章擧（タコ：筆者注）、石首、鰈、鯆、鮪。59 栢葉で果物を磨いたら潤い、60 綿の種で卵を包んだら、舌で舐めたかのように綺麗になる。

（「城市全図応令」）

「城市全図応令」では、梨峴、鍾樓、七牌の三カ所に市場があると記している。昭義門と七牌は近くにある市場で、資料によって両方のうち、片方だけを数えたりする（『京都雑志』も漢陽の三大市場として、梨峴、鍾街、昭義門を紹介している。図2参照）。鍾樓は市廛で、梨峴と七牌は乱廛である。数百人の人々が市場で生業を営む活気あふれる

図10 「太平城市図」第5扇の魚屋

図11 「太平城市図」第5扇の穀物屋

図12 「太平城市図」第5扇の青果屋

様子が四十九と五十首目に描かれている。そして、五十一から六十首目までは、布、穀物、果物、魚介など商売される品物を列挙している。このような市場の活気あふれる様子は、「太平城市図」にも生き生きと描写されている。たとえば、第五扇からは、【図10】生魚や干し魚を売っている魚屋、【図11】米や雑穀を売っている穀物屋、【図12】大根や西瓜などを売る青果屋の様子を確認することができる。

次は、「城市全図応令」の八十九から九十六首目までに描かれている路上芸能についてみてみよう。

89 売買を終えて、**説戯**を楽しもうとしているが、90 伶優の服飾の色が変わっている。91 我が国の**撞竿**は天下に無いものである。92 縄の上を歩き、空中にぶら下がっている姿が蝶のようで、93 傀儡がいて広場に登場しようとしているところに、94 勅使が東から現れて頬を打つ。95 小さい**猿**は婦人と子供たちを驚かし、96 人の心を読み取って膝を曲げて挨拶をする。97 老少八色が紙牌を手に取り叫ぶのだが、98 酷い人は狂ったかのように日を暮れさせる。99 瓊旻（賽子：筆者注）は小豆の粒を二つに割って作り、100 膝を打ちながら环を投げて見比べる。

図 13 「太平城市図」第 2 扇の猿回し

図 14 「太平城市図」第 1 扇のブランコ

右の引用文の八十九と九十首目には「説戯」という路上劇が、九十一と二首目には「撞竿」という綱渡りが、九十五と六首目には猿が人を驚かす見世物などの路上芸能が描かれている。「太平城市図」には、猿の見世物が【図13】のように描かれており、【図14】のように女性たちがブランコ遊びをする様子が描かれている。

## 四、おわりに

朝鮮後期の漢陽は約三十万人の人々が暮らす大都市であった。漢陽都城の内側にある北村には両班のような上級階層が、中村には訳官・医官のような専門職の下級官吏が、南村にはソンビと呼ばれる文人が集まって暮らしていた。平民は都城の外側の七牌（昭義門の外側）に住みながら、都城の内側にある市場で生業を営んだ。つまり、朝鮮後期の漢陽の市場は、都城の内側に暮らす両班や中人、外側で生活する平民でもっともにぎわう場所であった。

朝鮮後期の歳時記である柳得恭『京都雜志』には、漢陽の雲従街（＝鐘街）、梨峴、昭義門、七牌に市場があると記されている。このうち、雲従街は朝廷の許可を得て運営する市廛が並んでいた通りで、ほかは朝廷の許可なしで店を営む人々が集まっていた乱廛市場であった。雲従街にはどのような店があったのかを朝鮮後期の地図から蘇らせることができた。また、漢詩集「城市全図応令」と屏風絵「太平城市図」には市場の中の人々の商売をする様子や広場での路上芸能をする姿が生き生きと描写されていた。朝鮮後期の一番の規模を誇る市場である雲従街は、雲のように人が集散する街という意味を持つ。十八〜十九世紀の漢陽の市場は、様々な階層の人々が集まる活気の源であったのである。

漢陽の市場の様子をうかがったうえで、同時期の江戸の市場にも目を向けるべきである。大都市の江戸では、

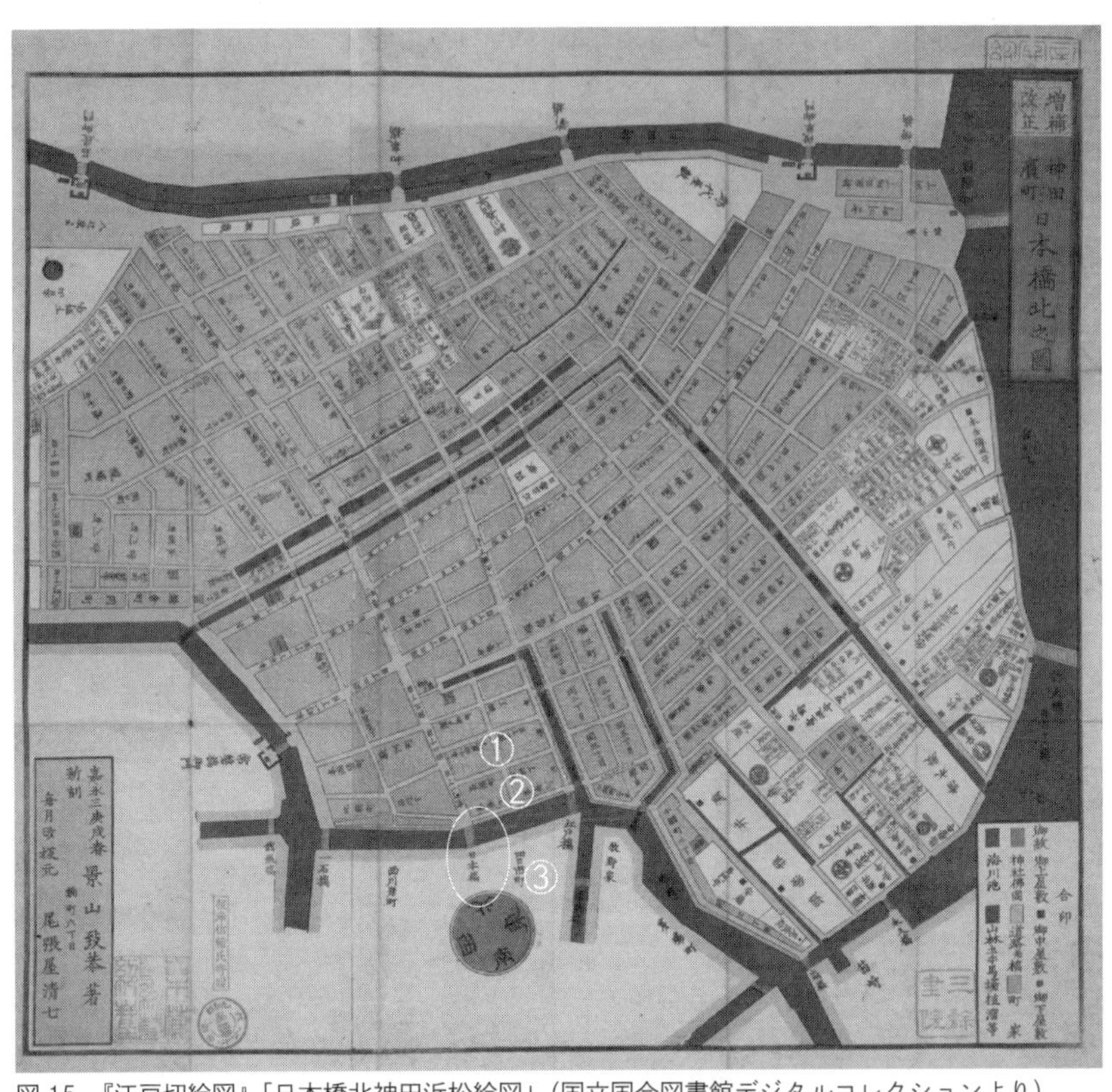


図 15 『江戸切絵図』「日本橋北神田浜松絵図」(国立国会図書館デジタルコレクションより)

売られる品物によって市場が細分化した。例えば、神田、千住、駒込は青物市場として大繁盛した。これらの市場では江戸の近郊で栽培された野菜が商われ、人気を集めた。その代表的なのが練馬大根、千住ねぎ、江戸川の小松菜などである。そして『熙代勝覧』(一八〇五年成立)における今川橋から日本橋までの繁華街の様子や『江戸名所図会』巻之一(一八三四年成立)の「本町薬種店」と「大伝馬町木綿店」などを通して、江戸のどこにはどんな店が並んでいたのかを調べることができる。また、近世風俗史である『守貞謾稿』巻之五「生業・上」(一八三七〜一八六七年成立)にも江戸の市場についての記述が多く確認され、そのうち魚市場については次のように記している。

○小田原町および本船町辺　魚市　問屋中買群居す。鮮魚市なり。
○四日市　塩魚問屋　干魚、塩魚屋なり
○深川蛤町、大島町　貝類の魚家

【図15】は、『江戸切絵図』「日本橋北神田浜松絵図」で、丸印を示したのが日本橋で、①は前掲の『守貞謾稿』の引用文の小田原町、②は本船町で、両方とも鮮魚を店が並んでいた町である。③は四日市町でこちらでは干魚と塩魚を商う店があったのである。

十八〜十九世紀の朝鮮と日本を代表する消費都市である漢陽と江戸の市場を比較すると、当時の庶民の生活への理解をより深めることも可能になる。両都市の市場の比較は今後の課題とし、別稿において考察を進めていきたい。

参考文献
・『京都雑志』ソウル大学図書館奎章閣韓国学研究院奎章閣書庫蔵（請求記号：ガラム古 951.053 Y9g）。
・「首善全図」ソウル市歴史博物館蔵（請求記号：ソウル歴史 031879）。
・「首善総図」韓国国立中央博物館蔵（請求記号：南山 1304）。
・『漢陽歌』韓国国立中央図書館蔵マイクロフィルム資料（請求記号：M古 4-1-389）。
・「太平城市図」韓国国立中央博物館蔵（請求記号：徳壽 4481）。

・『江戸切絵図』「日本橋北神田浜松絵図」国会図書館蔵（請求記号：本別9-30 00-005）。

・『ソウル歴史博物館：場所と記憶・常設展示図録』（ソウル歴史博物館、二〇一三年）。

・ソウル特別市史編纂委員会『東國輿地備考』（城元印刷社、二〇〇〇年）。

・民族文化推進会編『国訳万機要覧』I（古典国訳叢書六十七、民衆書館公務局、一九七一年）。

［付記］本章は法政大学江戸東京研究センター国際日本学研究所共催シンポジウム「漢陽と江戸東京　それぞれの暮らし」（二〇二一年二月二十日、於法政大学）における口答発表の原稿に大幅加筆したものである。発表会場で御教示を賜った諸先生方や資料の閲覧に際して御高配を賜った諸機関に、心より感謝を申し上げます。なお、本章は蔚山大学新任教員定着研究費（2021-0454）の成果の一部である。合わせて謝意を表します。

03

# 近代における市場空間の表と裏——神田多町市場を例として——

金谷匡高
KANAYA MASATAKA

要旨——古くから市場は都市の発展に欠かせない要素であり、時に為政者により都市の繁栄のために計画的に都市の中に取り込まれてきた。そして、近世における江戸を代表する市場というと、魚市場と青物市場が有名である。魚市場は日本橋魚河岸、青果市場は神田多町を中心に発展し、取り扱う商品によって市場空間が分かれていた。二つの市場空間は、日本橋を中心に南北に走る江戸のメインストリートである日本橋通りによってつながれている。また、その途中に直交するように走る本町通りはもう一つのメインストリートである。しかし、それぞれの市場空間の中心は、このメインストリートの日本橋通りを軸としながらも、そこから一歩脇に入った街路空間に発展していた。

大通りを表、その道を一本入ると裏という現代の感覚でみるとき、その表と裏がどのような都市空間であったのか、絵図などの資料から読み取り明らかにしていく。つまり、本章は表店と裏店の違いを明らかにするのではなく、裏通りに広がる市場空間がどのような空間であったのか近代以降の青物市場の変遷を例に詳しく見ていこうとするものである。

関東大震災後に築地市場や秋葉原青果市場のように近代的な市設市場が建てられ、ひとつの建物に問屋や仲買が集約されていくのだが、それ以前の市場における表空間と裏空間がどのようなものであったのだろうか。江戸東京の市場と街路の都市空間をみていきたい。

## 一、はじめに

新橋から北へ銀座を経由して京橋、日本橋と続き神田、秋葉原、上野にいたる大通りを現代の私たちは、中央通りと呼んでいる。文字通り、この中央通りを軸として一大商業・金融エリアを形成しており、東京の中央にふさわしく、銀座から秋葉原あたりまで約二十七メートルの道路幅員が続く。この道幅は明治五年（一八七二）二月に和田蔵門（わだくらもん）内の兵部省添屋敷（ひょうぶしょうそえやしき）より出火し、銀座一帯を焼失した銀座大火後に、時を置かずして計画された銀座煉瓦街の建設に端を発する。また、銀座一帯にはブランド店や老舗の店舗が軒を連ねているが、江戸時代には、小商人と職人の町で、明治以降、徐々に服部時計店など新しい産業が集まり、大正期を経て若者が集まる町へと変わった。近代以降、商業の重心が移動していくのだが、明治期の東京で土地の価格が一番高かった場所は、日本橋魚河岸一帯であった。明治六年（一八七三）の地租改正法により、土地の等級を決めた際、地価の最高地点である一等を日本橋区本船町（ほんふなちょう）としていた。ちなみに、銀座が現在のように地価の日本一高い場所となったのは昭和以降のことである。さて、日本橋から中央通りをさらに北へ進むと、秋葉原、御徒町を通り上野へ至る。今はこのあたりは店舗やオフィスビルが建ち並ぶが、江戸時代には武家地と町人地の入り交じる地域だった。明治以降、武家地が徐々に商業地へと変わり発展していった場所である。江戸時代の商業の中心地は、京橋以北の日

図1　日本橋魚がしの図『新撰東京名所図会』日本橋区（山本松谷画）

本橋周辺地域や日本橋通りに直交する本町通りにあった。この本町通りには、常盤橋から大伝馬町を通り浅草橋へいたる日光・奥州街道の一部であり、かつては薬種商や木綿問屋が軒を連ね、一方の日本橋通りには、三井越後屋を代表とした大店が店を構え、にぎわいを見せていた。

今、日本橋を起点に中央通りを北に進むと、三越本店（大正三年から昭和三年にかけて数回の増改築）や三井本館（昭和四年築）が建ち並び、南へ進むと日本橋高島屋（昭和八年築）が建つ。さらに、南へ進むと銀座へ至り、銀座四丁目の交差点には、和光本館（旧服部時計店・昭和七年築）が建つ。中央通りには関東大震災後の昭和初期に建てられた近代商業建築が多く残り商業地の発展を物語っている。この一本のメインストリートは、東京の軸として今も健在である。しかし、大通りの周辺にも目を向けると、人々が多く集まる場所には、観光地にもなっているアメ横や秋葉原電気街なども思い浮かぶ。中央通りから一本裏手に入ったところにもにぎわいが生まれている。

同様に江戸の町人地も一本裏に入ったところににぎわ

う場所が多数存在した。日本橋の魚市場を題材とした浮世絵には日本橋川や日本橋と一体となってにぎわう様子を描くのが定番の構図といえよう。明治時代に山本松谷（やまもとしょうこく）が描いた「日本橋魚がしの図」【図1】は、海産物の荷揚げが日本橋川北岸に沿った河岸地から行われ、反対側の通りにある表納屋や仲見世、本船町の表店で売りさばかれ、人混みでにぎわう様子が描かれている。

そもそも、この魚市場は、かつての町名では本船町、按針町（あんじんちょう）、長浜町（ながはまちょう）、本小田原町（ほんおだわらちょう）の範囲に広がっており、日本橋通りを脇へ入ったところに位置していた。江戸時代、この魚市場と対を為して発展したのが本章で取り上げる神田青物市場だ。青物市場もまた、このメインストリートに接しながらも、その裏に市場空間が展開していたのである【図2】。

その場所は、現在の中央通り西側に並走する、多町（たちょう）大通り沿いに存在した。多町大通りは、ＪＲ神田駅西口を北側に出てすぐの北西へ真っ直ぐ延びる通りである。この通りを北へ向かって少し歩くと通りの名前になっている神田多町にたどり着く。住所は多町二丁目で、現在は一丁目が存在しない。そして、この通りを歩いていると道の両側に戦前に建てられた二階建ての正面を銅板で葺いた建物や出桁造り（だしげたづくり）の商店建築が多数目に付く。今に残るこれら近代建築の中で、特に正面を銅板やモルタルで仕上げた商店建築を看板建築（かんばんけんちく）と呼ぶ。関東大震災により焼け跡となった町に、延焼防止を目的として正面の壁面のみを防火材で覆って建てられた復興建築であるが、その正面の意匠には縁起のよい伝統模様や洒落た装飾を施すなど多様なデザインがみられる。これらの建物の中には、元は八百屋だった店舗もあり、かつての青果市場の名残ともいえよう。このあたりが、かつて神田市場と呼ばれた江戸東京で最大の青果市場の中心だった。しかし、関東大震災により神田市場も灰燼に帰し、これを期に昭和三年（一九二八）以降、神田市場の機能が、以前から東京市が進めようとしていた秋葉原の市設市場へ集約移転することとなる。そして、移転後の跡地は帝都復興区画整理事業が行われることとなり、かつての多町は姿を変えていく。

この時、市場が移転するまで三百年以上もの間、神田市場は多町を中心に開かれていた。この青物市場がどのような場所であったのか、関東大震災後に移転するまでの市場空間を本章では少し覗いてみたい。中央通りとその一本裏に広がる市場の空間変遷について、神田市場を例にみていく。また、近代の中央通りを述べる際は、かつての呼び名である日本橋通りを用いることとする。

## 二、東京の中の市場

まずは、近代東京の市場の位置と数を把握したい。明治よりも少し後の時代になるが、大正十二年（一九二三）三月に出版された『青物市場調査資料』[*1]の第一章概説の序文にはこのようにある。

「東京府下に於ける青物市場は、警視庁令に依り其の認可を受けたるもの五十八箇所、警視庁令の適用を受けざるもの十八箇所、合計七十六箇所あり。」

この資料は、当時の東京府内の市場を詳細に実地調査し、関係資料などをまとめたものである。出版年から、大正十二年九月一日に発生した関東大震災よりも前の青物市場の様子を捉え記録した資料ということになる。関東大震災により、神田一帯は焼け野原となる。そのため、本資料は、それ以前の東京の市場の様子を記録した貴重な資料となっている。先にも述べたが、大震災後、都市の中に点在していた市場は、衛生的な設備を取り入れた近代市場へと集約されていく。本章では、移転前の市場に詳しい『青物市場調査資料』や『神田市場史』[*2]をもとに、近代の神田市場についてみていきたい。特に註記がないものはこの両書によるものである。秋葉原の市設神田青果市場は、昭和三年（一九二八）に神田山本町ほか五か町を敷地として完成する。現在の秋葉原駅北西にある再開発ビルの建つ場所である。その一年前には、横網町に市設江東青果市場が完成している。こちらは、現在、江戸東京博物館が建つ場所である。さらに、昭和八年（一九三三）に東京市中央卸売市場が築地に完成し、神田市場と同じように三百年以上にわたり日本橋の地で発展した魚市場は、紆余曲折あり昭和十年（一九三五）に移転集約され開場した。中央卸売市場が開場したことで、築地を本場とし、神田と江東は東京市中央卸売市場分場となった。これにより、神田市場の一部も築地本場に移転している。この中央卸売市場の設立によって、これまで街路までも市場空間に取り込んでいた多くの市場が、都市施設の中へ集約されていくことになった。こうして街路空間は徐々に交通のみの場となっていく。まずは、市設市場に集約される以前の市場が開設された時期をみていこう。

集約以前の東京府内の市場数は、合計で七十六カ所あったことがわかる。江戸東京の市場の歴史は、駒込、千住の二つが天正（一五七三～一五九二）の頃に端を発するとされ、神田市場が慶長（一五九六～一六一五）、本所四ッ目市場が万治（一六五八～一六六一）、京橋市場が寛文（一六六一～一六七三）、浜町市場が元禄（一六八八～一七〇四）、本所中ノ郷竹町が享保年間（一七一六～一七三六）に創設されたという。その後、竹町が開き、さらに下谷、松屋、二本榎、高田、尾源、大崎、品川が創設する。

明治になると、本所一ツ目、藤本、大崎食品が開設し、明治十五年（一八八二）から四十四年（一九一一）までの間に、広尾坂下、本所中ノ郷瓦町、澤田屋、市川中山付近、戸塚、巣鴨の市場が開設する。さらに大正二年（一九一三）

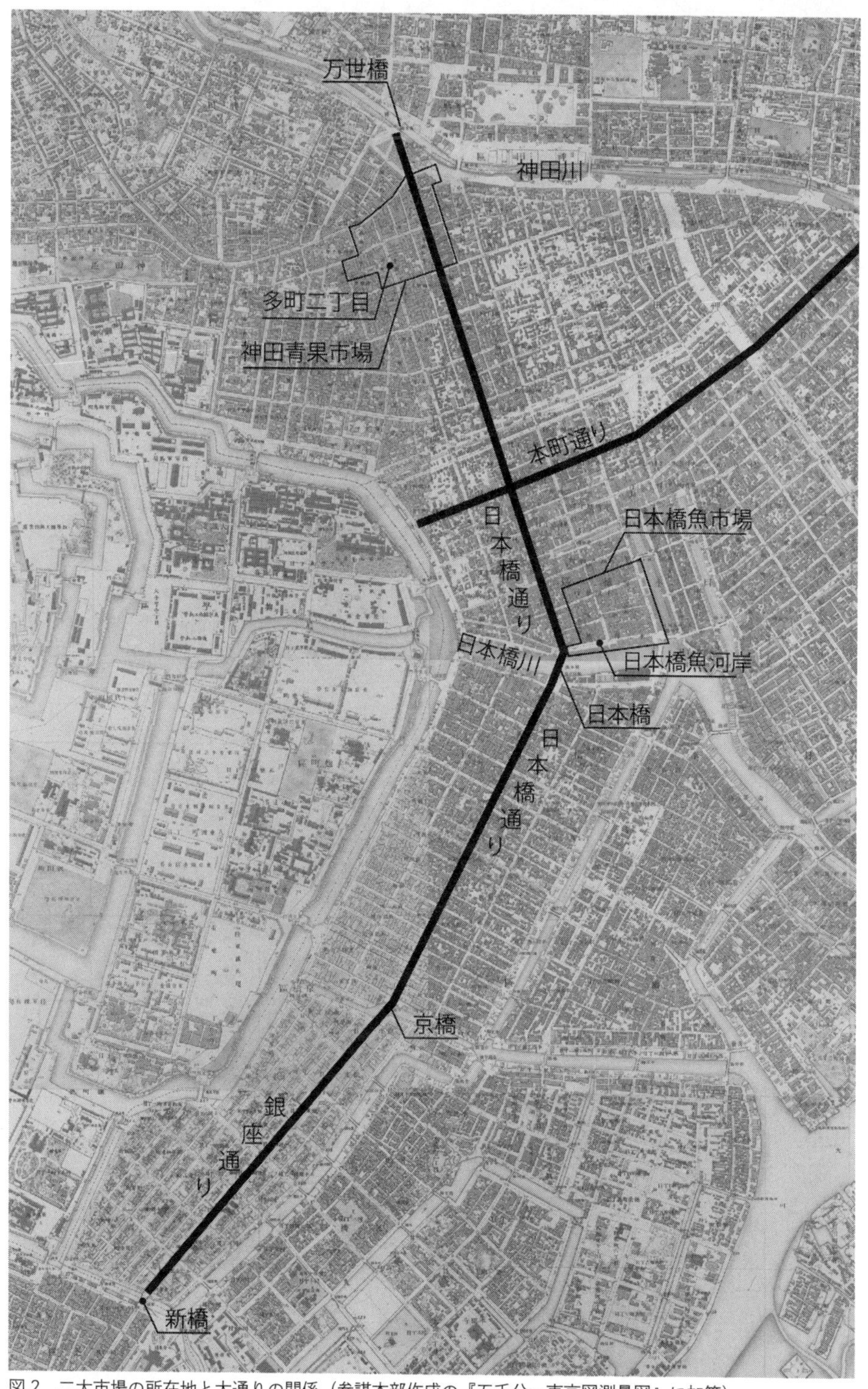


図２　二大市場の所在地と大通りの関係（参謀本部作成の『五千分一東京図測量図』に加筆）

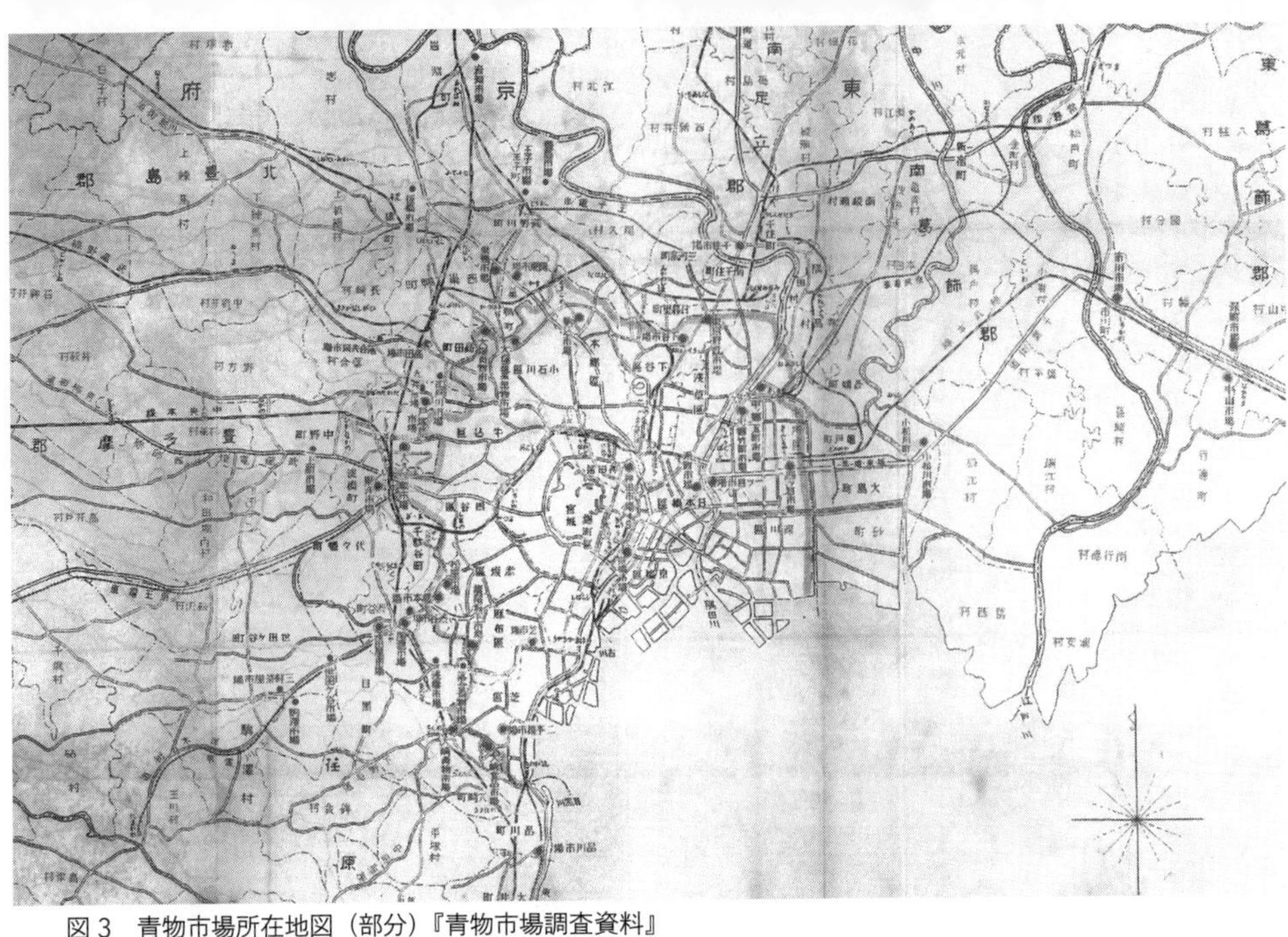

図３　青物市場所在地図（部分）『青物市場調査資料』

から十年（一九二一）までの間に、芝、大塚、小松川、市設大塚、関東、大久保、渋谷、府設、東祥の九市場が開設する。これらの市場を地図上にプロットしたものが【図３】である。

大正十一年（一九二二）時の市場の規模は、神田市場がもっとも大きく全市取引高の半額に達し、京橋、浜町がこれに次いだという。郊外の市場にはわずかに問屋一戸のみというような小市場もあったが、市場の開設された時期を見ていくと江戸期は江戸の東部に多く作られ、近代になると次第に西部にも作られていくことが読み取れる。

## 三、神田市場の立地

次に市場の立地がどのような場所であったのかをみていきたい。近世につくられた市場の多くは、物資の交易が盛んな交通の要衝に立てられた。このことは、中世以降城下町の繁栄を目的に発された楽市令にも読み取れ、都市の発展に市場は欠かせない場であった。江戸東京の市場の多くも、街道沿いあるいは複数の街道や舟運の交わる場所につくられている。神田市場は、中山道や日光街道へと到る日本橋通りに隣接し、日本橋にも近い。さらに、神田川と日本橋川に挟まれ、どちらの河岸にも荷上場があり、舟運による集荷も至極便利な地であった。江戸時代の神田川筋では稲荷河岸に葛西砂村方面の野菜や紀州の蜜柑が集まり、日本橋川では鎌倉河岸の東にあった龍閑河岸に上総、安房方面の野菜が荷揚げされ、筋違橋門内の広小路通称八辻が原には、練馬や三河島方面から馬に付けて運んできた大根などが集まったという。そして、明治二十三年（一八九〇）に鉄道が開通し秋葉原貨物駅が神田川の北側につくられると、東北地方からの物資輸送においても一層便利な地となった。さらに、秋葉原貨物駅には、神田川から引き込んだ堀割がつくられ、舟運との接続も図られた。また、明治三十七年（一九〇四）には隅田川左岸に両国駅が開設し、房総方面の物資が入ってくるようになった。このように、近代以降になると鉄道と舟運を接続した交通の結節点となる場所に多くの市場が設立された。これは、鉄道や舟運の発達による輸送機能の強化や都市化による需要と供給の拡大と共に市場が拡大し、新たな市場が必要となったことが想像される。鉄道の開通により、それまで、東京近郊で作られた農産物が中心であったが、東北方面の物資など全国から様々なものが東京へ入ってくるようになった。

ちなみに、この時の神田市場への着荷量を駅ごとにみると汐留駅が一番多く、市場に近い秋葉原駅はそれに次ぐ物量だったとされている。流通網や生産量など、理由は様々考えられる。また、着荷の種類は、汐留駅においては蜜柑やバナナが首位を占め、秋葉原駅はリンゴ、玉ねぎ、馬鈴薯、両国駅は芋類、と駅によって主要な取り扱い品も違っていた。

## 四、神田市場内に集まる人々

さらに『青物市場調査資料』から大正十一年（一九二二）の神田市場の内部の様子をみていこう。資料では、問屋、仲買、投師、小売商、茶屋といった市場内の業種別の戸数を記載している。まずは、問屋から見ていこう。問屋組合員は二百二十戸あり、そのうち六戸は休業とある。この、営業している二百十四戸の内、蔬菜専業者は九十五戸、果物専業者が百十戸、兼業者が九戸とある。蔬菜と果物はほぼ同等数であることがわかる。果物の出荷は、鉄道その他の交通機関の発達にしたがって、明治二十年（一八八七）頃より徐々に増加し、日清日露戦争を経て一層増えたという。それ以前の果物問屋は夏季の取引は盛んであるが、一年のうち一月から四、五月ころまでは休業状態であった。しかし、この頃には一年を通して市場繁閑の変化が少なくなり、果物類の取引金高は取引総額の約六割五分を占めるまでになり、蔬菜類が約三割五分という状況になっていた。

次に仲買であるが、組合員は百四十六名おり、うち十名が休業とある。独立の店舗を有する者約二十人、問屋の店員で仲買を兼ねる者が約十五人、それ以外の大部分の者は市場内外の別の場所に居住し毎日市場に来て営業する者であった。

さらに、投師という市場内の空地問屋の軒下等で、小売商に対して販売する者が約四十名いた。投師は、主として千住市場にて仕入れた品を早朝に搬入して販売していたとされ、塵芥取り払い料として、問屋組合に月二円を納金し、売場使用料を当該の問屋に支払うことで商売を行っていた。千住市場は市場の中でも開市の時間が早かったため、ここで仕入れたものを別の市場で売ることを可能にしていた。ちなみに、大正元年（一九一二）改正の千住青物市場組合の規約では開市の時間は午前五時からとなっているが、その後の調査報告[*3]では、午前三時からとなっている。

そして、市場へ買いに来る小売商の数は、日々約四千人に上ったという。東京青果実業組合連合会に属す蔬菜を主とする小売りが約三千人、東京果実小売商組合に属すもの約四百人であった。また、組合に属していない小売商が約六百人いたとされる。それ以外にも買い入れに来る、陸海軍、学校、会社、飲食店、旅館、一般消費者など様々な者が日々集まった。市場の開市は、「午前四時より正午まで」と神田青物果物市場問屋組合規約にて決められ、「閉市後は仮設物を撤去し、清潔に掃除すべきものとす」とあり、「閉市後荷造り又は延着の荷物の販売を為すに付ては決して道路の妨害を為す可からず」としている。ただし、実際の開市は、日の出から正午までの間であったようである。朝から昼までが市場のにぎわう時間帯だった。休みはほとんど無く、一月一日と毎月十六日が定休日として決められ、十二月は無休であったという。さらにその売買方法は相対売買を基本とし、例外として柿、バナナ、ウド、クワイ、大和芋、長芋、甜瓜（メロン）など特定の品に限り数戸の問屋が仲買人に対して競り売りすることがあったとされる。

また、市場内には七十五軒の茶屋というものがあった。ここでの茶屋とは、荷主や客の車を保管する店をいい、自動車や牛馬車、手挽車、箱車で料金が異なっていた。茶屋は仲買を兼営しているか、菓子、飲料品などの販売を行う傍らでこの保管業を行っていた。

問屋が有する倉庫は市場区域の内外で約六千坪あった。その他に五百坪の地下土蔵を有していて、倉庫営業者に荷物を寄託することは稀であったという。さらにこの頃になると冷蔵庫が現れるが市場内には冷蔵庫はなく、神田冷蔵株式会社が付近にあったもののその利用者もほとんどいなかったという。

## 五、神田青物市場の空間について

それでは、引き続き同様の資料を用いて近代の神田市場の街区や建物といったハード面について覗いてみたい。まず、神田青果市場の範囲である。明治十年（一八七七）六月に「東京府魚鳥並青物市場及問屋仲買営業例規並税則」が定められ、多町二丁目、連雀町、須田町、佐柄木町、通新石町の問屋が合同し、神田青物果物市場問屋組合を組織した。これにより、周辺各所に散在した同業者が、この五か町内に移住してくることとなった。明治十五年（一八八二）の神田市場区域調査によると青物市場は、多町を中心としてこの五か町にわたるとされている。一方で、『青物市場調査資料』による神田市場の範囲は、多町一丁目、二丁目、佐柄木町、通新石町、新銀町、連雀町、須田町、雉子町の七町にまたがるものであったとある。範囲が組合の五か町よりも広いが、これは、調査された明治十五年以降の拡大によるものなのか、組合加入者以外の関連業者が周辺にて商売をしていたかなど理由は様々考えられるが不明なところである。市場区域内の面積は一万五千五百五十坪あり、うち建物敷地が一万四千百五十坪とほとんどの面積を占め、残りの千四百坪は道路、車置き場その他の敷地であった。これに先の地下室五百坪が加わる。

神田市場が位置する神田多町一帯は、江戸時代には町人地として区分されていた場所である。江戸時代の町人地の町割りを簡単に説明すると、一街区は最大およそ京間六十間（約百二十メートル）四方で構成され、一つの町は隣の街区との間に通る道を挟んだ両側の町屋敷を単位とし、これを両側町という。通りの両端には木戸と木戸番屋が設けられ、防犯のため夜になると戸が閉じられた。江戸期の多町や通新石町の表通りにも木戸番屋と木戸が設けられていた。街区はさらに東西南北に三分割され、その奥行きは京間約二十間（約四十メートル）となっており、裏側には下水が流れる。

通りに面して店を構える表店があり、その裏には裏長屋が建てられ、入れ子構造のようになっていく。また、街区の角地で表通りに直交する通りは、横町と呼ばれる。街区の角地は表通りと横町の通りにも面するため、表通りからの奥行き二十間がさらに細かく分かれて横町にも表店が並ぶ。神田多町二丁目の表通りと横町の店舗が、

『神田市場史』に記載されているのでもう少し細かくみていきたい。多町二丁目の表通りである南北の通りには、道に面して青果を扱う問屋が集まっている。一方で東西の横町をみると、街区北側の通りには仲買と思われる店舗が集まり、南側の通りには鍛治屋、線香屋、杵屋、釘屋、飯屋、建具屋など様々な店が集まっていた。

町人地の土地所有者や道幅等を詳細に描いた沽券図を元にしたと思われる幕末の神田の様子を写した絵図[*4]を見ると日本橋通りの道幅は十間であり、多町二丁目の通りは四間四分であったことがうかがえる。ここで、日本橋通りの話が出てきたので、少しこの大通りの様子について触れてたい。日本橋通りの江戸後期の様子を描いたものに『熈代勝覧』【図4】という絵巻がある。今川橋から日本橋にいたるまでの通りの西側を描いた絵巻で、店舗一軒一軒を丁寧に描き、非常に精緻な書き込みがされている。ここには、日本橋のたもとの路上に座り込んで野菜を売りさばく商人の様子が賑々しく描かれている。また、この絵巻は文久三年（一八六三）の大火前の様子を描いたものと考えられており、その後も火災の度に再建されるが、明治十四年の耐火建築規制が行われるまでは大きくその町並みが変わることはなかったと考えられている。[*5]

ちなみに、『武江年表』や『江戸名所図会』で有名な斎藤月岑は、雉子町

図４　日本橋通りの様子（部分）（『熈代勝覧』ベルリン国立アジア美術館蔵）

に住み、雉子町はじめ、三河町三丁目、同裏町、四丁目、同裏町、四軒町の名主を勤め、青物役所取締役など様々な職を任されたことも知られている。明治二年（一八六九）三月に名主が廃止された後も、月岑は東京府のもとで三十三番組の添年寄、中年寄、第一大区四小区の戸長、年寄を歴任している。そのため、明治期の彼の日記には周辺の土地売買の届出が多く見られる。

それでは、具体的に神田市場の建物や街路の様子をみていくとする。この表を『青物市場調査資料』には東京市内および付近の市場の所在、規模、構造が表にまとめられている。この表を抜粋したものが【表1】である。この表から、神田市場の市場内には、大正十一年（一九二二）時、木造二階建、平屋土蔵、塗家、鉄筋コンクリートの建物があったことがわかる。構造が多種多様であった。鉄筋コンクリート造は三棟のみとされているが、新たな素材による防火建築も次第に建てられるようになっているのがわかる。だが、この頃の神田市場の建物は木造二階建や平屋建の建物が多く、二階建は、一階の土間が店舗空間で、二階が住空間になっていた。そこからは職住一体の生活があったことが読み取れる。それらの建物の多くは、問屋業者が所有する店舗兼住宅と考えられるが、神田、京橋等の大市場には仲買業者の所有する店舗兼住宅もあったという。また、【表1】からは、問屋が一軒しかなく、バラック建てトタン葺きの建物で営業を行うような店舗が郊外に多くあったことも読み取れる。

明治三十年（一八九七）頃の神田多町の様子を知ることが出来る資料に山本松谷によって描かれた「神田市場の図」【図5】がある。『新撰東京名所図会』神田区之下巻の挿絵として明治三十三年（一九〇〇）に出版されたことから、その頃の多町の様子を描いていると考えられる。この絵をみると路上にはたくさんの人々が行き交い、路上にまで商品があふれ出し、商売が繰り広げられており、先の『熈代勝覧』を彷彿させる。そして、左手角の

表1 大正11年の東京の市場一覧『青物市場調査資料』より抜粋

| 名称 | 所在地 | 規模 | | | | 構造 |
|---|---|---|---|---|---|---|
| | | 敷地坪数 | 建物坪数 | 問屋数 | 仲買数 | |
| 神田青果市場 | 神田区多町、連雀町、佐柄木町、須田町、通新石町 | 15,500 | 14,150 | 214 | 135 | 木造二階建、平屋土蔵、塗家、鉄筋コンクリート |
| 京橋青物市場 | 京橋区北、南、西紺屋町、南伝馬町、畳町、五郎兵衛町 | 3,000 | 2,000 | 49 | 66 | 木造平屋及二階建 |
| 浜町青物市場 | 日本橋区浜町1－1 | 869 | 670 | 23 | - | 木造二階建瓦葺 |
| 本所一ツ目青物市場 | 本所区千歳町49-52 | 565 | 255 | 19 | - | 木造瓦葺 |
| 駒込蔬菜市場 | 本郷区蓬莱町71-73 | 1,050 | 441 | 16 | - | 同 |
| 本所四ッ目青物市場 | 本所区茅場町3-6-20 | 900 | 570 | 10 | - | 同上及煉瓦造瓦葺二階建 |
| 本所中ノ郷竹町青物市場 | 本所区中ノ郷竹町11 | 1,000 | 440 | 8 | - | 木造瓦葺 |
| 芝青物市場 | 芝区赤羽町4 | 400 | 300 | 8 | - | 木造瓦葺及トタン葺 |
| 本所中ノ郷瓦町青物市場 | 本所区中ノ郷瓦町3及び40 | 753 | 182 | 7 | - | 同 |
| 下谷青物市場 | 下谷区箪笥町7 | 135 | 95 | 2 | - | 同 |
| 東京府設青果市場 | 下谷区竜泉寺町410 | 170 | 153 | 1 | - | 同 |
| 松屋青物市場 | 赤坂区青山南町4-28 | 200 | 63 | 1 | - | 同 |
| 藤本青物市場 | 赤坂区青山南町6-13 | 200 | 66 | 1 | - | 同 |
| 広尾坂下青物市場 | 麻布区広尾町49 | 100 | 60 | 1 | - | 同 |
| 二本榎青物市場 | 芝区二本榎町2 | 140 | 33 | 1 | - | 木造瓦葺 |
| 大塚青物市場 | 小石川区坂下町130 | 150 | 44 | 1 | - | 同 |
| 東京府市設大塚蔬菜果物卸市場 | 小石川区大塚仲町41 | 366 | 139 | 1 | - | 同 |
| | | | | | | |
| 千住青物市場 | 府下南足立郡千住町中組44-151 | 4,400 | 1,500 | 32 | 10 | 木造瓦葺 |
| 小松川青物市場 | 南葛飾郡小松川町新町4438 | 342 | 43 | 1 | - | 同 |
| 市川中山付近青物市場 | 千葉県東葛飾郡市川町、中山、深町、海神舟橋 | 320 | 287 | 8 | - | 同 |
| 巣鴨食品市場 | 府下北豊島郡西巣鴨町673 | 250 | 172 | 1 | - | 鉄網コンクリート二階建 |
| 関東農産食品市場 | 府下北豊島郡巣鴨町巣鴨2 | 237 | 220 | 1 | - | 木造二階建 |
| 高田食品市場 | 府下北豊島郡高田町千歳29 | 100 | 36 | 1 | - | 木造平屋建 |
| 戸塚青物市場 | 府下豊多摩郡戸塚町下戸塚139 | 100 | 38 | 1 | - | 木造瓦葺二階建 |
| 大久保睦市場 | 府下豊多摩郡西大久保町190 | 100 | 79 | 1 | - | 同 |
| 東洋青物市場 | 府下豊多摩郡淀橋町角筈103 | 2,700 | 600 | 1 | - | 木造トタン葺 |
| 澤田屋青物市場 | 府下豊多摩郡渋谷町中渋谷636 | 80 | 32 | 1 | - | 木造バラック建 |
| 渋谷青物市場 | 府下豊多摩郡渋谷町宮益25 | 240 | 48 | 1 | - | 同 |
| 尾源青物市場 | 同所48 | 300 | 40 | 1 | - | 同 |
| 大崎青物市場 | 府下荏原郡大崎町上大崎602 | 250 | 150 | 1 | - | 同 |
| 大崎食品市場 | 府下荏原郡大崎町白金猿町8 | 100 | 33 | 1 | - | 木造平屋建瓦葺 |
| 品川青物市場 | 府下荏原郡品川町南品川156-433 | 500 | 300 | 6 | - | 同 |

建物の二階には、洗濯物が干してあり、職住一体の生活空間が描かれている。この様子をみると、江戸からの空間がそのまま維持されているように思われる。

だが、幕末から明治にかけてこの一帯の建物は大きく変化している。それは、度重なる大火によってたびたび建物が建て替えられてきたためである。町人地のなかでも特に神田は火事が多かった。風が少しでも強く吹き風向き次第ですぐに炎は燃広がった。先にあげた、山本松谷の「神田市場の図」【図5】では、表通りに面して軒を連ねた二階建ての建物はどれも表面が黒く塗られている。川越の町にあるような黒漆喰の土蔵造りの耐火建築に見えるが、その中にも二種類の建物があることに気が付く。図の右側に描かれた通りに面する角地の建物は、正面も脇も黒く塗られていて土蔵造りにみえる。しかし、左側の通りに面する二階に洗濯物が干してある角地の建物は、表通りに面しては黒く塗られているが、側面は下見板（したみいた）といって木の横板が張られている。そのことから、これらの建物は、正面の表面だけを漆喰で塗った塗屋造（ぬりやづくり）と呼ばれる建物であることが読み取れる。そのため、ひとたび大火になると回り込んだ火により焼けてしまう。

神田多町も、明治九年（一八七六）十月に三河町の湯屋より出火した大火で市場を焼失している。明治十年（一八七七）になると火事の回数と規模は大きくなり、明治十四年（一八八一）一月には延べ面積四十二万平方メートルを消失した神田大火が起こった。多町は被害を免れたようであるが、この大火後、東京府知事松田道之（まつだみちゆき）は「防火路線並ニ屋上制限規則」（通称「東京防火令」）を発し、水路の新設や民有地を買い上げて、今まで細かった道路の拡張や新設を行い、市街火災防禦線（しがいかさいぼうぎょせん）というものを設定し、主要道路に面して防火建築を建てるという路線防火を目指した。これにより、日本橋通りに面する建物の構造は蔵造り、煉瓦造、石造とすることが定められ屋根は瓦、石、金属等の不燃物質で葺かなければならなくなった。この東京防火令によってそれまで木造の入り交じる日本橋通りが、蔵造りの町並みへと整備されていく。さらには、明治十五年（一八八二）になると日本橋通りには馬車鉄道が敷かれるようになり、かつての【図4】のような路上という商業空間を失い、街路空間は姿を変えていった【図6】。明治十二年（一八七九）の家屋実態調査を調べた藤森[*6]によれば、東京防火令発布以前の日本橋通りの土蔵建物の割合は三割ほどであったとされている。蔵造りは、本町通りの中心に向かって多かったと考えられ、日本橋や本町から離れた場所である新通石町あたりの建物は、外壁が木造下見板張り、屋根は瓦屋根もしくは板葺きといった建物も多くあったことが想像できる。東京防火令では、麹町、日本橋、神田、京橋区のエリアには屋根材を同様の不燃物質で葺くこと、開口部に土戸、銅、鉄などの不燃材を用いることを義務づけている。つまり、この時に防火建築とすることが義務づけられたのは主要道路のみで、その裏については、屋根材および開口部の不燃化のみであった。これにより、表通りの裏側は松谷の絵にある正面だけを漆喰で塗ったような建物が軒を連ねるようになった。

また、明治の後半になると東京市の市区改正計画が動き出し、東京市部の道路拡張が進められる。道路幅を一等から五等まで設定し、東京の地図の上に線を引き、計画通り拡張を進めていった。道路拡張をする際に、所有する敷地を道路に提供しなければならないが、その方法は三通りあった。それは、道に対してどちらか片方の土地を提供する場合で二

図5　神田市場の図（『新撰東京名所図会』神田区之下巻、山本松谷画）

図6　明治30年頃の日本橋通り（『旅の家つと　第29都の巻』光村写真部、明治33年）

通り、それと、両側それぞれの土地を提供する場合である。日本橋通りは一等道路に定められ、十五間（約二十七メートル）の道幅が設定された。そして、明治四十二年（一九〇九）に、通新石町や須田町は道路拡張のために建物位置は後退し、防火建築に変えられていく。

一方の神田多町通りは四等道路に設定され、多町二町目の街区南側の東西道路は三等道路に指定された。道幅は八間（約十四・四メートル）と十間（約十八メートル）に設定されることとなった。台東区立図書館所蔵の『神田美土代町附近』と書かれた明治後期の地図には多町一丁目の西側の土地に分割線が引かれ、西側の土地所有者が土地を提供したことが読み取れる。

このように道路拡幅が行われる一方で、日清・日露戦争での軍需品として蔬菜果物の需要は増加し、明治四十二年に神田市場は、佐柄木町に私道を設け、翌四十三年には多町二丁目、佐柄木町、雉子町にさらに私道を設置し、店舗五十軒を増加したとされる。このことから、多町などの表通りでは道路の拡幅が行われる一方で、街区の中に新たに私道を通してそこに店舗が作られていたことが読み取れる。

次の写真【図7】は、明治末頃の多町を写した写真と考えられる。建物の側面が写っているが、先ほどの松谷の絵とは違い側面も漆喰で塗り籠められていることがわかる。さらに、路上には多くの人々が集まり、その中にたくさんの根菜や籠に入った商品が置かれていることがわかる。街路がまさに市場空間であり、広場となっていた。

図7　神田多町市場を写したとされる写真（『東京風景』小川一真出版部、明治44年）

## 六、街路と地価

主要街道に面する場所が商業地域の中心となるのは、どの都市にも共通しているように思われる。江戸から明治にかけて描かれた浮世絵も、描かれるのは銀座煉瓦街や日本橋通りに面する商家が中心となっている。はじめの話に戻るが、そのような場所が商業の中心地となり、土地の価格も高くなるだろう。しかし、藤森照信が作成した明治十一年（一八七八）時の地価等高線[*7]をみると、一番地価が高いのは日本橋魚河岸であり、他にも日本橋通りだけでなく、様々な箇所に地価の峯が分散していることが読み取れる。つまり、明治初期には表通りだけではなく裏にも重要視される場所が多数あった。そして、昭和八年（一九三三）の東京地価等高線図をみると地価の峯のほとんどが現在の中央通りに沿って分布が移動しているのがわかる。つまり、時代が進むに従い、通りの表側がより一層強調されたような形になっていったというほうがよさそうである。その間に、日本橋通りでは、東京防火令、馬車鉄道の開通、市区改正計画、さらには関東大震災による被害とその後の帝都復興計画と整備が次々と進み、今見られるような百貨店建築が建てられるようになる。それを追いかけるように、周辺部も徐々に整備が進んでいき、路上の商業空間が失われることとなった。

## 七、おわりに

ここまで、秋葉原移転前の神田市場と周辺の様子を見てきた。江戸の町人地は火災による焼失を繰り返し、そのたびに復興を遂げてきた。その町並みも幕府の防火対策により、徐々に姿を変えてきている。特に明治となってからの対策は、道路幅を拡張し、街路に沿って防火建築を建てさせ市街火災防禦線を設定するなど、江戸からの町並みを大きく変えることとなる。

日本橋通りに面した景観は、まずは建物が明治十四年（一八八一）の神田大火を機にその姿を一変した。同様に、神田一帯を含む中心市街の建築は屋根材を瓦葺きとすることが求められた。そのため、青物市場の中心地であった多町周辺もその規制を受けることとなったが、道幅の拡幅はまだ行われていなかった。また、建物も土蔵造に建て替わった日本橋通りと比較して、その裏側にはまだ木造下見板張りの建物が多かったことがうかがえる。道路の拡張が本格的に進められることになるのは、明治三十六年（一九〇三）に始まる市区改正計画を待つこととなる。これにより、多町二丁目を囲む道路も拡幅が計画されるようになる。しかし、しばらくはゆっくりとした動きで、多町二丁目の表通りの拡幅は進まなかった。その動きに拍車を掛けたのが、中央卸売市場法と関東大震災であった。関東大震災により、これまでの神田市場は灰燼に帰し、昭和にかけて秋葉原の神田市場へと集約移転が行われた。そして、その跡地は帝都復興土地区画整理事業として大改造が行われることとなった。この事業により須田町を分断するように幅員三十三から三十六メートルとなる現在の靖国通りが通り、多町通りも真っ直ぐに靖国通りに突き当たるように通された。

最後に『神田市場史』から神田市場の大きな変化を物語る話を紹介したい。長文であるがそのまま引用する。

「一日、市場史編纂委員長　定富　市川富之助氏に旧神田市場の区域を案内されたことがあった。氏は微に入り細にわたりあたかも多町市場（神田市場：筆者注）が眼前にほうふつするように、くわしい説明をされたのであるが、震災後の区画整理によって町並みは大きく変わり、道幅は大幅にひろげられ、自動車が洪水のように流れるという現在の有様を前にして、昔日の市場の様子をわれわれに適確に説明できぬもどかしさを、再三口に出された。そして最も印象深かったのは、「こんなに勿体ないほどの広い道がついているが、昔はこんなに道は広くなかった」という同氏の感慨である。

この市場生えぬきの老市場人にとって、帝都復興区画整理による道路の拡幅は、道路としてよりも、問屋の軒先としての広場として写るであろうし、秋葉原市場に入場当時、店舗割当委員の一人として形容詞ではなく文字通り死生の境をくぐったご当人としては、現在みるような道路はまさに「もったいない」ほどの広さと見えるのであろう。」

この文章だけでは、現在の靖国通りの車が行き交う姿を見て漏らしているのか、多町通りの拡幅された様子を眺めて述べているのかは判然としないが、昭和はかつての街路という広場空間が失われた時代であったといえよう。かつての多町は、街路を市場空間として人々が広場のように利用する場であった。街路や軒先が市場空間となっていた神田市場は、移転によって施設の中に収用され、その跡には車のための道路が造られた。裏側の通りが、市場の軒先空間としては巨大すぎる空間へと変わってしまった。

注

1 東京市商工課編『青物市場調査資料』(東京市商工課、大正十二年(一九二三))。
2 『神田市場史』上巻(神田市場協会神田市場史刊行会、昭和四十三年(一九六八))。
3 東京市商工課編『東京に於ける青物市場に関する調査』(東京市商工課、昭和二年(一九二七))。
4 『神田市場史』には旧名主を勤めた田上家所蔵の史料の一部を写し取ったものとされており、史料の裏には文久元年(一八六一)六月現在の多町二丁目絵図である旨が書かれた貼り紙があるとしているが、史料を写し取ったとされる絵図の題目をみると天保時代の図面と書かれている。どのような経緯で天保時代のものと判断したのか不明であるが「神田東部の図」の一部」道幅が書かれ、所有者名などが書かれているとのことから沽券図であることがうかがえる。
5 藤森照信『明治の東京計画』(岩波書店、一九九一年、七十三〜八十八頁)の文庫版を用いた。
6 前掲5、八十六頁。
7 前掲5、三七二〜三七三頁。

参考文献
・玉井哲雄『江戸―失われた都市空間を読む』(平凡社、一九八六年)。
・『ビジュアル・ワイド江戸時代館』(小学館、二〇〇二年)。

# 04

# 園芸文化で比較する漢陽と江戸

市川寛明
ICHIKAWA HIROAKI

**要旨**——本章は、十八世紀~十九世紀における漢陽と江戸の園芸文化のあり方をめぐる比較文化研究の試みである。比較の視角として重視したのは、前近代の東アジア世界において圧倒的な支配力をもっていた中国の古典文化（正統文化）からの逸脱傾向、なかでも園芸文化の担い手の拡大、園芸植物の商品化とそれにともなう営利欲に注目して分析を行った。その結果、漢陽の場合、正統文化からの逸脱傾向はみえるものの、その力は顕著には確認できなかった。漢陽における正統文化の地位は揺るぎのないものであった。これに対して江戸は、先行投資によってブームを人為的に巻き起こし、投資した資金を回収しようとする武士たちが存在する一方で、菊細工に対する正統文化の担い手からの激しい批判にみられるように、正統文化とそこからの力強い逸脱傾向の両方を見出すことができた。正統的な文化が揺るぎない漢陽に対して、正統的文化とそこから逸脱した大衆文化の二重構成が江戸の著しい特徴であった。

## 一、園芸文化にみる正統文化からの逸脱

### (一) 正統文化

人間の社会がまだ自然のなかに埋め込まれていた伝統社会においては、自然こそ美の根源であり、崇敬の対象であった。本章が分析の対象とする十八世紀~十九世紀前期における東アジア世界における自然と社会の関係は、やがて近代化とともに始まる劇的な変化を前に、少しずつではあったが変化を見せ始める。文化の側面からいえば、中国の古典文化は、東アジア世界において長期にわたって支配的な地位を保ち続け、当該社会における正統文化として君臨し続けた。しかし支配階層の独占物であった正統文化も次第に庶民階層へと広がり始め、その過程で少しずつ変容の兆しを見せ始める。こうした趨勢は、園芸文化についても妥当した。本章は、園芸にまつわる正統文化のゆらぎ、逸脱の動向を漢陽[*1]と江戸、それぞれを舞台に比較することにしたい。

### (二) 指標としての逸脱

正統文化をその担い手の特徴からみれば、地代収入や官人としての俸給などによって生業の憂いなく、高い読み書き能力を有して、折々に変化する自然の美しさを詩文で表現することを無上の喜びとすることができる支配階層の教養人ということになる。したがって逸脱の第一の位相は、正統文化の担い手の拡大、江戸の場合に即していえば武士によって独占されてきた園芸文化に、どれほど町人・農民といった被支配階層が関与するようになるのかという点である。第二の位相は、栽培植物の商品化がどれほど進んでいたのか、という商品化のレベルである。正統文化の担い手であった支配階層にとって、植物を栽培したり、その美しさを鑑賞したりする園芸の動

機は、美的な感情の充足などといった自らの感情充足を目的とした、換言すれば使用価値の充足を目的とした非営行為であり、利益が目的化することは毛頭ない。正統文化の価値観の根底には、営利を目的とした行動を卑しむ価値観が明確に存在しており、そうした価値観が常に営利欲を紀律していた。しかし、植物の商品化が長時間にわたって昂進していくと営利の取得機会が増加し、正統文化からの逸脱を結果する事態が常態化していき、最終的には利益の取得を目的とするようになっていく。従って植物の商品化がどの程度進んでいるのか、その検証をもって正統文化からの逸脱の程度をはかることにしたい。*2

## (三) 一極集中構造をもった江戸と漢陽

『京都雑志』が成立した十九世紀初頭、漢陽の風俗や年中行事についての基本文献が相次いで成立した時期でもあった。ほぼ同時期に漢陽の地誌が成立してくる背景に、「識字層である士大夫たちの漢陽に対する愛着が強まってきたことを示して」おり、さらに「その背景には、農村に基盤を置いて、漢城で官僚生活を送った後、退任後はまた農村に帰っていくというパターンをとっていた士大夫両班たちの中から、十八世紀前後になると、漢城に定着して代々、官員生活を送っていく人々の出現とその増加という変化があった」(吉田二〇一八)という。このように漢陽に対する愛着が誕生したのが十九世紀初頭であった。こうした変化は上方文化を受容することの多かった江戸が、反対に文化を独自に発信する側へと転換し、「江戸っ子」、あるいは「大江戸」といった言葉が誕生した十八世紀後期の社会変容に比定しうるものであった。

次に江戸と漢陽を人口の観点から比較しておきたい。前近代社会においても、集権的な政治体制によって、国内の人口の多くが政権の所在地に集中することがある。近世日本の江戸は、兵農分離制と参勤交代制によって全国の大名の消費支出が集中することによって巨大都市が形成された。これは経済的な発展の結果ではなく、あくまで政治的な制度によってもたらされたものであるが、人口の密集し大規模な都市が生まれるとそこには必ず経済活動が展開し、市場が生まれ、そこには都市的な文化が展開する。そのため人口はその都市を舞台とした文化現象を理解するうえで非常に重要な参考数値といえる。

前近代社会における人口統計は現代と異なり、なかなか完全なデータがない。そのため推論を交えた数値にならざるをえないが、一般に近世日本の人口は約三千万といわれ、このうち江戸の人口は、百万と推定されているので、全人口に占める江戸の人口比率は三・三％となる。これに対して朝鮮の場合、一七一七年の全国統計によれば、朝鮮全土の人口は六百八十二万九千七百十一で、そのうち漢陽の人口が二十三万八千百十九で（朝鮮史研究会一九九五）、全人口に占める漢陽の人口比率は、三・五％となる。また漢陽は城内と城外（郊村）に区分され、十八世紀末の人口は城内十三～十四万、城外五～六万、合計約二十万人前後と推定されているから、おおむね漢陽の人口は二十～二十三万といった規模感であった（吉田二〇〇九）。同時期の他の都市の人口と比べると、開城が約三万、平壌が約二万で、他の地方都市と比べて漢陽が突出した巨大都市であったことがうかがえる。

## 二、「花を育て、木を植える」を読む

### （一）花卉の擬人化——朴師海にみる花卉愛

朴師海は、厳冬期の夜に、たったひとつしかない自分の布団で梅の植木鉢をぐるぐる巻きにして「もう寒くないだろうね」といったという。こうした植物愛護の行動は日本の奇品家としてしられる朝比奈の行動に似ている。

朝比奈は東都四谷新邸の人なり、永島先生の門に入て好人の聞あり、奇品を愛すること衆に殊なり、寒夜に不寐して草木の寒を想像、窖(むろ)を造て舶来の種を養、今の唐窖是なり、〔但し唐窖其頃は床下に造と云、今の法に異なり、後世改めて今の法とすと云ふ〕[*3]

朝比奈は、寒い冬の夜に、草木の寒さを思うと寝られなかったという。草木を愛する朝比奈にとって草木は人間と同じであり、厳冬期の寒さは文字通り他人事ではなかった。植物をあたかも人間と同じようにとらえた朴と朝比奈の態度は、花卉草木を愛してやまない人間にみられる、ある種の普遍性の存在を示すものといえる。

また「植物を育てる上で、倭の蘇鉄と棕櫚、北京の秋海棠を上手に扱うことは高く評価された」とあり、通信使によって日本からソテツ・シュロが朝鮮国内に持ち帰られ、室を使って大切に栽培されていたことを知った。朝鮮社会においてソテツが珍重されたのは、そもそも舶来の希少植物であることに由来するが、より注目すべきは、ソテツが長寿のメタファーとして位置付けられ、江戸との類似が確認される点である。

常緑の植物を長寿のメタファーとする正統文化の遺伝子は、江戸と漢陽にも等しく受け継がれていたのであるが、植物を寒さから守るための温室、すなわち室(むろ)が発達していたのも両都市の共通項であった。朝鮮社会における室の起源は十五世紀にもとめられ、日本のそれよりも圧倒的に古い。しかも漢陽における室の性能は「現在の温室と比べてみても遜色のない」とあり、かなりの技術レベルであったことがわかる。朝鮮社会における室は、はやくも十五世紀の農書『山家要録』に掲載され、冬野菜の栽培に用いられたという。その仕組みは、家屋を温めるためのオンドルから排気された暖気、太陽光が油を塗布した韓紙を透過する時に発生する輻射熱で温められた空気、このふたつを室内に取り込む工夫が取り入れられていた。これ対して日本の室は、元文期（一七三六～四一）に作成された「武江染井翻紅軒霧島之図」＊4に「ムロ」として登場してくることが知られているが、伊藤伊兵衛の室の実態を示す史料は確認されていない。日本において室の詳細図が示されるのは、文化十五年（一八一八）に刊行された岩崎灌園（一七八六～一八四二）の『草木育種』に「唐むろ」以降のことであった。

## （二）空想の庭園——江戸にはない知的な遊び

十八世紀の漢陽を生きた兪晩柱＊5（一七五五～八八）は一七八五年五月十六日の日記に次のように記している。

> このようなことを考えた。庭の池辺に大木で古い十本の松の木があり、そこに生い茂るほどの竹の木を植え、古い海花の木、棕櫚の木、みかんの木、ゆずの木、芭蕉、ザクロ、桜桃、蓮華、菊、青桐、紅葉の木、ケヤキの木、マサキの木、椿、春栢、ドンへホン、セキチクの花を植える。薔薇、牡丹、紅桃、碧桃、季節ごとに咲く花、竹の木、杏子の木を植え合わせてもよい。このようにして品を高め、清さを保つことができるはずである。

自らの日記に「欽英」という名前をつけて、心の声を詳細に記録した青年兪晩柱は、科挙試験に批判的で、立身出世の夢を自ら閉ざし、貧困に苦しみながらも様々な読書に耽り、詩を詠んでは「欽英」に書き留めていた。彼の描く夢のひとつに自分の好きな草花を植えた想像の中の庭園を作庭することであった。想像の中に庭園をつくることを「意園」といい、これに相当する日本語はない。人口が集中し地価の高い漢陽では、思うような庭付き家屋を入手するのは容易なことではなかった。まして下層の知識人は、みずからの植物愛、またそれを思うように配置した独自の庭への憧れを「意園」によって満たしていた。「意園」がいつから始まるのか、その起源は不詳ながら、「テキスト」によれば「意園を設計した意園記は十種類ほどが現存するが、そのうち九種が十八〜十九世紀に作られ、二つを除けばいずれも十九世紀の前半に記されたのである」とあることから、漢陽への人口集中、地価の騰貴といった都市固有の現象のなかで生まれたのではないかと推測する。江戸の地価も高かったが、日本には「意園」という用語は存在しない。江戸に住んだ下級武士たちの間に「意園」に似た記録が誕生する素地はあったものの、これまで「意園」に類する記録は確認されていない。

### (三) ウメ

他の花木に先駆けて早春に開花して芳香を放つウメの花は、多くの文化人に愛され続け、正統文化にとって不可欠の伝統植物といえる。「テキスト」に登場する梅にまつわる文化は梅花飲あるいは梅花詠である。「梅花飲は梅の花が咲く頃、友を招待して酒宴を開き詩会を設ける」とあるように、梅見には梅花飲は梅花詠をともなった。酒を酌み交わしながら梅花を鑑賞し、詩歌を読みながら梅花を描いた。梅花飲あるいは梅花詠は、正統文化の忠実な継承ともいえる優雅な風俗であった。

しかし、こうした梅花飲・梅花詠を批判する者がいた。「朴趾源は梅花詩を詠み絵を描く行為を見栄だととがめた。『詩経』と『書経』には梅花の実の話だけが載っていて花については記されていない。我々は今梅花詩を詠みながら香りについて評価したり、色を比べ合ったりして花の美しさを吟味している。それだけでなく、梅花の絵まで描くという見栄に見栄を重ねることで真の梅の価値からますます遠ざかっている」。この批判は、知識人による知識人の批判、『詩経』や『書経』の描く梅の実の実用的な価値を評価すべきことを指摘しているが、『詩経』・『書経』といった正統的な知識をもつ両班による、もっと素朴に梅花を楽しむべきとする原点回帰の主張であり、「真の梅の価値」の再評価の主張であった。したがってそこには、正統文化の下層社会への浸透、商品化といった逸脱とは真逆の、正統文化の力強い影響力を見出すことができる。

## (四) キク

邪気を払い、長寿の薬効があるとされてきたキクは、正統文化のなかでも君子の花として中心的な位置づけをもつ重要な植物である。清楚なイメージをもち、陶淵明をはじめとして多くの文人に愛されたのはいうまでもなく、多くの庶民からも愛された。キクのもつ文化的な位置づけは、中国の古典文化を共有する江戸と漢陽も同じであった。

### ①新種の作出数と商品化

キクは品種改良しやすい性質をもっているが、「京都雑志」によれば「菊の品種はかなり多い。劉蒙の譜に35種、石湖の譜にも35種、史正志の譜には28種とあったが、重なる品種を外しても、約100種に近い。」とあり、「京都雑志」が成立した十八世紀初頭の漢陽でもキクの新品種が盛んに作出されていたことがわかる。キクの新品種の作出が盛んであった証左はなんといっても新しい品種を紹介する花譜が刊行されていた点にもとめられる。その数は百種類、「テキスト」ではこれよりもさらに多い百六十三種類の品種があったとある。なかには日本から伝わった「白雲朶」という品種もあって、園芸植物の交流のわずかな痕跡を知ることができる。

作出される園芸植物の品種数の多さは、その植物の性質にもよるが、園芸植物としての人気度を示すバロメーターでもある。その意味では、百種類の品種が記録されているキクの園芸品種としての人気の高さをうかがい知ることができるのである。

一方で江戸の場合と比較してみよう。十八世紀前期のキクブームの舞台は京都であり、同時期の江戸におけるキクについての流行記事は確認されていない。この時代、文化の中心地はいまだ京都・大坂を中心とした上方に偏在していたのである。

京都を舞台とした十八世紀前期のキクブームの特徴は、自ら栽培した新種のキクの出来栄えを競う「菊合わはせ」にあった。享保元年(一七一六)の事例によれば、「菊合わせ」の会場は京都に十三カ所にのぼり、出品されたキクの数は多いところで二百点を超えており、この年に作出されたキクの品種数は相当数に達したことは間違いない(小笠原二〇〇八)。正徳五年(一七一五)に刊行された『花壇養菊集』には「菊合わせ」の挿絵があり、そこには規定の花筒に活けられ、等間隔に並べられたキクを鑑賞する武士、僧侶、町人などが描かれている。*6

自ら作出した新種のキクの出来栄えを競う「菊合わせ」は販売を目的としたものではない。この段階の「菊合わせ」は一見すると菊の商品化とは無関係であるようにみえる。しかし多くの来場者の視覚にさらされ、評価されることで次第に人気の高下が示されることにならざるをえない。「菊合わせ」は、新品種のキクのランキング機能を果たし、栽培者の品種作出意欲と所有欲の双方を刺激し、キクの商品化を促進する役割を果たしたと考えられる。それを裏付けるように享保四年(一七一九)、新しい品種のキクの販売用見本として『京新菊名花惣割苗之帳』(雑花園文庫所蔵)が刊行されており、キクの商品化状況を垣間見ることができる。これは京都郊外の北野周辺に集住した植木屋が共同で出版したパンフレットで、ここには全四百八十三種もの新品種が書き上げられており、十八世紀前期京都において商品化したキクの新品種の数がただならぬ数量に達していたことがわかり、さらにそれを上回る商品化していない新品種のキクが存在していたはずであるから、全体として新キクの作出数は膨大な数に達していたと想定される。小笠原亮氏の研究によれば、最高価格をつけたのは「蔑方界」という名の品種でその価格は金七両、最も安い価格帯は一両〜一両二分であったという(小笠原一九九九)。最も安い価格帯のキクであっても庶民層には到底手が届かない金額であるが、十八世紀前期における京都北野の植木屋が、園芸植物を不特定多数にむけて販売する花屋へと進化しつつあったことを示している。

残念ながら十八世紀前期の江戸におけるキクの作出品種数を記録した史料は未だ確認されていない。しかし、京都におけるキクの作出品種数は、漢陽の数値を大きく凌駕していた可能性が高い。その原因のひとつにキクの栽培が花合わせというランキング機能をもった見世物として展開し、それが商品を促進していたからであろう。日本の正統文化の中核都市である京都で、園芸における正統文化の象徴的なキクにおいても、十八世紀前期にすでに商品化という逸脱現象が明確にみてとれるのである。

江戸におけるキク栽培の状況が明確に姿を見せるのは管見の限り文政期のことである。雑花園文庫には文政年間の江戸で刊行された「中菊花位附」という墨摺の印刷物が複数枚存在している。[*7] これはいずれもキク栽培の趣味を同じくする同人たちの同好会的な活動で、会に参加する同人たちが新たに作出された中キクを持ち寄り、目利きたちが審判となってランキングし、その結果を印刷物に仕立てたものであり、閉じられたサークル内での「菊合わせ」が行われていたことを示すものといえる。このうち文政四年十月十七日の「中菊花位附」には全八十四種類の新品種が、その六日後の同年十月二十三日版の「中菊花位附」には全七十二種類の新品種が、それぞれ十二段階に分けられて掲載されており、キクの新品種改良が盛んであったことをうかがわせる。このように十九世紀前期の江戸でも「菊合わせ」が行われ、新種のキクのランキングが盛んにおこなわれていたが、キクの商品化の実態は充分には解明されていない。

しかし江戸近郊にあった篠原村に関する寛政六年(一七九四)の記述に「さて此近郷は菊を第一とし、杜若・あやめ・花菖蒲、いろ〳〵の草花かぎりもなき事にて、花園をめぐるごとく目をよろこばせし事也、京大坂の在々にも、諸州へ下す植木屋も有る事ながら、なべてかくのごとく広大なるにはあらず[*8]」とある。これに拠れば、江戸近郊農村において販売目的のキクが大量に栽培され、キクの商品化が大規模に実現していたことがわかる。かかる実態からすれば、これよりも三十年後の「中菊花位附」の時代に、少なくとも一般的なキクの商品化が大規模に実現していたことは間違いない[*9]。

## ②漢陽と江戸におけるキク栽培の広がり

テキストにおける漢陽におけるキク栽培の動向をうかがわせる記述に「最近、ソウルで菊を植木鉢に移し植えることが盛んになり」、あるいは「たいがいの家にいくつかの菊の植木鉢があった」ともある。植木鉢でキクを栽培することが広く普及していたことがわかる。「たいがいの家」のなかに両班以外の庶民層が含まれるのか、なかなか史料的な制約が多く十分な検証ができないが、キクの栽培層の拡大傾向にあったことは間違いない。問題は栽培層の拡大にともなってキクの商品化がどの程度進んでいたのか、という点であるが、江戸の場合、植物の商品化と植木鉢の商品化に相関性があることが論じられており[*10]、漢陽においてもキクの商品化が起き、正統文化からの逸脱傾向を検出する可能性を示す記述といえる。

漢陽のキク栽培において興味深い実態を示すのは「テキスト」にある高度な栽培技術をもった金老人の事例で

ある。

昔、巷に金老人という者がいたが、菊をよく育て早くも遅くも花を咲かせることができた。また何寸の大きさにもし、花を爪のように小さくその色も美しく形はなまめかしくしたり、一尋を越える高さに育て上げ、とても大きな花もあった。しかも、花の色が漆を塗ったかのように黒いものもあれば、また一つの枝に色々な色の花が混ざって咲いたものもあった。貴公子たちと高官たちが競い合いようにその花を買ったので金老人はその商売で生計を立てていた。しかし、その育て方を秘密にしていたため、後世にその方法を知る者は一人もいなかった。

金老人は支配層に栽培したキクを販売して生計をたてる植木屋であった。漢城の金老人が成し遂げたキクの栽培技術を列記すれば、開花時期を調整する技術、開花サイズを調整する技術、高く栽培する技術（1尋＝約1.8ｍ）、一本に多くの種類を接ぎ木する技術など実に瞠目すべきものがあった。小日向にあった本法寺中廓然寺の隠居僧侶十法庵敬順は江戸におけるキク栽培の流行を次のように記している。

中頃大粉の菊廃れてより一同みな中輪のみを植ならべ、或年は高作と号して菊の丈一丈四五尺にも作り、下よりは菊花の裏を見て、二階へあがりて漸くに花形の善悪を見しかど、是も一両年にして廃り、又むかしに戻りて一統に中輪の花を翫けるを、十二三ヶ年以来菊一本に数百の中輪のはなを咲せ、樹の格好幅二間におよぶあり、双方三間余に蔓るもありて樹の太さ、漸く二寸廻りより三寸廻りにおよぶは少なし、斯一本の菊の幹太く三間余にもはびこり、数百の中輪の花を咲せし手際は名誉なりと東武一円評判せしが、その翌年は一樹の菊にいろ〳〵の咲分の菊など処々に作出せり、爰に或鍛錬の人の噺せしは、去年の菊を囲ひ置いか様も接木になるよしを私語(ささやき)けり[*11]

これによれば、キク栽培の流行は、大菊→中菊→高作り（約四・五ｍ）→中菊→多輪咲き→咲分菊の順で変遷していったことがわかる。注目すべき第一の点は、これらの栽培技術の多くが漢陽のキク栽培名人であった金老人のそれとかなり類似しているという点である。こうした類似はキクという植物の性質に由来するのであろうが、決定的に異なるのは、金老人の栽培技術が極めて個人的であり、金老人の死とともに消え去ってしまったのに対して、江戸の場合、「一樹の菊にいろ〵の咲分の菊など処々に作出せり」とあるように、同様の栽培技術をもつ担い手が複数存在しており、決して個人的なものではなかった。

第二に、金老人が獲得していたキクの栽培技術は、キクの花の大きさを競う大作り、丈の高さを競う高作り、個々に照射時間を適切に管理[*12]した菊を多数接ぎ木して一度に開花させる技など、いずれも江戸におけるキクの見世物化の動向とよく似ている点である。釈敬順が文化十一年（一八一四）に著した「十方庵遊歴雑記[*13]」に記録したキクの見世物化の動向と全く同質であり、その類似性に驚かされる。江戸では実に多くの植木屋がその技術を競い合っていたので、栽培に関するノウハウが一人に独占される状況とは全くことなっており、その後キクの見世物化は菊人形に代表される菊細工へと発展していく。[*14]

第三に様々なタイプのキクの栽培方法が次から次へと登場し、多くの人たちを魅了するブームとなっていた点である。ブームは、市場メカニズムのように供給サイドと需要サイドの両側面からの作用によって発生する。供給サイドの栽培技術の向上が需要サイドの愛好者人口を増やし、愛好者人口の増加が栽培技術向上への意欲となって技術向上をもたらすような相乗効果がブームの連鎖を生み出していった。

### ③成熟する江戸の園芸市場

こうしたブームのエンジンは、経済的な動機であり、利欲抜きにしては語れない。弘化二年（一八四五）十月、キクの事例ではないが、鉢植植物を高価に販売するため、人為的にブームを引き起こそうとする幕臣たちの企てが露見した。彼らは、「利潤」のために内職で仕立てた鉢植物を、四ツ谷太宗寺に「錺附、見物」させる展示販売会を企画した。[*15] 驚くべきことに、彼らが植木鉢を飾り立てるための経費に二日間で金五十両もの資金を投入した理由を「鉢植もの流行可致為め景気と申もの」と説明しており、さらにそれらの経費は「流行さへ致し候得は引合申候由」とあるように、評判となってこれらの鉢植えが売れさえすれば売上のなかで回収できると見込んでいた点である。飾付に要した金五十両もの大金は興行前に必要な投資金であり、投資した資金はブームを人為的に起して回収しようと考えていたのである。

こうした展示品の鉢植を購入したのは、ブームを見込んでこれを転売し利益を得ようとした営利目的の者も多数いたはずである。展示即売会では、値段交渉が行われ、安く買い叩いたり、高く売り切ったりしたはずである。買った商品は転売しなければ利益は確定しない。利益を得た成功体験があれば、再び成功を求めて転売に向かう。損が確定すれば、その穴を埋めるべく、他の奇品の転売に手を染める。「損徳を見不申候而は融通ニ不相成候」といった損得両方の可能性があるからこそ商品は流通するのだという、あたかもギャンブルのような市場観が現代にも通じるリアリティをもっており、一切の営利を嫌う封建社会の経済道徳からの著しい逸脱ぶりが注目される。

様々な品種の園芸植物について、時間をおいて次々とブームが波状に連鎖する状況は、園芸文化に自律的な市場メカニズムが作用しはじめていたことを示しており、正統文化からの逸脱を顕著に示すものといえよう。

### ④菊細工批判にみる正統文化の存在感

正統文化のなかで多くの文人たちに愛されたキクも、十九世紀になると栽培・鑑賞の両面において庶民階層へと拡散し、大菊から始まるキクブームが発生した。こうしたキクブームの延長線上に菊細工のブームという新たな逸脱のステージが準備されていた。菊細工は、様々なキクを用いて人間や動物、自然の風景や芝居の場面などを造形する新しいパフォーマンスで、巣鴨・駒込地域に多くの来館者を集めては短期間に廃り、幕末期に再びブームが来て、明治以降は菊人形へと特化して現代に至る。多くの人々を動員した菊細工は、漢陽にはみられない江戸の園芸文化を考えるうえで特筆すべき現象ともいえるが、本章で注目したいのは、こうした逸脱に対する批判の厳しさである。

譜代の大名家の庶子として生まれ、出家して江戸琳派を代表する絵師となった酒井抱一は、菊細工をみて「見劣りし人のこころや造り菊」と詠んだという。[*16] 抱一の嘆息は、菊細工のブームが正統文化を解さない人々の「こころ」の劣化により生み出したものだという。田安家につかえ、目付・広敷用人などをつとめた幕臣・蜂屋茂橘（もきつ）は、実際に菊細工をみて「か、る佳色の質をもて、衆小人がために夭閼屈抑（ようあつくつよく）せられ」、「大小の菊の花や葉を色どりの如くに纏縛（てんばく）したる也。いたましき哉」[*17] と植物を擬人化しながら、漢語を駆使して菊細工を舌鋒鋭く批判している。菊細工の第二次ブームを実際に目の当たりにした紀州藩の江戸勤番武士原田某は「実ニ俗中の俗なる物にて、淵明の見るならバ、五斗ニ腰をかゞめしよりも苦々しく思ふらん」と批判している。[*18] 原田にとって菊細工は俗物中の俗物であり、菊をこよなく愛した詩人陶淵明を登場させて正統文化の文脈のなかで批判している。

十方庵・抱一・蜂屋・原田に共通するのは、すべて武士・僧侶などといった支配階層の知識人である点である。営利目的にキクを無惨に加工し、それを面白半分に見物する小人たち、これらいずれをとっても教養人たちからすれば嫌悪の的であった。菊細工への批判の激しさは、彼らの正統文化への愛着、キクへの愛着の深さの裏返しでもあり、これは正統文化の担い手が確実に存在しつづけていることを示している。同時に、作用の大きさに比例して反作用の大きさが決まるように、正統文化を理解する高い教養人による菊細工に対する激しい批判は、菊細工の正統文化からの逸脱の大きさを意味した。正統文化の担い手からの批判の大きさは、菊細工の大規模な逸脱の証左にほかならない。ここに至って江戸の園芸文化は、正統文化とそこから逸脱した大衆文化の二極化の様相を示すようになっていった。

### （五）漢陽における正統文化の逸脱傾向――商品化・市場の動向

園芸文化における正統文化からの逸脱状況を検証しようとする時、まず注目したのは花卉の大流行といわれる現象である。「テキスト」には「当時の知識人社会において花卉（かき）（観賞用に栽培する植物）が大流行していた」として以下のように続けている。

このような花卉の大流行はいずれも主に十八世紀から十九世紀にみられた。花卉への高い関心は花卉需要の増加をも意味した。需要の拡大は供給の増加をもたらす。珍しい草や花、木などが商品として流通し始めそれを専門に売るものも登場するにようになった。

植物が商品化するとき、その需要層はまず経済力をもった支配層であり、そこで商品化されるのは貴重種である。しかし、一部の支配層が高額の消費を行ったとしても、社会全体として評価すれば、そこでの市場規模は限定的である。「花卉の大流行」といった現象があったとすると、それは人口の大半を占める庶民階級が消費者となる必要があり、併せて流通過程の複雑化や大規模な生産地帯の成立といった現象が検出されなければならない。しかし、「お金を惜しまず買い集めるのはだれか　花々は将軍の家や宰相の家に送られる」とあるように、商品化した植物の購買層が主に両班層であった。この記述は商品化した草花を両班層が経済力にものをいわせて独占的に購入していることに対する批判であるとすると、草花の民需が一定度成立していたことを示す可能性はある。草花の民需が高まっていたことを示すものとして「花の仕事を生業とする人が大勢いた。販売する種類は多く、値段もそれほど高くはなかった」という記述が注目される。「花の仕事を生業とする人」の実態については未詳で今後の研究の深化が求められるのであるが、「都城の民の中で貧しい人たちは、土地を買い園圃を作って花の種を植えたが、花売りの利益は畑仕事よりも何倍も高いものであった」とする記述もあり、食糧よりも園芸植物の方が商品価値が高く、園芸植物の商品化が進んでいた実態を垣間見ることができる。今後は生産地帯での変化、流通量の増大がもたらす流通過程の複雑化などといった現象を検出しうるかが逸脱の評価を左右する。今後の研究課題であろう。

## 三、おわりに――園芸文化の江戸と漢陽

園芸文化をとおして江戸と漢陽を比較しようとする本章の試みは、陳腐なほどに予想の範囲内の結論を導き出したに過ぎない。すなわち正統文化の圧倒的な影響下にあった漢陽に対して、正統文化の支配力が維持されつつも、同時に著しい逸脱が確認された江戸、ということになろう。いうまでもなくこの結論は、漢陽における正統文化からの逸脱傾向のより詳細な分析を欠いているため、あくまでも暫定的な仮説といえる。しかし、江戸における菊細工に対する正統文化からの激しい批判をともなった大規模な逸脱を漢陽において確認することができなかったことを重視した。

江戸の園芸文化がそれまで圧倒的な支配力をもっていた正統文化から大きく逸脱していくことになったが、こうした逸脱は園芸文化に限ったことではない。より巨視的にみれば江戸文化全体を特徴づける文化の大衆化論の各論に過ぎない。しかし、正統文化からの逸脱は近代的、あるいは進歩的といった価値判断を含むものではない点に留意を要する。一見すると近代的な性格をもつようにみえながらも実は、それは江戸を巨大な消費都市へと押し上げた極めて特異な幕藩体制に構造的な要因があった。したがって正統文化からの大規模な逸脱は極めて近世的な社会現象であるともいえる。また江戸の園芸文化は正統文化からの著しい逸脱のエネルギーに溢れていたのであるが、その一方で正統文化も依然として生命力を失うことなく存続し続けていた。正統文化とそこから逸脱した大衆文化が並立していたのであり、こうした二重構成こそ江戸文化の著しい特徴であった。

注

1 漢陽と漢城の使い分けについては、本章では引用文は参照元に従い、それ以外は基本的に漢陽の呼称を使用した。

2 本来ならば、商品化のレベルをはかる指標として、流通過程の検証が欠かせないが、本章は紙数の関係でこれを割愛せざるをえなかった。別稿を期したい。

3 『草木奇品家雅見』巻之上（江戸東京博物館『史料で読む　江戸の園芸文化』、以下『史料』）。〔　〕は割注の記載。

4 「武江染井翻紅軒霧島之図」は植木屋伊藤伊兵衛の庭を描いたもので、植木屋伊兵衛が庭で栽培した植物を植木鉢で販売するために作成したと思われる墨摺りの宣伝広告である。「武江染井翻紅軒霧島之図」の作成意図を、伊藤伊兵衛が花屋への業態転換にともなう宣伝広告であるとする市川（二〇一五）と、植木屋経営の水準を後世に伝えようとした記録であるとする秋山（二〇一三）の見解の相違が存在している。

5 兪晩柱については（江戸東京博物館、二〇一九年）を参照。

6 清水閑事『花壇養菊集』。

7 この図版は『花開く江戸の園芸』（江戸東京博物館、二〇一三年）、一九一頁参照。これらは販売されたものではなく、同人中に配布されたもので、作出者のなまえは全て号名でA版・B版とも実名がわかっているのは「杏葉館」の五〇〇〇石の大身旗本である鍋島直孝のみである。しかし会場の提供主である会主をつとめた斎藤英圃は、幕臣たちが集住する四ツ谷地域で隠居であったことから旗本であった可能性が高い。このことから推測すると参加者の多くは武士が含まれていることは確実である。これに加えてどれほどの町人階層が参加していたか、興味深いところであるが今後の研究に俟つ以外にない。また構成者の多くは江戸府内であるが、忍在住のものも多数みられた。都市域を超えたキク栽培と比較鑑賞という趣味の広がりを想像させる。

8 古河古松軒「四神地名録　葛飾郡七之巻」（『史料』百六十四）、一四四頁。

9 問題は江戸の近郊農村で栽培されていたキクが一般的な品種であるのか、それとも新種のキクが含まれていたのか、という点にあるが、新種のキクの商品化の具体的な実態については今後の研究の進展に俟つ以外にないが、「中菊花位附」は閉じられたサークル内での「菊合わせ」であったが、ここでの新種作出の熱が新種キクの商品化に影響をおよぼしていないと想定するのは不自然である。

10 筆者は、日本における植木鉢の起源は歴史とともに古く、江戸時代よりも遡るが、販売目的で生産された商品植木鉢の登場は享保~元文期であり、商品植木鉢の登場は栽培植物の商品化の過程における画期となることを指摘したことがある（拙稿「江戸における園芸の普及と園芸市場の形成」）。その意味で、テキストに幾度も登場する植木鉢が商品植木鉢であるのか否かという点に興味をもつ。しかし残念ながらテキストに登場する植木鉢が商品として生産されたものなのか、残念ながら判然としない。

11 「十方庵遊歴雑記」(『江戸叢書』巻の三、『史料』)、一六三頁。

12 現在では光の照射時間を管理することで菊の開花時期をコントロールできることはひろく知られている。

13 「十方庵遊歴雑記」(『江戸叢書』巻の三、『史料』)、一六三頁。

14 やがてキクの見世物化はさらにエスカレートし、正統文化から大きく逸脱していくのであるが、そのことは次の章で詳述する。

15 「市中取締類集　鳥類鉢植之部」(『史料』百九十二、一五九頁)。この事件については市川(二〇一五)を参照。

16 同前注。

17 「椎の実筆」(『史料』百九十六)、一六四頁。

18 「江戸自慢」(『未刊随筆百種』第八巻)、五十七頁。

参考文献


・秋山伸一(二〇一三)「江戸北郊における植木屋の庭空間―伊藤伊兵衛家「武江染井翻紅軒霧島之図の検証」(『地方史・民衆史の継承』芙蓉書房出版)。
・市川寛明(二〇一五)「江戸における園芸の普及と園芸市場の形成」(『東京都江戸東京博物館調査報告書第二十九集　江戸の園芸文化』江戸東京博物館)。
・江戸東京博物館(二〇一三)『花開く江戸の園芸』。
・同(二〇一八)『東京都江戸東京博物館調査報告書第31集　史料で読む　江戸の園芸文化』。
・同(二〇一九)『18世紀ソウルの日常―ユマンジュ日記の世界』。
・小笠原亮(二〇〇八)『江戸の花競べ　園芸文化の到来』(青幻舎)。
・同(一九九九)『江戸の園芸・平成のガーデニング』(小学館)。
・朝鮮史研究会(一九九五)『朝鮮の歴史』(三省堂)。
・吉田光男(二〇〇九)『近世ソウル都市社会研究―漢城の街と住民』(草風館)。
・同(二〇一八)「解説」(柳本芸『漢京識略』東洋文庫)。

05

# 江戸・漢陽にみる花見と遊山

鄭 敬珍
KYUNGJIN JEONG

**要旨**――近世という同時代の江戸と漢陽に生きていた人々にとって花を愛で、自然に出向くという行為はどのような意味を持っていたのだろうか。また、江戸と漢陽の花見名所に目を向けるとき、そこから浮かび上がってくるものは何だろうか。本章は、朝鮮と近世日本を代表する大都市・江戸と漢陽における都市生活のあり方とその風景を、花見・遊山という観点から探ってみるものである。朝鮮の場合、十八世紀の学者・柳得恭（ユドゥクコン）（一七四八～一八〇七）の『京都雑志』の「遊賞」によれば、桜ではなく杏子の花、桃の花、柳、蓮が主な花見の対象となっており、それらの名所は都市・漢陽を取り囲んでいる都城の近くにあった。また、風水思想に強い影響を受けた漢陽の都市づくりにより、名所はあるがままの自然を受け入れる形で形成されていた。一方、桜を中心に「花の都」と呼ばれた江戸の花見とその名所においては、八代将軍・徳川吉宗の意向がいたるところに反映されている。すなわち、大量植林により身近なところで桜を楽しめるようになったのである。さらに、それに従って広場のような新たな花見名所が誕生したことも注目に値する。

## 一、漢陽における花見・遊山の中心地と漢陽都城

一般的に朝鮮の花見は賞花会、花柳遊び、花煎（ファジョン）遊びと呼ばれた。朝鮮の花見の様子とその名所について、柳得恭は『京都雑志』の「遊賞」の中で次のように記している。

> 酒と詩と歌を楽しむ人々は弼雲台（ピルウンデ）のあんずの花、北屯（ブクデゥン）の桃の花、興仁門（フンインムン）の外の柳、天然亭（チョンヨンジョン）の蓮、三清洞（サンチョンドン）、蕩春台（タンチュンデ）の水と石を好んで訪れた。漢陽都城の周囲は四十里で、一日中歩き回りながら都城内外の花や柳を鑑賞するのを最高の楽しみとした。早朝に登りはじめ夕方まで遊ぶ。ただ、山道がかなり険しく、くたびれて途中でやめてしまう人もいる。[*1]

---

この「遊賞」の内容から見て取れるのは、まず、十八～十九世紀の漢陽の人々は、花見で花だけでなく水や石なども愛でていたという点である。次に、花見や遊山に出かけた人々はそこで酒を飲みながら詩や歌を詠むという風流をも嗜んでいた。最後に、漢陽にある遊賞の場は、いずれも漢陽を囲いこんでいる都城の近くであった。

漢陽都城とは、漢城府の都心の境界と朝鮮王朝の権威を象徴するとともに、外部からの侵入を防ぐために築造された城壁のことを指す。漢陽都城は、最初一三九六年に築造されたが、その後、朝鮮の第四代国王の世宗（セジョン）大王の時代から本格的な改築が命令され、何度も修繕工事が行われた。漢陽都城の築造に関して様々な伝説も存在するが、確かなのは、都城内での建設が風水や陰陽思想の原理に基づいてなされたということである。自然の地勢

と人工物の位置によって吉凶禍福が決まるという風水思想は、城内と外、北村と南村という町の立地、そして南北と東西の丁字型道路の様相など、漢陽のいたるところに影響を与えていた。[*2] 漢陽都城を論じる際に欠かせないのが漢陽を囲む山々と漢陽の真ん中を流れる川である。漢陽には険しい山も多くあるが、中でも中心となるのが現在の青瓦台（チョンワデ）に隣接している白岳山（ペガクサン）と朝鮮の宮殿・景福宮（キョンボックン）の北西にある仁王山（イナンサン）である。これらの山は後で述べるように、漢陽の代表的な花・杏子の花と桃の花の花見の名所に隣接している。また、川といえば、漢陽の真ん中を横切るように流れる清渓川（チョンゲチョン）がある。ここは柳の鑑賞と月見をする場所でもあった。他方、漢陽都城における重要な建築物に門があるが、漢陽には風水思想に基づいて東西南北に四つの大門と四つの小門が設置され、都市・漢陽の完成はこの門の完成を意味するとされる。一方、漢陽の都城めぐりは今でも人気の観光コースとなっているが、朝鮮時代にもたくさんの人が都城めぐりを楽しんでいたようである。漢陽都城の周りは延べ四十里ほどの長さ、すなわち、十六キロを歩くことになるが、平たんな道よりは険しい山道が多いため都城めぐりは決して容易ではなかった。そのため、『京都雑志』でいうように、都城を一周するには早朝に出発しても夕方の鐘が鳴る頃までの時間がかかったとされている。

では、漢陽都城をめぐる際にみえる城郭内外の風景はどうであったか。学者・李安中（イアンジュン）（一七五二〜一七九一）の遊記の一部を紹介する。

> 日が昇ると敦義門（ドンイムン）から登りはじめ、都城を左側（時計の反対変わり）に回って再び敦義門のところから降りてきた。延べ四十里ほどであった。そのゆく道は山あり野ありで奥深さがあったり華やかさがあったりと千態万状の風景が広がるが、いくらがんばってもその絶景をすべて目に入れることはできない。中でも最も高い

山は白岳山で、次が仁王山である。しかし、その険しさからすれば、仁王山がもっともそうで、南山（ナムサン）がそれに次ぐ。東の方にも山はあるが、さほど高くも険しくもなく、西側には山がない。これまで多くの名勝をみてきたが、このように様々な風景を合わせ持ったところはほとんどみたことがない。[*3]

李安中の目に映った漢陽は、山と田んぼ、華やかさと奥深さの共存する千態万象、変化に富んだ都市の姿をしていたのであろう。また、記録にもあるように都城を中心に様々な風景が広がっているということから、漢陽の名所と都城との密接な関係性が見て取れる。他方、十八世紀の漢陽の生活様子を記した姜彝天（ガンイチョン）（一七六八～一八〇二）の『漢京詞（ハンギョンサ）』の中にも「京師（漢陽）の山は華麗な帳幕を広げているようで、八大門の城堞はくねくね曲がっている。（人々は）それぞれの素晴らしい景観をよく知っていて、春が到来すると都城めぐりの自慢話をする。[*4]」という歌があり、当時、漢陽都城が漢陽の人々にいかに親しみのある存在だったのかをみせてくれる。

## 二、漢陽の花見と遊山

江戸と異なり朝鮮では花見といえば、桜ではなく杏子の花や桃の花、柳、蓮の花などが愛でられていた。主な花見の時期はやはり春、なかでも旧暦の三月であった。朝鮮後期の学者・金邁淳（キムメスン）（一七七六～一八四〇）の『洌陽歳時記（ヨルヤンセシギ）』の「三月」によると、「漢陽の花と柳は三月が最も盛りである。南山の蠶頭（ジャムデゥ）と北岳山の弼雲台、洗心台（セシンデ）の二つの台には遊賞客が押し寄せてくる。人々はまるで雲と霧のように集まり、一か月中減る気配がない。[*5]」という。また、詩人・趙秀三（ジョスサン）（一七六二～一八四九）の『歳時記（セシギ）』にも、三月の十日以降に花が満開になるとし、「多くの男女が集まって酒を飲み、終日花見を楽しんだが、その様子はまるで蜂と蝶々の群れのようである。これを花柳（集まって楽しむ）と云うが、それは花が散る時期まで続いた。[*6]」と、多くの人が花見を楽しむ様子を記している。

興味深いのはこの時期に行われる女性たちの行事である。学者・趙雲従（ジョウンジョン）（一七八三～一八二〇）の『歳時記俗（セシギソク）』「三月」のところに、「上巳（旧暦三月三日）」という項目が設けられている。その中に、「清明（旧暦二月後半から三月前半）と上巳の頃になると花が満開し、張安（漢陽）の人々は伴を連れて景色のよい山や渓谷に遊びに出かける。ある人は笛、ある人は琴を奏でたり、ある人は詩を詠んだりしながら各々の情をのべる。[*7]」という記述がみられる。この「上巳」に注目すると、この時期になると女性たちは花煎（摘んだ花を乗せたチヂミ）を作って食べたり、美しい髪の毛になるという説から川で髪の毛を洗ったり、蝶々で占ったりと自然の中で遊ぶことができた。一四五七年四月の『朝鮮王朝実録』にも「花煎遊び」の記録があることから、女性たちの春の遊山は朝鮮前期から続いたことがわかる。このように、三月は朝鮮の女性にとって自然に出向き、春を愛でる様々な野外活動をする時期であった。

では、『京都雑志』の「遊賞」の内容に沿ってまず、漢陽を代表する花見の花・杏子の花とその名所である弼雲台からみていこう。弼雲台は漢陽の西側の仁王山下部の高台に位置しているため、市内を見下ろすのにうってつけの場所であった。もっとも弼雲台という名は、そこに住んでいた朝鮮中期の学者・李恒福（イハンボク）（一五五六～一六一八）の号にちなんだものである。一七五〇年代に制作された「漢陽都城図」にも弼雲台の名が記されているほか、当時の文人の文集にもよくその地名が登場する。当時、弼雲台の近くの民家の中には花の木を大量に植えて、それを売って生計をたてる人も多かったようで、三月に入って杏子の花が咲き始めると文士たちは杏子の花の満開した家に集まりよく酒を飲んだという。弼雲台での花見について、たとえば、十八世紀の学者・申光洙（シングァンス）（一七一二～一七七五）は「帰路 登弼雲台賞花 復用前韻」（『石北集（ソクブク）』巻十）という詩の中で「弼雲台の花は漢陽都城を覆うほどで、目に満ちる美しい花はたくさん並ぶ家と同じぐらい多い。[*8]」とその風景を描写している。また、学者・尹愭（ユンギ）（一七四一〜一八二六）の「登弼雲台」（『無名子集』巻一）という詩にも、「春の気運が漢陽中に満ちていることを悟り／弼雲台に登りその華やかさをみる／風は穏やかで街の柳も舞うことなく／温かい気温の中、万の花はその美しさを競う／わが身は今高いここにいるため／視力に関係なく限りなく遠いところまで見渡せる[*9]」とあり、弼雲台での花見と見晴らしのよさを詠っている。また、弼雲台は当時、多くの文人たちに愛された遊山地でもあった。その理由としては近くに仁王山と西村という町があったことが挙げられるが、西村は朝鮮時代の中人（ジュンイン）階層の人々が大勢住んでいた町であった。中人の中には両班ではないものの文才の長けた人が多く、彼らは主に官庁の事務や医者、訳官などの仕事に携わっていた。十八世紀以降になると、いわば中人層の文人による詩社が結成されるようになるが、中でも代表的なものに玉溪（オッケ）または松石園（ソンソクウォン）と呼ばれる詩社がある。松石園というのは、詩社の主催者である学者・千壽慶（チョンスギョン）（?〜一八一八）の屋号であるが、松石園詩社の一員だった画家・林得明（イムデウクミョン）（一七六七〜?）は弼雲台での花見の様子を《登高賞花（ドウンゴサンファ）》という絵におさめている【図1】。

図１　林得明《登高賞花》（1786）24.2x18.9cm（サムスン出版博物館蔵）

《登高賞花》のように、松石園詩社の同人たちは定期的に遊山のために弼雲台一帯に出かけて、自然の中での風流な遊びを楽しんでいた。彼らは昼間だけでなく、夜にも弼雲台に集まったとされ、漢陽の中人文人たちにとって弼雲台は生活空間でありながら、風流な遊びの場でもあったといえる。

ここからは北屯の桃の花についてみていこう。『京都雑志』の中では、桃の花を楽しむ名所として北屯が挙げられているが、当時の漢陽では北屯のほかに、洗心台も花見の名所とされた。北屯は、都城の東北にある恵化門(ヘファムン)から北へ三、四里離れたあたりを指す。北屯の屯は、この辺に王を守る軍隊・御営庁が設置されていたためついた名で、そこはかなり険しい地形であった。北屯一帯にも、小川に面した丘のところに桃の木を植え生計を立てた人々がいたようである。一方、洗心台は弼雲台の近くの仁王山の下に建てられた毓祥宮(ユクサングン)辺りをいう。毓祥宮は七宮ともいうが、朝鮮の国王を生んだ七人の後宮を祀った祠堂にあたる。『京都雑志』を記した柳得恭は「洗心台賞花」(『古芸堂筆記(ゴウンダンピルギ)』巻五)という詩を残しているが、それは一七九五年三月七日に朝鮮の第二十二代国王・正祖(ジョンジョ)が洗心台に出向き花見をしたときのもので、柳得恭は、「毎年花が咲くころここに登るが、今年は花が倍にも咲き乱れている」と詠んでいる。[*10] また、学者・李徳懋(イドクム)(一七四一〜一七九三)も長編詩「城市全図」(『雅亭遺稿(アジョンユゴ)』十二巻)の中で、「洗心台の花が弼雲台に映る/栄光の光のように千本、万本の花が咲いている」と描写する。言われてみれば、仁王山の麓に出向けば弼雲台の杏子の花だけでなく洗心台の桃の花も楽しむことができたのであろう。一方で、柳得恭の「蘭亭会」(『古芸堂筆記』巻四)という記録に「春になると漢陽の士大夫たちは毎日のように弼雲台や北寺洞などにある名の知れた庭園で蘭亭会を開いた。これは太平な時代の盛事である。」という内容がみられ、当時の文人たちが中国故事の中の雅会に倣って花見を楽しんでいたことがわかる。

つぎは、興仁門(フンインムン)の外の柳の話に移ろう。柳の代表的な名所である興仁門は、今の東大門(ドンデムン)のことをいう。興仁門の外には清溪川が流れているが、この清溪川沿いに植えられた柳が『京都雑志』の「遊賞」で紹介されている。

図２ 《水門上親臨観役図》(『御前濬川題名帖』(1760))22x34.2cm(釜山市立博物館蔵)

まず、清溪川は漢陽都城内の東西を横断する川で、都城内の空間を分ける役割をしていた。それによって都城内の生活に関わる道路や交通、住居だけでなく、自然や身分、経済、文化などをも区分づける境界線となっていたのである。その背景には朝鮮後期、漢陽の急激な人口増加を挙げることができるが、それに伴い十七世紀後半には、清溪川の整備工事とともに川に面した低地帯の開発も本格的に行われるようになった。柳の大量植林はその一環で、清溪川の両岸の土手が崩れるのを防ぐためのものであった。とりわけ、国王・正祖が即位した一七二五年ごろには、土砂崩れにより川のほとんどが土砂で埋もれてしまうという事態が頻繁に発生し、川底を深く掘る工事が大々的に行われるようになったのである。

【図2】は、『御前濬川題名帖(オジョンジュンチョンジェミョンチョプ)』に収録されている《水門上親臨観役図(スムンサンチンリングァンヨクド)》というもので、一七六〇年清溪川の修復工事の完成を記念し制作されたものである。絵の全面にみえる五間水門、すなわち、水の通る道となる水門の上に正祖の姿が、五間水門の両側に柳が立ち並んでいるのがみえる。ところで、本来、水の氾濫を防ぐ目的で植えられた柳だが、次第にその風景は漢陽の文人たちの詩材となっていった。たとえば、李徳懋の「城市全図」(『雅亭遺稿』十二巻)は「東に流れる水はまっすぐに(水門の)鉄窓に流れ落ち／まるで居眠りをしているかのような一万の柳の緑はどこまでも続く」といった。また、朝鮮後期の大学者・丁若鏞(ジョンヤクヨン)(一七六二～一八三六)の「将赴忠州出国東門作」(『茶山(ダサン)詩文集』巻二)という詩には「興仁門の外には柳が濛々としていて／目の届く限り川原を見渡すと晴れた景色は(どこも)同じである」とあり、大量の柳が織りなす壮観が目に浮かぶように描写されている。一方、この一帯は花見の名所でありながら、漢陽の人々の習俗の場でもあった。清渓川の名物といえば、柳のほかにも川に沿って造られた十以上の橋がある。当時、清渓川の橋の上で柳を観賞しながら遊ぶという風習の中に「橋踏み」というのがある。橋踏みは高麗時代に由来する習俗で、小正月にあたる旧暦一月十五日の夜に清渓川の橋の上で橋踏みをすると、一年中、脚の病気をしないという言い伝えによるものである。もちろん、これは「脚」と「橋」がいずれも韓国語で「ダリ」という同音で発音されるからだという説もあるが、当時の人々にとって春が来る前に橋踏みをすることは重要な歳時風習であり、遊びでもあった。中でも、もっとも大きい広通橋(グァントンギョ)での橋踏みは特に人気を博していたようである。その様子をみてみよう。

太平の夜、都の大通りに十二の橋があり　　(天街十二太平宵)
月明りの中、笙の笛の音が近くなったり遠くなったりする　　(月裏笙歌近更遙)
都城の外にある人の多くは革橋に押しかけ　　(城外人多革橋去)
都城の中の人々は先ず広通橋を踏む　　(城中先踏廣通橋)

この詩は朝鮮後期の文臣・姜樸（一六九〇〜一七四二）の「上元紀俗」（『菊圃先生集』巻五）という詩で、橋踏みの様子を詠ったものである。都城の内外で橋踏みをしようと橋に駆けつける人々の姿が想像できるが、やはり都城の中ではまず先に広通橋を踏もうとしていたという。広通橋が都城の東、清渓川にあったのに対し、革橋は反対の西大門のあたりにあった。当時は革橋の辺りが四大門の外と見なされていたため、都城の外といったのである。他方、十九世紀の歳時記である柳晩恭（一七九三〜一八六九）の『歳時風謡』にも、「（橋踏みの際には）折風巾（男性用の冠帽）が脱がれるほど大勢の人に埋もれるほどで、中でも広通橋を突き通るのが最も難しい」という記録もみられる。いずれにしても、興仁門の周辺は柳の花見と橋踏みの人気が相まって年明けから大勢の人が集まる空間であったといえよう。

最後は天然亭の蓮の花見と遊山について述べることにしよう。天然亭とは西大門である敦義門の外、正確には京畿監営という官庁の敷地の中にあった亭のことを指す。『京都雑志』の著者・柳得恭の子・柳本芸（一七七七〜一八四二）の『漢京識略』「楼亭條」によると、官庁の中にあった西池には蓮の花が広がっており、夏になると蓮見する場所として人気を博していたとある。西池は中国からの使者を迎える施設・慕華館の近くにあった池で、干ばつの際には雨が降るように祭祀を捧げる場所でもあった。その後、一七四一年に池西のところに天然亭が建てられたことで、この一帯は蓮の花見の名所となったのである。一方、ここの池の造成には漢陽の地全体がそうであるように、風水思想が強く影響しているとされる。たとえば、風水の観点からして漢陽の地の火気を抑えられる地点にこの西池（敦義門の外）と南池（崇礼門の外）を掘り、まるで瞳のようにみせたのである（『東国輿地勝覧』「漢城府」）。南池とは朝鮮中期の文臣・金安老（一四八一〜一五三七）の家跡に造られたもので、ここには多くの両班たちが集まり風流を楽しんでいたといわれる。しかし、十九世紀の漢陽の様子を記録した姜浚欽

（一七六八～?）の『漢京雑詠（ハンギョンザプヨン）』「西池」によると、「昔の人は主に南池で蓮を観賞したが、今の人々は西池で蓮見をする。今の人は南池の繁栄を知らない。」と記されており、時代が下るにつれ蓮の名所が南池から天然亭の西池に変わったことが見て取れる。池での花見について学者・丁若鏞は「夏の日に興をやる」（『茶山詩文集』巻四）という詩の中で、「魚の泳ぐ池に吹くそよ風、蓮の花の香りが香しい」と天然亭の夏風景を詠んでいる。また、学者・尹愭は「満開の時期が過ぎて萎んでしまった天然亭の蓮の花を鑑賞する」（『無名子集』第四冊）という詩を残しており、「蓮の花は萎んでしまったけれども、蓮の葉が池いっぱいを青くしていた。やがて秋の風が吹く頃には葉も落ち、うきくさだけが残る」*11と季節の移り変わりと天然亭の蓮について詠っている。

池での蓮見の歴史は十五世紀まで遡る。朝鮮前期の文臣で学者である徐居正（ソゴジョン）（一四二〇～一四九二）が記した「漢都十詠（ハンドシプヨン）」（『四佳集（サガ）』巻三）の中には「興徳賞蓮」すなわち、興徳寺（フンドクサ）で蓮を鑑賞することが当時、漢陽の美しい十の風景として紹介されている。また、徐居正の他の詩をみると、池では蓮見をするだけでなく、気の合う友と酒を飲みながら、順番に句を作る「聯句」を楽しむ様子もうかがえる。

静かな池で暑さを退き　高い楼閣のたかむしろは冷たく　（清暑池塘靜 危楼枕簟寒）
蓮の花の香は笑語のうちに水に浸り　柳の色は鮮やかに揺らいでいる　（荷香涵笑語 柳色拂闌干）
酒は碧筩飲で飲み　瓜は水に浸かり碧玉の色にみえる　（酒取青筩飲 瓜沉碧玉看）
恐れ多く文字会に加わったが　その興趣は衰えることがない　（叨陪文字会 佳興未闌珊）

徐居正の詩にあるように、蓮の花といえば「碧筒飲」という風流な飲酒法が欠かせない。中国由来の碧筒飲はまず、蓮の葉に酒を入れ、簪で葉と茎の間に穴をあける。そして、酒がその間に垂れるようにし、まるで象の鼻のように捻じ曲げた茎の先に口を当てて酒を吸い込む方法である。朝鮮における碧筒飲の歴史は古く、高麗時代から嗜まれていたようである。高麗末期の学者・李穡（イセク）（一三二八～一三九六）も法華寺の池で蓮の花を観賞した際の記録に「松の木の間に幕をかけ、人々は蓮を一本取り、それを日傘のようにしたり、（それを使って）碧筒飲をしたりした。」（『牧隠（モクウン）詩藁』巻三十四）という記述がある。一方、朝鮮末期の学者・金允植（キムユンシク）（一八三五～一九二二）が詩集・『北山（ブクサン）集』の中で、北村の詩友二十人余りを天然亭に招待して詩を詠んだといっているが、ここからも西池で花見をしながら詩を詠み、碧筒飲をするという風流な遊びは朝鮮末期にまで続いたことがわかる。

以上のように『京都雑志』の「遊賞」にみる漢陽の花見について考えてみた。記録から見て取れるのは、漢陽においても花見は性別を問わず、多くの人々に親しまれていたこと、そして、花見を楽しもうとする遊賞客の熱気である。彼らにとって漢陽は生活を営む日常の空間でありながら、一歩外に出れば非日常的な空間となる自然が広がっていたのである。すなわち、わざわざ遠くまで足を延ばしたり、自然を生活の中に取り込んだりしなくても、すぐそこに花見や遊山を楽しめる場があったのである。

## 三、江戸における花見――桃の花、蓮の花、柳

ここからは、江戸の花見と遊山、その名所について述べることにしよう。江戸の花見といえば、まず先に桜が浮かぶものだが、ここでは先ほどみた朝鮮の花見と関連づけて江戸における桃の花や蓮の花、柳、つつじについて簡略に紹介することからはじめる。各花が登場する記録と主な名所をまとめてみると、次の通りとなる。

まず、桃の花とその花見の様子は『江戸名所図会』の「桃園春興」（巻四十一冊に十二丁）に詳しく描かれてい

| 種類 | 書籍 | 場所 |
|---|---|---|
| 桃の花 | 『江戸名所花暦』 | 桃園、御薬園、大師河原、吉原、流山 |
| | 『東都歳時記』 | 洲河原、隅田河の堤、上野坊中、谷中天王寺、深川六間堀川通り |
| | 『江戸名所図会』 | 洲河原桃林 |
| 蓮の花 | 『江戸名所花暦』 | 溜池、増上寺地中弁天の池、不忍池 |
| | 『東都歳時記』 | 不忍池、赤坂溜池、同御門外、市谷御門外、牛込御門外、増上寺中芙蓉洲、隅田川木母寺。同所の北、丹鳥の池。 |
| | 『江戸名所図会』 | 増上寺山内芙蓉洲弁天の社、不忍池 |
| 柳 | 『江戸名所花暦』 | 神田川土手、角田堤、綾瀬 |
| | 『東都歳時記』 | 柳原堤の新柳 |
| | 『江戸名所図会』 | 柳原堤 |

る。中心となるのは、派手な振り袖で身を包んだ女性たちが桃の花を眺めながら花見をする様子である。そのところに茶坊主と童子が毛氈を敷いており、ちょうどそこに茶弁当が運ばれてくる場面が描かれている。『江戸名所花暦』の記録によると「桃園春興」の舞台となった桃園は、四谷中野村にあり、台命によって桃の花を植えたとされるが、そこは将軍・吉宗が中野の犬小屋御囲跡地を桃園にした場所である。桃園のほか、九段坂の下にある御楽園にも「紅白の桃、数百樹あり」と伝えられたり、江戸市中から少し離れた大師河原にも桃林があり、開花の時には紅白色が交じって奇観をなしていたとされる。

図3 『江戸名所図会』巻4 第11冊 22丁「桃園春興」

図4 『江戸名所図会』巻5 第14冊 22丁「不忍池蓮見」

一方、蓮の花でもっとも有名な場所といえば、溜池と不忍池が挙げられる。まず、溜池については『江戸名所花暦』に「花葉水面をふさげて夥し」とあり、『東都歳時記』巻上の「六月」の「景物」にも赤坂溜池には、不忍に続いて蓮が多いと記されている。不忍池の蓮については『江戸名所図会』の「不忍池蓮見」に「不忍の池は江府第一の蓮池なり。夏月に至れば荷葉累々として水上に蕃衍し、花は紅白色をまじへ、芬々人を襲ふ。蓮を愛するの輩、凌晨をことさらの清観とす。」という記録がある。それと合わせて「不忍池蓮見」の絵をみると、弁天堂の回りにある茶屋から不忍池の蓮見をする人々の様子が描かれている。なによりここの茶屋から間近で蓮を鑑賞できるのは不忍池蓮見の特徴といえる。『江戸名所花暦』にも不忍池の蓮について記されているが、大量の蓮があったということから、朝日に照らされた蓮の花の素晴らしい光景を直接見ようと大勢の遊客が不忍池を訪れたという。興味深いのは、文政三、四年、すなわち、一八二〇年ごろには池の岸通りに八間（約十四メートル）の堀を掘って、さらにその先に同じように八間の堤を築いたということである。それによって不忍池の西南の方には茶店や飲食店が新たに立ち並ぶようになっただけでなく、新しく梅や桜も植林され、蓮見の季節のほかにも花見ができるようになったのである。

次に、柳の名所として神田川に沿って浅草御門まで続く土手・柳原堤を紹介しよう。『東都歳時記』「正月」の「景物」には「柳原堤の新柳も早春景物の一つなり」と記され、朝鮮と同様、ここにも江戸城の建設の際に鬼門を守るために柳が大量に植えられたことがわかる。絵にあるように、この辺は土手の近くに古着屋が軒を連ね、人出の多い商業地であった。そのことから柳原堤の柳は周辺の店や町を守る役割をするだけでなく、行き来する人には花見の対象として愛でられていたのである。このように江戸の市中には、桜以外にも桃の花や蓮、柳など多種多様な花が季節ごとに人々を呼び寄せていた。このほかに、亀戸の天満宮の近くには大量の梅の木が自慢の梅屋敷があり、梅の花を愛で、風流を解しようとする江戸の文人墨客が集まる名所とされる。桜以外の花を対象とした江戸の花見は我々の想像以上に、江戸の町で盛り上がりをみせていたのかもしれない。

図5　『江戸名所図会』巻1　第1冊　38丁「柳原堤」

## 四、江戸における花見——桜

ここからは本格的に桜の花見について述べることにしよう。近世に入り江戸がいわば「花の都」と呼ばれるようになったのは元禄（一六八八～一七〇二）年間からだと知られているが、そのはじまりは、将軍の台命により上野や飛鳥山、隅田川などに大量の桜が植林されたことからとなる。『江戸名所図会』をはじめとする『江戸名所花暦』、『東都歳時記』のような江戸後期の名所記をみても、桜は他のものに比べ圧倒的な人気を誇る江戸の代表的な景物であった。*12 江戸の桜を考える

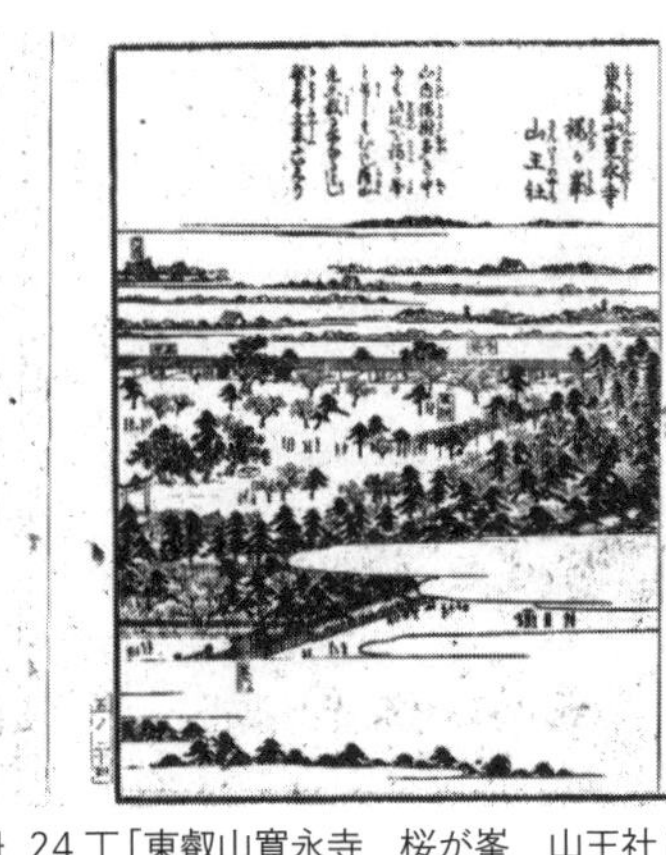

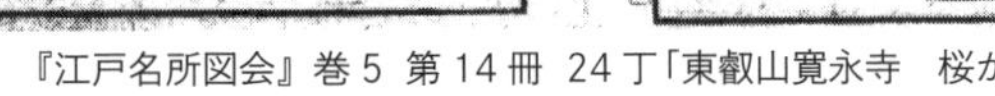
図6 『江戸名所図会』巻5 第14冊 24丁「東叡山寛永寺　桜が峯　山王社」

うえで、もっとも重要な人物として幕府の八代将軍である徳川吉宗（一六八四〜一七五一）を挙げておかねばならない。なぜなら、桜の植林により江戸の随所に新たな名所が生まれただけでなく、江戸の人々にとって春の一大行事として桜の花見が定着していったからである。代表的な桜の植林地には上野の東叡山、品川の御殿山、飛鳥山、隅田堤、小金井などがある。とりわけ、いずれの場所でも大量の桜のなす風景が堪能でき、それは江戸の桜花見の特徴となった[*13]【図6】。

では、桜の名所としてまず上野の東叡山をあげよう。東叡山は一六二五年に開創した寛永寺のある場所を指すが、ここは寛文年間（一六六一〜一六七三）以来、花見の名所として人気を博すようになった。『江戸名所図会』巻五の「東叡山寛永寺 桜が峯 山王社」（十四冊二十四丁）には、「東叡山上陽春の衣／東叡山下花に背きて帰る／終日酣歌の処を回看すれば／風起きて晩来雪となつて飛ぶ」という江戸中期の儒者・服部南郭（一六八三〜一七五九）の詩が載っており、東叡山の桜と花見の様子をみせてくれる。一方で、東叡山では多様な種類の桜を観賞することができたようである。東叡山での花見の風景をもう少し詳しくみてみよう。

当山は東都第一の花の名所にして、彼岸桜より咲き出でて一重・八重追々に咲き続き、弥生の末まで花のたゆることなし。(中略)このほかにつれだちたる女房の上着の小袖、男の羽織を弁当かかげたる細引にとほして桜の木にゆひつけてかりの幕にして、毛氈・花むしろしきて酒のむなり。鳴物はならず。小歌・浄瑠璃・踊・仕舞はとがむることなし。[*14]

図7 『江戸名所図会』巻2 第4冊 10丁「御殿山看花」

『江戸名所花暦』の記録からもわかるように、東叡山での花見の特色は、時期をずらしながら咲く多種多様な桜を堪能できる点にあった。もともと桜の場合、開花から散るまでの期間が短いため見ごろは数日にすぎない。そのためか、右の記録からは少しでも長く多くの種類の桜の美しさを直に楽しもうとする人々でにぎわう雰囲気が感じ取れる。東叡山では鳴物、すなわち、楽器の演奏が禁止されていたが、歌や舞踊などは咎められなかった。また、人々は自分の着物にひもを通して木と木の間にたらして幕とし、桜の下で飲酒を楽しむなど、花見の風景は決して大人しいものではなかった。興味深いのは、このような花見の様子が他の場所においても再現されていたという点である。たとえば、品川の御殿山についてみてみよう。

御殿山は海の見下ろせる丘陵地帯に位置し、数千歩の芝生が広がっていた。ここに徳川家の品川邸宅が建てられた後は、鷹狩りの際の休み場として、そして幕府の重臣のお茶会の場として用いられた。『江戸名所図会』の記録によると、一六六一〜一六七三年の頃、吉宗の台命によりここに和州吉野山の桜の木約六百本が移植され、御殿山は東叡山と同様、「殿様の御意向」と深く関わりをもちながら花見の名所へと変貌していった。さらに『江戸名所図会』巻二の「御殿山」（第四冊九丁）にみえる、「弥生の花盛りには、雲とまがひ雪と乱れて、花の香は遠く浦風に吹き送りて、磯菜摘む海人の袂を襲ふ。」という記録から、御殿山においても大量の桜による絶景を目にすることができたことがわかる。一方で、同じ『江戸名所図会』巻二の「御殿山看花」（第四冊十丁）の絵をみると、左側には人々が木と木の間に垂れ幕をかけて桜の木の下で宴会を開いている様子が描かれている。この宴会の左上に海のみえる日除けの下に人々が座っているところが茶店である。絵の真ん中には四〜五人の人が目隠しをしたり、弁当を運ぶ人の前を派手な着物を着た御殿女中の群れが通る姿がみえる。また、絵の右側には酒を飲みながら花見をする男性たちと、その下の方では田楽売りをしている商人の姿も確認できる。「御殿山看花」は題名の通り、御殿山での桜景色を描きながらも、それぞれの「看花」を楽しむ人々の様子に注目しているように思われる。しかも、画中の人々を見渡すとそこに描かれた人物たちは男女貴賤を問わないことがわかる。本来、幕府の限られた人だけに開放されていた御殿山が桜の名所となるにつれ、自然と多様な階層の人がおのおのの風流を楽しんでもよい空間へと様変わり、まるで広場のような空間となっていたことがわかる。

もう一つの桜の名所・墨田堤は、町人をはじめ、女性や子供など多様な階層の人々がより自由に花見を楽しむ場所であった。『江戸名所図会』巻七の「隅田川堤春景」（十九冊九十七丁）の絵からもそれを確認することができる。

絵の右側におしゃれをした少女の群れの姿がみえるが、彼女たちは手習い塾の生徒たちである。十八世紀以降になると、しばしば手習いの師匠が生徒を連れて上野や飛鳥山、向島などに出かけることがあったようである。とりわけ、群れの中には造花で仕立てた髪飾りや同じ柄の手ぬぐいを持った少女たち以外にもその親も参加しているとされ、まさに、団体花見と呼ぶことができる。[*15] 一方、『江戸名所花暦』は次のように記している。

隅田川は江戸第一の花の名所にして、この花は享保のころ、台命に依つて植ゑしところの物にして、今も枝を折ることを禁ずるは、諸人のしるところなり。堤曲行にして木母寺大門へ向かふところ、左右より桜の枝おひかさなりて、雲のうちにいるかと思ふばかりなり。この地は桜にかぎらず、四時ともにいとよき地なれば、都より下りたまふやんごとなきおほんかたも、一たびは御遊覧あるなり。[*16]

図８『江戸名所図会』巻７　第 19 冊　97 丁「隅田川堤春景」

墨田川堤の桜の緑林は四代将軍・徳川家綱（一六五一～一六八〇）の時にはじまり、一七一七年五月には吉宗の台命により百本の桜の木が加わったとされる。興味深いのは「今も枝を折ることを禁ずるは、諸人のしるところなり」という記述である。『江戸名所図会』巻七の「隅田川堤春景」をみると、造花の髪飾りをした少女たちが登場するが、この禁止は当時、満開した桜の小枝を折って挿頭として飾ろうしていた人々を取り締まろうとするものであろう。また、絵の中の記録からも「わきて咲きみちぬるひとえだは、たが挿頭にや手折らんと、さすがに心のとまる木の本なりけらし」とあるが、言い換えれば、墨田川堤の桜は堤沿いに咲いているというから手が届くほどの近い距離で桜を楽しむことができたのであろう。一方、先述の『江戸名所花暦』の引用文にもあるように、ここの桜並木は九七六年に開創した木母寺の大門の方まで続いていた。『江戸名所図会』巻七の「隅田川東岸 木母寺 梅若塚 水神宮　若宮八幡」(十九冊百丁)にも木母寺の入口にいたる長い道の両側に桜並木が続いていることが鮮明に描かれている。一方で、木母寺の下の方にある丘には水の神を祀る水神社という神社があるが、『江戸名所花暦』にはここについて「木母寺の門前より左の方へ三丁ほど行けば森あり。ちかごろ風流の遊客、桜を植ゑ添へて、堤と同じ時に花盛りなり。[*17]」と記しており、墨田堤の花見の範囲が木母寺一帯にまで広がっていたことを物語っている。もちろん、寺社とその周辺は江戸の人々にとって単なる宗教施設としてではなく、年中行事を行う親しみのある場所であり、誰にでも開かれた場所であった[*18]という点から江戸の人々にとって寺社と花見は深い関わりをもっていたといえる。

## 五、文人たちの花見――小金井

他方、江戸後期になると江戸の郊外においても花見と遊山が盛行した。十九世紀に刊行された名所記に郊外名所の地名が本格的に登場するようになったのもその人気の裏付けといえよう。時代が下るにつれ、郊外の野原を散策したり、丘に登り春の到来と情景を楽しむ江戸人の野遊びが流行りはじめたのである。なかでも代表的な郊外の名所に小金井があり、とりわけ、玉川上水の流れに沿ってある小金井橋が有名である。生西寺の住職・十方庵敬順(一七六二〜一八三二)が記した『遊歴雑記』(一八一四)によると「小金井村の桜、寛政の頃は詠める人もなかりし由、古松軒が四神地名録に記したりしが、享和の頃より騒人墨客多く集ひて、毎春遊観の所となれり[*19]」という。記録からも、寛政の頃、すなわち、一七八九年から一八〇一年までは小金井の桜を題材に詩や句を詠む人がまだ少なかったが、その後の一八〇一年以降になると、春の花見名所として小金井橋を訪れる風流人が増えたことがわかる。小金井橋周辺に大量の桜の木が植林されたのは、吉宗時代の代官・川崎平右衛門（一六九四〜一七六七）が武蔵の新田開発の際に玉川の水路を広げて、両側に土手を設け桜の木を植えたことによる。吉宗の都市開発の政策と桜が深く関わりを持っていることは興味深いところである。

このようにして小金井橋一帯は、江戸市中とは異なる雰囲気が味わえる花見・遊山の名所として江戸人に名が知られるようになった。『江戸名所図会』巻四の「小金井橋」に小金井の桜の風景が描かれているが、画中にも満開した桜の木の近くに茶屋があり、橋の周辺には花見を楽しむ人々が大勢集まっている。「小金井橋」に寄せられた文章を詳しくみてみよう。

図 9 『江戸名所図会』巻 4 第 11 冊 31 丁「小金井橋」

> 小金井橋は、小金井邑の地に傍ふて流るるところの玉川上水の素堀に架すゆゑに、この名あり。岸を夾む桜花は数千株の梢を並べ、落英繽紛たり。開花のとき、この橋上より眺望すれば、雪とちり雲とまがひて、一目千里前後尽くる際をしらず。よつて都下の騒人遠きを厭はずして、ここに遊賞するもの少なからず。遊人あるいは憩ひあるいは宿す。橋頭、酒を煖め茶を煮るの両三店あり。
>
> （『江戸名所図会』第四巻　第十一冊　三十一丁「小金井橋」）

記録をみると、小金井橋には満開になった桜の妄想的な情景を近くで愛でている人のほか、橋の上に登り景色を眺望する人もいた。とりわけ、この一帯は素晴らしい見晴らしのため玉川上水一帯だけでなく、富士山や箱根までも眺めることができたという。そのため、わざわざ遊賞を目指して遠くから来る人もいたようだが、郊外のため、ほとんどの人は宿泊をしなければならなかった。一方、小金井橋からの眺めについては『江戸名所花暦』巻一の春之部「金井橋」に「両岸花咲きつづきて、白雲の中に遊ぶがごとし」と記されているが、「白雲の中に遊ぶ」といったのは小金井の桜の種類のほとんどが一重桜であったことと関係がある。たとえば、『東都歳時記』は「小金井橋の両岸（中略）新し橋より水上、小川新田といへるまで行程一里余、両岸ことごとく花木列り立ちて、春時爛漫たり。いづれも単弁にして殊に潔白なり。近年一夜泊りの雅客多し。」[*20]と伝えている。先述のように、多種多様な種類の桜が楽しめる上野と異なり、ほとんどが単弁桜というのも小金井橋周辺の桜の特徴といえる【図10】。

また、小金井橋の風景は歌川広重（一七九七～一八五八）の《江戸近郊八景》（一八三八）の一つである「小金井橋夕照」からも確認することができる。「小金井橋夕照」の画中には、土手のところに植えられた桜の木の下に座り込んでいる三人の男がみえる。「夕照」という題材の通り、夕方の風景が描かれているが、あるいはこの雅客たちは花見を楽しんだ後、遠くにみえる富士山を眺望しながら詩歌の構想でも膨らませていたのかもしれない。彼らにとって小金井の田園風景は、詩題を提供してく

図 10　歌川広重「小金井橋夕照」《江戸近郊八景》（1838）

れる客体化した自然として認識されたに違いない。言い換えれば、それこそが小金井での花見と遊山の魅力であったともいえよう。もちろん、その背景には十八世紀半ば以降、郊行詩、すなわち、「郊外の自然を散策しながら詠む詩が盛行[*21]」した流れと、享保期以降、雅趣を求める文芸活動が文人たちの間で活発に行われていたことなどがあった。これらを踏まえると、小金井は大都市江戸での日常から離れ、風流を楽しむことのできるうってつけの場所であり、非日常を体験できる文人の文芸空間でもあったということができる。[*22]江戸市中から小金井一帯まで続く桜の物語は、江戸という都市の花見・遊山空間の変遷と拡張性を見せてくれている。

## 六、まとめ

これまでの内容を踏まえて、近世の漢陽・江戸の人々にとって花見・遊山とはなにかについて同異点をまとめておきたい。まず、漢陽の花見・遊山文化は、風水思想に基づいて開かれた都市・漢陽の自然が存分に生かされた場所で花開いたと考えられる。ただし、注目すべきは、「遊賞」に登場する場所が都城の近くにあったということは、言い換えれば、漢陽の名所は朝鮮王朝や政治的な影響力と深く関わりをもっていたということを意味する。それに対して江戸の場合は、台命、将軍の命令によって、桜を植樹することで新たな花見・遊山の名所が誕生したものの、寺社という政治とは無関係で聖と俗の合わさった空間が花見名所として重要な役割を担っていた。

このような観点からすると、両都市に生きる人々の自然との向き合い方をも異なる側面があったと考えられる。しかし、いずれにしても、両都市には季節の移り変わりや自然からの祝福を愛でる歳時風俗が根付いており、花見と遊山はそれと合わさった形で行われたという共通点がある。確かなのは、当時の両都市の人々は花見・遊山という行為を通して、日常の中に非日常を積極的に見出そうとしたという点である。花見や遊山のように自然の中で遊ぶということは、階層や社会的位置づけと関係なく享受できる都市の人々の日常とは異なる生き方の一種であったに違いない。

注

1 『京都雜志』の原文を引用する。「弼雲台杏花、北屯桃花、興仁門外楊柳、天然亭荷花、三清洞蕩春台水石、觴詠者多集于此。都城周四十里、一日遍巡周覧城内外花柳為勝。凌晨始登、昏鐘可畢、山路絶険、有委頓而返者。」。

2 チェウンスク「〈漢陽歌〉に現れた漢陽の景観と場所愛着性」（『韓国文学と芸術』十号、スンシル大学韓国文学と芸術研究所、二〇一二年）、十三頁。

3 「日出従敦義門登、左旋復従敦義門而降、凡四十里而余、山而野華而幽、千態万象、有非巧歴可悉。大抵高則白岳為最、仁王次之、険則仁王為最、南山次之、東有山而不高不険、西無山。余覧勝多矣、鮮有兼備若是者也」（李安中「団円会帖序」、『玄同集』巻一）。

4 「山向京師宝帳開　八門城堞自紆回　饒知面面供奇賞　春到争誇歴踏来」。

5 「京城花柳盛於三月、南山之蠶頭、北岳之弼雲、洗心二台為遊賞湊集之所、雲攢霧簇盡一月不衰」（国立民俗博物館『朝鮮代歳時記Ⅲ（改定増補版）』、国立民俗博物館、国立民俗博物館歳時記翻訳叢書、二〇一一年）、十二頁。

6 「地多春寒 至三月初 始作蓓蕾 旬後乃爛漫 京城内外 種花百十区 而弼雲台六角亭桃花洞城北屯争檀 甲乙士女 紛集壺觴 流衍終日 如屯蜂簇蝶 曰花柳（花柳 会讌之名 為訪花隨柳故也）以至花落 大率 常日」（国立民俗博物館『朝鮮代歳時記Ⅰ』、国立民俗博物館、国立民俗博物館歳時記翻訳叢書、二〇〇三年）、四十八〜四十九頁。

7 「清明上巳之間　花事方闌　長安遊人　携伴往渓山勝区　或奏琴笛　或賦詩律　以各暢叙」（国立民俗博物館、前掲書、『朝鮮代歳時記Ⅰ』）、一〇五頁。

8 「雲台花事壓城中　満眼芳華万戸同　晩照蒸深都作霧 軽塵飛静覽無風 五陵鞍馬遙從北 雙闕觚稜盡在東 三十年前春望処 再来今是白頭翁」。

9 「春意長安頓覚奢 弼雲台上領繁華 風微倦舞千街柳 気暖争妍万種花 自是吾身高在此　非関眼力直窮遐　西城日暮軽陰好　且向譙楼望天涯」。

10 「年年花發上玆台 花到今年倍爛開 為是華城旋蹕後 百花齊映万年杯」。
11 「蓮花成子已凋零 蓮葉満池猶自青 秋風一夜催霜後 藕敗香殘只有萍」。
12 樋口忠彦・杉山晃一・横山隆二郎「江戸の四季の名所について」(『都市計画論文集』十号、公益社団法人日本都市計画学会、一九八一年)、三八一頁の表一を参照。
13 小野佐和子『江戸の花見』(築地書館、一九九二年)、三十三頁。小野も大量の花による風景は「日常世界とは異なる美の空間の出現が人々を魅了した」と分析している。
14 市古夏生・鈴木健一(校訂)『江戸名所花暦』(筑摩書房、二〇〇一年)、四十六頁。
15 小野佐和子、前掲書、五十~五一頁。小野は少女たちの団体花見は、当時、江戸の町人社会に学習空間の寺子屋が定着したことを背景にしていると分析した。
16 市古夏生・鈴木健一、前掲書、四十九頁・五十六頁。
17 市古夏生・鈴木健一、前掲書、四十九頁・五十八頁。
18 小野佐和子、前掲書、八十九頁。「寺社地は、封建的、身分的に秩序づけられ固定された城下町枠組みをとりはらい、人々の自由な交流が可能な開かれた場として機能することができた。」という。
19 十方庵敬順(著)、朝倉治彦(編)『遊歴雑記初編(一)』(平凡社、東洋文庫四九九、一九八九年)、一四二~一四三頁。
20 市古夏生・鈴木健一、前掲書、一二三頁。
21 田中道雄『蕉風復興運動と蕪村』(岩波書店、二〇〇〇年)、七十四~七十五頁。
22 日野龍夫『江戸の儒学』(ぺりかん社、日野龍夫著作集 第一巻、二〇〇五年)、四四二~四四三頁。

参考文献


・市古夏生・鈴木健一(校訂)『江戸名所花暦』(筑摩書房、二〇〇一年)。
・市古夏生・鈴木健一(校訂)『新訂東都歳事記(上)』(筑摩書房、二〇〇一年)。
・市古夏生・鈴木健一(校訂)『新訂東都歳事記(下)』(筑摩書房、二〇〇一年)。
・小野佐和子『江戸の花見』(築地書館、一九九二年)。
・十方庵敬順(著)、朝倉治彦(編)『遊歴雑記初編(一)』(平凡社、東洋文庫四九九、一九八九年)。
・田中道雄『蕉風復興運動と蕪村』(岩波書店、二〇〇〇年)。
・チェウンスク「〈漢陽歌〉に現れた漢陽の景観と場所愛着性」(『韓国文学と芸術』十号、スンシル大学韓国文学と芸術研究所、二〇一二年）。
・樋口忠彦・杉山晃一・横山隆二郎「江戸の四季の名所について」（『都市計画論文集』十号、公益社団法人日本都市計画学会、一九八一年）。
・日野龍夫『江戸の儒学』（ぺりかん社、日野龍夫著作集　第一巻、二〇〇五年）。
・韓国・国立民俗博物館『朝鮮代歳時記Ⅰ』（国立民俗博物館、国立民俗博物館歳時記翻訳叢書、二〇〇三年）。
・韓国・国立民俗博物館『朝鮮代歳時記Ⅲ（改定増補版）』（国立民俗博物館、国立民俗博物館歳時記翻訳叢書、二〇二一年）。

図版出典

・【図1】チョイヨル（최열）『昔の絵から観るソウル（옛 그림으로 보는 서울）』（ヘファ出版社、二〇二〇年）、一七〇頁より転載。
・【図3～9】斎藤月岑『江戸名所図会』七巻、国立国会図書館デジタルコレクション（請求記号：W245-20）各図の図番号及びURLは以下の通りである。
【図3】図番号：27（https://dl.ndl.go.jp/pid/2563390/1/27）
【図4】図番号：26（https://dl.ndl.go.jp/pid/2559053/1/26）
【図5】図番号：63（https://dl.ndl.go.jp/pid/2559040/1/63）
【図6】図番号：28（https://dl.ndl.go.jp/pid/2559053/1/28）
【図7】図番号：16（https://dl.ndl.go.jp/pid/2559043/1/16）
【図8】図番号：21（https://dl.ndl.go.jp/pid/2559058/1/21）
【図9】図番号：37（https://dl.ndl.go.jp/pid/2559050/1/37）（閲覧年月：二〇二二年十月）
・【図10】歌川広重「小金井橋夕照」《江戸近郊八景》（一八三八）（請求記号：WA33-5）国立国会図書館デジタルコレクション（https://dl.ndl.go.jp/info:ndljp/pid/1309716）（最終閲覧年月：二〇二二年十月）

# 06 — 東アジア都市の行楽地とその場所性

高村雅彦
TAKAMURA MASAHIKO

要旨——ここでは、漢陽、北京、江戸、蘇州を対象に、花見や遊山のための行楽地がおおよそ十七世紀末の計画・整備を経て、十八世紀に華やかな都市文化を開花させる様子を十九世紀初頭までに記録された都市図や史料を使って、それらがどのような立地の論理のもとに形成されたのか、そして蘇州については現在にいかに受け継がれているかを見てきたい。名所に関しては文系による既往研究が多く、それを参照しながら都市空間との関係に焦点をあてて、建築学における都市史の立場から解読してみたい。したがって、空間を把握できるような都市図や絵画資料、現地調査から読み解いていく。それぞれに、自然地形と空間、領域、境界の違い、都市の内と外、公と私、さらに聖と俗の関係が複雑に絡み合いながら名所が形成されているものの、東アジア都市に共通する多くの点を見出し、その理由に迫りたい。とくに、蘇州では行楽が単に娯楽のためのものではなく、身体と精神を次に向けてリセットするための行為であり、加えて東アジア都市の名所は容易に変化しがたい場所の特性を生かして形成されたため、長く継承される結果となったことを指摘したい。

## 一、日中韓に見る花見の名所とその立地

ここでは、東アジアの主要都市である漢陽、北京、江戸を対象に、名所が周辺といかなる関係を持ちながら、どこに立地し、それが都市全体の空間構造のなかでどのような意味を持ったのかを見ていきたい。

### 漢陽

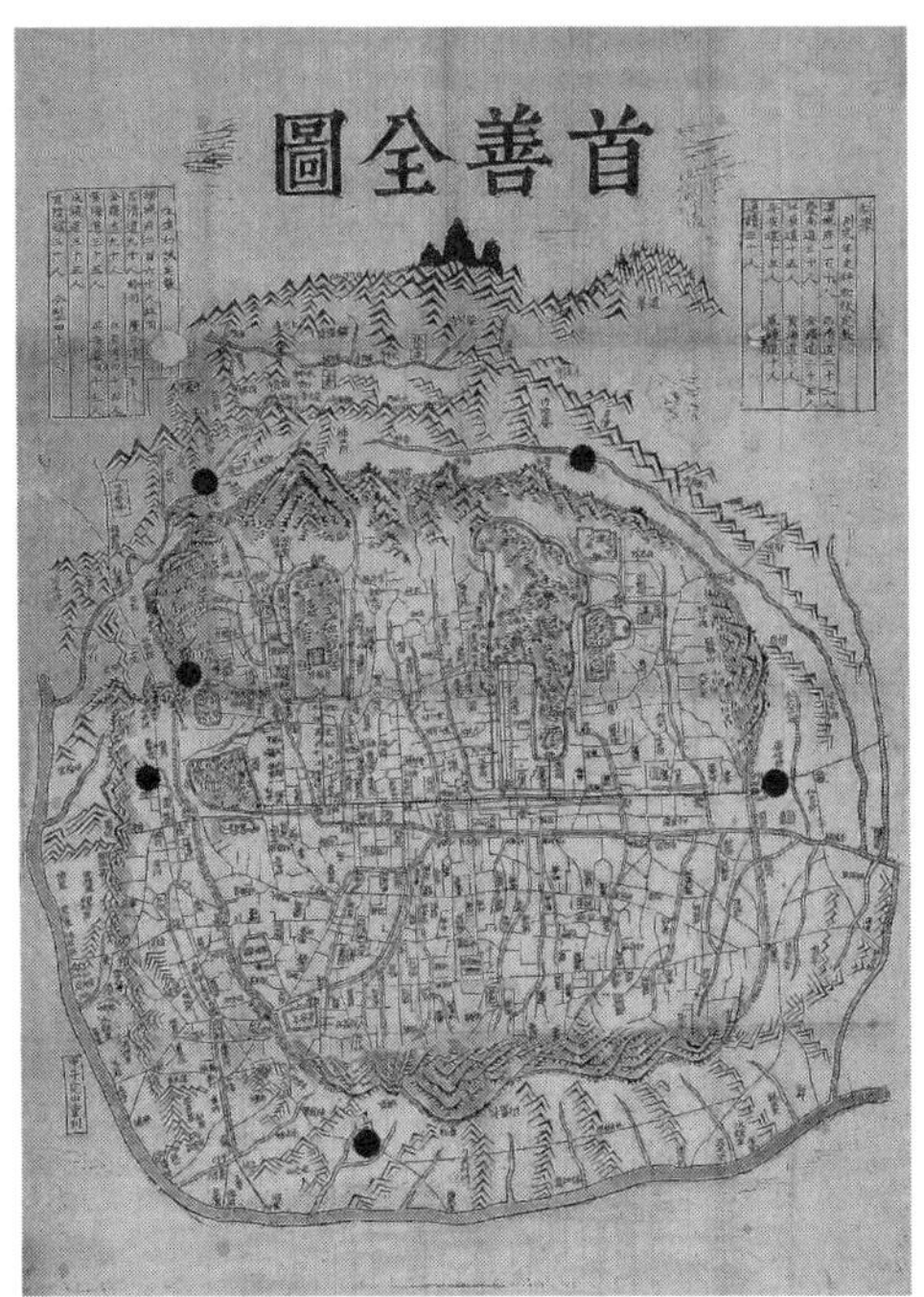


図１　1840 年の「首善全図」（国立中央博物館蔵）に、柳得恭『京都雑志』に載る花見の名所の位置を●で示した。城壁のすぐ外、川の近くに名所が位置していることがわかる。

鄭敬珍（ていけいちん）は、二〇二一年に開催されたシンポジウムで柳得恭（ユドゥクコン）『京都雑志』に紹介された十八世紀から十九世紀の花見・遊山の名所は漢陽の都市を囲い込んでいたと指摘している。[*1] 城壁や都市の骨格は十四世紀末に起源をもち、洗心台、蕩春台、洗剣亭、天然亭、北屯、桃花洞、興仁門外の柳、西池の蓮の花見の各名所を十九世紀の都市図に落とし込んでみると、確かに漢陽の都市の東西南北にまん

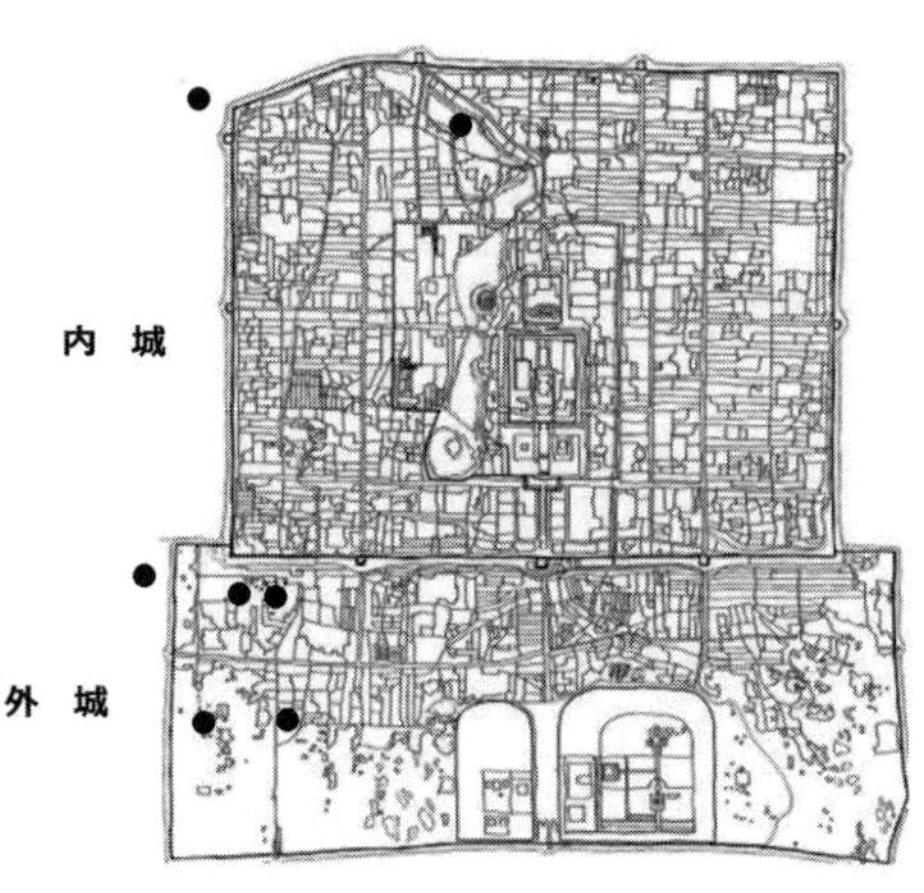


図2　1750年『乾隆京城全図』（北京故宮博物院蔵）の道路網を模写した地図に、瞿宣穎編『同光間燕都掌故輯略』に載る花見の名所の位置を●で示した。南の外城は、当初内城の四周を囲う予定であったが、費用の関係からそれを断念し南側だけに留まった。

べんなくある【図1】。低地にある川や池の水生植物の名所のほかは、いずれも標高が高く景色のよい場所に亭を置いて名所としている。それらの場所を地図と照らし合わせてもう少し詳しく見てみると、いずれの名所もが都市を囲う城壁のすぐ外に位置し、高い場所にあっても植生に必要な水を供給できる川が近くに流れていることが見て取れる。

## 北京

同じ東アジアの主要都市である北京もまた実に同じような場所が花見の名所となっているが、漢陽のそれよりもやや複雑である。一六〇六年沈徳符『万暦野獲編』には個人の花園がいくつか紹介され、十九世紀の風俗をまとめた一九三六年の瞿宣穎編『同光間燕都掌故輯略』（世界書局）に、花見の名所として憫忠寺、崇效寺、天寧寺、慈仁寺、長椿寺、極楽寺、豊台の芍薬、什刹海の蓮があげられている。[*2] 北京では地形というよりも、寺院と一体となって花見の名所が成立していたことが知られる。紫禁城北の什刹海は、元代から続く北京で最も古い地区であり、十の古刹が水面を取りかこむことからその名が付いたと言われる。豊台にも十七世紀末から十八世紀初頭に創建された著名な成寿寺がある。寺院に参詣し、季節の花をめでる行楽地を楽しむ都市文化が開花したのである。

これら北京の名所を地図上で確認すると、その場所の特性には少し説明がいる【図2】。北京は、紫禁城を中心とする十五世紀初めに完成した内城と、十六世紀中期に拡張された南の外城の二重の城壁によって都市が囲まれる。[*3] 内城は支配側の八旗満州族が居住し管理するエリアで、外城はそれ以外のとりわけ漢族商人が住むエリアとして区別された。先述の花見の名所は、什刹海を除くとすべて内城の外にある。外城には四つあり、いずれも市街地化が進んでいない自然豊かな西端に位置している。内外城の外にはいずれも西側に三つあり、西北西直門外すぐの極楽寺、南西広安門外の天寧寺、南西郊外二十七キロの豊台がそれである。いずれも北京の西に集中しているのは、十二世紀金代の中都に起源をもつ歴史的なエリアであることに加え、植物の生育に欠かせない豊富な水量の永定河とその支流がこの地域を巡っているからに他ならない。漢陽の城壁の外という場所性に対し、北京では内の外というだけでなく、その外に外城というもう一つ別の領域があって、そこに花見の名所が集中していることに注目したい。

## 江戸

一方、江戸はどうだろうか。江戸には花見の名所が多く、たとえば一八二七年の岡山鳥『江戸名所花暦』には百七十八か所が紹介され、桜の名所が四十六か所、そのうち社寺境内のものが八割を占めている。[*4] 従来は一、二本の名桜を見るのが普通で、一六六二年の浅井了意『江戸名所記』には牛込円照寺、渋谷金王八幡宮、谷中法恩寺が記録されている。その後、桜が群を成して足元で宴を開く花見が十七世紀末の寛永寺を核とする上野に始まる。とくに、十八世紀初めの享保年間に第八代将軍吉宗が鷹狩りのルート上の向島、御殿山、飛鳥山を選んで桜を植えたことはよく知られている。[*5] 向島の名所は対岸の浅草寺と水神、橋場、今戸、竹屋、山の宿、竹町の各渡しでつながり、向島側にも家康によって庇護を受けた由緒ある木母寺や江戸水門の聖地として有名な水神社があって、隅田川を挟んで両岸一帯が行楽地となって栄えた。御殿山の名所もまた品川神社や家光建立の東海寺が麓に位置し、眼下の品川宿とその向こうに広がる海とが一体となった眺望のよい行楽地として親しまれた。春には海岸で潮干狩りが行われ、その賑わいは多くの絵師によっても描かれている。そして、吉宗がとくに力を注いだのが飛鳥山の名所である。遠く富士山や筑波山が望めるだけでなく、近くには吉宗が鷹狩りの際に立ち寄る金輪寺や故郷と関わりの深い王子権現、王子稲荷が点在し、その間を流れる音無川沿いには茶屋が並んで活況を呈した。

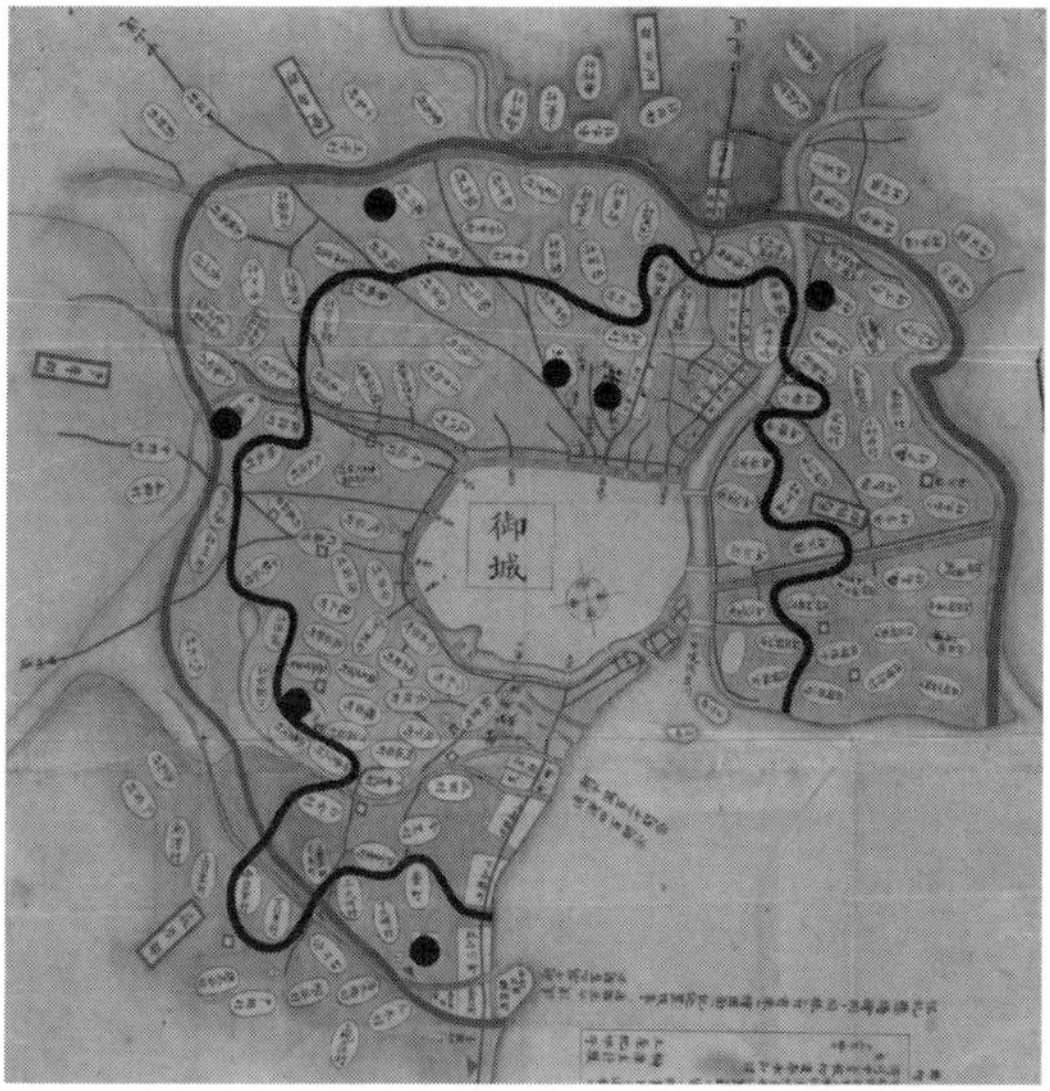

図3　1818年「旧江戸朱引内図」（東京都公文書館蔵、部分）に、1662年の浅井了意『江戸名所記』と18世紀初めの享保年間に計画・整備された花見の名所の位置を●で示した。上野寛永寺のほかは、享保年間のものはすべて内界の墨引きと外界の朱引きの間にあることがわかる。

さて、漢陽や北京と違って、江戸では城壁が築かれなかった。それでも、江戸では「郭内」「郭外」という区別がとりあえず存在し、城を中心に外濠の内側と外側とをおおまかに分け、両者の間に見附の諸門を置いて統御し、「郭内」を公権力の施設あるいはその中枢にいる人物が占有する場、「郭外」を民間が主体的に利用する場として区別していた。そして、江戸開府以来、市街地は周囲に拡大を続けていたため、築城から二百年以上たった一八一八年になってようやく市域の見解が幕府によって示される。城を中心に町奉行の管轄域を示す「墨引き」と、その外側に同心円状に広がる札懸場（ふだかけば）及び寺社方勧化場（じしゃがたかんげば）を範囲とする「朱引き」である【図3】。その外側はいわば「大江戸」の範囲外で、地方行政官である代官が管理する。

それら桜の名所をこの朱引き図に落とし込むと、上野寛永寺と谷中法恩寺以外は、ほぼすべてが墨引きの外側かつ朱引きの内側に位置し、同時に東西南北に等しく配置されていることが判明する。とくに、享保年間の吉宗が作り上げた桜の名所はすべてがこのなかにある。町奉行の管轄から外れ、主に寺社方勧化場の範疇となる場所である。

## 二、名所の場所性と意味

朱引きと墨引きによる江戸の領域は、北京とよく似た都市空間の二重構造を持っていた。しかも、いずれもその内界と外界の間に花見の名所が多く立地していたことは注目に値する。江戸では、名所の形成から数十年後に朱引きと墨引きを設定する際に、幕府が管理はするものの、ある程度の自由な娯楽と経済活動を許容したことが想像されるのである。まさにアジール、解放区としての場所性を発揮しているのであって、それは民族によって区別された領域ではあっても北京の状況とよく似ている。

また、北京と江戸では、どれもみな寺社が核となり、その境内や周辺に花見の場所を展開して、地域全体で名所を形成していることも興味深い。漢陽でもその可能性がないとは言えないが、商業活動の制限、花見を楽しむ階層という部分でやはり異なる。漢陽では日本の町家に相当する〈行廊（ヘンラン）〉と呼ばれる店舗を開設するには官許が必須で、その数も限られており、こうして自由な商業活動が制限されていたことから、花見の名所が周辺を取り込んで賑やかな行楽地を形成しにくかったのかもしれない。加えて、鄭敬珍の考察によれば、漢陽の花見の主人公は両班や中人と呼ばれる紳士層であり、限られた人々の文化的な娯楽という域に留まっていた。*6 一方、北京で取り上げた花見の名所は、皇帝専用の西郊にある三山五園および官吏やその登用を志す紳士層のみが集う個人の庭園は除いているので、すべて庶民が行楽できる空間であり、江戸も武士や商人、農民など身分に関係なく楽しむことできたという点で共通している。

さらに、北京と江戸は、中央の城から名所までの距離も似ていて、いずれも直径約十キロの都市域のちょうど周囲、中心から江戸換算で二里の場所に立地しているのも面白い。片道約二時間をかけて一日で歩いて帰って来られる距離にある。一方、漢陽はその半分の直径五キロの都市域であることから、複数の花見の名所を一日で巡ることも可能であったようで、文献史料にはそうした話がよく登場すると鄭敬珍は指摘する。*7

都市空間における花見の名所の場所性とその意味を探ると、都市の管理や運営を基盤としながらも、単なる一本の境界線による内と外という関係ではないことが北京と江戸の例から読み取ることができる。この二つの都市は、内界と外界を分ける二本の境界線を持ち、城のある内界の内側を〈公と内〉、花見の名所が位置する内界と外界の間を〈俗と域〉、寺社や農地の広がる外界の外側を〈聖と外〉にそれぞれ分けつつも領域を分断することなくスムーズに連続させて、人々が自由に都市を楽しむことのできる環境とシステムとを成立させていたといえるだろう。

## 三、「姑蘇繁華図」に描かれた遊山の風景

さて、ここからは一七五九年に描かれた徐揚「姑蘇繁華図」（原名「盛世滋生図」）から名所での遊びの風景を想像してみたい。[*8] 中国の水の都の蘇州を描いたもので、周辺の小さなまちや農村、山や湖、川などの自然をも描きいれた長さ十二メートル余りの都市絵巻である。一一〇〇年ころの北宋の都の開封を描いた張択端「清明上河図」が当時の目立った場所をつなぎ合わせた架空の都市絵巻だとすれば、この「姑蘇繁華図」は現実のルートに沿ってその移り行くシーンを忠実に描く。

蘇州は、漢陽と同じ直径五キロの城壁に囲まれた都市域を持ち、十三世紀初期に明清代に受け継ぐ都市の骨格が形作られた[*9]【図4】。中国随一の文化都市として歴代の皇帝たちから愛され続け、「姑蘇繁華図」にはその情景を映し出すかのように、山や丘で繰り広げられる花見と、そこに向かう賑やかな様子が描写されている。まさに遊山の風景だが、漢陽では北と南に大きな山が連なり名所が点在し、江戸では規模が異なるが御殿山や飛鳥山があってそこが名所となっていた。一方、北京では紫禁城の北に景山と呼ばれる人工の山があるもののそこは禁地であって、西郊十二キロにある三山五園もまた皇帝専用の場所である。中国は、平坦な場所に方形の都市を計画することを理想とするため、都市の地形が起伏に富むことは珍しく、遊山は郊外にまで足を延ばす必要があった。「姑蘇繁華図」には、郊外の南西十四キロにある霊巖山の麓で花見をする人や北西四キロの虎丘に向かう遊山船が描かれている。いずれも船で移動するのが常なのだが、虎丘は一日で帰って来られても、霊巖山には泊りで出かけなければならない。絵巻を見ると、最寄りの木瀆鎮（鎮は町の意）にはお土産屋や食堂が軒を連ねていることから、このまちの旅館あるいは船内で一夜を明かしたのだろう【図5】。

「姑蘇繁華図」は霊巖山の麓から始まる。その脇のやや小高い丘では、満開の桃の花の下で三人の紳士が酒を酌

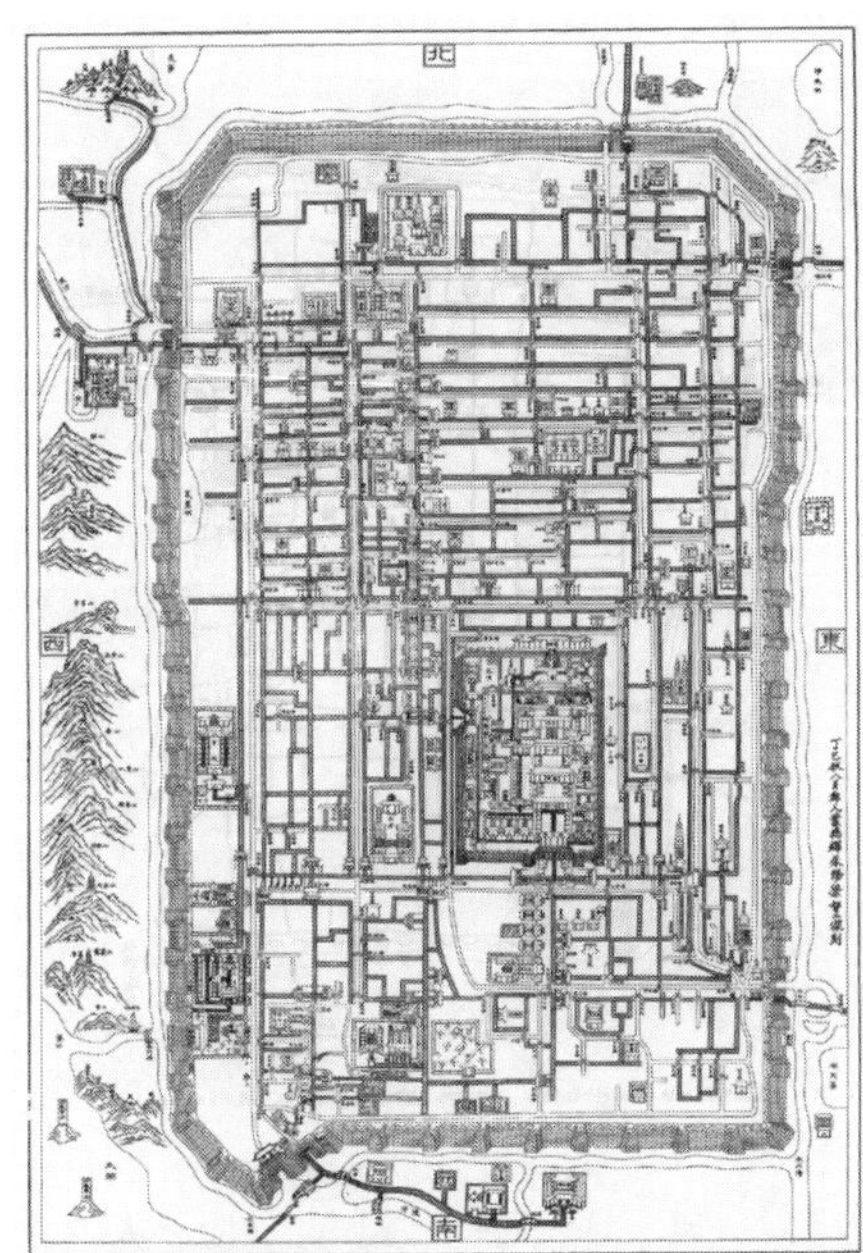


図4　1229年「平江図」（蘇州碑刻博物館蔵）。道路と水路がセットになって描かれ、この時代にすでに蘇州は水の都として形成されていたことがわかる。北西の虎丘と南東の湖のほか、遠く西郊にある山々までもが枠内に収まるよう城壁のすぐ横に描かれる。

図5　「姑蘇繁華図」の木瀆鎮。手前の「包弁酒席（宴会料理）」の旗が掲げられた料亭の2階や対岸の食堂はどこも男性客で満席である。

図6　霊巌山麓の桃の花見

み交わしながら花見を楽しんでいる【図6】。そのうちの一人はいままさに詩を書きつけようとしている。右手には主人に仕える三名の使用人がいて、一人は酒瓶を持っている。さらにその右手には、三挺の轎（かご）が置かれ、二人一組の合計六名の轎かきが座りながら主人の帰宅の合図を待っている。彼らが疲れているように見えるのは、この場所が山頂の崇報寺へと向かう参道の入口にあたり、主人を轎にのせたまま山道を往復し、寺詣をした後のことだからだろう【図7】。

この絵巻の最後は、蘇州北西の虎丘に向かう多くの屋形船のシーンで終わる。春の節季に、水の都の蘇州らしく船を連ねる遊山の風景である。虎丘には蘇州を創建した紀元前五世紀の呉王闔閭（こうりょ）の陵墓があり、そこにある雲巌寺へ詣でるのが目的なのであろう【図8】。九世紀初めの唐代白居易が開削したとされるその河沿いには、植木屋が多く軒を連ね、桃の植木をいっぱいに積み込んだ船が描かれる【図9】。都市空間とジェンダーの関係も重要なテーマの一つだが、船には軒に燈篭が付いて左右が欄干だけの男性用のもの、格子をはめ込んで中が見えないようにした女性用のもの、中央の屋根

図7 「霊巌山図」(1928年『木瀆小志』利蘇印書社出版)。山頂の崇報寺から右手に向かって参道の石段が峰や丘を縫って麓まで続き、香水渓沿いの山前村に至る。

図8 虎丘と山頂の雲巌寺塔。境内には桃の花が咲き乱れ、水路沿いには料亭や茶館、竹細工の店が並ぶ。

図 9　船に積み込まれた桃の植木

図 10　中央の屋根を蓆で覆っただけの船には姿を隠さない女性、つまり「船娘」が乗って客待ちしている。その左には左右が欄干だけの男性が乗る船が通り過ぎ、さらにその左手奥と手前、画面の右端には格子をはめ込んで中が見えないようにした女性用の船が行き交う。

図11　蘇州城外の北東に架かる山塘橋近くの河岸から、格子がはめ込まれた女性用の船に乗り込む女性たち。

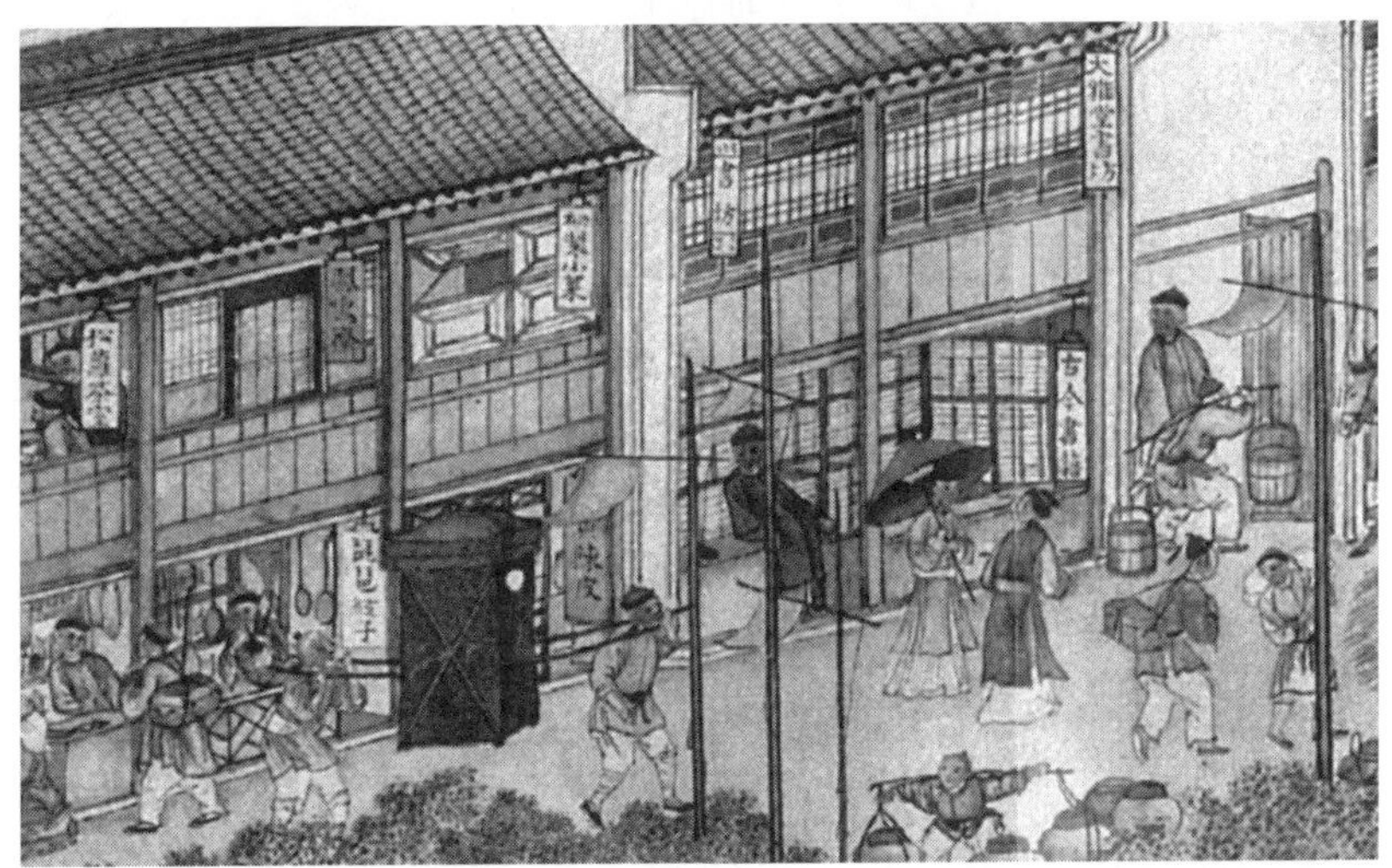


図12　簾で覆われた轎（左）を先導する二人の女性の召使い（右）。轎に乗るのは当主の妻や妾であろうか。右端の建物には1階に「古今書籍」、2階に「大雅堂書坊」という看板があって、16世紀から17世紀の明末に多くの著名な書籍を出版した店であり、また左端の建物の2階には「鳳鳴斎」の赤い看板が掲げられ、ここも蘇州の有名な楽器店であった。いわば蘇州のカルチャーストリートに品物を求めて訪れた女性たちを描いたのかもしれない（注8の文献『盛世滋生図』に載る張英霖・姚世英の解説を参照）。

を蓆で覆っただけの〈船娘〉と呼ばれる料理人や船の漕ぎ手を乗せたものが区別して描かれる[*10]【図10・11】。その船娘たちは他のシーンの女性とは異なり顔を隠そうとはしていない。「姑蘇繁華図」では、農民や漁民、芸人、子供を連れた乳母、轎を先導する召使い、水辺で洗濯をする女性が公の場にそのままの姿で画中に描写される。それに対して、道行く女性用の轎は四方が簾で覆われ中が見えない【図12】。中国では、公の場で高貴な女性が姿、とりわけ顔を見せることを長く禁忌としてきたのであって、楽しげな遊山のシーンといえども、身分の違いに応じて表現の仕方が選別されているのである。

## 四、『清嘉録』に読む年中行事の行楽地

一八三〇年の顧禄『清嘉録』には蘇州の年中行事が詳細に記録される。[*11]正月に始まり師走の除夜で終える一年の行事が示され、そのうち郊外へ向かう行楽の項目は十六を数える【図13】。二月の元墓看梅花、百花生日、三月の山塘看会、遊春玩景看菜花、五月の劃龍船、六月の珠蘭茉莉花市、乗船涼、虎丘燈船、荷花蕩、消夏湾看荷花、七月の七月半、八月の石湖串月、九月の登高、陽山観日出、十月の十月朝、天平山看楓葉というように、ほぼ毎月花見や遊山に関する記述がみられる。いずれも船を仕立てて西の山々や南の湖沼、とくに北西の虎丘において昼夜を問わず遊ぶことを好んでいた。蘇州城外の山や湖の自然を受け入れ、あるいはこちらから自然に出向き、都市と郊外が一体となりながら蘇州の生活を十分すぎるほどにたっぷりと楽しんだことが知られる。そのほかにも上墳といわれる郊外の墓参りや城内の寺院への遊行が多く、まるで蘇州人は一年中どこかに遊びに出ていたかのように思わせる。

たとえば、二月の元墓看梅花では蘇州の西二十五キロにある光福鎮まで船で行き、翌朝そこから鄧尉山に登っ

て梅の花を愛でて春の到来を知り、六月の消夏湾看荷花では南西四十五キロのところにある太湖に浮かぶ西山に出向いて蓮の花を見ながら納涼し、九月の登高では南西に七キロの上方山山頂にある広福寺で歌や踊りを楽しみ、十月の天平山看楓葉では霊巌山の北にある天平山で楓を鑑賞して秋を感じるのである。北西四キロの虎丘を中心とするエリアでは、二月に花神廟で女性たちが花を愛でて楽を献じ、三月に一面に菜の花が広がるなかで木蓮を鑑賞し、五月に龍船を楽しみ、六月に蓮の花に浮かぶ燈篭を灯した船上で歌や管弦を聴きながら酒宴を開いて納涼し、三月と七月、十月に貧富を問わず老若男女が多数集まり儀式を見物して、常に活気に満ちた場所となっていた。

郊外に出て、澄んだ川の水で沐浴し、芽吹き開花した植物を愛でることは、中国人にとって一年の穢れを落とし、新たな生

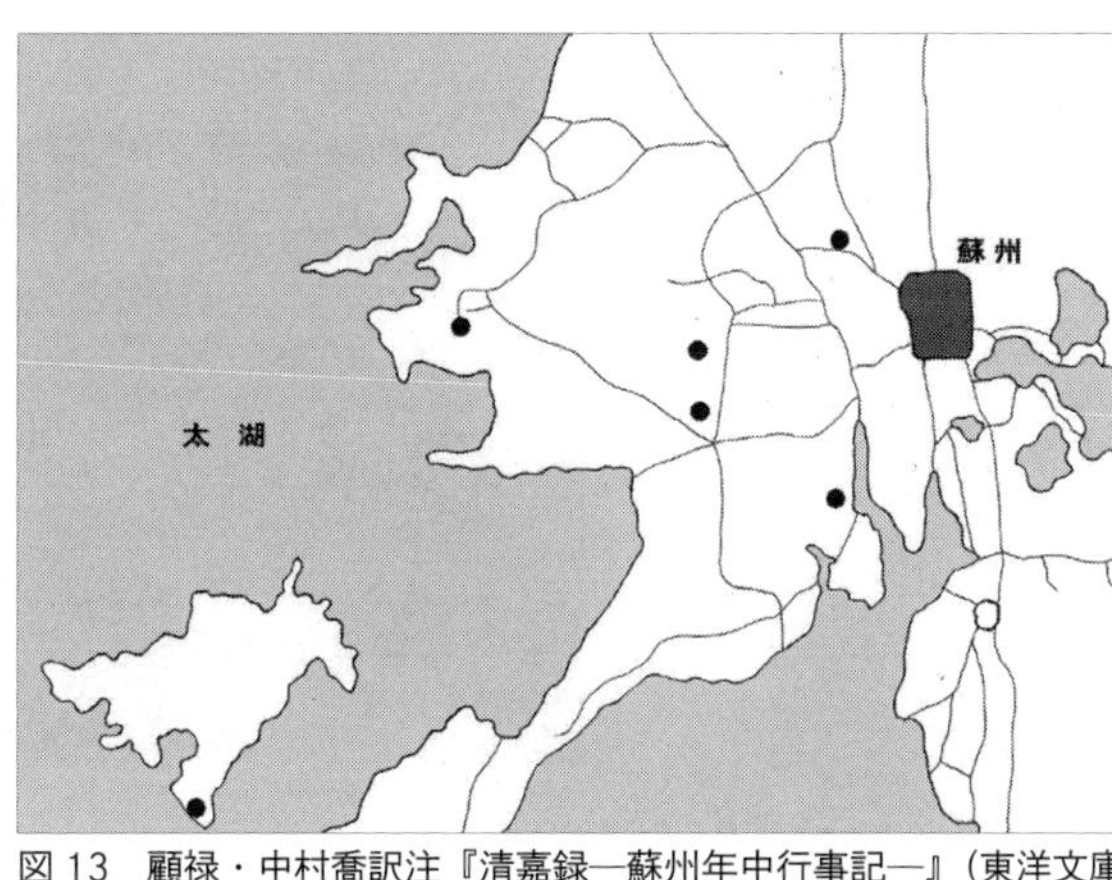


図13　顧禄・中村喬訳注『清嘉録―蘇州年中行事記―』（東洋文庫491、平凡社、1988年）巻末の地図を模写し、主な水路を単線でなぞり、本文でとくに取り上げた名所の位置を●で示した。

気を得ることを意味した。これらは、単に娯楽のための行楽ではなく、身体と精神を次に向けてリセットするのである。

## 五、現代蘇州の名所空間

『清嘉録』に載る鄧尉山の梅と天平山の楓は、いまなお名所として季節になると多くの人が訪れ、一面を黄色に

写真１　観光客で賑わう再生された平江路の水辺

写真２　休日の周荘鎮双橋

染める春の菜花畑も健在である。

蘇州は、一九八二年の「歴史文化名城」の指定を受けた国家レベルの保存対象で、一九八六年には都市の全面的保存を基礎とする「蘇州市マスタープラン」が国務院によって認可された。しかしながら、その後も老朽化を理由に歴史的な住宅を取り壊して多くの集合住宅が新築され、また水路は管理を怠り流れを止め、加えて車社会の到来が決定的な要因となって姿を消し、かつての水の都の風景は感じられなくなっていた。とくに、二〇〇一年のアジア太平洋経済協力財務大臣会議の蘇州開催は大きな転機となった。蘇州に水の都の面影はすでになく、世界の要人たちが案内されたのは、車に一時間以上乗らなければたどり着かない周辺の小さな水のまちばかりであった。このとき初めて蘇州の人々は、歴代の皇帝が愛し続け、世界に水の都として名が知れ渡ったその魅力が失われていることに気づく。

そこで、城内の東部、水路がわずかに残る平江路の再生計画に着手する。水路沿いの建物を入念に調査し、状況に応じて修繕、改築、新築を行い、できるだけ街並みを維持しつつも、内部は現代的にアレンジして、住宅やレストラン、ホテルにコンバージョンし、また空地に斬新なデザインの建築を組み込んで、地区全体を更新することが企図された【写真1】。これにより、水の都らしい蘇州と新旧のデザインを同時に楽しむ空間が生まれ、新たな名所となって多くの観光客を引き寄せている。

写真３　河橋を降りて水面で洗い物をする女性たち

写真４　地元の名士が集う烏鎮の訪盧閣

水路や明清代の風景がよく残る周辺の小さな水のまちでも、江南水郷の名所として全国から多くの観光客が連日押し寄せる【写真2】。実は、これらのまちもが一九八〇年代に大きな開発の波に飲み込まれようとしていた。そのとき、私の恩師の一人で上海同済大学の阮儀三氏がいち早く保存計画に乗り出し、地元政府と協議を重ね、それを何とか回避することができた。ちょうどそのころ、私が周荘鎮という美しい水のまちを現地調査していた時に、まだ一般にはほとんど知られていないにもかかわらず、上海の女子大生二人が観光に来ていたことを覚えている。やはり、名所の発見や継続は古今東西を問わず女性たちのほうが敏感なようである。

こうした水のまちでは、〈河橋〉と呼ばれる水面に降りるための石段に、生活用水を得るため朝夕と女性たちが集まり、そこで長々と談笑する光景をよく見た【写真3】。周荘鎮では午後に誰かの家に集まってお茶を飲み話に花を咲かせる〈阿婆茶〉という慣習が古くからある。一方、男性は茶館に集う【写真4】。茶館は地元の名士、商人、農民が使うものにそれぞれ分けられていて、単にお茶を飲み休むだけでなく、政治の話、商談、今日の野菜や卵の値段を決める重要な空間であった。それが水のまちのなかの意味ある場所にランドマークとなって存在し続けているのである【図14】。

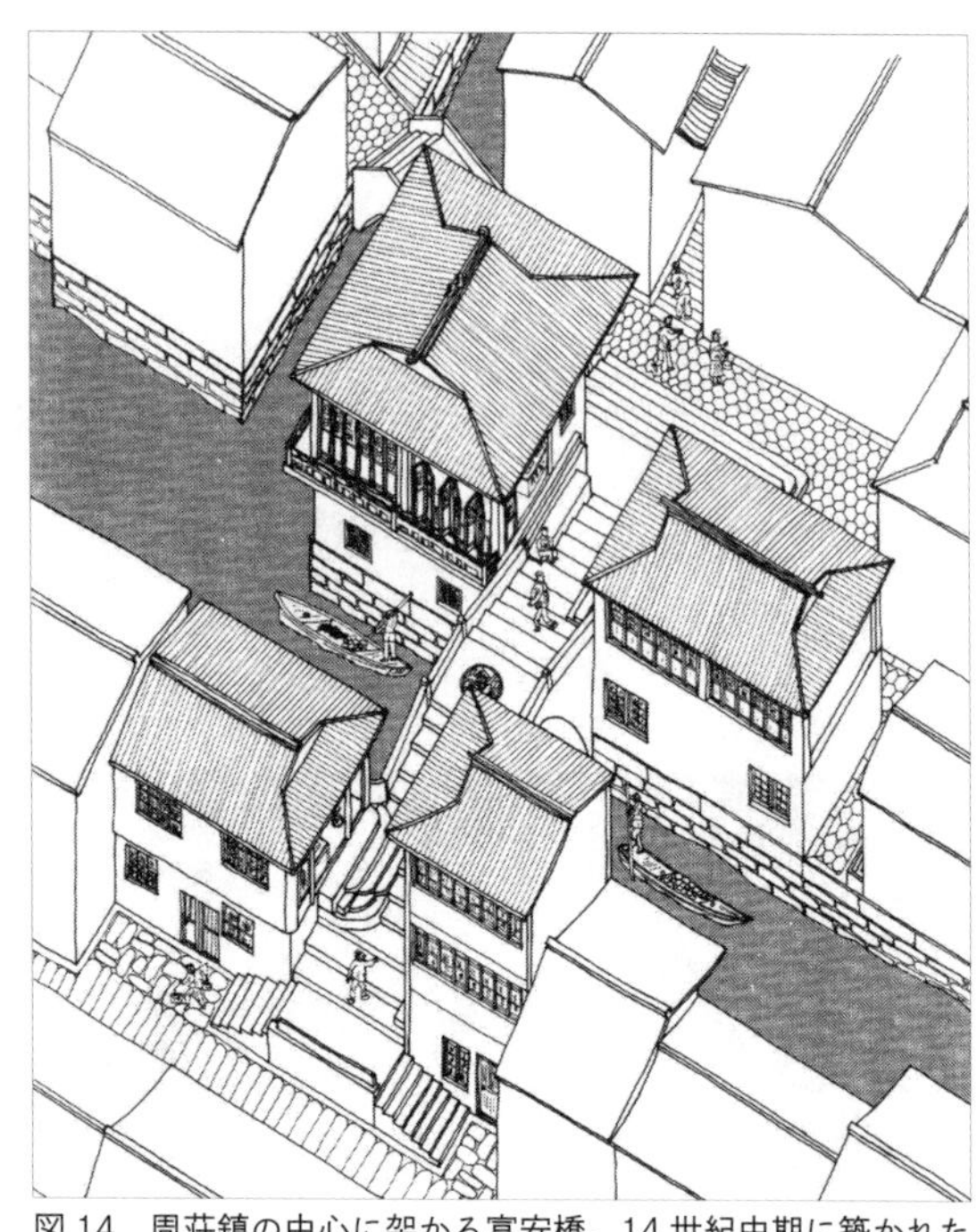

図14　周荘鎮の中心に架かる富安橋。14世紀中期に築かれた橋の四隅には鳳凰楼と呼ばれるかつての商人用の茶館（上）だけでなく、まちの重要な施設となる薬屋（右）、床屋（下）、旅館（左）が建ち、内外の人々が交わるための複合センターとして機能した。とくに、茶館は南（左）から船でアプローチするときにちょうど正面の位置にあり、華麗な外観と橋とが一体となって象徴性を増している。

## 六、場所性を受け継ぐ名所空間

以上のように、東アジア都市の漢陽、北京、江戸、そして蘇州を取り上げ、名所の立地とその場所の意味について、都市空間との関係に着目しながら考察をおこなった。

とくに、公と私、内と外、聖と俗が複雑に絡み合いながら場所の特性を生かして名所が形成されたことを読み解いてきた。城壁は、単に都市の内と外という物理的な境界を意味するだけでなく、また土地や人身、経済等の単純な区分という概念を超えて、複雑な都市運営のための管理の主体と住み分けを段階的、重層的に計画し、そのことが都市全体の空間のなかに独特な場所性を生じさせ、まさにその場所に名所が形成された。そして現在は、かつてと違ってその間を自由に行き来できる社会や環境になってもなお、その立地は変わらず、その場所性も時間を超えて受け継がれていることを見てきた。江戸と北京、また漢陽と蘇州がよく似ていたことも注目されるが、漢陽についてはまだ考察が浅く今後の課題としたい。

東アジア都市の行楽に供する名所は、たとえ単体の建物や一本の樹木がなくなったとしても、長く受け継がれてきた複合的な空間全体がそう簡単に破壊されるはずもなく、同時にその場所の特性を容易に変えることが難しいため、それらが要因となって現代まで名所空間が継承されてきたといえるだろう。

注

1 法政大学江戸東京研究センターシンポジウム「漢陽と江戸東京　それぞれの暮らし」(二〇二一年二月二十日、オンライン開催)における鄭敬珍の報告「江戸・漢陽にみる花見と遊山──『花見はここで』の章から」による。本書の鄭敬珍論文も参照してほしい。

2 北京の名所については、一五九三年『宛署雑記』、一六三五年『帝京景物略』、一七七四年『日下旧聞考』、一七八八年『宸垣識略』、一九〇六年『燕京歳時記』など多くの史料から知られ、慨忠寺、慈仁寺、長椿寺、極楽寺などは必ず記載されているものの行楽の名所となっているかがよくわからない。そこで、後の文献ではあるが一九三六年の瞿宣穎編『同光間燕都掌故輯略』を参照することとした。北京の花見文化に関しては一ノ瀬雄一「明清時代北京の花卉文化」（『史泉』八十一巻、関西大学史学・地理学会、一九九五年）を参照。

3 北京の都市空間に関しては、陣内秀信・高村雅彦他編『北京 都市空間を読む』（鹿島出版会、一九九九年）、高村雅彦『中国の都市空間を読む』（山川出版社、二〇〇〇年）を参照してほしい。

4 油井正昭「『江戸名所花暦』に見るサクラの名所と花見の様相」（『レジャー・レクリエーション研究』五十三号、日本レジャー・レクリエーション学会、二〇〇四年）参照。

5 鷹狩りのルートと桜の名所に関しては白幡洋三郎『花見と桜〈日本的なるもの〉再考』（八坂書房、二〇一五年）、飛鳥山の桜に関してはデシャテニコワ・クセニヤ「幕府と江戸市民の新しい名所空間の形成と役割：八代将軍吉宗と飛鳥山の桜の群植を一例として」（『国際日本学論叢』法政大学大学院国際日本学インスティテュート、二〇一六年）を参照。

6 注1の鄭敬珍の報告。

7 同右。

8 原名にある「盛世滋生」とは、封建時代の支配者の慈しみを受けて世の中が繁栄している様相を意味し、新たに建国された中華人民共和国にはふさわしくないという理由で、一九五〇年代に「姑蘇繁華図」へと改名された（遼寧省博物館蔵）。改名の理由については中野美代子『龍の住むランドスケープ 中国人の空間デザイン』（福武書店、一九九一年）で指摘されている。本稿では、遼寧省博物館・中国歴史博物館・蘇州市地方志編纂委員会編『盛世滋生図』（文物出版社、一九八六年）と Bing Kun, “BOOK OF APPRECIATION OF PROSPEROUS SUZHOU” (The Commercial Press Hong Kong Ltd. 1990) を主に参照し、図はすべて後者のものを出典とする。

9 蘇州や周辺の小さな水のまちの歴史・空間に関しては、高村雅彦『中国江南の都市とくらし 水のまちの環境形成』（山川出版社、二〇〇〇年）と、高村雅彦『中国の都市空間を読む』（山川出版社、二〇〇〇年）を参照してほしい。

10 「姑蘇繁華図」の女性に関しては、彭偉文「『姑蘇繁華図』における女性の世界」（『非文字資料研究の可能性―若手研究者研究成果論文集―』、神奈川大学二十一世紀COEプログラム研究推進会議、二〇〇八年）が詳しい。

11 本稿では、顧禄・中村喬訳注『清嘉録―蘇州年中行事記―』（東洋文庫四九一、平凡社、一九八八年）を参照した。

＊図や写真でとくに明記のないものは筆者が作図・撮影した。また、本文の〈 〉内のルビは韓国語、中国語の発音をカタカナで表記した。

# 第2部

# 女性の描く都市・都市のなかの女性

07

# 『おもろさうし』の聞得大君（きこえのおおきみ）――聞得大君と首里城、地方――

福　寛美
FUKU HIROMI

要旨――琉球王国の内部で初めてまとめられた神歌集『おもろさうし』巻一には、王国の最高神女、聞得大君に関するオモロ（神歌）が集成されている。琉球王国の古い時期の聞得大君の祭祀の様子を伝える巻一ほかのオモロの分析を通し、聞得大君が祭祀を行う首里城の聖域としての側面を明らかにした。聞得大君はまた、汎機能的な霊能を持ち、国王や男性兵士たちに他界から招請した霊力を奉る、あるいは付与することを述べた。祭祀の時は神同然に振る舞う聞得大君であっても、その祭祀は国王や兵士たちなど男性を霊的に助けるために行われたのである。

また、聞得大君は沖縄南部の聖域や久高島を行幸する。聞得大君が成巫式を行う斎場嶽から白馬に乗って港へ行き、船で東方へ赴く、というオモロは祭祀の様子を伝える。そして、王族神女ではないが、王国の神女のネットワークの要の存在である、三人のノロたち、三平等の大アムシラレのあり方も分析した。

## 一、はじめに

明治時代まで続いた琉球王国第二尚王統は、政治の中心は国王、祭祀の中心は王族の貴婦人が就任する聞得大君だった。初代の聞得大君は初代の尚円(しょうえん)王の娘で、三代の尚真(しょうしん)王の妹の月清である。その後、聞得大君職には王族の貴婦人、主に王妃が就任した。

表題の『おもろさうし』とは、琉球王国初の内部でまとめられた文字資料で、オモロと称する神歌を集成した二十二巻の神歌集である。琉球王国は文字を持つのが遅い国家であり、一六二三年に最終編纂されたと考えられる『おもろさうし』以前の文字資料は、少数の石碑や墓碑銘を除き、存在しない。琉球は交易国家だったので、公文書には東アジアの通用語、漢文が用いられていた。漢文の外交文書は、第一尚氏の時代から存在しており、『歴代宝案(れきだいほうあん)』として集成されている。漢文の書き手は那覇港近くの久米村に住む中国出自の人々だった。

『おもろさうし』のオモロの中心的な題材は、王府の高級神女祭祀に関わるものである。王府の神女組織は、聞得大君職を頂点に、大君職、君職があり、三十三君と称される神女群によって形成されていた。高級神女祭祀のおもろは難解な部分も多いが、琉球王国の祭祀を知る上での貴重な資料である。

なお巻一の扉には「きこゑ大ぎみがおもろ　第一　首里王府の御さうし　嘉靖(かせい)十年」とある。嘉靖は中国（明）の年号であり、嘉靖十年は西暦一五三一年にあたる。これは、一五三一年に一巻がすべての原おもろさうし、第一が成立した、首里王府の冊子で、聞得大君のオモロだ、ということを意味する。『おもろさうし』の第二の扉には万暦(ばんれき)四十一年（一六一三）とあり、他の十六巻の扉には天啓(てんけい)三年（一六二三）とあり、そのほか四巻の扉には年号が示されない。

本章では巻一のおもろを中心に、聞得大君と首里、主に首里城について考察したい。また、聞得大君は就任式である御新下りを南城市知念の斎場御嶽で行った。また琉球王国の聖地を行幸することもあった。そのような地方を廻る聞得大君のあり方についても、考察したい。

## 二、巻一―一のオモロ

ありし日の首里城（2012年）

ここでは巻一―一のオモロを取り上げる。『おもろさうし』で巻を示す語は第であるが、巻を用いる研究者も多い。筆者は巻を用いてきたので、本章でも巻を用いる。オモロの本文引用は『おもろさうし上・下』（岩波文庫）を用いる。*1 ルビの付いていない漢字は、原文でも漢字で書かれている。／は改行箇所である。カッコ内の大意は、筆者の私見である。

巻一―一のおもろは次のようになっている。

一聞得大君ぎや／降れて　遊びよわれば／天が下／平らげて　ちよわれ
又鳴響む精高子が／又首里杜ぐすく／又真玉杜ぐすく
（聞得大君、鳴り轟く霊能高いお方が、首里杜グスク・真玉杜グスクに降臨して神遊びをしたからには、〔国王は〕天下を平らげてましませ）

このオモロを実際の歌唱の場でうたわれていた、と思われる形に開読（かいどく）すると、次のようになる。

一聞得大君ぎや　降れて　遊びよわれば　天が下　平らげて　ちよわれ
又鳴響む精高子が　降れて　遊びよわれば　天が下　平らげて　ちよわれ
又首里杜ぐすく　降れて　遊びよわれば　天が下　平らげて　ちよわれ
又真玉杜ぐすく　降れて　遊びよわれば　天が下　平らげて　ちよわれ

このように「降れて　遊びよわれば　天が下　平らげて　ちよわれ」を省略した形で一のオモロは記載されている。これは、繰り返しの多いおもろを一・又記号を用いてコンパクトに記載した、オモロ編纂者の工夫である。

このオモロの大意は、「聞得大君、名高く鳴り轟く霊能高いお方が、首里杜グスク・真玉杜グスクに降臨して（神）遊びをし給えば、天下を支配してましませ」である。聞得大君の対となる鳴響む精高子だが、名高く鳴り轟く霊能高いお方を意味する。聞得大君職に就任するのは王族の貴婦人であり、霊能の高さによって誰が就任するのかを決めたわけではないだろう。しかし、オモロ世界では聞得大君は霊能高いお方なのである。

そして首里杜グスク・真玉杜グスクは対になることが多い。巻一―一・二・三・六・七・八・九・十一、ほかに対の用例がある。首里城内の聖域である首里杜・真玉杜にグスクがついているのは、宗教的な首里城を意味しているからである。

そして「降れて　遊びよわれば」の主体は聞得大君で、降りて游ぶ場所は首里杜グスク・真玉杜グスクである。

この「降れて」は素直に考えると上方から下方へ移行することを意味する。すなわち、このオモロの前提として、聞得大君は上方の天上世界から地上に降臨する、ということになっている。オモロ世界には天上の他界としてオボツ・カグラがある。オボツ・カグラにはテダやテルカハ・テルシノなどの太陽神がましまし、霊力にあふれている、とされる。

オボツ・カグラは想念上の天上他界であり、神女たちが本当に降臨するわけではない。実際は「神女達が祭祀の時に、祭場の閉じられた空間に籠る」、「しばらくしたら籠りの場を開けて出てくる」という行為をなし、その籠りの空間が天上他界と直結した霊力あふれる空間、と想念されていた、と考える。籠りの空間から神女たちが出現することを「降れて」と述べたのではないか。島村幸一氏は「「おぼつ」は首里城内の聖地〈けおの内〉に繋がった想念世界である」と述べる。[*2]

なおオモロ世界には「島のよた（ユタ、シャーマンのこと）」と称される男性オモロ歌人がいる。オモロ歌人とはオモロを作ってうたい、未来を祝福したり、王や男性支配者を賛美したりする。未来への祝福、とは予言や予見の要素を含むので、オモロ歌人がユタとされるのはよくわかる。

しかし、オモロ世界の男性は「（聖域に）降りて祭祀をする」とうたわれることはない。これは、オモロ世界で男性の霊力と女性の霊力は異なる、とみなされていたからである。なお聞得大君という最高神女職にはいくつかの元型があった、と考えられる。その一つが弁財天であり、もう一つは天女である。

琉球には天女の伝承が多い。初めて明（中国）に朝貢し、一三七二年に明と外交関係を結んだ察度王統の察度王の母は天女だった、と伝えられる。また、琉球の地誌で一七一三年に成立した『琉球国由来記』の天久山聖現寺の由来譚には、山に現れた気高い女性が国を守護する弁財天で天女である、と記す。また、天女の娘が第二尚

御内原ノマモノ内ノ御嶽（2022年）

王統の尚真王の夫人になったことも記す。

また同書には聞得大君の就任儀礼の御新下り（おあらお）の際に与那原村の浜の御殿でオヤガワの水を撫で（聖水を額などにつけ）、召し上がる、と記す。この浜の御殿に、天女が天から降臨した、とも記す。またオヤガワは天女の子の産井（うぶい）（出産した際、子を清める井泉）とも記す。これらのことは、新聞得大君が、かつて天女が降臨した地の聖水の霊力を身につけ、聞得大君職に就任したことを意味する。天女は周知のように、天と地上を往還する。この天女の特性が聞得大君はじめ神女たちのあり方に反映し、祭祀の際に「降りる」とオモロでうたわれた、と考える。

一のオモロで降臨した聞得大君は遊び給う、とうたわれる。これは遊楽の遊びではなく、天上他界の霊力を地上にもたらすための神遊びである。具体的には、霊力の籠った言葉を発したり歌ったりする、舞い踊る、などが考えられる。

そのような祭祀行為を聞得大君が行ない、天上他界の霊力は国王に付与される。それによって、オモロの後半部の「天が下　平らげて　ちよわれ（天下を平らげてましませ）」という詞句につながる。国王が天下を平らげる、とは戦闘行為も含まれるはずである。戦闘に勝って敵対するエリアや島嶼を平定する国王を助けるのが、聞得大君が天上他界からもたらした霊力なのである。

## 三、首里城内の聖域

巻一―七には次のようなオモロがある。

巻一―七
一聞得大君ぎや／十嶽　勝りよわちへ／見れども飽かぬ首里親国
又鳴響む精高子が／又首里杜ぐすく／又真玉杜ぐすく
（聞得大君が、鳴り轟く霊能高いお方が、首里杜グスク、真玉杜グスクにて、十の聖域は勝れ給いて、見ても見ても見飽きない首里親国である）

このオモロでは多くの聖域がある首里城を賛美している。この十嶽について『おもろさうし辞典・総索引　第二版』は次のように記す。[*3]

とたけ（十嶽）首里城内にある十の御嶽。
㈠赤田御門のあがるい嶽押明森の御いべ
㈡御内原のみもの内のかわるめの御いべ
㈢御内原のまもの内うちあがりの御いべ
㈣寄内のみやがもりの御いべ

㊄寄内のかみぢやなみぢやてらの御いべ
㊅真玉城の玉のみやの御いべ
㊆きやうのうちしきやちしきやたけ御いべ
㊇きやうの内のそのいたしきの御いべ
㊈きやうのうちのあがるいの御いべ
㊉きやうの内の前の御庭首里の御いべ

『女官御双紙』によると、これらの十嶽と園比屋武御嶽は三平等の大あむしられ（筆者注　聞得大君直属の三人の神女）がこれを掌ったとあるが、十嶽の神々の素性についてはまったく知られていない。王城内の御嶽なのだから王家と関係のある神ではあるのだろう。沖縄の御嶽の神々は、離島と違って一般的にその素性が明らかでない。

この辞典の記述の「十嶽の神々の素性についてはまったく知られていない」、という事象の一因は、琉球の女性たちが文字の読み書きをしなかったからである。女性が神霊に近い、という日本本土とは異なる宗教感覚を持つ琉球で、高位の王族の女性たちが、自分たちが祭祀を行う神々に関心を持ち、文字で書き残せば神々の素性がもう少し明らかになったのかもしれない。

ただし、これらの神名は「場所・神名・御いべ」の順に記述されている。㊀は首里城の門、赤田門のところにある「あがるい嶽押し開け森の御いべ」である。御イベの御は美称辞で、イベは聖域である御嶽の中でももっとも神聖な場である。アガルイは東方である太陽が上る方角である。オシアケはオモロ世界では船名（オシアケ富）

になることがあるほか、文字通り「押し開ける」ことを意味する。㈠は赤田門のところにある東方の嶽、オシアケというめでたい名の森の神である。

㈡と㈢の御内原は、首里城内の女性たちの居住空間である。王族の女性たちは高級神女、女官たちは祭祀の際の補佐役となるので、御内原に神霊が祀られる、というのは理解できる。「みもの内」や「まもの内」は見事な空間を意味し、「かわるめ」と「うちあがり」は見事を意味する美称辞なので、㈡と㈢は御内原にすばらしい神霊を祀るイベがあることを意味する。『琉球国由来記』には正月にカワルメノ御嶽と御内原マモノ内ウチアガリノ御嶽へお供えをし、祈願し、神歌を唱えることが記される。

㈣と㈤の寄内は所在不明だが、王城の台所、寄満（よりみちへ）をさすのかもしれない。台所は女性が多く働く場所であり、女性が崇敬する神霊が祀られていた可能性はある、と考える。㈥は真玉城、こと真玉杜で祀られていた「玉の宮」という神霊を意味する。㈦～㈩は王城の中でもっとも高所にある聖域、京の内（きやうのうち）の各所で祭祀されている神霊である。㈦と㈧は意味不明だが、㈨は「京の内のあがるいの御イベ（京の内の東方のイベ）」、㈩は「京の内の前のお庭首里の御いべ（京の内の前庭の首里の御イベ）」である。

このように素性が不明とはいえ、首里城は各所に聖域があり、神女たちが祈願していた。首里城は、琉球王国の政治、経済、文化の中心であると同時に宗教の中心でもある。そのことが七の短いオモロからうかがえる。

## 四、聞得大君の霊能

巻一のオモロからは、聞得大君の霊能がよくわかる。以下、聞得大君がどのような祭祀行為を行ったかを分析する。なお、聞得大君の祭祀行為はすべて国王や男性兵士たちに向けられている、と考える。オモロには「国王様に○○を奉る」と明瞭に書かれていない場合もあるが、そう考えるのが妥当である。なお聞得大君の祭祀行為が国王や男性兵士に向けられていないオモロは、分析対象としない。

まず、国王への祭祀行為の用例は次のようになっている。「国王の戦勝」の項目で（兵士達）となっているオモロ番号は、国王と国王の軍隊の戦勝を予祝する用例である。

・国王の戦勝　一・四・八・十・十七（兵士達）・三十一（兵士達）・三十三（兵士達）・三十四（兵士達）・三十五（兵士達）・三十六（兵士達）・三十七（兵士達）・三十八（兵士達）
・国王の支配の充実　三・六・九・十四・二十六・二十七・三十
・国王の果報や長寿　十三・十八・二十四・二十八・三十二・四十
・国王への神の守護　二・十六

そして兵士や軍船への戦勝予祝の祭祀行為を謡う用例は次のようになっている。（国王）とあるオモロの番号は、国王の軍隊の戦勝を予祝する用例である。なおこれらの用例には先にあげた「・国王の戦勝」の番号と重複するものがある。

二十一・二十五・三十一（国王）・三十三（国王）・三十四（兵士達）・三十五（国王）・三十六（国王）・三十七（国王）・三十八（国王）

しい、という十九である。

王国への守護の用例は、聞得大君が雨水によって王城の聖域、京の内を潤したので、王国中が水に恵まれてほしい、という十九である。

また首里城の聖域ではなく、第一尚氏の拠点で、第二尚王統の聖域でもあった佐敷の杜での祈願の用例も三十にある。そして王府祭祀の祭場だった与那覇浜（島尻郡南風原町与那覇の浜）での聞得大君の祭祀のオモロが二十九と三十九にある。三十九は難解なオモロだが、与那覇浜に天上の他界、オボツ・カグラから降臨する聞得大君がうたわれている。

そして四十では王府の大台所（寄り満ちへ・せぢ寄せ）造営の際、海の彼方の他界、ニルヤ・カナヤの主神にニルヤ・カナヤの霊力（セヂ）をもたらしてくれるよう、聞得大君が祈願するオモロである。ニルヤ・カナヤの霊力によって首里城は繁栄し、ニルヤ・カナヤの主神が守護することがうたわれる。

以上の聞得大君の霊能において顕著なのは、国王、兵士たち、そして軍船の戦勝を祈願する例が多い、ということである。このことは、琉球王国第二尚王統の初期、争乱が絶えず、首里から軍船で兵士たちが派遣される機会が多かった、ということを示唆しているのかもしれない。

また、聞得大君の祭祀行為は、国王の戦勝、支配の充実、果報や長寿、などに向けられている。このことは、聞得大君の霊能が汎機能的であり、国王に対してあらゆる側面で霊的な助力をしていた、ということがわかる。

そして、聞得大君の祭祀の場は首里城の場合が多いが、佐敷や与那覇浜が聞得大君の祭祀の場となることもある。『琉球国由来記』には、昔、聞得大君の就任儀礼、御新下りの際、佐敷の馬天（ばてん）ノロが聞得大君にテダシロという神名を付けた、とある。この神名は、昔は馬天ノロのものだったが、聞得大君と同名では恐れ多いので、別の神名を神託によって授かった、とある。佐敷は前述のように第二尚王統に先立つ第一尚王統の拠点だった場所である。

第一尚王統から第二尚王統への王権の移行期に何があったかは謎だが、第二尚王統は第一尚王統の祭祀のある部分を引き継いだ、と考えられる。そのため、第一尚王統の神女、馬天ノロが聞得大君にテダ（太陽神）シロ（依り代、太陽神の憑依する者）という自分の神名を捧げた、という記述が『琉球国由来記』に残ったのだろう。

また聞得大君は、前述のように就任儀礼の際、与那原村の浜の御殿でオヤガワの水を撫で、召し上がる、と『琉球国由来記』にある。それに続き、聞得大君は白馬に乗り、与那覇浜に行き、汀で東方を崇め、与那原ノロから霊力を受け、種々の儀礼をなす。与那覇浜は就任儀礼においても重要な場所であり、オモロでも聞得大君の祭祀の場としてうたわれている。

また、聞得大君が巻一で関わる他界や神は次のようになっている。

---

・オボツ・カグラ（天上他界）　三十九

・ニルヤ・カナヤ（海上他界）　四十

---

・テルカハ・テルシノ（太陽神）　四・六・十六・三十一・三十九

・神テダ（太陽神）　二

---

テルカハ・テルシノは対になることが多い太陽神で、天上他界オボツ・カグラにましします、とされる。十六のオモロは聞得大君の首里杜・真玉杜への降臨と国王への神女の守護、神の憑依する神女へ神が降りることをうたっ

た後、「又てるかはと　十声（とこゑ）　遣（や）り交（かわ）わちへ／又てるしのと　ゑりちよ　遣（や）り交（かわ）わちへ／又てるかはも　誇（ほこ）て」という詞句がある。これは、テルカハ・テルシノと声を交わし合って、テルカハも喜び誇って、ということを意味する。このことは、聞得大君がテルカハ・テルシノと聖なる言葉を交わすことによって、太陽神の霊力を帯び、地上にもたらして国王を守護する、そのことを太陽神が喜ぶ、ともとれる。

斎場嶽の聖域（2018年）

『おもろさうし』の霊力が一体どのようなものかは謎だが、オモロ世界は最高神女の職名がキコヘ大君、その対語はトヨム精高子、というように音の響きに敏感である。そして、霊力や太陽神の輝きはうたうものの、色彩には関心が薄い。赤、青、紫、などわずかな用例はあるが、キコヘやトヨムの用例が遥かに多い。霊力は輝くものであると同時に、声や音響として認識されていた可能性がある。そのことが十六のオモロに表現されていた可能性を指摘しておく。

また、聞得大君はオボツ・カグラや太陽神とともに海上他界ニルヤ・カナヤとも関わりをもつ。ニルヤ・カナヤ、オボツ・カグラという他界観がいかに形成されていったかについては諸説あり、ここではふれない。聞得大君は汎機能的な霊能をもって、他界や他界の神と関わり、国王、兵士たちのために霊力を地上にもたらした、ということが巻一のオモロ群からわかる。

聞得大君は他界からもたらした霊力を自分のものにすることは決してなく、国王に奉る、あるいは兵士たちに付与したのである。

## 五、聞得大君の乗馬のオモロ

巻十には聞得大君が斎場嶽で白馬に乗るオモロがある。斎場嶽は聞得大君が成巫式、御新下りを行う琉球王国最大の聖域である。そのオモロは、次のようになっている。

巻十―五一四
一斎場嶽　御嶽／ゑよ　ゑ　やれ　押せ／又そこにや嶽　御嶽
又三庫裡　在つる／又三庭あしやげ　在つる
又雪の色のつま黒／又真白雪のつま黒
又金京鞍　依り掛け／又　銀京鞍　依り掛け
又玉しりぎや　依り掛け／又玉くみぎや　依り掛け
又上の糸　真腹帯／雲子手綱　依り掛け
又大君の　召しよわちへ／又国守りぎや　召しよわちへ
又与那覇浜　降れわちへ／又馬天浜　降れわちへ
又浦廻り　召しよわちへ／又崎廻り　召しよわちへ
又東方に　歩みわ／又てだが穴に　歩みわ

〈斎場嶽、御嶽、そこにや嶽〈斎場嶽〉、御嶽、ゑよ、ゑ、やれ、押せ〈はやし詞〉、〈御嶽の拝所の〉三庫裡、三庭あしやげにある、雪のように白く蹄の黒い馬に、金、銀の美しい鞍を掛け、美しいしりがい、おもがい〈馬具〉を掛け、上等の糸でできた腹帯や、美しい手綱を掛け、大君、国守りがお召しになり、与那覇浜に降り給い、馬天浜に降り給い、浦廻り・崎廻り〈船〉を召し給い、東方、てだが穴〈東方〉に進まれて〉

このオモロでは斎場嶽の聖域から美しい馬具を装着した白馬に聞得大君が乗り、与那覇浜、馬天浜に降り、船で東方にすすむ、という情景がうたわれている。馬具の美しさを賛美する表現の中に、金京鞍、銀京鞍がある。島村幸一氏はオモロ、奄美のユタ（シャーマン）関係の神歌、多良間島の神歌などに「鞍を金や銀とする美称句」が存在することを指摘し、「おそらく、共通したベースになる表現の伝播があるに違いない」と述べる。[4] そして先学が「修験系の唱導者の祭文が奄美のユタの呪詞に影響していることを示唆している」と注記する。

このオモロでは最高神女が馬に乗る。このことに関し、琉球競馬についての著書、『消えた琉球競馬―幻の名馬「ヒコーキ」を追いかけて』[5]の著者、梅崎晴光氏は筆者に「神女や中国からの使節など、高貴な人達が乗る馬は、よほど調教をしっかりしなければいけません。乗る人を落とすような事故があったら大変ですから」と語ってくれた。このオモロは、琉球の文字資料の乏しい時代、馬の調教の方法が確立していたことを示唆する。

聞得大君は馬で与那覇浜、馬天浜に向かい船に乗る、とオモロはうたう。このオモロの重複オモロは巻二十二にある。重複オモロとは、ほとんど同じ詞句のオモロが別の巻に収録されていることである。巻二十二は王府の儀式のオモロを集成している。このオモロは、「知念久高行幸之御時おもろ」（一五二九～一五四五の十七点）の一五三四と重複している。

「知念久高行幸之御時おもろ」は次のような構成になっている。オモロのうたわれた状況と、オモロ番号を記す。

- 首里城を出発する時　一五二九
- 与那原村の役人、稲福家の宿にて儀式の時　一五三〇
- 稲福家を出発する時　一五三一
- 佐敷の聖域、寄り上げ杜にて　一五三二
- 斎場御嶽にて　一五三三
- 斎場御栈敷にて　一五三四
- 御船に、ご乗船の時　一五三五
- 御船の帆を上げる時　一五三六
- 久高島へ渡る中　一五三七
- 久高島の外間（ほかま）殿にて儀式の時　一五三八
- 知念大川の儀式の時　一五三九
- 玉城（たまぐすく）の聖域、藪薩（やぶさつ）の御イベ（聖域の中で最も聖なる場）の前にて　一五四〇
- 玉城の天頂（あまつづ）にて（聖域）にて　一五四一
- 暁のおもろ　一五四二・一五四三・一五四四
- 城に帰る時　一五四五

これら一連のオモロは、首里城→与那原→佐敷→斎場嶽→（船）→久高島→知念大川→玉城→首里城、となっている。久高島は斎場嶽から東方海上に望むことができる。この行幸のオモロ群から、五一四のオモロの終わりの部分の、「聞得大君が浜に降り、船に乗って東方に進む」が久高島への航海だったことがわかる。

島村幸一氏は『おもろさうし研究』で五一四について「「首里御城」を出立し、与那原、「佐敷寄り上げ杜」、「斎場御嶽」でのそれぞれの「御規式」を済ませて久高島へ向けて渡航する、一五二九から始まる「知念久高行幸之御時」に謡われるオモロを、たどるようにして謡ったオモロである。〈巡行叙事〉歌のひとつの具体的なあり方として、注目してよい」と述べる。[*6]

巡行叙事とは、神霊や神的人物の聖域廻りのような巡行を叙事詩的に表現する、という意味である。この聞得大君の行幸は、後の琉球・沖縄の人々の聖域廻り、アガリウマーイ（東御廻り）の雛型（ひながた）になっている。東御廻りとは、沖縄南部に分布する聖域を廻り祈願することである。

聞得大君は首里城で城内の聖域で祭祀を行うばかりではなく、王国内の重要な聖域、そして久高島まで足をのばして祭祀を行っていた、ということがこのオモロ群からうかがえる。あわせて、第一尚王統にゆかりの佐敷の聖域も行幸の地点の一つとなっていることを指摘しておく。

## 六、聞得大君と「三平等（みひら）の大アムシラレ」

高梨一美氏は『沖縄の「かみんちゅ」たち』で王国の祭祀組織について、次のように記す。[*7]

王国の祭祀組織は、村々のノロを三つのグループに分けて、首里に住む三人の上級祭司「三平等（みひら）の大アムシラレ」に支配させ、国王の近親がなる聞得大君を頂点に置いて、ピラミッド形の組織を形成したと言われている。しかしこれまでのところ、階層化された祭司間の関係の実態は明らかにされていない。

高梨氏は前掲書で、首里には地方に敷かれた間切（まぎり）制度とは別に平等（ひら）という特別の行政区が設けられていたこと、城下を南風（はえの）平等・真和志（まわし）平等・西平等の三区域に分け、各平等に男性の行政職と大アムシラレ以下の女性の祭司職が置かれたことを述べる。そして三区の祭司の長はそれぞれ首里殿内（しゅりどんち）・真壁（まかべ）殿内・儀保（ぎぼ）殿内に住み、首里の大アムシラレ・真壁の大アムシラレ・儀保の大アムシラレと呼ばれた、と述べる。三平等の大アムシラレは世襲ではなく、首里に住む士族階級の良家の子女から選ばれた、という。

高梨氏は三平等の大アムシラレの主要な職掌を次の三点にまとめる。なお高梨氏は祭司と表現するが、これは神女と同じである。

（一）地域の祭司として、首里城下の住民のために各平等の御嶽を掌り、年中祭祀を行った。

（二）王城の祭司として。首里城は城郭の内部に十箇所の御嶽をもつ祭場でもあったが、三平等の大アムシラレはこの城内十御嶽を掌り、御城の稲穂祭・稲大祭を揃って司祭した。

（三）王国領内の村々島々のノロを三分して統轄した。

三平等の大アムシラレの神女としての階層は、王族の貴婦人が就任する大君職や君職ではなく、ノロ職である。

高梨氏は三平等の大アムシラレのはたした役割を次のように述べる。（一）と（二）は前掲書で細かい検討を加えた役割である。・はその他の役割である。

（一）聞得大君選任時に王城との間を取次ぐ使者になること。

（二）聞得大君の就任や葬儀の時に地方の祭司達を呼び寄せ、聞得大君と直接に関係を結ぶ仲立ちをした。

・聞得大君の就任儀礼「おあらおり」で、祭場となる与那原・知念方面を担当する首里大アムシラレが、聞得大君の側近く付き添って儀礼を補佐する。

・聞得大君御殿の祭祀に三平等の大アムシラレが参加する。

---

そして高梨氏は前掲書で三平等の大アムシラレについて、次のようにまとめる。

王や聞得大君の就任時や死亡時、国家の慶事、祭司自身の就任時に、地方に住む祭司たちは首里に上り、ランクによって多少の違いはあるが、王や聞得大君を拝み、持参の酒を献上し神酒を頂戴して、直に関係を結んだことが確認できた。三平等の大アムシラレの役割は、王権と地方祭司の間をつなぐ仲介者であり、儀礼次第を指導する監督者だった。

---

三平等の大アムシラレは重要な役割を果たしていた、と推定される。そのオモロが巻一（一五三一年）より九十年余り後にまとめられた巻三（一六二三年）にある。そのオモロは次のようになっている。

巻三―九一

一聞得大君ぎや／鳴響む精高子が／君々しよ　よ知れ
又いせゑけり按司襲い／吾が掻い撫で貴み子／君々しよ　よ知れ
又大ころ達　おより／守り合ゑ子達　おなおさ／君々しよ　よ知れ
又あけ珍ら　煽らちゑ／天降り清ら　押し立て
又首里杜親のろ／なよ笠の親のろ／君々しよ
又真壁杜親のろ／御宣り子の親のろ
又西杜の親のろ／鈴鳴りの親のろ
又平良杜親のろ／御宣り子の親のろ
又みよちよの神清ら／神にしやの袖清ら／君々しよ
又京の内杜ぐすく／威部の祈り　しよわちへ
又石子は　おり上げて／板門　げらへわちへ
又園比屋武は　金比屋武は／司祈り　しよわちへ
又真石子は　積み上げて／金門　建て直ちへ
又おぼつより　帰て／京の内に　戻て／君君しよ
又てるかはわ照り居り／てるしのは　押し居り／君々しよ　よ知れ

（聞得大君、鳴り轟く霊能高いお方、君々こそ申し上げよ、立派な兄なる国王様、わが撫でいつくしむ貴いお方、君々こそ申し上げよ、男達のために、兵士達のために、君々こそ申し上げよ、美しい冷傘〔りゃんさん、祭祀の時に立てる〕を煽らせ、冷傘を押し立て〔君々こそ申し上げよ〕、首里殿内の親のろ、なよ笠の親のろ〔君々こそ申し上げよ〕、真壁殿内親のろ、御宣り子の親のろ〔君々こそ申し上げよ〕、儀保殿内の親のろ、鈴鳴りの親のろ〔君々こそ申し上げよ〕、首里平良杜の親のろ、御宣り子の親のろ〔君々こそ申し上げよ〕、美しいみよちよの神女、袖の美しい神女〔君々こそ申し上げよ〕、京の内杜ぐすくで、イベの祈りをし給いて〔君々こそ申し上げよ〕、石を積み上げて板門を造営して〔君々こそ申し上げよ〕、園比屋武嶽、金比屋武嶽で神女の祈りをし給いて〔君々こそ申し上げよ〕、石を積み上げて金門を建て直して〔君々こそ申し上げよ〕、おぼつより帰り、京の内に戻り〔君々こそ申し上げよ〕、太陽神のてるかは・てるしのは押し照り〔君々こそ申し上げよ〕）

---

大意の中の〔君々こそ申し上げよ〕は、繰り返しの部分で、オモロの「君々（きみきみ）しよ　よ知（し）れ」である。この部分を省略した所と、「君々しよ」のみ記載した箇所がある。

このオモロでは、まず聞得大君が国王や男性兵士たちのために美しい冷傘を立てた祭場で、三平等の大アムシラレたちと平良杜の神女、他の神女と京の内杜グスクのイベ、そして首里城門近くの重要な御嶽、園比屋武嶽で祈りを捧げることがうたわれる。

次いで、石を積み板門や金門を造営することがうたわれる。これは、祭祀の際、想念の上で始原の首里城を形作ることを意味する。始まりの世界は瑞々しく霊力にあふれる、とされる。その始原の首里城に、天上他界のオボツから京の内に戻ってくるのはおそらく聞得大君であろう。そして太陽神が強く輝くことがうたわれる。この太陽神の輝きは、聞得大君と神女たちの祭祀によって国王と兵士たちの守護がかなうことを示している。

他の三平等の大アムシラレの登場するオモロ（巻三―九九、巻十二―七一二）も聞得大君が国王のために行う重

園比屋武御嶽石門（2013年）

要な祭祀のオモロである。用例は少ないが、三平等の大アムシラレは古くから王族神女とは別の重要な役割を担っていたのである。

近世期、三平等の大アムシラレの居宅である首里殿内・真壁殿内・儀保殿内ではノロの就任儀礼が行なわれた。『ノロ―沖縄県北中城村「島袋のろ殿内資料」を通して―』「第三章　ノロの継承と就任」では、儀間淳一氏が『女官御双紙』（一七〇九年）や『琉球国由来記』（一七一三年）のほか、西原間切末吉ノロ、読谷山間切大湾ノロ、勝連間切南風原ノロ、金武間切金武ノロ、中城間切島袋ノロ、ヨキヤノロなどの資料がある、と指摘する。[8]

同書には、明治以降、聞得大君や三平等の大アムシラレが公的地位を失った後も、旧来通りのノロの就任儀礼が行なわれたことが記される。大正期には殿内が売却され、三つの殿内をまとめた三殿内が建てられた。そこに旧勝連村の平安名ノロが就任の挨拶に訪れた、という。また昭和期にも国頭村の奥間ノロ、今帰仁村の中城ノロ、大宜見村の田港ノロが就任報告のため、三殿内を訪れた、という。

高梨氏の前掲の指摘と近世期から戦前の記録は、三平等大アムシラレが琉球王国の女性による祭祀のネットワークの要だったことを示す。奄美群島の与路島には、島のノロ挨拶のために首里におもむき、大阿母に国王と会う際の作法を教わった、という伝承がある。[9]　このノロが会った大阿母は三平等の大アムシラレの一人かもしれない。

琉球王国は、国王はじめ男性が政治を司り、宗教は女性が司る、という形態をとっていた。女性による祭祀は、男性の政治を強化するためのものである。そして女性による祭祀組織のネットワークは、ゆるやかであっても王国の支配の強化に相応の役割を果たしたのである。

## 七、おわりに

琉球王国の女性による祭祀を過大に評価する風潮もあるが、琉球王国の神女祭祀は男性の政治を強化するために存在している。すでに述べたように、神女祭祀において、他界から神女が招請した霊力は、国王や男性たちに奉られたり付与されたりする。祭祀の時に他界の神同然に振る舞う神女ではあっても、神女祭祀はあくまでも男性の政治を霊的に支えるためのものである。

みてきたように、聞得大君は首里城の聖域を中心に祭祀を行っていた。しかし、その成巫式である御新下りは斎場嶽で行われ、行幸の際は沖縄南部の聖域廻りも行なっていた。また、聞得大君を頂点とする神女組織において、三平等の大アムシラレは琉球王国の神女たちのネットワークの要としての役割を果たしてきた。聞得大君の行幸は、現代の沖縄南部の聖地廻り、アガリウーマイの雛型である。そして、三平等の大アムシラレを中心としていた神女たちのネットワークは、琉球王国の統治を宗教的に支える役割を果たしていた。

琉球王国は、江戸時代相当期、薩摩藩の附庸（ふよう）国であり、財政も豊かではなかった。そのため、王府の神女祭祀は縮小される傾向もあったが、琉球王国が沖縄県となっても、その祭祀は継続した。現代、地域の神女祭祀は消滅する傾向にある。しかし、時代の状況にあわせ、再編しながら祭祀を継続している地域もある。

琉球王国の神女祭祀の初期の様相を伝える『おもろさうし』のオモロは、いまだに十分に解読されたとは言えない。そのさらなる解読、そして周辺資料の活用によって、聞得大君と神女組織、そして首里城を中心とする首里と琉球王国の版図との関わりが少しずつ明らかになっていく、という展望はある。そのことを筆者の次の課題と提示し、擱筆する。

注

1 外間守善校注『おもろさうし上・下』(岩波書店、二〇〇〇年)。
2 島村幸一『おもろさうし コレクション日本歌人選』(笠間書院、二〇一二年)。
3 仲原善忠・外間守善『おもろさうし辞典・総索引 第二版』(角川書店、一九七八年)。
4 注2参照。
5 梅崎晴光『消えた琉球競馬—幻の名馬「ヒコーキ」を追いかけて』(ボーダーインク、二〇一二年)。
6 島村幸一『おもろさうし研究』(角川書店、二〇一七年)。
7 高梨一美『沖縄の「かみんちゅ」たち』(岩田書院、二〇〇九年)。
8 北中城村教育委員会『ノロ—沖縄県北中城村「島袋のろ殿内資料」を通して—』(二〇一七年)。
9 石原清光『奄美与路島の「住まい」と「空間」』(第一書房、二〇〇六年)。

# 08

# 朝鮮後期女性漢詩人の特徴とその周辺環境

山田恭子
YAMADA KYOKO

**要旨**

朝鮮時代、女性の漢詩は、十六世紀以降の三唐詩人(サムダンシイン)の出現と時を同じくして盛んに創作され、唐風の影響がみられると同時に、前代の朝鮮文人詩からの引用も多い。また全般的に女性の詩作に対して否定的な社会風潮があるが、後代になるにつれ、家族での唱和が詩集として記録されるようになり、「夫婦唱和」による詩作から、婦徳の強調、さらには理気哲学の思惟まで、女性の漢詩文創作の深度がみられる。

次に朝鮮後期の女性漢詩人たちはおおむね畿湖(キホ)学派の家門で、京畿(キョンギ)、忠清道(チュンチョンド)を中心に黄海(ファンヘ)、全羅道(チョルラド)に及ぶ西側の地域に居住していた。また政権の中枢にいた安東金氏(アンドンキムシ)と王族の姻戚である豊山洪氏(プンサンホンシ)の家門からの女性詩が多く産出され、これらの家門では下級官吏である中人(チュンイン)たちの漢詩文の才能を認めていた。

最後に女性による三湖亭詩社(サムホジョンシサ)の結成について考察した。当時の漢城府(ハンソンブ)では中人層が華々しく漢詩集を刊行しており、女性の詩会の成立は時代の雰囲気もあったと考えられる。三湖亭詩社の中心人物であった錦園（クムオン）はわずか十四歳で男装をして金剛山（クムガンサン）に遊覧を行うなど、男性志向がみられ、その詩からは妾として生きてきた彼女の苦悩と同時に、それを払拭するほどのしたたかさもうかがえることを示唆した。

## 一、はじめに

朝鮮には多くの女性漢詩人が存在するが、その全貌を語るものは少ない。そこで今回はその特徴について、周辺環境すなわち家族背景なども取り上げて考察する。

まず、「朝鮮後期女性漢詩人の概観」では女性の詩の傾向、詩だけではなく文も含む時代的変遷について述べる。また、「朝鮮後期の女性漢詩人の特徴」に関しては、母娘二代にわたって漢詩文集を残した家族背景を考察する。最後に「三湖亭詩社（サムホジョンシサ）の結成」については、十八世紀末から十九世紀にかけて盛んになった非両班層の漢詩創作活動と、両班の妾五人によって結成された三湖亭詩社について言及する。これらの内容はいずれも朝鮮後期女性漢詩人の特徴とその周辺環境を把握するのに重要であり、その全体を鳥瞰しようと試みるものである。

## 二、朝鮮後期女性漢詩人の概観

本章でいう朝鮮後期とは仁祖反正（インジョバンジョン）（一六二三）以降をさす。[*1] それ以前の女性漢詩人としては、李玉峰（イオクボン）（一五五〇～一六〇〇?）[*2]、許蘭雪軒（ホナンソロン）（一五六三～一五八九）が有名である。[*3] これらの女性漢詩人は三唐詩人（サムダンシイン）[*4]の出現とほぼ同時期の人である。三唐詩人とは朝鮮中期、宣祖（ソンジョ）時代の三詩人、白光勲（ペククアンフン）（一五三七～一五八七）[*5]崔慶昌（チェギョンチャン）（一五三九～

一五八七）[6]、李達（一五三九～一六一二）[7]をさし、唐風の詩を範とした詩人たちである。白光勲と崔慶昌が全羅道出身であり、李達もまた全羅道と関連ある人物であるため、唐風を重んじる気風が全羅道という地理的条件にあったといえる。これら三唐詩人はいずれも朴淳（一五二三～一五八九）の門下であり、放浪しながら不遇な人生を終えた詩人たちという点で共通している。白光勲、崔慶昌が亡くなった後も活躍したのが庶子の李達であり、許家の家庭教師として親睦があったことはあまりに有名である。[8]

また、これら朝鮮中期の女性漢詩人の代表である李玉峰（一五五〇～一六〇〇？）や許蘭雪軒（一五六三～一五八九）らの詩をみても、非常に典故が多いことがあげられる。おそらく唐詩を学ぶ過程で自然とそのようになったといえよう。

その例として李玉峯の詩があげられる。作詩四十二首中、十七首が他作と関連した詩であり、林億齢（一四九六～一五六八）[9]、鄭百錬[10]、申光漢（一四八四～一五五五）[11]、李堣（一四六九～一五一七）[12]、李達、金宗直（一四三一～一四九二）[13]、李湜（一四五八～一四八八）[14]、尹鉉（一五一四～一五七八）[15]、鄭誧（一三〇九～一三四五）[16]、李承召（一四二二～一四八八）[17]、宋人陳杰[18]、許蘭雪軒（一五六三～一五八九）、黄真伊（十六世紀前半頃）の詩など多くの典故の引用によって詩作をしている。[19]

さらにこの時代の女性たちの特徴として、詩作は婚家での生活に幸せをもたらさなかったことが共通している。許蘭雪軒の詩作は、生家時代の幸せな日々の中で行われたのであり、婚家ではそれをよしとしなかった。また李玉峯の場合、夫に代わって無断で詩作を行ったため離縁しなければならない憂き目にあった。しかしそのような傾向も朝鮮後期の女性の漢詩集をみれば変化がみられる。女性も含め、家族の唱和による詩集が作られるようになってくる。そのもっとも特徴的なのが次韻詩[20]の増加である。

その嚆矢は宋氏（一五二一～一五七八）[*21]の漢詩[*22]にみられる。宋氏は宋駿（一五六四～一六四三）と咸安李氏の次女で、柳希春（一五一三～一五七七）の正室であった。宋氏の生家時代から詩文をよくしたこと、一五四七年から十九年間、夫である柳希春が流刑となり別居生活する環境もあり、二人の間には「夫婦唱和之詩（夫婦唱和の詩）」とされる次韻詩がみられる。[*23]

このような「夫婦唱和之詩」や家族との次韻詩は引き継がれていく。『安東世稿』にみられる延安李氏すなわち李玉斎（一六四三～一六九〇）の詩がそれである。李玉斎は後に王族の外戚として台頭する安東金氏[*24]である金盛達（一六四二～一六九六）の正室で夫婦仲がよかったとされる。また李玉斎が亡くなった後、妾になった蔚山李氏もまた夫金盛達のために詩作したというから、家風であったと考えられる。夫婦の唱和は『安東世稿』に、嫡子たちの詩は『聯珠録』として、その最後に付せられている。そして妾の蔚山李氏と庶女たちの詩は『宇珍』に収録されている。[*25]

また金盛達と李玉斎夫妻の末娘である浩然斎金氏（一六八二～一七六四）が出した漢詩集が『浩然齋集』である。『浩然斎集』の「浩然斎自警」には「正心章第一」「夫婦章第二」「孝親章第三」「自修章第四」「慎言章第五」「戒妬章第六」が書かれ、儒教的な婦徳が強調されている。「戒妬章第六」では、「妾というものは大きく家を乱す元である」[*26]「男は本来新しいものを好み若い者を愛す」[*27]とあって、彼女の生い立ちとも関連した内容となっている。

このような婦徳の協調は十八世紀になると哲学的な新たな方向性を見せる。允摯堂任氏（一七二一～一七九三）は、大学者である任聖周（一七一一～一七八八）[*28]の妹で、兄を師として「伝」「論」「跋」「説」「箴」「銘」「賛」「祭文」「引」「経義」などの文章を残している。『崔洪二女伝』では、烈とは夫のために守節することではなく敵を討つこととし、夫を死なせた敵を刀で刺し殺すという話が展開される。また「理気心性論」[*29]も論じており、「太極は陰陽の理に過ぎず、陰陽の外に非らず」[30]としていることから、女性であっても男性並みに当時の理気論争に詳しかったことがうかがえる。[31]そして「克己復礼（こっきふくれい）すれば仁を為すの説（克己復礼為仁説）」では「天性は皆同じで仁をなすか否かは自分自身にあり、男女であれ同じである」[32]という結論にまで至っている。

允摯堂任氏のこのような考えは、女であれ仁を為せば聖人になれるものであり、まさにその女君子としての面目を標榜したものといえよう。そして漢詩文による文学は両班男性たちの専有物ではなくなり、多くの階層に広がっていったことが示唆されるのである。

実際、中央官吏として仕えていた中人層（チュンイン）[33]にも同じことがいえ、彼らは多くの詩文集を残している。その背景には両班の支持も欠かせない。そして女性もまた同様に両班の妾である者が自らの漢詩集を著している。

## 三、その特徴と周辺環境

朝鮮後期の女性漢詩人たちは畿湖（キホ）学派[34]の家門にあった女性たちであった。

畿湖学派とは栗谷李珥（ユルコクイイ）の学問を継承した学問的派閥で、その派閥に属した両班たちは主に、畿湖、すなわちソウルとその近郊の京畿、忠清道を中心に、居住地としては黄海、全羅道にも及ぶ地域にいたとされる。また李珥の学問は宋時烈（ソンシヨル）（一六〇七～一六八九）へと引き継がれ、朝鮮王朝の基盤思想をなしていた。ここでは母娘が漢詩を良くした例を見ていく。その最初が夫との酬唱詩『安東世稿』を残した李玉斎（一六四三～一六九〇）である。

### 李玉斎（一六四三～一六九〇）『安東世稿』

父、李弘相（イホンサン）（一六一九～一六五四）、東郭公（トングアクゴン）。性理学を大成させ、玄琴（コムンゴ）を良くしたとされる。弘相の兄弟四人と従兄弟（伯父、明漢の子）四人合わせて、八人の漢詩集『聯珠集』を刊行する。[35]

母、衿川姜氏。姜碩期（一五八〇～一六四三）の娘。姜碩期は金長生（一五四八～一六三一）の門下生で礼学を好み、書もよくした。

夫、金盛達（一六四二～一六九六）、本貫は安東。

---

李玉斎は父方譲りの漢詩文の才能もさることながら、母方もまた優れた人々であったことはいうまでもない。母方の伯母にあたる姜嬪（一六一一～一六四六）については人質として異国での生活も長く、漢詩文を理解できたと推測される。[36] 姜家一族は李玉斎の母を残して皆処刑されたが、その学問的素養は李家に移植されたといえる。李玉斎の漢詩文の才能は環境的にも自然なことだったといわねばならない。そしてその才能をもつ女性が安東金氏に嫁ぎ、さらに才能を伝えていくのである。

次は娘の金浩然斎の場合を見てみよう。

---

金浩然斎（一六八八～一七二二）『浩然斎集』

父、金盛達（一六四二～一六九六）、字は伯兼、号は青洲。仙源金尚容（一五六一～一六三七）の曽孫である。金尚容は執権党である西人の一人であり、書や時調に優れ、『五倫歌』五編、『訓戒子孫歌』九編が『歌曲源流』に収録されている。

母、李玉斎、同上。

夫、宋堯和（一六八三～一七六四）、本貫は恩津。宋浚吉（一六〇六～一六七二）の曽孫。幼い時に雪嶽山にはいり三淵金昌翕（安東金氏）の門下で易学、諸子百家を学んだ。宋時烈、宋浚吉とその門人の宋奎濂（一六三〇～一七〇九）の三人は同郷の親族で三宋と称された。

このように両班の女性が漢詩文を披瀝できた環境としては、朝鮮王朝の基盤思想にもなった畿湖学派の文人で、王室とのかかわりも深い政権中枢の家系であったことが挙げられるのである。*37 李玉斎、金浩然斎の母と娘の二代にわたって詩文集を著したのは女性漢詩史上初めてのことである。

他にも詩集を著した例に、徐令寿閤（一七五三～一八二三）と洪原周（一七九一～没年不詳）の母娘がいる。令寿閤の母は安東金氏出身で、その父金元行（一七〇二～一七七二）は、詩文に優れた金昌協（一六五一～一七〇八）の孫にあたる。これらのことから詩学史的に見れば朝鮮女性詩文の輩出は安東金氏との関連が強いとされる。政権中枢にいた安東金氏だからこそ経済的余裕がありその副次的効果が母娘の詩集著作へとつながっていることは否めないようである。

令寿閤（一七五三～一八二三）『令寿閤稿』
父、徐迥修（一七二五～一七七九）。
母、安東金氏。母方の祖父は金元行、曽祖父は金崇謙、高祖父は金昌協である。
夫、洪仁謨（一七五五～一七七八）、本貫は豊山。貞明公主六代孫。

また令寿閤は母が安東金氏であることに加え、夫の洪仁謨は貞明公主六代孫、嫁は正祖（一七五二～一八〇〇）

の娘である淑善翁主（一七九三～一八三六）という、王家と姻戚の豊山洪氏家門に嫁いだ。二人の間には三男二女がいてみな詩文を良くした。息子たちは父である洪仁謨の文集『足睡堂集』六巻を木版本で刊行し、母の詩百九十二首を「令寿閤稿」として巻末に付した。洪奭周（一七七四～一八四二）が著した行状と洪吉周（一七八六～一八四一）、洪顕周（一七九三～一八六五）がおのおの記した跋文がある。また洪顕周の妻である淑善翁主（一七九三～一八三六）は詩集『宜言室巻（一八二八）』、娘の洪原周は『幽閒堂詩集』を残した。『幽閒堂詩集』は養子の沈誠澤（一七五九～一七九一）によって編集刊行された。

---

洪原周（一七九一～一八二七）『幽閒堂詩集』

父、洪仁謨（一七五五～一八一二）。

母、令寿閤、同上。

夫、沈宜奭（一七九三～一八二七）、本貫は青松。

---

『幽閒堂詩集』も次韻詩が多くみられる。これら朝鮮後期の両班女性による詩文は、当時の社会と時代秩序に対する批判や問題意識などはまったくみられない。おそらくそれなりの家族愛に満ちた人生を送ったことに起因するのではないかとされる。また王の姻戚の家門であり、女性たちの漢詩は文芸活動として十分認められてきたと考えられる。

一方で、長男の洪奭周は中央官僚として、奎章閣の胥吏と交流し、身分的制限のあった中人らの詩文の才能を認めた人物でもある。家中で男女区別なく作詩したことを考えれば、中人であれ、才能あるものを認めるのは当然の流れであったと考えられる。[38]

## 四、三湖亭詩社の結成

朝鮮後期、士大夫の漢詩文化が中人階級にまで拡散、十八世紀末、十九世紀になると、ソウルを中心に閭巷(りょこう)文学を形成し詩社が結成されるようになった。[39]

当時、中人たちは仁旺山(インワンサン)や三角山(サムガクサン)（北漢山(プッカンサン)）付近に住んでいた。この一帯は安東金氏家門の世居地(セゴジ)[40]でもあった。したがって、安東金氏が庶務を行う胥吏たちと交流するようになったのも自然な流れであったといえる。このような中人たちを中心とした最大の漢詩結社が玉溪詩社(オッケシサ)（松石園詩社(ソンソグォンシサ)）である。

---

玉溪詩社（松石園詩社）とは、正祖十年（一七八六）に千寿慶(チョンスギョン)（一七五七～一八一八）[41]らが作った詩社である。千寿慶は松石園(ソンソグォン)に居住していた。中人であった張混(チャンホン)（一七五九～一八二八）[42]、金洛瑞(キムナクソ)（一七五七～没年未詳）[43]、王太(リンテ)[44]、趙秀三(チョスサム)（一七六二～一八四九）[45]、車佐一(チャジャイル)（一七五三～一八〇九）[46]、朴允黙(パギンムク)（一七七一～一八四九）[47]らが仁旺山の麓(ふもと)にある玉流洞(オンヌドン)の松石園に集まり詩文を創作したことから玉溪詩社ともいう。松石園詩社の活動には年に二回、春と秋に全国的規模の詩会の「白戦(ペクチョン)」を開催した。「白戦」とは素手での闘いを著し、南北の二組に分かれ、詩の勝負を競ったことに由来する。[48]

その様子は金弘道(キムホンド)（一七四五～一八〇六）の「松石園詩社夜宴図(ソンソグォンシサヤヨンド)（一七九一）」[49]にも描かれている。また金弘道と親しかった中人画人の姜熙彦(カンヒオン)（一七三八～一七八四）「士人詩吟図(サインシウムド)」[50]にも士大夫たちの詩作する姿が写実されている。

このように活動をかさね作られていった詩集が『風謡続選（一七九七）』[51]であり、十一名の女性の詩も収録されている。

そして十九世紀に入ると詩社は女性にも結成された。その名は三湖亭詩社である。[52]

三湖亭とは龍山にあったあずま屋で、現在の元曉路から麻浦に行く途中のサムゲ峠にあったとされる。龍山、漢江付近の風景に優れ、士大夫たちの別荘が多く建てられた所だった。三湖亭は奎章閣学士出身で義州府尹（義州の長官）であった金徳喜（一八〇〇～没年不詳）[53]所有の別荘だった。そして金徳喜の妾が三湖亭詩社の代表である金錦園（一八一七～没年不詳）[54]であり、五人の妾たちが集まって詩作を行ったのである。その様子は以下のように金錦園『湖東西洛記（一八五〇）』に記されている。

---

詩を詠むときに、従い応酬するもの四人。

一人は雲楚、成川の人、淵泉金尚書の妾である。[55] その才能はもっとも華やかで、詩は人々に知れわたっている。いつも三湖亭に訪れてくれるが、時には連泊していくこともある。

一人は瓊山、文化の人、花史李尚書の妾である。[56] 非常に博識で、詩を詠ませれば誰よりも優れ、ちょうど隣に住んでいるので互いに訪れ合う。

一人は竹西、同郷人で、松湖徐太守の妾である。[57] 才気があって賢くて、一を聞けば十を知る。文は韓愈と蘇軾を慕い、詩はまた優れ古雅である。

一人は妹の鏡春、酒泉洪太守の妾である。[58] 聡明で経史にまで広く通じ、詩もまた諸人劣らない。互いに一緒に遊び、錦のような詩があちこちに満ち、時に朗読すれば金や珠が砕け散るように美しく響く。[59]

五人は互いに心を知る有益な友となり、又、いつも競うかのように、美しい花鳥風月、風雨雪月、雲烟などを楽しんだ。時に琴を聞けば、明るい気分になり、笑って話をする合間に自然と心が動かされ詩となる。清あり、雅あり、健あり、古あり、放蕩あり、慷慨（こうがい）あり、その良し悪しは分からぬが、性情を書き表し、悠々自適であることが、みな同じであった。*60

金錦園は幼いころから体が弱かったため、父母が女性のたしなみとしての家事を行わせず、代わりに文字を習わせたとされる。一八三〇年三月、錦園は十四歳で金剛山（クムガンサン）を遊山し、当時の記録を『湖東西洛記（ホドンソナクキ）』に残した。男装をしていったことが記されているが、まだわずか十四歳、多くの人と共に行ったと考えられる。また、当時の紀行は詩をつくる旅行でもあり、画家なども引き連れ詩画帖*61を作ることもあり、そういった集団に混じって登山したことも考えられるだろう。錦園は『湖東西洛記』で、自分以外の三湖亭詩社の仲間の詳細を述べているが、自らについては「関東蓬莱山人（クァンドンポンネサンイン）」と記すだけで、己の身分を徹底的に隠したままにしている。*62これはおそらく錦園の身分コンプレックスを示すものであり、さらに強調されているのが、女性に生まれてきたことを不幸であると考えていることである。*63

錦園は『竹西詩集（チュクソシジプ）（一八五一）』の跋文にも、あの世は男に生まれ唱和できればよいと記している。*64このことはおそらく十四歳で男装をして金剛山を遊覧し、自由を手に入れたという体験によるところが大きいと感じる。

錦園は金徳喜の妾になった後、二十九歳の時である一八四五年、義州府尹になった夫に従い、義州（ウィジュ）に赴任し、関西地方（平安道（ピョンアンド））を遊覧している。しかし、おそらくその遊覧は男装をして遊覧した過去のものとは異なっていたことは想像に難くない。そして三十一歳の時の一八四七年、ソウルに戻って三湖亭に暮らしたとされる。[*65]

一八四七年、錦園が都に戻って詠ったと思われる「始游京城（京城に游び始む）」という詩がある。どこにいても今住むところが我が故郷と考える所に、錦園の強さと、その人生の哀惜を感じさせるものがある。

春雨春風未暫閑
居然春事水声間
挙目何論非我土
萍遊到処是郷関[*66]

春の雨と風はすこしも休む暇なく、
水の音に春を楽しんでいる。
見渡せば我が土でなければ何を論じようか。
草のような人生を送り至ったところが我が故郷である。

両班階級の女性たちは自らを聖人化させ、婦徳の権化となっていったのに比して、寄る辺のない妾の人生を送った非両班階級の女性たちは、人に生まれたこと、儒教文明国である朝鮮に生まれたことを是としながらも、女性であることそのものに苦悩を味わったといえる。しかし、それをはねのけるかのように生きるしたたかさもまた兼ね備えていたといえよう。

## 五、おわりに

本章では、朝鮮後期女性漢詩人の特徴とその周辺環境について述べた。

朝鮮後期女性漢詩人の概観では、朝鮮女性詩の登場と概略について言及した。まず朝鮮女性漢詩人の登場は三唐詩人の出現と時を同じくしている。特に李達は許蘭雪軒の家で家庭教師をしており、その唐風の詩作は大きな影響を及ぼしたと考えられる。一方で李玉峯詩にもみられるように当時の漢詩は前代の文人の詩からの引用も多い。また女性の詩作に対しても否定的な社会風潮がみられた頃であった。しかしそれらは後の世代になると変化が表れる。結婚後も、家族での唱和や詩集が作られるようになっていく。また「夫婦唱和」による詩作から婦徳の強調、さらには理気哲学の思惟まで、女性の漢詩文への深度があったことも言及した。

次に朝鮮女性漢詩人の特徴と周辺環境について、母と娘の両者が詩集を著述した場合を中心に考察した。母娘両方が詩文集を出している李玉斎・金浩然斎、徐令寿閤・洪原周の例を挙げると、朝鮮後期の女性漢詩人たちはおおむね畿湖学派の家門にあった。畿湖学派とは栗谷李珥の学問を継承した学問的派閥で、京畿、忠清道を中心に黄海、全羅道に及ぶ西側の地域に居住していた士大夫たちである。これらの士大夫たちは朝鮮王朝の基盤思想をなし、政権の中枢を担っていた。特に安東金氏であった。安東金氏家門は多くの女性漢詩人を輩出した。また豊山洪氏は王族と姻戚の家門で、嫁いできた徐令寿閤の母は安東金氏であった。このように政権の中枢にいた安東金氏と王族の姻戚関係にあった豊山洪氏の両家門によって朝鮮後期の女性漢詩が多く産出されたことは特筆に値する。そしてさらには洪奭周の態度からも、これらの政権中枢の家門が中央下級官吏である中人たちの漢詩文の才能を認めていたことにも言及した。

最後に三湖亭詩社の結成について考察した。三湖亭は妾である錦園の夫、金徳喜が所有していた別荘で、同じ身分にあった妹や妾たちと集まり詩会を催した。当時の漢城府（ハンソンブ）（現ソウル）では中人層が華々しく漢詩集を刊行しており、時代的雰囲気もあったと考えられる。錦園はわずか十四歳で男装をして金剛山に遊覧に行くなど、稀有な体験をした女性である。また同郷の竹西とともに漢詩文集を出しており、互いの文集に跋文を書くほど親しい仲であった。その内容を見ると錦園の男性志向がみられ、そこから類推されることは、十四歳での男装経験が相当な影響を与えたことが考えられる。またその詩からは妾として生きてきた彼女の苦悩と同時に、それらを払拭するほどのしたたかさもうかがえることを示唆した。

注

1 ここでは概観を理解するために少し前の時期の女性も含めて述べていく。またここで扱う対象は後世ではなく、朝鮮時代後期に作品が刊行された女性漢詩人を扱う。

2 李玉峯は、譲寧大君の玄孫である李逢（一五二六～没年不詳）の庶女で、趙瑗（一五四四～一五九五）の妾。李玉峯の詳細については以下の拙稿を参照。山田恭子「朝鮮時代の女性詩人―李玉峯」（『近畿大学教養・外国語教育センター紀要 外国語編』七巻一号、近畿大学、二〇一六年）。

3 この時代の詩は君との離別と孤独を恨む閨怨類、愛情の薄さや貧困、家難、子をなくすなど不幸を嘆く歎息類、妻や母として家族の健康や愛情を表現した抒情類などが一般的である。一方で、李玉峰の男性的な詩風に関しては以下の論文を参照。また許蘭雪軒と日本の江戸時代の漢詩作家については以下の拙稿を参照。山田恭子「許蘭雪軒 漢詩와 日本에도시대 女性 漢詩作家」（『淵民学志』十三、淵民学会、二〇一〇年）。

4 高麗から朝鮮に至るまで二百年にわたり、漢詩においては宋詩風に従った。しかし朝鮮中期に入ると唐詩が流行となり、浪漫的で声調感覚を重視した詩が詠われるようになった。その流れとして以下の代表人物があげられる。①朴誾（一四七九～一五〇四）：江西派の影響を受け、海東江西派と称された。江西派とは、中国、北宋末期から南宋にかけて栄えた詩人の一派。江西出身の黄庭堅（一〇四五～一一〇五）を祖とする。杜甫（七一二～七七〇）の詩風を尊び、典故を取り入れ、精巧緻密で、時に難解な詩を作った。②鄭士龍（一四九一～一五七〇）：晩唐李商隠（八一二～八五八）の西崑体の影響をうけた。七言律詩を良くした。③朴淳（一五二三～一五八九）：徐敬徳（一四八九～一五四六）の門人。詩は唐、元和（八〇六～八二〇）の詩を重んじた。元和八代詩人と称される人物には韓愈（七六八～八二四）、柳宗元（七七三～八一九）、孟郊（七五一～八一四）、賈島（七七九～八四三）、李賀（七九一～八一七）、元稹（七七九～八三一）、白居易（七七二～八四六）、劉禹錫（七七二～八四二）があげられ、張籍（七六〇～八三〇）、張継（生年不詳～七七〇頃）なども有名とされる。なお李達（一五三九～一六一二）は鄭士龍から杜詩を、朴淳から唐詩をすすめられ李白詩を範にしたとされる。朴

淳は三唐詩人に影響を与えた人物として重要視される。朴淳については以下の論文を参照されたい。朴秉益「思菴 朴淳의唐詩風 受容과 展開樣相」（『韓国漢詩研究』十四、韓国漢詩学会、二〇〇六年）、一〇一～一三三頁。朝鮮中期に入り、唐詩を模範としたのには、南宋の厳羽が一二三〇年代に詩論『滄浪詩話』を著し、盛唐（七一二～七六五）の詩を高く評価したこと、明代の前七子である李夢陽（一四七二～一五二九）が「詩必盛唐」としたことが、強い影響を与えたと考えられる。（「論詩如論禅、漢、魏、晉與盛唐之詩、則第一義也。（『滄浪詩話』）」「文必秦漢、詩必盛唐是明代以李夢陽、何景明為代表的、前七子的美学観点。意謂做文章以秦漢為法則、論詩歌以盛唐為法則。（『明史・李夢陽傳』）」）。

5　白光勲（一五三七～一五八二）、本貫は海美、字は彰卿、号は玉峯。朴淳の門人で、十三歳の明宗四年（一五四九）に上京し、梁応鼎（一五一九～一五八一）、盧守慎（一五一五～一五九〇）のもとで修学した。明宗十九年（一五六四）に進士となったが、現実に立ち向かう意思を捨て、江湖にて詩と書道の生活を送った。宣祖五年（一五七二）に明の使臣が来ると盧守慎に従って、無官位のまま製述官となり、詩才と書筆により使臣を感嘆させ、白光先生という称号を受けた。白光勲は宣祖十年（一五七七）に始めて宣陵参奉の官職を得て、靖陵、礼賓寺、昭格署の参奉を歴任した。李廷亀（一五六四～一六三五）は白光勲の文集である『玉峯集』序で、白光勲について、湖南詩人として、特に絶句に秀で、唐の天才詩人の李賀（七九〇～八一六）を髣髴させるとした。詩風は風流声色を重視し、浪漫的で艶逸とされる。国語国文学編纂委員会『国語国文学資料事典』（一九九八年版、韓国事典研究社）「白光勲」の項目参照。

6　崔慶昌（一五三九～一五八三）、本貫は海州、字は嘉運、号は孤竹。全羅道の霊巌出身。内史令であった崔冲の十八代後裔で、崔守仁の子である。簫を良く吹き、乙卯倭乱（一五五五）時、霊巌の海辺で倭寇に遭い、簫を物悲しく奏でたところ、倭寇たちが郷愁に誘われ、その場を退いたという逸話が伝わる。白光勲（一五三七～一五八二）と共に李後白（一五二〇～一五七八）と梁応鼎の門下で学び、李珥（一五三六～一五八四）、宋翼弼（一五三四～一五九九）、崔岦（一五三九～一六一二）らと共に武夷洞（現ソウル麻浦区城山洞）にて酬唱し、八文章の一人として名が高かった。後に朴淳の門人となった。『韓国民族文化大百科辞典』「崔慶昌」の項目参照。以下すべての『韓国民族文化大百科辞典』の引用は次のサイトによる。参考URL：http://encykorea.aks.ac.kr（二〇二二年十月十日取得）

7　李達（一五三九～一六一二）、本貫は洪州、字は益之、号は蓀谷、西潭、東里。江原道原州市富論面蓀谷里に由来する。李秀咸の庶子。李達は唐詩の流行によって宋詩を学び、鄭士龍から杜甫詩を学んだ。しかし朴淳は彼に詩を教えながら「詩道は当然唐詩をもって最良とすべきである。蘇軾が豪放だとはいうが、二流に落ちたものだ」として李白の楽府・歌・吟と王維・孟浩然の近体詩を見せた。これによって李達は詩の奥妙な理致がそれらの作品にあることを悟り、家に帰ってからは唐詩を熱心に学んだ。『李太白集』と盛唐十二家の文、劉禹錫と韋応物（七三六～七九一）の詩、楊伯謙（元朝）の『唐音』などをすべて暗唱したという。このように五年間熱心に唐詩を学ぶと、詩風が以前とは変化したという評価を受けた。一方で、同じ唐風の詩作を行った崔慶昌、白光勲とともに詩社を結成し、文壇においては彼らを三唐詩人と称した。彼らは禅宗の総本山である奉恩寺（現ソウル江南区）を拠点に全羅道地方をはじめ、あちこちの地方を訪れ、林悌（一五四九～一五八七）、許篈（一五五一～一五八八）、梁大樸（一五四三～一五九二）、高敬命（一五三三～一五九二）らと詩作を行った。李達は庶子だったため、早くから文科を受けることを放棄し、特に生業ももたず、全国を旅しながら、詩作を行った。また自由奔放な性格であったため他人から疎外されることもあった。一時期、漢吏学官（公文書を扱う役人）になったが、性に合わずやめ、中国使臣を向かえる接賓使の従事官として仕えることもあった。七十歳を過ぎても子供をもたず、平壌の旅館で一生を終えた。墓は伝わらないが、忠清南道洪城郡庁前と江原道原州市富論面蓀谷里の蓀谷初等学校の入り口に李達の詩碑がある。近体詩の絶句に秀で、金万重は『西浦漫筆』で、朝鮮時代の五言絶句の中で李達が詠んだ「別李礼長」をその代表として選ぶほど有名であった。『韓国民族文化大百科辞典』「李達」の項目参照。

8 許筠が李達をモデルとした伝記『蓀谷山人伝』を記した。

9 著書『石川集』。本貫は善山。詩文に優れた。全羅南道同福の道源書院、海南の石川祠に配享されている。

10 未詳。晋陽鄭氏と推定。同族には鄭百昌（一五八八～一六三五）、鄭百亨（一五九〇～一九三七）が有名。

11 著書『企斎集』。文は孟子、韓愈、詩は杜甫によったとされる。

12 李退渓の叔父。

13 慶尚南道密陽出身、本貫は善山。著書に『佔畢斎集』『遊頭流録』『青丘風雅』『堂後日記』などがある。

14 世宗の孫、富林君。詩文に長けた。一五〇〇年に息子の道安がその詩文を集めて『四雨亭集』を刊行した。

15 朝鮮中期の文臣。本貫は坡平、字は子用、菊磵、諡号は忠簡。左議政尹弼商の曾孫で、祖父は尹侃である。父は尹承弘で、母は李増の娘である。中宗二十六年（一五三一）に生員になり、一五三七年、式年文科に壮元合格し、翌年、正言となり、修撰、校理を歴任後、賜暇読書（読書休暇）を与えられた。一五五〇年、掌楽院正で『中宗実録』編纂に加わった。広州牧使、黄海道、忠清道、京畿道観察使を経て刑曹参判、戸曹参判、右参賛、戸曹判書などの中央官職を歴任した。宣祖五年（一五七二）謝恩使として明に赴き知敦寧府事に任命された。詩文を良くし、老年になっても官職についた。これは尹鉉の卓越した行政手腕によるものとみられる。特に戸曹に勤務するときは国家財政を鑑み、一方で財政を十分に補ったので政治家としても称賛され、明宗代に清白吏に選録された。著書に『菊磵集』がある。

16 李穡「雪谷詩藁序」にその詩を賞賛されている。

17 申叔舟らと『国朝五礼儀』を編纂した。博学で文章に優れ、著書に『三灘集』がある。

18 宋の詩人。淳佑十年（一二五〇）に進士となった。『宋詩紀事』巻六十六、『宋人別集敘録』巻二十七を参照。

19 注2の拙稿、八十二～八十四頁。

20 次韻とは、和韻をさし、他人の詩に和答してそれと同じ韻字を順番において作詩することである。「次韻は其の原韻に和すを謂う。先後の次第は皆之に因るなり（次韻謂和其原韻、而先後次第、皆因之也）」『文体明弁』参照。さらに韻字の順番を変えるのは用韻、韻は同じであるが他の文字を使うことを依韻という。『文体明弁』は明の徐師曽の文体論で八十四巻、一五七〇年完成。詩文の体を百十五体に分類し、各体の源流から解説した。明の呉訥（一三七二～一四五七）の『文章弁体』を典拠として整理し、増補したものである。日本では田氏家集（八九二年頃）上「和三高進士見二年詞題贈一次韻」にみられる。精選版『日本国語大辞典』の「次韻」の項目参照。

21 字は成仲、号は徳峰。朝鮮女性で字まで持つのは珍しい。張伯偉『朝鮮時代女性詩文集全編 上中下』（南京：鳳凰出版社、二〇一一年）、三十三頁。

22 活字本として宋徳峰『徳峰集』（張伯偉、前掲書、三十一～五十二頁）がある。原典は柳希春『眉巌日記』収録。柳希春 著『眉巌日記草 五（朝鮮史料叢刊第八）』（朝鮮総督府、一九三八年）、三三一頁（国立国会図書館デジタルコレクション、コマ番号一七八）参照。

23 宋氏は新婚の頃ですら、最初の二年は実家で過ごしている。つまり結婚生活の大部分を実家の全羅南道潭陽で生活し、夫は全羅南道海南に妾をおいていた。それでも二人の間には一男一女もあり夫婦の情愛は深かったようで、これらが夫の『眉庵日記』に記されている。柳希春（一五一三～一五七七）の家は上の何代かを除外し、親家、妻家、外家（母方の実家）の区別なく官婢と私婢を妾として子をなした。また妾の規模を戸籍と日記、族譜などを通して推定した結果、嫡子女と妾子女の比率が七十対三十程度であったとされる。よって当時は妾を持つことは当然のことであったようである。李성임「朝鮮時代 両班의 蓄妾現像과 経済的 負担」（『古文書研究』三十三、韓国古文書学会、二〇〇八年）。

24 壮洞金氏すなわち新安東金氏（朝鮮後期の金克孝の後裔）をさす。本章では「安東金氏」と統一して称した。

25 『聯珠録』は李玉斎の長男、金時澤（一六六〇～一七一三）編である。『安東世稿』附『聯珠録』は、金浩然斎の嫁ぎ先である恩津宋氏家に伝わり、玄孫である宋文熙が序を記している。発見者は忠南大学の文姫順氏である。文姫順『金浩然斎 朝鮮後期女性詩의 先駆的知性』（梨花出版社、二〇〇七年）。蔚山李氏については武家の女性とされる。庶子の金時潜（一六八五～一七二三）の生年月日を考えれば、金盛達の晩年に妾になったことが考えられ、漢詩を作り始めたのは夫である金盛達の死後とされる。조연숙『韓国古典女性詩史』（国学資料院、二〇一一年）、文姫順「朝鮮後期金盛達家門女性文人들의 詩世界」（『語文研究』四十三、語文研究会、二〇〇三年）、三〇三頁注十一参照。外孫の応敬によって跋文が記

されていることから、『宇珍』は一七六六年頃の成立と推定される。張伯偉、前掲書、三二七、三九一、四三〇頁。

26 「妾也者、大是乱家之本」許米子『韓国女性詩文全集二』（国学資料院、二〇〇三年）、七一七頁。本文の引用はすべてこの『韓国女性詩文全集一～六』による。句読点は、張伯偉の前掲書に従った。また日本語訳は筆者による。以下、同様。

27 「男子本好新而愛少」許米子、前掲書二巻、七一七頁。

28 人物性同論を主張し、気一元論の学説を立てた。

29 「理気心性論」は宋時烈によって盛んに唱えられた。

30 「太極不過陰陽之理、非陰陽之外」許米子、前掲書三巻、一〇七一頁。

31 人物性同異論がその代表であり、畿湖学派のなかでも洛論（漢城府・京畿）は人物性同論、湖論（忠清道）は人物性異論を唱えた。太極については「吾道一貫説」で「聖人亦一太極也」としている。

32 「天命之性、莫不皆同（中略）為仁與不能仁、唯在於我（中略）噫我雖婦人而所受之性、則初無男女殊」許米子、前掲書、一一一四、一一一七、一一一八頁。

33 官庁で下働きをしていた実務層をさす。通訳、会計、編纂、医者などがそれにあたる。

34 李珥の学説「気発理乗」は主気的傾向の学派であり、西人政党を形成した。その学問は李珥から金長生（一五四八～一六三一）、宋時烈へと受け継がれた。金長生、宋時烈については以下の論文参照。拙稿「東国十八賢について」（『近畿大学教養・外国語教育センター紀要 外国語編』八巻一号、近畿大学、二〇一七年）。嶺南学派である李滉の学説からは「理気互発説」すなわち主理的かつ理気二元を主張する学派が生まれ、南人政党を形成した。

35 「延安李文忠公廷亀。長子明漢。有子四人。曰一相、嘉相、萬相、端相。次子昭漢。亦有四子。曰殷相、弘相、有相、翊相。所著詩文膾炙人口。合刊八従兄弟唱和詩什。名曰聯珠集。行於世」（『聯珠集』李裕元『林下筆記』十六巻、文献指掌編、所収）。文姫順「17세기 女性詩人 李玉齋의 삶과 文学」（『語文研究』七十二、語文研究学会、二〇一二年）、二一六頁の注三参照。李弘相については以下の族譜を参照されたい。延安李氏館洞派宗中編輯『延安李氏館洞派譜』下（延安李氏館洞派宗中、一九八二年）。李弘相の父である李昭漢（一五九八～一六四五）は神童と呼ばれたほど優れた資質、文才があり、昭顕世子（一六一二～一六四五）と姜嬪（一六一一～一六四六）が清の人質として捕らえられた際は、共に瀋陽に赴任した。

36 姜碩期の二番目の娘が姜嬪である。一六三七年から一六四五年にわたり瀋陽で人質生活をしながら貿易、外交に力を尽くした。しかし仁祖の後宮趙氏の誣告により、実際は昭顕世子が父王である仁祖に嫌われたため、昭顕世子、姜嬪一家はともに処刑された。つまり李玉斎は外祖父や母の兄弟も皆逆賊として処刑される悲運にあっている。

37 文姫順「朝鮮後期 金成達家門 女性文人들의 詩世界」（『語文研究』四十三、語文研究学会、二〇〇三年）、三一二～三一六頁。

38 文姫順「湖西地域 女性漢文学의 史的展開」(『韓国漢文学研究』三十九、韓国漢文学会、二〇〇七年)、九十三〜九十六頁。洪奭周に認められた中人の一人として張混(一七五九〜一八二八)が挙げられる。張混については次節の注42を参照。また駙馬(王の婿)家門であった洪奭周(一七七四〜一八四二)が若いころ奎章閣で出会った胥吏金洛瑞(一七五七〜没年不詳)に対する好印象も記録として残っている。김지연「玉溪詩社의 詩画帖과《寿甲稧帖》에 나타난 閭巷모임의 서로 다른 이미지」(『美術史学研究(旧考古美術)』二六五(韓国美術史学会、二〇一〇年)、一六七〜一六八頁の注一の劉在建「金好古斎洛瑞」『異郷見聞録』巻四(民音社、一九九七年)、三一八〜三一九頁参照)。一方で、洪奭周は道学家的な文学論を展開し、「心外無父、道外無心」と主張し、結局「文」とは心を表現するものとした。また「道・徳・語・文」は一体であるのに近年の人は「仁義誠敬」を唱えながら、その言葉が文と一致しないとして批判しており、この点で朝鮮の士大夫の典型であったともいえる。『韓国民族文化大百科』「洪奭周」の項目参照。

39 閭巷とは民間、ちまたの意味で委巷と同じ。詩社とは漢詩創作のための同人結社で、文学的趣向の合う者である「知音」たちが漢詩を作る集まりで、詩稧、修稧とも称される。もともと晋代の王羲之らの蘭亭詩社に由来する。高麗時代には耆老会(長寿を祝って詩作する会)、竹林高会(竹林の七賢にちなんだ詩社)なども開催された。朝鮮時代には燕山君時代(一四九五〜一五〇六)に都落ちした趙春風などの鶴詩社、十六世紀には洛誦楼詩社、紫閣詩社があったとされる。斗山百科 doopedia「詩社」の項目参照。参考URL:doopedia.co.kr(二〇二一年十二月二十七日取得)。十八、十九世紀の両班たちの有名な詩社には以下のものがあげられる。①竹欄詩社:丁若鏞ら四歳違いの趣向の合う者が会賢洞で開催した。②白塔詩社:李徳懋、朴斎家、朴趾源、洪大容らが白塔(現在のパゴダ公園付近)で開催。白塔とは円覚寺址の白塔をさす。

40 代々住み続けた土地をさす。同じ氏を持った人たちが集まっていることも多い。

41 詩人、教育者。詩をよくしたことで名が高く、中人たちの子弟を多く教えた。家は貧しく、官位にもつかなかったことから没落両班であり、祖先は朝鮮の役で中国からわたってきた武将の一人ではなかったかと考えられる。

42 張混は別名張崙。本貫は結成。字は元一。号は而已广、空空子。漢城府出身の中人、張友璧の息子。一七九〇年、大提学呉載純の推薦で校書館司準になり、書籍編纂に従事した。仁旺山の玉流洞に「而已广」(自足という意味で韓愈詩による)という家を建てて中人出身の文人たちと交遊した。千寿慶、金洛瑞らと委巷文人の詩社である松石園詩社の中心人物として活躍し、一七九七年に『風謡続選』を編輯、刊行した。張混は奎章閣の胥吏でありながら洪奭周、金祖淳、金正喜(一七八六〜一八五六)など、当代の士大夫の文士たちと親しい関係にあった。特に洪奭周とは四代にわたる縁によってもっとも親しかった。草書と隷書にも優れていた。歴史、文学に關係する多くの著述を残し、『児戯原覧』『蒙喩篇』などの事典類も編纂した。文集としては『而已广集』が伝わっており、『槿域書画徴』と『逸士遺事』に、その行蹟が簡略に記録されている。

『韓国民族文化大百科』「張混」の項目参照。

43 字は文初、号は好古斎。貧しい家に生まれ、正祖時代（一七七六〜一八〇〇）に活躍し、奎章閣の胥吏を歴任、詩文を良くした。

44 生没年不詳。字は歩庾、号は数里。別名は漢相。貧しい家に生まれたが、尹行恁の推挙で王の前で作詩した。武科に及第し鳥嶺別将になった。

45 本貫は漢陽。幼名は景濰、字は芝園、子翼、号は秋斎、経畹。父は嘉善大夫、漢城府左尹兼五衛都摠府副摠管（従二品相当の武官）に追贈された趙元文である。閭巷詩人の趙景濂の弟で、朝鮮末期の画員趙重黙は孫である。

46 本貫は延安。字は叔章、号は四名子。詩で有名な車天輅（一五五六〜一六一五）の六代目子孫。家が貧しく、万戸という武官末職にしかつけなかった。酒と詩におぼれ、朝鮮という国に生まれなければよかったというほど不満の多い人生を送った。詩集に『四名子詩集』がある。

47 朝鮮後期の文臣。本貫は密陽。字は士執、号は存斎。丁彛祚の門下である。正祖と領議政（正一品の大臣）であった金祖淳の信任を得た。顕宗時代に平薪鎮僉節制使（従三品の武官）として善政を尽くし、頌徳碑が立てられた。詩文にも優れ、書は王羲之、趙孟頫の筆法を模範とした。『存斎集』が伝わる。

48 『韓国民族文化大百科』「松石園詩社」の項目参照。

49 本貫は金海、字は士能、号は檀園。幼い時から申緯（一七六九〜一八四五）の師でもある姜世晃（一七一三〜一七九一）から絵を学び、その推挙を受けて図画署の画員として活躍した。鄭良謨『朝鮮時代画家総覧』一（SIGONGART、二〇一七年）、五二〇頁。

50 姜熙彦は風俗画に優れた。本貫は晋州。字は景運、号は澹拙。父は姜泰復で、鄭来僑（一六八一〜一七五九）の外孫である。英祖三十年（一七五四）に雲科（陰陽科）に及第した後、監牧官、天文学兼教授、義盈庫主簿、造紙署別提などを歴任した。近所だった画家の鄭敾（一六七六〜一七五九）から絵を学んだ。姜世晃とも交流し七歳年下の金弘道（一七四五〜一八〇六）ともごく親しい仲だった。

51 『風謡続選』は千寿慶らの編纂、七巻三冊、ソウル大学奎章閣、国立中央図書館所蔵。松石園詩社が中心になって『昭代風謡（一七三七）』以降の委巷詩人三百三十三名の漢詩七百二十三首を載せて刊行した。人物中心の編集で姓名、字、号が載せてある。巻七には無名詩、僧、女性の詩も十一名載せられた。巻頭には当時の大提学であった洪良浩（一七二四〜一八〇二）、鄭昌順（一七二七〜没年不詳）、李家煥（一八四二〜一八〇一）の序、末尾には丁彛祚（生没年不詳）、李是鎔（生没年不詳）、洪儀泳（一七五〇〜一八一五）、李徳涵（生没年不詳）の跋が載せられている。これらの詩集は六十年ごとに作成されたが、『昭代風謡（一七三七）』、『風謡三選（一八五七）』がそれにあたる。『昭代風謡』は『韓国漢詩選集 三』（亜細亜文化社、一九八〇年）に『風謡続選』と共に収録されている。『風謡三選』は『風謡続選』以降から開港期（一八七六）まで、委巷詩人三百五名の漢詩八百八十六首が収録された。巻七の最後に「女子」とあり元氏（号繍香閣）二首、芙蓉（号雲楚成川妓）三首、竹香（号琅玕平壌妓）三首、太一（稷山娼）一首の四名の漢詩九首が収録されている。なお『風謡三選』は早稲田大学古典籍総合データベースに公開されている。また一九一八年には張志淵によって『大東詩選』が編纂された。『大東詩選』は『東文選（一四七八）』『靑丘風雅（一四九二頃）』『箕雅（一六八八）』『東詩選』『昭代風謡（一七三七）』『風謡続選（一七九七）』『風謡三選（一八五七）』『大東名詩選』など、歴代の詩選集を土台に増選、続補されたものである。

52 김경미「朝鮮後期의 새로운 女性 文化 空間 三湖亭詩社」（『女性理論』五、図書出版여이연、二〇〇一年）、二二九頁。

53 金徳喜は朝鮮後期の文臣。字は士言、本貫は慶州。曽祖父は金漢禎（生没年不詳）、祖父は金泰柱（生没年不詳）。父は正憲大夫・兵曹判書を歴任した金魯応（一七五七～一八二四）。母は任時悦（生没年不詳）の娘である。兄に金道喜（一七八三～一八六〇）がいる。最初の夫人は参議趙命喆（一七五四～没年不詳）の娘、次の夫人に兪致甲（一八〇〇～没年不詳）の娘がいる。純祖二十八年（一八二八）、式年試、進士三等四十五位で及第。憲宗一年（一八三五）、増広試、丙科十四位で文科に及第。憲宗二年（一八三六）に館録（経典・文書を扱う官吏）に選抜される。憲宗九年（一八四三）に綏陵などの王室祭祀の際の執礼（祭祀を順序に従い執り行う臨時官職）として参与し、品階が上がる。憲宗十二年（一八四六）には義州府尹として在職中、暗行御史の朴永輔によって失政を報告され処罰される。哲宗一年（一八五〇）に成均館大司成に任命される。また進賀謝恩兼歳幣使に任命され清に赴任し、その功労が認められ品階が上がった。参考URL: http://people.aks.ac.kr/front/dirSer/ppl/pplView.aks?pplId=PPL_6JOc_A1800_1_0030288&isEQ=true&kristalSearchArea=B（二〇二一年二月二十四日取得）中央官吏として文書を扱う立場にあったことから漢詩文の才能は非常にすぐれた人物であり、執礼にも任命されたことから、王室祭祀を執り行えるほどの礼学においても造詣が深かったことがわかる。成均館（都に設置された国立儒教教育機関、現在の大学に相当）の長としても、中国使臣としても活躍しており、朝廷の学問の師的役割をこなしてきた人物であるといえる。

54 金錦鶯、号は錦園。江原道原州出身、『湖東西洛記』の著者。張伯偉、前掲書、一一四一頁。李能和『朝鮮女俗考』影印本（新韓書林、一九六八年）、二九九～三〇四頁。夫である金徳喜のほか、洪翰周（一七九八～一八六八、洪奭周の再従兄弟）、申緯、徐有英（一八〇〇～一八七四）らと交流した。特に申緯は三湖亭詩会の後援者であり、詩書画一致論を唱えた。鄭良謨、前掲書、六八六頁。また金徳喜の従兄弟で書芸評論として高名な金正喜とも十七歳の年の差があったが深く交友した。申緯の妻である曺夫人の実家は詩や書画に優れた人が多い。また四男二女を得たがすべて副室の趙氏の所生だったことから、妾の詩社にも理解を示したと考えられる。

55　金芙蓉（一八〇〇～一八五九）、号は雲楚。一八三一年頃、淵泉金履陽（一七五五～一八四五）の妾となる。『雲楚堂詩稿』を残した。

56　不詳。名は洛仙とされる。黄海道信川出身。張伯偉、前掲書、一一四二頁。

57　朴竹西（一八一七～一八五一）は、左議政朴訔（一三七〇～一四二二）の後嗣の朴宗彦（生没年不詳）の庶女で、松湖徐箕輔（一七八五～一八七〇）の妾。『竹西詩集』を残した。潘南朴氏はソウル近郊に先祖代々の土地（同族村）を持ち、多くの科挙合格者を輩出した名家である。朴竹西、金錦園、金鏡春は江原道原州を故郷とする同郷人である。강명혜「비관적 에피파니의 미학 - 박죽서 삶과 작품」（『アシア江原民俗学』第三十二輯、アシア江原民俗学会、二〇一九年）、一三九頁。先祖代々の人々が住む集落を、同一集落、韓国語ではセゴジ（世居地）と称する。太田心平「血と職と―韓国・朝鮮の士族アイデンティティーとその近代的変容について」（『国立民族学博物館研究報告』三十四（二）、国立民族学博物館、二〇〇九年）、二三四、二四二～二四三、二四七頁。朱子学の異端者であるとして宋時烈に「斯文乱賊（儒教理念に背く者）」扱いを受けた朴世堂（一六二九～一七〇三）の妻の弟が正一品・領議政の南九万（一六二九～一七一一）であった。南家は王宮まで約五キロの距離にあり、「朴世堂が生活の基点として使うことが出来た」とされる。南九万の「南在碑銘」を見れば、朝鮮開国一等功臣であることがわかり、南九万の八代目子孫に当たる寡婦の南貞一軒（一八四〇～一九二二）が『貞一軒詩集（一九二四）』を残したことも、このような南家の優越性と関連するといえる。

58　金錦園の妹。洪太守は洪在鳳（一八〇一～没年不詳）をさすか。이효숙「朝鮮後期 女性 文人의 詩社와 金鏡春의 批評」（『우리문학연구』五十三、우리문학회、二〇一七年）、一〇七頁。

59　「有時吟呀、従而唱酬者四人。一日、雲蕉（楚）、成川人、淵泉金尚書小室也。才華超倫、詩以大鳴、源源来訪、或留連信宿。一日瓊山、文化人、花史李尚書小室也。多聞博識、上於吟詠、適因隣居相尋。一日竹西、同郷人、松湖徐太守小室也。才氣英慧、聞一知十、文慕韓蘇、詩亦奇古。一卽吾弟鏡春、酒泉洪太守小室也。聰慧端一、博通経史、詩詞亦不多譲於諸人、相與従遊、而錦軸盈床、珠唾満架、有時朗読、琅琅如擲金碎玉」許米子、前掲書五巻、二三二五頁。김경미、前掲論文、二二九頁にある注三を参照。

60　「五人相爲知心益友、又占勝地閒區、花鳥雲烟、風雨雪月、無時不佳、無日不楽。或與彈琴聴楽、以遣清興、而談笑之暇、天機流動、則發而爲詩、有清者、有雅者、健者、古者、澹宕者、慷慨者、雖未知基甲乙、而陶寫性情、優游自適則一也」許米子、前掲書、二三二六頁。김경미、前掲論文、二二九頁。장산「三湖亭詩社 構成員들의 自意識 考察」（『韓国語文教育』二十八、高麗大学校）、二二一頁、韓国語訳参照。

61　詩画帖とは詩、書、画が一体となったものである。実景の山水画である「真景山水画」を扱うときは画人が詩人たちと共に旅行することもあったと考えられる。

62 김경미、前掲論文、二二九頁参照。「金錦園、餘關東蓬萊山人也。自号錦園。児小善病、父母愛憐之、不事女工、教以文字、日有聞悟。未幾年、略通経史、思効古今文章、有時乗興題花詠月」許米子、前掲書、二二七二〜二二七三頁。

63 女に生まれたら、門の外には一歩も出られず、ただ酒や食事の準備ばかり考えている。「若女子則足不出閨門之外、惟酒食是議」許米子、前掲書、二二七二頁。思うに禽獣にならず、人に生まれてきたことは幸いであった。夷狄の地に生まれず、我が東方の文明国に生まれたことは幸せである。男に生まれず女に生まれたのは不幸である。「窃念吾之生也、不為禽獣、而為人、幸也。不生於薙髪之域、而生於吾東文明之邦幸也。不為男而為女不幸也」許米子、前掲書、二二七三頁。

64 「他生、予與竹西、同為男子、或兄弟、或朋友、相唱和了」許米子、前掲書、二二六五頁。

65 鏡春は『湖洞西落記』の跋文を書いている。鏡春の姉の錦園に対する評価は次の論文に詳しい。이효숙、前掲論文、一二〇頁。

66 許米子、前掲書、二三一〇頁。

# 09 明清小説のなかの女性

仙石知子
SENGOKU TOMOKO

**要旨**——中国近世では、新たに成立した商業都市という「都市空間」を社会的な背景としながら、身分ごとの「分」に応じて暮らしていた女性たちのあり方に変容が生まれた。中国近世の都市の中には、「庶」の下に位置づけられる「賤」に区分される女性として、妓女や娼妓がいた。歌伎や妓女が働く都市という空間では、女性の貞節への縛りが弱くなっていき、朱子学に代表される女性の規範からの自由が生まれはじめた。守貞という価値観は弛緩していったのである。明の馮夢龍により編まれた短篇白話小説集『喩世明言』巻一に収められた「蔣興哥重会珍珠衫」は、妓女や娼妓が暮らす中国近世の都市空間における身分の感覚や空間の醸成する気分が、女性の貞操観念を揺るがす一つの要因になったことを表現している。「蔣興哥重会珍珠衫」は、妓女や商人という新しい身分が生まれ、守貞など様々な規範が弛緩しつつある都市という空間を物語の背景とすることで、女性の自由恋愛への指向性を容認するような物語を展開して、女性の意志を尊重しようとする社会風潮を鋭敏に捉えているのである。

## 一、はじめに

中国の都市は、秦漢から隋唐までの古代においては、政治の中心となる政治都市として形成された。[*1] なかでも、長安などの首都は、天上に対応する宇宙の都として、観念的に地上の最高位に位置づけられ、国家の正統性を支えていた。[*2] その際、商業は、東市・西市と呼ばれる限定的な地域において、厳しい国家の統制下で行われた。また古代都市は、軍事都市でもあるため、夜間には城壁が閉じられ、条坊間の夜間通行も制限されていた。

唐末から五代になると、こうした古代都市と並存しながら、交易の要所に草市が設けられ、商業の発展と流通経路の整備により、それはやがて市や鎮と呼ばれる商業都市へと発展していく。このため、北宋の首都である開封は、古代都市の流れを汲む官紳区のほかに商業区が形成され、二つの核を持つ楕円構造を有するに至る。[*3] 商業区には、客商のための旅館が設けられ、「瓦市」と呼ばれる盛り場では、昼夜を問わず酒楼・茶館・勾欄〔劇場〕などが開かれて、多くの住民が都市生活を謳歌していた。[*4] そうした中国近世の都市空間のなかで、女性の貞操観念にも都市に成立する新たな身分による揺らぎが生じてくる。

中国前近代における身分は、西欧や日本のような明確な社会階層として身分制を顕在化することは少なく、法制的には「良」と「賤」とに分けられる。[*5] 「良」は、科挙およびその予備試験に関わり得るような「士」と、それに与ることのない「庶」に分けられる。魏晋南北朝のような「天隔」と称されるほどの「士」と「庶」の別は近世にはなくなり[*6]、両者の流動性は低くはなかった。そして中国近世の都市の中には、「庶」の下に位置づけられる「賤」に区分される女性として、妓女や娼妓と称される遊女がいた。[*7] 本章は、中国の小説を主たる素材としながら、妓女や娼妓が中国近世の都市空間における女性の貞操観念を揺るがす一つの要因になったことを指摘する。それでは、小説に描かれた歌伎の事例を取り上げることから始めよう。

## 二、不貞許容の条件

都市という空間において、ともに「良」である「士庶」の下に置かれた「賤」に属する女性として歌伎がいる。元末明初に羅貫中によって原型が創られた『三国志演義』には、多くの版本が存在するが、それらすべてにおいて登場する女性に貂蟬がいる。貂蟬は、後漢末に暴虐の限りを尽くす董卓を「美女連環の計」により打倒する女性である。貂蟬は、我が子のように育ててくれた王允への孝と漢への忠のため、董卓およびその武将である呂布の二人と関係を持ち、呂布の嫉妬心を煽って董卓を殺させる。[*8]

『三国志演義』での貂蟬は、現存最古の『三国志通俗演義』（嘉靖本）から、清の康熙年間に毛宗崗がまとめ上げ『三国志演義』の通行本となった毛宗崗批評『三国志演義』（以下、毛宗崗本）に至るまで、王允の家の歌伎という身分に設定されている。[*9] しかし、三国の物語を扱う雑劇や講唱文学の中には、劉備の臣下である関羽によって、貂蟬が斬られる場面を持つものがある。それらの話では、貂蟬の身分は、すべて呂布の妻となっている。毛宗崗本は、自らがつけた評（毛評）において、貂蟬が斬られる話を次のように厳しく批判している。

> しかるに貂蝉という女子を、どうして麒麟閣や、雲台に描いて後世まで名を知らしめようとしないのか。最も恨むべきことは今の人がでたらめに伝えている関羽が貂蝉を斬るという話である。そもそも貂蝉には斬られるべき罪はなく、むしろ褒め讃えられるべき功績があるので、ここにそれを特別に記しておくことにした。[*10]

このように毛宗崗本は、貂蝉の功績を讃えた上で、雑劇などに見られる貂蝉が関羽に斬られる話を批判している。毛宗崗本は、貂蟬の行為は漢への義と王允への孝を果たしたものであるとし、貂蟬を漢の功臣になぞらえて高く評価している。毛宗崗本によるこうした貂蟬への評価は、歌伎という身分である女性の貞節よりも、親への孝・漢への忠の方が重視されるという中国近世の社会通念を背景としている。

中国近世では、女性の貞節が強く謳われていたが、女性の貞節への期待は、その身分により程度に差があった。二で検討する族譜の規定では、妻にかけられる貞節の期待は非常に大きく、妾のそれは妻よりも小さい。そして、妓女や歌伎、婢女といった「賤」の身分の女性に対する貞節の期待は、妾よりもさらに小さかった。

女性の身分によって貞節への期待の程度が異なっていたことは、「善書」における女性の節に関連した「功過格」からもうかがわれる。[*11]（明）袁了凡『陰隲録』不忠孝類には、「功過格」を記す部分があり、そこでは、「婢妾を幽繫すれば、一人ごとに一過となる（幽繫婢妾、一人為一過）」、「人の妻女を謀略で汚した場合には、一人ごとに五十過となる（謀人妻女、一人為五十過）」と書かれており、[*12]婢女に対する淫行は、一過であるのに対して、妻女への淫行は五十過となっている。婢女の節が、妻女の節よりも価値の低いものと捉えられていたことがわかる。

これに対して、親への孝は、身分により差がつけられることはなかった。女性の身分が妻であろうと婢女であろうと、親への孝は、高く評価され、貞節よりも優先すべきものとされていた。[*13]貂蟬は、董卓と呂布の二人と関係を持ったが、歌伎という身分であるため貞節を汚したことは、それほど大きな罪とは見なされなかった。そして、育ててくれた王允への孝と漢への忠のために力を尽くしたことは、身分に関係なく栄えある行いと見なされたため、貂蟬は不貞な女性ではなく、忠と孝を実践した女性として、高い評価を受けているのである。

中国近世に至り、こうした貞節への期待の低い女性たちの存在は、都市という場における女性の貞節に階層性を生みだしていたのである。そうした階層性を族譜の規定から確認してみよう。

## 三、族譜に見られる血筋の重視

都市の中で下層に位置する「賤」の歌伎に対し、「良」の最上層にあたる科挙と関わる士の階層は、宗族ごとに族譜を持つことが多かった。中国近世の族譜は、枝葉に至る傍系親族までを掲載し、同一祖先を持つ族人の団結力を強化したが、それは科挙が非世襲であることによる。中国近世の科挙官僚は、隋唐のように貴族でなくとも高位高官に就けるようになった反面、子孫から官僚がでなければ、家系は没落する。そこで、族人に教育の機会を与え、子孫の中から代々官僚を輩出するような名門宗族を形成するため、族譜を編纂し、[*14]宗族のあるべき姿を理念として凡例に示した。[*15]そのため、凡例には宗族内の女性の在るべき姿も記載されている。[*16]

中国近世の族譜の凡例には、女性は夫の死後に再婚せず、節を守り抜くことが理想である、と記録されていた。[*17]しかし、その一方で、女性の再婚に備えた記録方法に言及した凡例も掲載されている。これは、族譜を保有していたような大きな宗族においても、女性の再婚が決して珍しい事象でなかったことを示す。女性は再婚することで、族譜から姓が削除され、あるいは再婚の事実が書かれることで、処罰を受け、子孫への訓戒とされることはあった。だが、再婚に関しては、この程度の罰則が設けられていただけで、宗族が再婚する女性を必要以上に非難することはなかった。再婚は、宗族が何よりも重視していた男系同一血統の維持を阻害することがないためである。

これに対して、再婚とは異なり、不貞行為は強く非難される行為とされた。それは、女性の不貞が、宗族の男系同一血統の存続を危機的状況に陥らせる可能性があったためである。たとえば、『雲陽張氏宗譜』巻之一・書法には、次のように記されている。

一、妻で再婚する者は、恩義がすでに断絶しているので、例としては族譜に記録しない。ただし離縁した場合でも、子に母がないという義はないため、某氏及び生年だけは書いた。しかし卒年と埋葬地を書かないことで、区別を示した。ただ淫乱の罪を犯し離縁させられた婦は、子がいようとも書かない。もしすでに嫁いでいる娘で、再婚した者がいれば、例としては嫁ぎ先に関する詳細は書かない。[18]

このように族譜では、離婚の理由が不貞であれば、たとえ子どもがあっても一切記録をしないと規定している。これは、陳顧遠が、女性の姦通は血統を乱すため、歴代の律が女性の姦通を重罪と判断していた、と指摘するように、[19]女性の不貞行為が再婚よりも指弾される事象であったことを表すものである。[20]姦通が重罪とされた理由は、女性が不義を犯し、妊娠などの事態が生じれば、知らぬ間に宗族の中に他姓の血が入り、宗族の何よりも重視する男系同一血統の維持に支障を来すためである。そのため、女性の不貞は、決して容認できない行為とされ、かかる事態を回避するために、女性の貞節の教えが強調されていたのである。

ただし、こうした血統存続主義は、女性だけを規定したわけではない。『陳氏宗譜』巻一・凡例には、次のような規定がある。

一、行動が正しくなく、悪が明らかな者、および隷卒となる者・僧侶や道士となる者、風紀を傷つけ、辱めを後世に残す者は、その名を削除した。もし罪悪が未だ彰らかでなければ、しばらくはこれを諱み、伝の中では一二字を用いて貶義を示し、あとの者たちがそれを知って恐懼するようにし、それぞれ行いを磨かせるようにした。[21]

このように族譜では、「僧侶や道士となる者」は、「行動が正しくなく、悪が明らかな者・隷卒となる者・風紀を傷つけ、辱めを後世に残す者」と並んで、名を削除するか、不名誉な記録を残すことで子孫への戒めとされた。これは、再婚した女性と同じ扱いである。本来、僧侶や道士になることは、悪事とは言い難い。しかし、男性の出家は、宗族の重視する血統の存続という重大な義務を放棄する行為となるために非難された。中国近世では、女性だけではなく男性もまた、血統存続主義による規制を受けていたのである。*22

女性の貞節の重視は、宗族の男系同一血統を存続させるために求められたのであり、男性に対しても、同様の理由で僧侶や道士になることが厳しく批判されていた。したがって、貞節の重視を儒教理念と結びつけ、女性差別であると主張することは偏頗な理解となろう。中国近世においては、宗族という拡大した家族制度を維持するために、男女ともその行動に制約が課されていたのである。

## 四、商人の妻

市や鎮といった中国近世の商業都市では、商人が活動の中心であった。商人は、交易のため遠くへ旅に出ることも多く、宿として妓楼を利用することもあった。妓楼の客は、科挙の合格者や受験生、朝廷勤めの下級官僚が多かったが、経済的な余裕さえあれば商人も行くことができた。*23なかでも、妓女にとって商売の儲けを手にした客商は、格好の顧客であった。明の李贄『開巻一笑集』巻二娼妓述には、次のような手練手管が記される。

富商が帰国をしようとすると、いよいよ深く情を寄せ、別離のときには涙はらはらびっしょり濡れて、江

> 州司馬（白居易）の青衫（黒い上着）さながら（白居易の「琵琶行」に基づく）。だが情郎に財産尽きれば、日ごとにだんだん冷たくなって、尋ねて行けば、面と向かってしらん顔……。[*24]

妓楼の女性の側も、客商を重要な顧客と考え、客商に金を使わせる手段を講じていたのである。したがって、明清時代に遠隔地商業が発展するにつれ、客商が現地で女性を近づけないことが重要な規範として意識されるようになっていく。商人の活動の規範として書かれた『士商類要』は、遠隔地商人が活動する上で留意すべき点を多く指摘しているが、その中で、旅と女性について、次のように述べている。

> 色に淫することになれば、財産を傾け、家の資産を破滅させても、よろこんで貢ぎ続ける。ひどい場合には飢え死したり、盗賊となっても、死ぬまで悟ることはない。……そのため色に死ぬものは、これを敗家子と呼ぶ。……このようであれば楚館・秦楼（いずれも妓楼）は楽園ではなく、落とし穴の巣窟である。歌姫・舞女は楽人ではなく、家を破る魑魅魍魎である。顛鸞・倒鳳（男女の交歓）は楽事ではなく、狐や狸のまやかしである。識者はどのように考えるであろうか。[*25]

このように、明清時代に遠隔地商業が発展するにつれ、客商が現地で女性を近づけないことは重要な規範として意識されるようになっていく。[*26]

一方で、家で留守を守っている妻にとっては、夫が商売先の現地で不貞を犯すことは、辛い状況である。そうしたなか、家で夫を待つ妻の側が、不貞を犯したことを題材とする小説がある。明の馮夢龍により編まれた短篇白話小説集『喩世明言』巻一に収められた「蔣興哥重会珍珠衫」である。これを検討することで、中国近世における女性のあり方と都市という空間が女性に与えた影響について考えていこう。長い小説であるため、概要を掲げながら、重要な部分だけ原文と共に日本語訳を示すことにしたい。

湖広襄陽府の商人である蔣興哥は、幼いころからの許婚である王氏の娘の三巧児を妻とした。仲睦まじく暮らしていたが、蔣興哥は先代の掛け売りなどが残る広東に商売に出かける。家から出ないで貞淑に暮らしていた三巧児であるが、いつまで経っても蔣興哥は帰らない。そこで、売占者に占わせると、蔣興哥はすぐに帰るという。それを信じて外の通りを見ていると、蔣興哥に似た陳大郎という男がおり、しばらくじっと見ていたために、陳大郎は三巧児に懸想する。陳大郎は、仲を取り持つよう、周旋屋の薛婆に仲介を頼む。だが、薛婆はその難しさを陳大郎に次のように告げる。

> それは難しいですよ。蔣興哥は妻を娶ってから、まだ四年も経っておらず、夫婦は魚と水のように、一時だって離れたことはなかったのに、今はたまたま外へ出ていくことになって、あの女房は家の一階に降りてくることもなく、貞節を貫いているのです。興哥はちょっと変わり者で、すぐに怒る質なので、わたしはあそこの家には上がったことすらありません。あそこの女房がどんな顔立ちなのかすら、わたしは知らないのですから、どうやってあなたの頼みごとを引き受ければいいんですか。さっきいただいた物は、わたしに福がなかったということで、受け取れません。*27

このように、薛婆は蔣興哥とその妻の三巧児との仲睦まじさを「魚と水」にたとえ、三功児の身持ちの堅さを「家の一階に降りてくることもなく、貞節を貫いているのです」と表現している。それでも陳大郎は、莫大な金銭を薛婆に与え、薛婆は手練手管を駆使して、三巧児を誘惑する。その中で薛婆は、商人が旅先で妾を囲うことについて、次のように述べている。

だいたい商売で外に出ていく人にとっては、出先が家で、家が出先だったりするんです。たとえばうちの四番目の娘婿の朱八朝奉は、うちの娘を妾にしてからは、朝に晩に楽しんで、本宅のことなど思い出しもしません。三年か四年かに一度くらいようやく本宅に帰るくらいです。一ヵ月もいないで、またこちらへ来ますよ。本宅の奥様は一人で置いておかれ、夫が外で何をしているかなんて知るはずもないのです。[*28]

このように薛婆は、客商が現地で妾をつくるのは当たり前である、という社会風潮を語り、[*29]あらゆる手段を尽くして、三巧児を不貞へと引きずり込み、陳大郎と関係を結ばせる。幸せな時を過ごした三巧児であるが、金が尽きた陳大郎は、いったん郷里に戻ることになる。別れを惜しむ三巧児は、蔣家伝来の家宝である「珍珠衫（しんじゅのしたぎ）」を陳大郎に与える。陳大郎は、郷里に戻ったのち、襄陽の旅商人に出会って意気投合する。そして、その男に「珍珠衫」を見せ、三巧児との関係を述べて、襄陽に戻ったら薛婆を通じて三巧児に渡して欲しいと言って、手紙と簪（かんざし）を渡す。ところが陳大郎が手紙を託した男とは、三巧児の夫である蔣興哥であった。二人の関係を知った蔣興哥は、故郷へ戻ると、三巧児を離縁する。実家に戻った三巧児は、過ちを恥じて自殺を図るが、母に止められる。のち、蔣興哥は、三巧児への思いが止まず、三巧児の持ち物を十六個の箱にしまい込み、つらい気持ちを抑えた。のち、三巧児が人の妾になったことを聞くと、しまっていた十六個の箱を三巧児に送り、三巧児の幸せを願った。

陳大郎は、その後、襄陽の旅商人が蔣興哥であったこと、三巧児が離縁させられ、人の妾になったことを知り、病になって客死する。陳大郎の妻、平氏も零落し、陳大郎の葬儀を行う金を得るため人の妾となった。新しく主人となった男に、陳大郎が大事にしていた「珍珠衫」を見せると、[*30]主人は大いに驚いた。新しい主人は、蔣興哥であった。陳大郎は、不貞を犯したために自らは死に、妻の平氏は不貞相手の夫の妾となったのである。この理について、馮夢龍は、次のような詩を掲げる。

天理昭昭不可欺　天理 昭昭にして 欺く可からず
兩妻交易孰便宜　両妻の交易 孰れか便宜なる
分明欠債償他利　欠債を分明にして 他の利を償ひ
百歳姻緣暫換時　百歳の因縁 暫く時を換ふ

---

大木康は、「蔣興哥重会珍珠衫」を分析して、因果応報、勧善懲悪が強調される、と物語の特徴を述べている。[*31]

さて、のちに蔣興哥は、広東の合浦で真珠の取引をする。その際、相手の老人が真珠を盗んだので揉み合ったところ、老人は絶命する。老人の息子たちが蔣興哥を訴えたが、その裁判を担当したのは、合浦県令で三巧児を妾とした進士の呉傑であった。呉傑の書類から、蔣興哥の名をたまたま見つけた三巧児は、訴えられている男は、自分の兄であるため救って欲しいと呉傑に懇願する。呉傑は、正しい裁判により蔣興哥を救い、そののち三巧児に引き合わせた。

県令（の呉傑）は書斎に（蒋興可を）招き入れると、夫人（の三巧児）に出てきて挨拶をするように言った。なんとも意外な巡り合わせで、まるで夢のような状況ではないか。二人はお辞儀もせずに、言葉を交わすこともなく、ただしっかりと抱き合って、大声で泣き出したのだった。[*32]

三巧児は隠しきれなくなって、呉傑に、夫婦が仲睦まじかったことや、これまでの経緯を詳しく話した。それを聞いた呉傑は、次のように言った。

二人がそれほどまでに想い合っているのであれば、仲を引き裂くことはできまい。幸いにも（妾に迎えて）三年になるが、子も生まれなかったのだから、すぐに連れて帰ってよいぞ。[*33]

二人は、何度も礼を言って呉傑のもとを去った。蒋興哥は、今は正妻である陳大郎の元妻を正妻のままとし、三巧児を妾とした。二人の女性は、姉・妹と呼び合い、一夫二婦は、仲良く暮らした。呉傑は長らく子が無かったが、陰徳を積んだ結果、三人の子にも恵まれ、それぞれが出世したという。

「蒋興哥重会珍珠衫」において、三巧児の不貞相手である陳大郎は死に、その妻は蒋興哥の妻にされているため、「不貞」が悪と捉えられ、因果応報の報いを受けるのが当然として描かれていることは間違いない。また、蒋興哥は、陳大郎の元の妻が、陳大郎の葬儀費用を得るために身売りして妾となることを請け負い、妻として迎えるという陰徳を積んだ。そのため、離縁した三巧児に救ってもらい、三巧児を再び妾にすることができた。さらに、呉傑は、蒋興哥を救い、三巧児を蒋興哥に返すという陰徳を積んだことで、三人の子に恵まれ、それぞれ出世する、という「善書」に記されるような因果応報の報いを受けている。こうして最終的には大団円を迎えるという筋書きが、この小説の主眼であると考えてよい。

これに対して、都市という空間が女性に与えた影響について考えるならば、本章では、「蔣興哥重会珍珠衫」を読む際の着目箇所は異なる。

第一に注目すべきは、都市における守貞という規範の弛緩化である。二で検討したように、族譜の中では厳しく否定されていた不貞は、小説の中では、呉傑のような「士」の階層にも、さほど重視されることはない。もちろん、小説は虚構であると、小説からの社会分析を全否定することも可能であるが、まったく現実性を持たない作品が、小説集の冒頭に長々と収録されていれば、『喩世明言』は、さほど売れることがなかったであろう。編者の馮夢龍は、むしろ「蔣興哥重会珍珠衫」が、当時の社会風潮とよく合致しているからこそ、この話を『喩世明言』の冒頭に置いたと考えてよい。そうであれば、進士の呉傑が、不貞をした三巧児を妾に入れ、過去の不貞を問題視せずに、逆に元の夫を助けた三巧児を子を産んでいないからと言って元の夫に返してやることは注目に値する。進士ですら、都市で納れた妾は、過去に不貞を冒していても不問に付せるほど、不貞に対して寛容であったことを示すからである。

朱熹（しゅき）の師である程頤（ていい）は、「餓死は大したことではない。節（せつ）を失うのはきわめて重大なことである（餓死事極小。失節事極大）」（『程氏遺書』巻二十二下、台湾商務印書館、一九六八年）と発言している。程頤のこの発言を重視し、これが発端となって元の中期以降、朱子学による貞節観の浸透により、女性の貞節が徹底的に厳守させられた、と捉えられることがある。[*34] しかしそれは、社会の現実をそのまま把握した理解ではあるまい。商人の妻である三巧児の不貞が、離縁の要因となったものの、それ以降は不貞を犯した罪を背負わない人生を送るような都市を中心とする不貞の弛緩化に対して、程頤の貞節を重視した発言は強調されたのだと考える方が現実に近いと思われる。

そして、第二に都市を中心とする不貞を弛緩化した社会風潮とは、具体的にどのようなものであるかを「蒋興哥重会珍珠衫」は伝えている。注5所掲岸本論文によれば、社会通念とは、空間が醸成する気分、感覚であるが、小説の中では、それは薛婆と三功児の家の下女たち言動として具体化している。薛婆は、陳大郎を三巧児と姦通させたあと、次のように述べている。

> 婆さんは、「この事を知っているのはわたしたちだけですから、晴雲（せいうん）と煖雪（だんせつ）の二人のことは買収して、喋らないようにさせれば、誰に漏れると言うのです。このわたしが、夜のお楽しみを見張っていますから、何もありゃしませんよ。ただわたしのことを今後お忘れないようお願いしますよ」と言った。……二人の下女は婆さんの甘い言葉に乗せられ、また利害のある話で脅されたり、奥様から服をもらったり、男（陳大郎）が来た時には、菓子を買う小遣いをくれたりするので、騙されて大喜びしているうちに、いつの間にか同類となっていた。[*35]

---

このように「蒋興哥重会珍珠衫」は、不貞を助ける薛婆や下女たちの言動を具体的に描くことにより、不貞が一般的であることを印象づける。こうした小説が読まれていくことで、商人をめぐる空間においては、不貞が当然であるかのような社会風潮が醸成されていくのである。

一で分析したように、「賤」に属する歌伎や妓女などは、貞節に対する期待が低かった。そうした妓女たちが働く都市という空間では、女性の貞節への縛りが弱くなっていた。「蒋興哥重会珍珠衫」は、こうした都市における身分の感覚や空間が醸成する気分をよく後世に伝えている。そうした社会風潮の中で、二で検討した族譜の類の中には、三巧児の不貞の原因となった、売占者や周旋屋を家に入れることを禁じているものもある。[*36]

もちろん、不貞の許容だけが、女性の解放ではない。しかし、女性が朱子学に代表される貞節という規範から自由であろうとすることは、都市という特別な空間から、そして、商人という新しい階層から始まっていく。都市から始まった女性の解放は、農村に拠点を構えることが多かった族譜を持つような「士」の階層にも波及しようとしていたのである。中国近代における女性解放は、こうした前近代の社会風潮の中に胚胎しているのである。

## 五、おわりに

中国近世では、新たに成立した商業都市という「都市空間」を社会的な背景としながら、身分ごとの「分」に応じて暮らしていた女性たちのあり方に変容が生まれていくのである。都市という空間において、女性の朱子学に代表される規範からの自由が生まれはじめ、不貞という価値観は弛緩していく。貂蟬の不貞を漢への忠と王允への孝によって帳消しにした『三国志演義』の女性像は、そうした社会風潮を背景として受け入れられた。もちろん、女性への束縛は、急速に弛緩したわけではない。ことに朱子学を学び、科挙を受験することを前提とする族譜を持つような「士」の階層では、こうした不貞観念の脆弱化に反比例して、女性の貞節を強く主張する儒教理念が族譜の凡例に記されていた。そして、そうした規制は、朱子学などの規範から自由になろうとする男性にも及ぼされ、男性が愛を貫くために再婚をしない不再娶は、継嗣がいない限り認められることはなかった。

こうした中で、中国の近世小説は、妓女や商人という新しい身分が生まれ、不貞など様々な規範が弛緩しつつある都市という空間を物語の背景とすることで、女性の自由恋愛への指向性を容認するような物語を展開して、女性の意志を尊重しようとする社会風潮を鋭敏に捉えた。中国近世の都市空間のなかで、女性の貞操観念にも揺らぎが生じてくる。こうした前近代における社会風潮が、近代以降の中国女性の解放運動へとつながっていくのである。

注

1 古代の政治都市の形成過程については、五井直弘『中国古代の城郭都市と地域支配』(名著刊行会、二〇〇二年)を参照。

2 古代都市の国家における正統性と宇宙観については、妹尾達彦『長安の都市計画』(講談社、二〇〇一年)を参照。

3 宋代における商業都市の形成と流通圏については、斯波義信『宋代江南経済史』(東京大学東洋文化研究所、一九八八年)を参照。

4 中国近世の商業都市の繁栄については、北宋の首都開封の栄華を南宋の孟元老が回顧した入矢義高・梅原郁(訳注)『東京夢華録—宋代の都市と生活』(岩波書店、一九八三年)を参照。

5 岸本美緒「明清時代の身分感覚」(原載は森正夫他編『明清時代史の基本問題』汲古書院、一九九七年、のち『風俗と時代観—明清史論集1』研文出版、二〇一二年に所収)。また、岸本美緒「『岐路灯』に見る清代中国の身分感覚」(『比較日本学教育研究センター研究年報』八、二〇一二年)も参照。なお、法に顕在化する中国の身分制については、仁井田陞『支那身分法史』(東方文化学院、一九四二年)、古代中国における身分制については、堀敏一『中国古代の身分制—良と賤』(汲古書院、一九八七年)がある。

6 魏晉南北朝から隋唐に至る「士庶の別」については、池田温『唐史論攷—氏族制と均田制』(汲古書院、二〇一四年)を参照。

7 日本の「遊女」を指す言葉として、中国では、妓女や娼妓という呼称が使われる。妓女は、歌や舞、詩などに長じ、妓楼で客を楽しませたり、宴席で歌や舞により接待を行う女性を指し、そういう技能を持たず、性的奉仕が目的とされた女性は娼妓と称されることが多い。また、日本の「遊女」を指す言葉には、他に歌伎・歌妓・娼優など様々な呼称がある。妓女をはじめとする「遊女」の様々な呼称と妓女の種類については、王書奴『中国娼妓史』(上海生活書店、一九三四年)、斎藤茂『妓女と中国文人』(東方書店、二〇〇〇年)を参照。

8 以下、貂蟬の分析については、仙石知子「毛宗崗本に描かれた女性の義と漢への義—貂蟬の事例を中心として」(『狩野直禎先生傘寿記念三国志論集』三国志学会、二〇〇八年、『毛宗崗批評『三国志演義』の研究』汲古書院、二〇一七年に所収）に基づいている。

9 毛宗崗本以降に書かれた『李笠翁批閲三国志』（李漁本）においても貂蟬は、王允の家の歌伎となっている。

10 而貂蟬一女子、豈不与麟閣、雲台並垂不朽哉。最恨今人訛伝関公斬貂蟬之事。夫貂蟬無可斬之罪、而有可嘉之績、特為表而出之（毛宗崗本『三国志演義』第八回総評）。

11 「善書」という中国近世を特徴づける民への勧善の書と、その中に人の行為を過と功により採点する「功過格」が含まれることは、酒井忠夫『善書の研究』（弘文堂、一九六〇年、増補版は『酒井忠夫著作集』一・二、国書刊行会、二〇〇〇年）を参照。

12 袁了凡『陰騭録』は、国立公文書館が所蔵する内閣文庫本を使用した。

13 『孝経』およびその注疏には、身分に関係なく人が第一に行うべき徳目は孝であると述べられている。また、『大明律』第一名例律十悪には、『大清律例』同様、不孝不忠に関する禁令はあるが、不貞に関する禁令はない。

14 中国近世の族譜については、多賀秋五郎『宗譜の研究 資料篇』（東洋文庫、一九六〇年）を参照。

15 「凡例」があるべき姿を示すことは春秋左氏学に基づく。具体的には、西晉の杜預が『春秋左氏伝』の五十凡例を「周公の垂法」と把握したことによることは、渡邉義浩「杜預の左伝癖と西晉の正統性」（『六朝学術学会報』六、二〇〇五年、『西晉「儒教国家」と貴族制』汲古書院、二〇一〇年に所収）を参照。

16 仙石知子『明清小説における女性像の研究—族譜による分析を中心に』（汲古書院、二〇一一年）では、族譜の「凡例」と近世小説に表現される女性の孝と貞節、継嗣、女児、女性の名、および男性の不再娶について検討した。

17 以下の記述は、仙石知子「中国女性史における孝と貞節—近世譜にあらわれた女性観を中心に」（『東アジアにおける「家」—伝統文化と現在社会』大東文化大学、二〇〇八年、『明清小説における女性像の研究—族譜による分析を中心に』前掲に所収）による。

18 一、室人再醮、恩義已絶、例不應書。但以有出者、子無無母之義、止書某氏及生庚。而不録其卒葬、以示別也。惟以淫乱被出之婦、雖有子不書。若已出嫁之女、而再醮者、例不詳其所適（『雲陽張氏宗譜』江蘇丹陽、十巻、張飛渚（等修）、光緒十三年（一八八七年）、亦政堂刊本木活字印本、Columbia University,East Asian Library 所蔵）。

19 陳顧遠『中国婚姻史』（台湾商務印書館、一九三七年）。

20 南宋の判例集『清明集』巻之十・人倫門「夫欲棄其妻誣以曖昧之事」には、「在法妻有七出之状、而罪莫大於淫佚」とあり、妻を離縁できる「七出」の中でも、もっとも重大な罪は淫佚である、との記述が見える。

一、行検不修、素有顕悪、及為隷卒・僧道、有傷風化、貽辱先世者、去其名。如過悪未彰、姑諱之、於傳内用一二字示貶、使後人知所省懼、砥礪各行也（『陳氏宗譜』安徽桐城、六巻、陳廷讃（等修）、嘉慶二十二年（一八一七年）、慶遠堂刊本、牧野文庫所蔵）。

22 男性が妻と離別した後、後妻を娶らない「不再娶」も、子がいない場合には宗族から非難されたことについては、仙石知子「明清小説に描かれた不再娶」（『東方学』百十八、二〇〇九年、『明清小説における女性像の研究─族譜による分析を中心に』前掲に所収）を参照。

23 斎藤茂『妓女と中国文人』（東方書店、二〇〇〇年）を参照。

24 富商思歸、則愈加繾綣、分袂處涙蘇蘇不帕濕了、白司馬青衫。情郎財盡、則日漸冷淡、上門時、眼睁睁何怪拂了（『開巻一笑集』巻二 娼妓述）。日本語訳は、小川陽一『明代の遊廓事情─風月機関』（汲古書院、二〇〇六年）の訳による。

25 至於淫色、則傾囊橐、破家資、而欣然為之。甚則同餓莩、胥盗賊、而終身不悟也。……而死於色者、名之曰敗家子。……如此則楚館・秦楼非楽地、陷井之淵藪矣乎。歌姫・舞女非楽人、破家之鬼魅乎。顛鸞・倒鳳非楽事、妖媚之狐狸乎。識者以為何如（明・程春宇（輯）『士商類要』巻之二 醒迷論）。なお、『士商類要』は『明代駅站考』（上海古籍出版社、二〇〇六年）に所収する本を使用した。

26 こうした状況の中で、商人たちの守護神である関羽が「女性の義」を守る存在として描かれていくことについては、仙石知子「毛宗崗本『三国志演義』における「関公秉燭達旦」について」（『三国志研究』九、二〇一四年、『毛宗崗批評『三国志演義』の研究』前掲に所収）を参照。客商の女性に関する規範についての記述は、この論文に基づく。

27 此事大難。蔣興哥新娶這房娘子、不上四年、夫妻兩個如魚似水、寸步不離、如今没奈何出去了、這小娘子足不下樓、甚是貞節。因興哥做人有些古怪、容易嗔嫌、老身輩從不曾上他的階頭。連這小娘子面長面短、老身還不認得、如何應承得此事。方才所賜、是老身薄福、受用不成了（『喩世明言』巻一 蒋興哥重会珍珠衫）。

28 大凡走江湖的人、把客當家、把家當客。比如我第四個女婿朱八朝奉、有了小女、朝歡暮樂、那裏想家。或三年四年、才回一遍。住不上一兩個月、又來了。家中大娘子替他擔孤受寡、那曉得他外邊之事（『喩世明言』巻一 蒋興哥重会珍珠衫）。

29 徽州商人や山西商人は、十五、六歳で外商へ行き、数年から十数年にわたり、故郷へ戻ってこないことも多かったため、現地で妾を娶り、妓楼に長期滞在することが一般的であったという。郭蘊静・王兆祥・劉文智『明清商人社会』（山西古籍出版社、二〇〇一年）を参照。

30 妾にした女性が、陳大郎の元妻であることを知るきっかけとなる小道具が珍珠衫である理由については、大木康『馮夢龍と明末俗文学』（東京大学東洋文化研究所、二〇一八年）を参照。

31 大木康「「三言」の編纂意図―特に勧善懲悪の意義をめぐって」(『東方学』六十九、一九八五年、『馮夢龍と明末俗文学』東京大学東洋文化研究所、二〇一八年に所収)。

32 縣主請入內書房、教小夫人出來相見。你道這番意外相逢、不像個夢景麼。他兩個也不行禮、也不講話、緊緊的你我相抱、放聲大哭(『喩世明言』巻一 蒋興哥重会珍珠衫)。

33 你兩人如此相戀、下官何忍拆開。幸然在此三年、不曾生育、即刻領去完聚(『喩世明言』巻一 蒋興哥重会珍珠衫)。

34 陳東原『中国婦女生活史』(商務印書館、一九三七年)、湯浅幸孫「シナに於ける貞節観念の変遷」(『中国倫理思想の研究』同朋舎出版、一九八一年)、杜芳琴「元代における理学の女性に対する影響」(林玲子・柳田節子〈監修〉『アジア女性史比較史の試み』明石書店、一九九七年)、魏則能「儒家文化の女性倫理について―貞節行為の原因分析を中心に」(『多元文化』第一一号、名古屋大学国際言語文化研究科国際多元文化専攻、二〇一一年)などがある。

35 婆子道、此事你知我知、只買定了晴雲煖雪兩個丫頭、不許他多嘴、再有誰人漏洩。在老身身上、管成你夜夜歡娛、一些事也沒有。只是日後不要忘記了老身。……兩個丫鬟被婆子把甜話兒偎他、又把利害話兒嚇他、又教主母賞他幾件衣服、漢子到時、不時把些零碎銀子賞他們買菓兒吃、騙得歡歡喜喜、已自做了一路。

36 たとえば、〔清〕朱用純の『朱子家訓』は、「三姑・六婆は、實に淫盜の媒。婢美・妾嬌は、閨房の之福に非ず(三姑・六婆、實淫盜之媒。婢美・妾嬌、非閨房之福」と述べている。六婆とは、「牙婆」(口入れ屋)・「媒婆」(仲人)・「師婆」(祈祷師)・「虔婆」(やり手婆)・「薬婆」(薬屋)・「穏婆」(産婆)を言い、三姑は、「尼姑」(尼僧)・「道姑」(女道士)・「卦婆」(女占い師)を言う。スーザン・マン(秋山洋子・板橋暁子・大橋史恵〈訳〉)『性からよむ中国史―男女隔離・纏足・同性愛』(平凡社、二〇一五年)は、六婆三姑を境界の越えることのできる存在であり、隔離された良家の女性たちの純潔を脅かす者たちであったとする。なお、三姑六婆が良家の女性に与えた礼教観の影響については、衣若蘭『三姑六婆―明代婦女与社会的探索』(中西書局、二〇一九年)第四章第二節「超越与媒介―婦女生活的拡展」を参照。

# 10

# 韓国古典小説の漢陽と女性の愛欲

高　永爛　KOH YOUNGRAN

**要旨**――朝鮮王朝期の文学作品は首都漢陽を背景にすることは、稀である。しかし、『雲英伝』、『折花奇譚』、『布衣交集』の三作品には漢陽が克明に描かれ、かつ、その中に生きる女性主人公の積極的な愛欲の発露が確認できる。主君の安平大君の教えにも背き、自らの愛欲を優先させた雲英、身分のかけ離れた文士との交流や未来を夢見る既婚の奴婢である舜梅と梁陽は、当時の社会的倫理や教えからだいぶかけ離れた、普遍的でない女性像であったことには違いない。にもかかわらず、三人とも首都漢陽で、死をも覚悟で、自らの愛欲を露にしようとしたのはなぜか。雲英と梁陽は知的好奇心を満たしてくれる男性との未来を夢見、舜梅は銀のノリゲをきっかけに、愛欲に溺れてみようと欲したかのように見える。三人の女性の愛欲の発露とその動機は、やや相違はあるにせよ、みな愛欲を露にして、それによって、人生が満たされるであろうと、首都漢陽において夢見たのであった。そのような危うい夢を見させてくれる、人生をもかけさせる魔法が、首都漢陽にかけられていたのである。

## 一、朝鮮王朝時代の首都漢陽

朝鮮王朝期（一三九二～一八九七）の首都は漢陽、または漢城と呼ばれていた。朝鮮王朝の歴史的実録の最初である『太祖實録』一巻、太祖元年（一三九二）八月十三日の記事にも首都を「漢陽」に移したと記されているところからも、公式的な首都の名称は「漢陽」と見て差し支えない。しかし、朝鮮王朝期の小説の空間的背景はほぼ中国、または仙界といっても過言ではなく、実際の朝鮮王朝の地名、さらに漢陽を用いることは一般的ではなかった。現実的な小説を執筆して、お上を始めとする為政者の気に障っては大変なことになるからである。にもかかわらず、稀に首都漢陽を背景にした古典小説が、あることにはあった。比較的早い時期の作品としては、『雲英伝』がある。『雲英伝』の作者は未詳、ハングルを作った世宗大王の三男安平大君、李瑢（一四一八～一四五三）が登場することから、十七世紀ごろの作品と推測される。この『雲英伝』が世に出た頃から十九世紀までは、愛情伝記小説という、いわゆるロマンチックな恋愛物語が流行した時期であった。そのため、女性主人公の名前を付けた『〇〇伝』というものがよく執筆された。しかし、そのいずれもが首都漢陽を描かず、女性主人公の一途な努力と犠牲でもって恋は報われる、というパターンであった。しかし、『雲英伝』の女性主人公雲英は、当時の一般的な愛情伝記小説の女性たちとは明らかに違った生き方を選んだのである。さらに、『雲英伝』の時代から少し時間を経て、首都漢陽を背景に女性主人公の恋愛が描かれる二作品が世に出るのだが、それは『折花奇譚』と『布衣交集』である。この二作品の中に生きる二人の女性もまた、雲英と似通う側面がうかがわれ、注目に値する。なぜなら、朝鮮王朝期の作品のうち、首都漢陽が空間的背景になる場合、そこに生きる女性の姿は、既存の儒教的教えに従いつつあった、いわゆる貞女とはかけ離れていると言えるからである。その、具体的な姿を順に紹介したい。

## 二、『雲英伝』の漢陽と女性

『雲英伝』には漢陽の華やかさは次のように描かれている。

壽聖宮は安平大君の古い邸宅である。長安城の西にあり、仁旺山の下にある。秀麗な山川に囲まれ、竜が巡り、虎が起き上がるようである。社稷(土地の神と穀物の神への祭壇)がその南にあり、景福宮がその東にあった。(中略)東西南北に通じた路と店が立ち並んでいる様子は、千門萬戸が密々層々していて碁の板を敷いたようで、星を散らしたようで、華やかで壮麗なことが形容し難く、東の方を望むと宮城が遠くに雲の間から見えかくれして、祥瑞の雲と明るい霞がいつも周りに巡り、朝晩と美しい様子を自慢げにしているここは、所謂別有天地勝地である。

(丘仁煥編『雲英傳』シンウォン文化社、二〇〇三年、十三~十四頁)

引用文に描かれているように『雲英伝』の空間的背景は安平大君の大邸宅壽聖宮である。その近くには、今のソウルにおいても真っただ中にある景福宮や社稷があり、四方に店棚が立ち並んでいた。いわゆる、重要建物と繁華街の真っただ中に壽聖宮は位置したのであった。このような注目の的になり得る大邸宅を持っていた安平大君は、壽聖宮内に十名の宮女を囲い、詩文を教え教養を高めるが、宮の外には決して出歩くことを許さない。

さて、詩文に特に長けている宮女の一人、主人公の雲英は、壽聖宮に出入りしていた金進士(進士は科挙試験の進士試験に合格した文士を指す)と恋に落ち、金進士に次のように積極的に気持ちを打ち明ける。

布衣草帯士　玉顔如神仙
毎向簾間望　何無月下縁
洗顔涙作水　弾琴恨鳴絃
無限胸中怨　擡頭獨訴天

この詩は、「麻で出来た服を着て皮の帯をした文士の玉のように美しい顔は神仙のようである。いつも暖簾の間から窺うが、どうして男女の縁もないのであろうか。顔を拭うと涙になり、琴を奏でると恨みは弦の上で鳴く。尽きない恨みを胸に抱き、頭を上げ一人天に訴えてみる。」（『雲英傳』三十二頁）と解釈できる。当時の女性としては大変露骨に自分の想いを告げたものである。これに止まらず、雲英は恋を果たすために、「私は西の宮にいますので、あなたが夜こっそり西の壁を乗り越え入られると、三生の縁をやっと繋げることができましょう。」（『雲英伝』五十七頁）と、大胆にも金進士との逢瀬を試みる。決まり文句を言うタイミングを逃し、雲英に恋の主導権を奪われた感がなきにしもあらずの金進士は、以降も雲英の実行力に引っぱられている感、否めない。

『雲英伝』の中で愛欲を露にする女性は雲英だけではない。壽聖宮の別の宮女の一人もまた、「男女の愛欲は陰陽の理であり、貴賤関わらず誰でも持っているものです。深い宮に閉じ込められてからは孤独な身になり、花を見ても涙で前が見えず、月を眺めても魂が消え入り、（中略）男女間の愛欲がどうして私達だけにあるのでしょうか。」（『雲英伝』七十一～七十三頁）と嘆く。宮壁の向こうはは華やかな漢陽であるのにも関わらず、この宮女たちは宮の中に囲われ、自らの愛欲を決して露にできない人生をこれからも生きてゆくのである。その虚しさや恨みが、作中、頻繁に描かれているのである。

さて、雲英はいよいよ、安平大君と両親から頂いた金銀や宝を持ち、金進士と夜逃げを計画する。死をも覚悟する雲英の姿は、既存の朝鮮王朝期の小説の中の女性たちとはかけ離れている。その積極的で希望に満ちた姿は、彼女が暮らしている場所が他でもない首都漢陽だったからではなかろうか。宮壁を一つ超えると、華やかで自由な首都漢陽が雲英を待ち受けていて、彼女の希望通り金進士との新しい人生が開けるかもしれない。そんなふわふわとした想像を可能にしてくれる空間が、まさに漢陽であったのである。しかし、まだ雲英の生きる十五〜十六世紀の朝鮮王朝は、宮女の欲望を許してくれるほど、手ぬるい空間ではなかった。金銀や宝を持ち運び役だった金進士の手下の裏切りで夜逃げの計画がばれ、ついに雲英は死に至ってしまう。そして、雲英の代わりに、金進士が一連の事件の復讐はしてくれるものの、まだまだ純粋で受け身の彼は雲英を想いつつ病に陥るという、曖昧な結末を迎える。

そして、『雲英伝』から二世紀以上が経って世に出ただろう『折花奇譚』と『布衣交集』にいたってやっと、首都漢陽の女性の愛欲は一面、果たされたかのように見えるのである。

## 三、『折花奇譚』の漢陽と女性

『折花奇譚』は序文によると、李何某という人の友人である南華散人が一八〇九年に書いた作品である。この作品に関しては、「最も印象深い所は、この作品が持つ性愛的な雰囲気であるだろう。『折花奇譚』では倫理や道徳を描いているとは言い難い。」（金ギョンミ・趙ヘラン訳注『(十九世紀ソウルの愛) 折花奇譚・布衣交集』ヨイヨン、二〇〇四年、十三頁。以降、『折花奇譚』、『布衣交集』のテキストとする）という評価がある。『雲英伝』よりは、一段と露骨な女性の愛欲が描かれているのである。

『折花奇譚』の時間的背景は十八世紀末、詩文に長け立派な姿の文士である李生は、立身出世のため家族を田舎に残し、一人で上京している。そして、美しい女性奴婢舜梅（スンメ）は次のように首都漢陽にて運命的に出会うのである。

> 一七九二年頃、李生という人が帽洞（今の鐘路3街一帯）に住んでいた。李生は見目よろしく優雅で風貌も優れていて、さらに詩文にも長けている才能のある文士であった。しかし、彼は家内の運営には努ず、隣の李氏の家を借りて住んでいた。李氏は身分の高い有名な人であった。（中略）この家には石で出来た井戸が一つあり、朝晩と井戸の周りにこの町の奉公人達が集まり騒いでいて、その水を汲む姿は結構な見物であった。
>
> （テキスト、四十～四十四頁）

舜梅は既婚で奴婢であるにも関わらず、大胆にも李生を誘惑する。「いよいよ足音が近づき、振り返ると舜梅が門前に立ちすくんでいた。彼女はにっこりとほほ笑みつつ、躊躇もせず近づいてきた。（中略）『今月二十一日は主君のお家の法事です。その日の夜、暇を見つけて外出しますので、あなたは私を見捨てないで、ここに先に来て待っていてくださいね。』」（テキスト、五十六頁）と李生を誘う舜梅であった。先に恋の矢を放った舜梅ではあるが、李生は彼女となかなか一夜をともにすることができない。舜梅の銀のノリゲ（韓国の伝統衣装に垂らして着ける飾り物）を偶然手に入れた李生は、それを返してあげることを理由に、何度も彼女との密会を企むが、その間に立つ仲人の婆が出てくるだけで、舜梅に再会できずに日時が過ぎてゆく。やっとのことで舜梅と一晩共にしようとするが、ちょうどその時、舜梅の叔母が邪魔をする。幾度も逢瀬に失敗した李生は、忍耐袋の緒が切れそうになるが、不思議にもちょうどその時、舜梅がまた現れること数回、次の再開を期待させることになる。李生と舜梅の逢瀬を邪魔するのは、舜梅の夫、叔母、仲人の婆などで、この苛立たしい関係は三年という長い時間が経ていく。そして、三年目の陰暦四月八日、夜中までも出歩くことを許されるお国の祭日に、李生はあきらめかけてた舜梅との逢瀬を期待するようになる。

この日は佛教蓮燈行事のある陰暦四月八日であった。家々は蓮燈を明るくともしび、町中水遊びをする音が鳴り響いている。王子様の白い馬は夕方まで群れをなし、若い男女は漢陽の街に押し寄せてくる。「王様が楽しいので臣下も楽しく、千年万年永遠に楽しいだろう。月は明るく蓮燈も明るいので天地すべてが明るいのである。」という句はまさにこれを指すのであろう。李生は友人たちを呼び、鐘の音に聞き入り、蓮燈も眺めつつあちこち遊び回っていた。しかし、急に舜梅を想いだし、すぐ老婆を訪ねると、（テキスト、八十四頁）

このように十八世紀末の漢陽は、稀に夜の通行禁止令が解け、若い男女が血気はやる思いで闊歩することが可能な空間であった。この特別な日に、李生の欲望は最大値になり、再度舜梅へと走る。やっと逢瀬を遂げた二人ではあるが、以降二人は何度もすれ違い、やがて遠ざかるようになる。しかし、李生に愛欲を抱くのは舜梅だけではない。彼女との逢瀬を邪魔していた舜梅の叔母もまた、李生に愛欲を露にし、近寄ってくるのである。舜梅の叔母も李生が既婚の文士であることは十分承知である。にもかかわらず、露骨に李生に近寄り、誘惑するのであった。そんな彼女には、倫理も道徳もすでに過去の価値観であるかに見える。舜梅も、彼女の叔母も、何が目的なのかは最後まで明かされないのだが、生々しい愛欲を李生に見せつける二人の女性が、首都漢陽で暮らしていたのは決して偶然だとは言えないだろう。『折花奇譚』によると、漢陽の市井は、すでに儒教的教えからはみ出た人々で埋め尽くされつつあったのではないか、と思える状況なのである。

次は、漢陽が地方より女性の愛欲を露にできるところであると、明記されている『布衣交集』を紹介してみよう。

## 四、『布衣交集』の漢陽と女性

『布衣交集』は作家、および創作時期は未詳であるが、「十九世紀後半、少なくとも一八六六年以降に創作された作品と見られる。古小説の作品としては珍しく時間的、空間的背景と事件が具体的で、かつ事実的である。」（テキスト、二十頁）、また、「空間的背景が登場人物の移動経路により、竹洞、安洞、草洞、小竹洞という場所に移りつつ」（テキスト、二十二頁）と指摘されるように、朝鮮王朝後期の作品の中で、首都漢陽が具体的に描写される数少ない作品の中の一つと言える。男性主人公の李生は既婚であるが、『折花奇譚』の李生と同様、出世のために地方に家族を残したまま、一人だけ上京し、知人の家に寄生している。偶然、既婚の奴婢女性である梁婆（ヤンバ）と恋に落ちるが、その具体的な展開は次のようである。

同治甲子年である一八六四年に、権力のある家の親戚になり、立身出世しようと漢陽に何ヵ月か間滞在したが、その時の同僚たちと共に、自然を謳歌した詩文の数が箱をいっぱいにした。同じ町の長進士という人もまた、立身を志し漢陽に滞在していた。その頃、南村（今の清溪川の南である中區一帶）の長承旨（王命を扱う秘書のような役割）の親戚のうち、子供のいない人がいて、長進士を養子にするとき、李生が大変積極的に勧めた。こうして、身分の高いお家の養子になった長進士は、田舎にいると得することもないだろうと、いよいよ漢陽の南村の竹洞に引っ越しし、李生を呼び一緒に寝起きし、寂しさを紛らわしていた。この家もまた、大邸宅だったので、小さな部屋が十数に上り、大門、中門が立派に並んでいて、まるで宰相の邸宅のようであった。（中略）漢陽と田舎との風習が異なり、あまり男女が互いに躊躇したりしなかった。その中に、結婚したてのお嫁さんがいて、歳は十六、七ぐらいで、顔が美しく態度も穏やかであった。

（テキスト、一三四〜一三五頁）

引用文の最後に示されているように、十九世紀の漢陽は「田舎との風習が異り、あまり男女が互いに躊躇したりしなかった」空間であったため、身分卑しく、しかも既婚である女性主人公の梁婆は、躊躇もせず李生に寄り添う。さらに、梁婆は李生の知性と大丈夫たる姿に惚れ込み、自らの気持ちを次のように打ち明けることになる。

私は幼いときから南寧慰宮の妾に奉公していましたが、その方は女性ではあっても詩人でありました。私にも才能があると仰せになり、一生懸命教えてくださいました。お陰様で『通鑑』、『史略』、『詩傳』、『孝經』、『古文』などの本をみな覚え、古い詩歌に関してもよく論じましたし、わが国の『蘭雪軒集』は今でも諳じることが出来ます。私は文章に長けた文士に会い、朝晩と話し合いながら一生を送るのが夢でした。

（テキスト、一五〇頁）

このような梁婆の知的好奇心や李生への気持ちは『雲英伝』の雲英と似通っていると言える。漢陽という大都市で、男性の李生たちが社会的な立身出世を夢見るのとは相対的に、雲英と梁婆は自らの知的好奇心を満たし、精神的な疎通をしてくれる相手との幸せな未来を夢見たのである。この自由な愛欲の達成こそが、当時の身分の低い女性たちが夢見ることのできる唯一の個人的な欲望であったかもしれない。しかし、梁婆の李生との逸脱は長く続かず、李生の誤解と梁婆の夫の妨害のため、二人は別れることになる。以後、だいぶ時間を経て、宮中の奉公人として選ばれる場所で、梁婆は李生と遭遇する。これもまた、お宮のある首都漢陽という空間に、二人の男女がいたからこそ可能な遭遇であった。以降、李生が故郷に戻ってからは、二人が出会うことはできなかった。身分の卑しい既婚の女性が、つかの間であっても、愛欲を露にできる空間、それが首都漢陽という空間だったのである。

## 五、漢陽と女性の愛欲

朝鮮王朝期の首都漢陽に生きる女性たちを登場させた『雲英伝』、『折花奇譚』、『布衣交集』は、韓国古典小説の流れの中で、普遍的な内容を素材としているとは言い難い。殊に、身分の卑しい女性たちの愛欲を詳細に描いたという点だけ取っても、大変異例である。このため、いわゆる当時のマイノリティーに着目したという側面から、三作品とも高く評価できるであろう。同時期の日本の文化的雰囲気とはだいぶかけ離れていた朝鮮王朝後期の文壇は、漢文であれ、ハングルであれ、儒教的教えから逸脱した女性を非難しない内容を執筆すること自体が、禁忌だったからである。したがって、主君の安平大君の教えにも背き、自らの愛欲を優先させた雲英、身分のかけ離れた文士との交流や未来を夢見る既婚の奴婢である舜梅と梁陽は、当時の社会的倫理や教えからだいぶかけ離れた、普遍的でない女性像であったことには違いない。にもかかわらず、三人とも首都漢陽で、死をも覚悟で、自らの愛欲を露にしようとしたのはなぜか。雲英と梁陽は知的好奇心を満たしてくれる男性との未来を夢見、舜梅は銀のノリゲをきっかけに、愛欲に溺れてみようと欲したかのように見える。三人の女性の愛欲の発露とその動機は、やや相違はあるにせよ、みな愛欲を露にして、それによって、人生が満たされるであろうと、首都漢陽において夢見たのであった。そのような危うい夢を見させてくれる、人生をもかけさせる魔法が、首都漢陽にかけられていたのである。

朝鮮王朝後期の女性の一生は、その身分の上下にかかわらず、決して主体的なものであったとは言い難い。しかしながら、知性あふれんばかりの漢陽に生きた三名の女性は、貞女たれという儒教的教えから逸脱し、さらに、愛欲を積極的に表明し得る選択肢を、他人の強要なくして自ら選んでいったのである。それは多様な男性との比較的知的な、もしくは、頻繁な遭遇が可能な首都漢陽に彼女たちが生きたからであろう。

参考文献

・金ギョンミ・趙ヘラン訳注『(十九世紀ソウルの愛) 折花奇譚・布衣交集』(ヨイヨン、二〇〇四年)。
・丘仁煥編『雲英傳』(シンウォン文化社、二〇〇三年)。

※この文章は「日韓古典小説の中の女性の愛情と欲望小考」(『日本語教育研究』第百一巻、韓国日本語教育学会、二〇二二年九月)を一部修正・加筆したものです。

# 11

# 女性戯作者の描く都市江戸——「婦人亀遊」の黄表紙から——

小林ふみ子
KOBAYASHI FUMIKO

**要旨**——近世日本の女性たちが残した数々の作品のなかでも、都市の経験を記したものは限られる。そのなかで本章は、都市の娯楽を描くジャンルであった黄表紙に「婦人亀遊」を名のる作者がいることに注目する。

その作品『嗚呼不儘世之助噺』(天明元年〔一七八一〕刊)は、表題の「世之介(助)」の夢を中心とする筋立てで、その点では黄表紙の元祖、恋川春町『金々先生栄花夢』(安永四年〔一七七五〕刊)以来の定型を踏襲したものだが、その夢は原型とは対極の辛苦に満ちた経験であった。しかも冒頭には世之介が入れあげた遊女となる女性がだまされて売られてくる経緯が、結末にはこの人が武士客に身請けされ、夫が世之介を召し抱える場面が置かれて、世之介の話を包含する。作者「婦人亀遊」を男性とみる説もあるが、あきらかに視点が女性にあり、否定されてよい。

女性作者亀遊が描いたのは、娘がともすると身売りされかねない都市の危うさであり、享楽ではない。その点で黄表紙というジャンルのなかで異質でさえある。しかし亀遊が黄表紙を手がけることを可能にしたのも都市であった。この作品は女性にとっての都市が危険性と可能性の双方をもつ両義的な場であったことを浮かびあがらせる。

## 一、はじめに――近世日本の女性のことばと都市

女性たちは都市をどのように経験したか。近世日本の場合は、女性たちの書き残したことばに即してこの問題を考えられる程度の、女性による文学作品が今日に伝わっている。ただし、それらはジャンルの片寄りが大きく、詩歌が圧倒的に多くを占めることは、桂文庫編『江戸期おんな表現者事典』（現代書館、二〇一五年）をつまぐれば一目瞭然である。そのうち伝統的な形式である漢詩や和歌は風雅ないしみやびの表現に主眼があり、しかも女性らしさの規範も作用するなかで、俗塵にまみれた現実の都市はその素材にはなりがたかったようである。[*1] 都市経験の記述という本章の課題からするとこれらは扱いにくい。

それに較べれば、同じ詩歌でも当世を表現した俳諧や狂歌の方に素材がありそうにも思われよう。とはいえ、江戸狂歌についていえば、女性の作者たちの日常生活を反映し、あえて裁縫や子どもの縁語などで女性らしさを演出した狂詠が多いという特徴は見られるものの、都市での暮らしぶりを積極的に描いた様子は見られない。[*2] 俳諧については、筆者には今、全般を論じる用意はないものの、あえて憶測を述べれば、独立した五・七・五音の発句は短詩であるうえ季題を必須とすることから、都市を描いても断片的になることは免れないのではないか。たとえば、多くの近世の女性俳人の句を紹介した著作のなかからもっとも都市的な風景としての市、とりわけ混雑で知られる歳末の市を素材にしたものを挙げれば、

おされ合てころぶ間もなし歳の市　千代尼
羽子板の絵もをしあひぬ年の市　田女
（元禄六年『猿丸宮集』[*3]）

このように、短いことばのなかに市場のにぎわいが示唆されるが、ここに女性ならではの視点を見いだすのは難しい。

では散文ではどうか。そもそも近世日本で散文作品を残した女性作者は多くなく、ほとんどが詩歌の延長線上で文章を書いた人々であった。その関心が都市生活に向けられた形跡はおのずと限られる。

近世初期の歌人井上通女は丸亀の人で、当地から出て江戸に滞在したときの『江戸日記』（天和二〜三年〈一六八二〜三〉成）があるが、藩邸内の暮らしの記述が大半を占める。外の世界に触れるのは天和二年末の大火の経験を描く場面のほか、滞在六月めにして天和三年正月十三日に外出し、人通りの多さを「めづらか」に見、洗濯物を干した人家の立ちならぶなかで凧あげをする子どもがいたことなどを記す程度であった。[*4]

多くの文章を残した人物としてよく知られているのは、『赤蝦夷風説考（あかえぞふうせつこう）』で知られる学者工藤平助の娘として江戸で生まれ育ってさまざまな著述を残したあや子、婚家の姓と号によって只野真葛（ただのまくず）と呼ばれる人である。その著述のなかで、都市の記述としては、寛政九年（一七九七）で仙台に再嫁する以前の江戸での日々を回想した『むかしばなし』を遺していることが注目される。御殿奉公、一度の結婚を経て見聞したことは幅広く、人や事件の噂など、驚くほど多彩な情報を書き記しているが、いっぽうで自身の江戸の街歩きの直接体験を記しているのは、隅田川にほど近い浜町へ転居したときの暮らしを回想した箇所に限られる。

> 母様はここにいらせられし内が御一生の御たのしみなりし。子共のころずより合にぎやかに、花見よ、舟よ、二丁町は近し、両国は見世物のたいこが聞へしてやかましく、二丁ばかりあゆめば大川ばたへ出る。五百羅漢・萩寺などは音にのみ聞て有しも、ひる過からおもひたちてふとゆかれるし、亀井戸・妙見・向島みな遠からず、遊んでくらすには江戸一番の所なりし。[*5]

ほかに女性の散文作者として、和歌や古典文学の知識を背景に擬古物語を残した荒木田麗女が名高いが、伊勢に暮らしたこともあり、都市の現実を描くことは大きな関心事とはなっていないように思われる。[*6]

そこで本章において注目するのは戯作である。江戸独自の通俗文芸として発達し、出版を介して広く享受された戯作は、基本的には男性の書き手が当時の流行風俗などの読者の関心事を素材として綴る文芸であった。寛政期（一七八九〜一八〇一）を境としてそれ以降の大衆化時代になると、おもに女性読者を想定した恋愛小説たる人情本などが出てくる時代が到来することはよく知られ、またそれ以前から読者には一定の女性がいたと推測はされているが、[*7]作者は依然としてほぼ男性によって占められていた。

そのような状況のなかで、女性の書き手が明示された作品がごくわずかながらに存在する。一つは戯作の諸ジャンルを牽引した山東京伝（さんとうきょうでん）の妹よねが黒鳶式部（くろとびしきぶ）を名のって十四歳にして著した黄表紙『他不知思染井（ひとしらずおもいそめい）』（天明四年〔一七八四〕刊）である。[*8]武家の腰元二人が躑躅見物に出かけた先で出会った男性たちとそれぞれ恋仲になるところからはじまるこの作品では、その女性の一人が主家の若殿に狼藉されそうになったところを助けた他方が打擲される憂き目に遭った挙げ句、二人とも暇を出されてしまう。さらにいずれも家の事情でともに苦界に身を沈めることになるが、最後にはともに冒頭で出会った恋人たちに身請けされるという展開となる。当時駆けだしの画工であった喜多川歌麿の挿絵は華やかながら、黄表紙らしい当世性や荒唐無稽なおかしみは希薄な恋物語であった。

この作品には作者黒鳶式部の序文がある。そこで「喜三二門人に亀遊（ママ）ものあればそれには似ねど、わらわがむだも尤も、とす・むる言葉は……娘だてらのおかしさと楽やでばかりしやうちゆへ、他不知思染井と題して女子の文の跡や先とおいろの筆にて書参らせ候」（傍線は小林）と、女性作者の先達として言及されるのが、本章でおもに論じる作者亀遊である。この人の作品を通じて、日本近世の女性にとって都市が可能性と危険性の双方をはらむ両義的な場であったさまを見ていきたい。

## 二、作者「婦人亀遊」とその男性疑惑の問題

国文学研究資料館の日本古典籍総合目録データベースにおいては、この名で六作品の黄表紙が登載される。[*9] うち一点は棚橋正博『黄表紙総覧』によって別の作品の改題本であることが指摘されるので、実質的には以下の五作品である。

① 安永六年（一七七七）　江戸贔負八百八町
作者・画工：蓬莱山人亀遊／版元：松村屋弥兵衛

② 同　年　於竹大日利生記（改題本・敵討女鉢木）
作者：蓬莱山人亀遊／画工：不明／版元：松村屋弥兵衛

③　同　七年[*10]
古々路の鬼
作者：蓬莱山人亀遊／画工：不明／版元：不明

④　天明元年（一七八一）
〈角書：嗚呼／不儘〉世之助噺
作者：喜三二門人婦人亀遊／画工：不明／版元：蔦屋重三郎

⑤　同　四年
亀遊書双紙
作者：喜三二門人婦人亀遊／画工：喜多川歌麿／版元：蔦屋重三郎

以上、五作のうち①～③（A群とする）は安永期の作で、作者名表記が「蓬莱山人亀遊」、④⑤（B群とする）は数年下った天明期の作で、作者名が「喜三二門人婦人亀遊」という相違がある。また版元が①②は松村、③は不明、④⑤は蔦屋重三郎という点でも、これらは二群に分けてよいと考えられる。後者でその師とされる「喜三二」は、言うまでもなく黄表紙の鼻祖恋川春町との親交により安永六年より黄表紙を多数手がけた朋誠堂喜三二である。これをふまえて、まずは両群の作者を同一人と見なすべきか否か、検討の必要があろう。

これまでのこれらの作品に対する言及を概観しよう。A・Bの作者を同人とみたうえで、とくに根拠なく、初代喜三二がいまだ年若い二世喜三二のために代作したとする大久保葩雪『増補青本年表』の旧説を退け、Aを喜三二の別号による作、Bがその号を譲渡された女性門人による作と推測したのが尾崎久弥であった。[*11]その根拠としてはAが喜三二の黄表紙初筆と同年の刊にしてすでに門人がいるとすることの不審に加え、喜三二の別号「亀山人」に絡めて亀は蓬莱に遊ぶものであり、「亀遊」をもう一つの別号と考えられることを挙げている。しかしながら、Aについても喜三二その人と見なすことはためらわれる。黄表紙を書き始めた喜三二による安永六年の六作はすべてが盟友恋川春町画であった。しかも①は役者追善黄表紙として勝川派風の似顔を多用した挿絵が亀遊自身の画とされているが、他方で喜三二がこれほどの技量を示した絵を描いた形跡はない。

これに対して、いくつかの根拠からともに喜三二ではないことを前提にしつつA・Bを同一人とみなしたのが棚橋正博である。[*12] 恋川春町画作『猿蟹遠昔噺』（天明三年（一七八三）刊）の戯作者が芝居の舞台に勢揃いする図に女形が混じり、その着物に名前を示して「亀遊」「ホウライ」とあることを挙げて、Aのうち「蓬莱山人亀遊」＝Bの「婦人亀遊」の根拠とみなす。[*13] たしかに喜三二と親しかった春町の筆であり、一定の信憑性は認めてよさそうでもある。とはいえ、大田南畝の黄表紙評判記『菊寿草』（天明元年刊）では④を論評して「婦人亀遊初舞台の新下り」と述べている。この記述をあえて棚橋説のように「亀遊」の「婦人亀遊」としての改名を指すと読みなすよりも、むしろ「婦人亀遊」の初めての作とうけとめるほうが素直ではないか。さらにAは①は病没した役者の追悼、[*14] ②③がときの話題の開帳や見世物を素材とする、いずれも時事的な作品である点で、Bとは性格を異にする。そもそも版元も異なることは前述の通りで、やはりなお、同一人の作とみるにはなお慎重な検討が求められよう。

棚橋説でもう一点、問い直したいのは「婦人亀遊」を男性である亀遊の偽装であるとする点である。右の『猿蟹遠昔噺』で紫帽子をつけた女形役者（＝男性）の姿で描かれることを理由として挙げているが、女性が上ることが許されない歌舞伎の舞台を描く以上、女性の姿は女形とせざるを得ない。もう一つ、棚橋説は、さきに触れた『菊寿草』の『世之助噺』評において、その末尾に付される、遊里通いを諫める弁を「しんの婦人の気取、ありがたヱ」と評することを取りあげ、これを「真の女流作者気取りであることがよろこばしいと読みとれないだろうか」と、「気取」を女性ではないのにそのように振る舞っているという意味で解釈する。しかし、辞典類の

「気取」項につけば、今日では主流となっているこの用法以外に、近世においては「気性」「心構え」といった一般的な意味が広く行われていたことは自明で、このくだりをあえて男性が女性であるかのように振る舞っていると読みなす根拠は薄い。『菊寿草』のもくじでは「女郎かいのいましめの女心を久米二郎」と役者中村粂次郎の名に掛けて「女心を酌む」ように述べてもおり、さらに次節で論じるように、④『世之助噺』には女性の視点とみなし得る要素が多々見られる。さきのように黒鳶式部がこの人を女性作者の先例として挙げていることも勘案すれば、あえて男性が「婦人」を名のっていると考えるべき理由は見いだしがたいといわざるを得ない。

もう一点、⑤『亀遊書双紙』は、喜三二による添削の跡があからさまに残るのが非常に特徴的な作品である。喜三二が最後に半丁の弁を載せ、以下のように述べる。

> 此上下二冊は、門葉の婦人亀遊が作れる青本の清書双紙なるが、予其むだの多きをはぶき、又増補するに▲印を以し、批判するに△印を以して、再、亀遊子に返さんとするを書林が無心の無理むたい、持て帰て有の儘……

実際、ここに記されるように白黒の三角印が画面にあり、喜三二の添削が明示されている。このような門人の能力不足を白日のもとに晒すようなことは、同じく喜三二門人を名のる宇三太という男性の作者にはしていない。こうしたことが行われたのもまたひるがえって作者が女性であることの傍証とみなしえるのではないか。

女性の作品は、大きな論拠もなく実は男性のもの、あるいは男性の手が入ったものとみなされる傾向がある。さきに述べた京伝妹よねの場合も同様で、京伝の代作とする臆説があったらしいことは、同作を評してつぎのように述べられている通りであろう。

> この作は実は京伝の代作するところでもあったなどといふ俗説も行はれてゐるのであるから……十四歳の少女が書いた作品の拙なさを書立てて見たとことで始まらぬが、その文には「なり」で止めて断り書ばかりを繰返してゐる。……京伝の代作などといふは勿論のこと、京伝は妹の文に手を入れることすらもしてゐない事実が知られる。[*15]
>
> 山東京伝の妹よねの唯一の作であるが、十四歳の少女の筆の稚拙さは免れない。京伝の作との説もあるが、そうではあるまい。[*16]

図1

「婦人亀遊」についても、次節で述べるように『世之助噺』には書き慣れない素人作者らしい視点のぶれや、女性の立場に立った見方があり、これと同様に嫌疑をかけられたものの、やはり女性の作とみなすべきであろう。

## 三、『嗚呼不儘　世之助噺』の女性視点

さて本作を検討するにあたって、まずは梗概を確認しよう（図版は国立国会図書館蔵本）。

図2

鎌倉の百姓の娘おきく、「百人に優れし美人にて今年十七になりければ」、江戸へ奉公に出そうと父親が江戸の親類の方へ連れてゆく場面から始まる【図1】。その名はおきくとされるにもかかわらず、着物の袖に「亀」の字がある。これは黄表紙で登場人物の名前の一文字をとってその人を表す「名坪」と呼ばれるもので、作者亀遊が自身をこの娘を重ねていることを示唆していよう。

浅草あたりの親類のもとを訪れた父とおきく。ところが、その人が「生得、不人柄者」で、「おきくを見るより、胸算用」して請け負う。その目算も知らず、おきくは二十両というなかなか高額の支度金とともに預けられる。都会的な「通り者の女房に仕込まれ」たおきくは「お御在香も抜け切てよほどの洒落者」となってかくだんに器量をあげると、どこへか連れ出される。「合点のゆかぬ道だよ」と不審がるおきくを、その親類の男は「はてさてそれは大きな悪推、今日行く所はお歴々だ」「あすこへ首尾すれば大しあわせだよ」と言いくるめる。ところが、挿絵を見るとその場面は土手の上であり、吉原遊

図3

廓への途上であることが暗示されている。こうしておきくは妓楼に百両で売られ、「今は松田屋衣川とて並びなき遊君」となる【図2】。ここは当時実在の名妓、松葉屋瀬川の名をきかせた命名である。

この衣川に惚れ込んだのが鎌倉龍口辺の武士客杉大尽であった。日々通いつめ、身請けを望む。ところがそれを嫌った衣川、恋人の世之介に「介さん聞ゝなんし、武三めが身請けすると申んす。国へ金をとりにやると申んすから、その前に工面しておくんなんし」と頼む【図3右】。ここで「武三」というのは野暮な武士を指す蔑称である。ここまでは、衣川ことおきくを中心に話の筋が運ばれるが、以下、ここで登場した恋人世之介の話となる。表題は「世之助」だが、本文中の表記に従って世之介として、その話しをみてみよう。

その世之介、実は「何かいきに暮らしけれども、内々はすかんぴんにて、元より勘当を受ける親もな」い貧しい身の上、衣川の身の上に「心を痛め、文など出してみては気をもむが【図3左】、しまひには思案に倦み、ご

図4

う〱と高いびきのみ」という始末であった。

そこで世之介は、金の工面のために下総国羽生(はにゅう)村へ出向く。唐突に村の名までが特定されているが、夫に殺された醜女累(かさね)のたたりの物語が歌舞伎などで上演されて有名な地名であり、ここに世之介の運命が示唆されている。

その地に至った世之介を長者の娘「十人並みの振り袖」娘おかねが見そめ、「亭座敷へ呼び入れあつかましくくどきける」。「私も連れて率て下されませ」というこの娘に、世の介は「おまへを連れてゆくには……かくべつなんにしても金が、まんとなくてはできぬ相談」だから、工面すれば「一緒に逃げませう」とそそのかす。そこでおかねは家の蔵に忍び込んで親の金を盗み出すにいたるも【図4右】、ところが世之介はおかねをだまし討ちにして命綱を切る【図4左】。落ちたおかねは石で顔を打ち、足を挫き、「目はかた〱つぶれ、口をさき、鼻をかき類は腫れ上が」るという大怪我をするが、「あの世の介の人でなし。いづくまでかは逃すべき」と追いかける。

図5

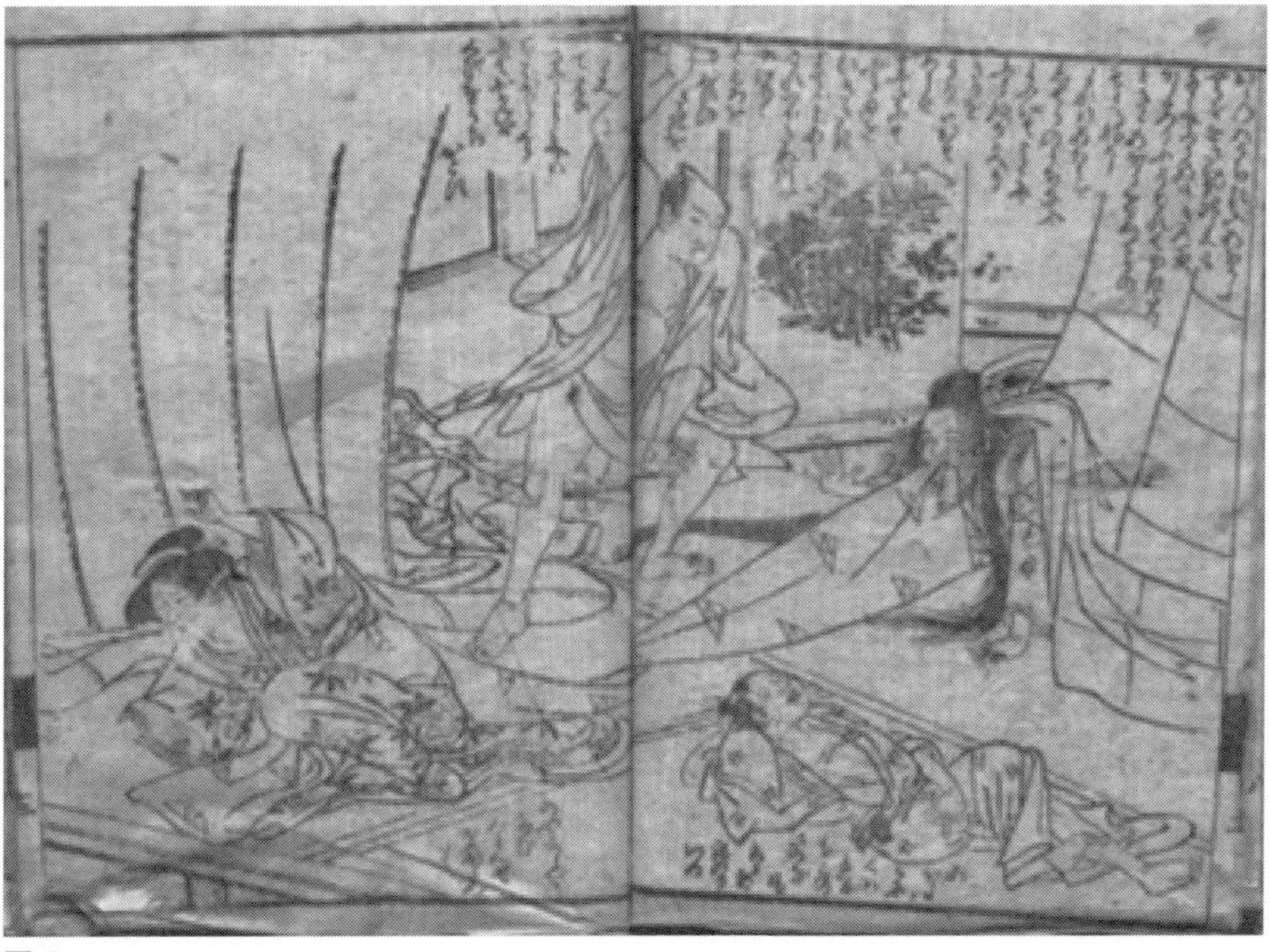

図6

図7

世之介は素知らぬ顔で衣川のもとへ向かい、つてをたどって衣川と暮らし始めるが【図5右】、そこへ世之介の行方を追っていたおかねがやってくる【図5左】。小僧の手引きで世之介夫婦の寝込みを襲うおかね。「おそろしき姿にて夫婦をひき裂き捨てんと現れいで、衣川が逃げた所を帯の先をくわへて放たず。世の介は出刃包丁にておかねが首をうち落とす」も首は祟り続ける【図6】。

……というのは、世之介が衣川の文を見ながら寝入った間に見た夢であった。目が覚めてみると、衣川はかの「杉大尽に請け出され、もはや昨日、廓をいでし」という。

「夢にて悟りをひらき、これからは身のありつきでも決める心にな」った世の介、紹介を得て「江戸近在の大おたふく娘、よい男にそいたき願いにて廿両の持参金」付を迎える。江戸文芸で持参金がある嫁というのは不利な条件があることを意味する。「丸綿をとりて顔をみれば夢にみたるおたふく」つまりおかねに「そのまゝの顔」であったので「いよ〳〵恐ろしく思い」、仲よく添う。その女房のおかげで、鎌倉での奉公の口にありついた世之介、目通りに行くとなんと主人は杉大尽、奥方はもとの衣川であった【図7】。その衣川は「なに不足なく、奥さま〳〵と仰がれければ、今は世之介をみても少しもしらぬ顔」である。そこで、教訓「傾城といふもの、みなこのくらゐなものなれば、息子さんがた、あまり深ばまりは御無用〳〵」のことばによって結びとなる。

冒頭から筋立ての中心にあったおきくこと遊女衣川が主人公かと思いきや、西鶴『好色一代男』（天和二年〔一七八二〕刊）以来、色男の代名詞であった世之介を題に冠するだけに、一話の中心は衣川の恋人として登場する世之介が、彼女の身請けに悩んで見た夢となる。

世之介は衣川を身請けするべく、田舎の長者の娘をだまして酷いめに遭うという夢をみる。目覚めたところで衣川は金持ち客に身請けされて廓を出たという現実を知り、自身の将来を案じて不器量を承知で持参金付きの妻を迎えると、その妻は夢に見た娘に酷似しているという偶然におののく。さらにその妻の紹介で得た奉公先はかつて馴染んだ衣川の身請け相手というめぐりあわせの不幸とかつての恋人がもはや見向きもしてくれないという非情さに直面する。そこで得た教訓は因果の恐ろしさと女心の打算である。

夢から覚めて悟りを得るというこの筋の運びは、唐代伝奇『枕中記』を謡曲として近世日本でもよく知られた「邯鄲」の系譜をひく黄表紙の元祖、恋川春町画作『金々先生栄花夢（きんきんせんせいえいがのゆめ）』（安永四年〔一七七五〕刊）以来の黄表紙の定番に則ったものであるが、その夢は原型の栄華とは対極の苦難に満ちたものであった。そこにあえて青年たちへの訓示を添えて結びとしたのであった。

ここであらためて冒頭のおきくの物語の位置づけを考えるならば、この世之介の物語を包含するのが、冒頭に登場した「亀」の字を衣裳に付けた田舎娘おきくの物語であるという構造になっていることに気づく。江戸で武家奉公に出るつもりが、器量よしがあだとなって吉原に売られ、色男世之介と恋仲になるが、幸いにして武家の客に見初められ、当てにならない世之介をあっさり見切ってその奥方に収まる。色恋よりも実をとり、幸福な結末を迎えている。

これと対照されるのが、夢のなかの出来事として描かれる、世之介にだまされた下総国羽生村の長者の娘おかねであった。都会の色男を見初め、その言いなりになったばかりに取りかえしのつかない大怪我を負ったあげくに殺される羽目となる。女性の主体的な恋は色への迷いという悪事であるかのように、こちらも戒められる。当時としてはごく常識的な考え方の反映であろう。

つまり黄表紙の定番を利用した男性の夢物語を包みこむのが、奉公に出るはずがだまされて苦界に身を落としたものの堅実な判断で武家の奥方に収まった娘の話であった。その夢物語のなかで、主役たるおきくと対極に位置づけられるおかねが罰せられるという入れ子型の構造をとる。このように全体を把握すると、男女それぞれに教えを示しつつ、視点はやはりおきくの側にあることがわかる。それはまさに冒頭でその袖の「亀」の字が示唆していた通りであった。ここからやはり作者たる婦人亀遊はやはり女性とみてよかろう。

もう一つ付け加えるならば、本作が、おきくは器量よし、おかねは「十人並み」「おたふく」などとえげつないまでに容姿にこだわる記述を見せるのも、この時代、いかに女性にとって容姿が重要な要素とされたか、またそうした現実に切実にさらされ、みずからその価値観を深く内面化した女性の筆であることを暗示しているのではないか。

## 四、都市の危険性と可能性

あらためて、この作品において「江戸」とはどのような存在であろうか。おきくの親は、当初、娘を江戸へ奉公に出すつもりであった。父親が二十両という高額の支度金を添えて親類に頼んでいることからしてこれは働き口を求めた下女奉公ではない。よりよい縁談のために、嫁入り前に武家屋敷に行儀見習いのために出る奉公であろう。都市はそれを可能にする場であった。

ところが、その期待は裏切られておきくは遊廓に売られてしまう。都市とは若い女性をそうした危険にさらす場でもある。羽生村の長者の娘おかねが心身に大きな傷を負ったのも都会からやってきた男世之介にだまされたせいであった。都市はそうした困難ももたらすのである。先述の京伝妹黒鳶式部の『他不知思染井』でも、二人の腰元は家のために遊女に身を落としている。

ただし、実際のところ、女性たちが苦界に身を沈めるという筋立てが、どの程度の現実認識に基づくものなのかは不明でしかない。あるいは芝居の世界に影響を受けた、多分に観念的なものである可能性も否めない。たとえば人形浄瑠璃・歌舞伎の人気演目として繰り返し上演された『仮名手本忠臣蔵』（寛延元年〔一七四八〕初演）のお軽である。主君の仇討ちに加わることを望む足軽身分の兄と夫をもち、彼らのために祇園に身売りして殺される彼女の悲劇が描かれることは、当時の人々になじみ深い話であったに違いない。それでも、そうした芝居で描かれることも含めて、女性たちは身内が困窮すると売られて娼妓とならざるを得ない存在であり、実際、江戸の市中にその憂き目を見た女性たちが数多くいる場があることを、作者亀遊が身近な男性たちから聞き知っていたことは事実であろう。

田舎育ちの娘にとっての都市の可能性と落とし穴は、京都の狂詩作者銅脈先生こと畠中観斎（はたけなかかんさい）の代表作「婢女行（ひじょこう）」（『太平楽府（たいへいがふ）』明和六年〔一七六九〕刊）もまた、漢詩の形式に日本語の俗語を用いた狂詩によって巧みに描いている。以下に概要を示そう。

「遠国の這出」の娘が京都へ奉公にやってくる。はじめは「律儀一片、主の気に入り」。ところが「藪入三日」の休日に「名所を遶」り、芝居の見物にいって「風流京の繁華なること」を感じ、「是より毎朝手水（ちょうず）起り、心に在所の沙（つち）を洗ひ落さんと欲す」るようになる。化粧を覚え、口も肥え、「煙草飲み習ひ、酒も少し就（な）る」ようになる。流行の髪形にぜいたくな髪飾り、華美な身なりをしはじめる。それというのも、「近所に男有り、字は忠七、少し宛（ずつ）の無心、之に依りて恃（たの）む」のであった。ある日の逢い引きに口論の挙げ句、「忠七終（つ）いに出奔す」。それでも変わらずなぜか「近頃、能く小銭の回りし従り」「他行（よそいき）は縮緬、平生は紬」とぜいたくは止まないのであった（のは裏で売色をしているのであろう）[*17]。

末尾は「君聞かずや」からはじまる娘への問いかけで結ぶ。「在所の親父は長く困窮することを如何（いかん）」、「試みに問ふ、給銀知んぬ何程ぞ。半季取る所、三十目」、半年に銀三十匁（約半両）の給金に見合わない浪費ではないか、と難じてみせる。

華やかな都会に安易に感化されるあまり、不相応な奢侈のために売春に走る若い女性を揶揄するのは、同じく若く、当時十八歳でこの狂詩集を上梓した少年であった。それだけに亀遊とは論調の違いはあるが、両者に共通するのは、都市は地方の生活では得られないものごとを可能にする面がある一方で、とりわけ女性にとっては危険にさらされやすい、売色に転落しやすい場であるということである。これは現代にまで続く構造であろう。

## 五、おわりに

あらためて『世之助噺』をふり返ってみると、亀遊は、おきくが御殿奉公に出ようとしたこと、「通り者の女房に仕込まれ」洒落者に仕立てられて遊里に売られたことによって本話を構成するものの、「婢女行」が描きだすような都市の享楽は一切描きこんでいない。それは黒鳶式部の『他不知思染井』でも躑躅見物の場面があるくらいで、ほぼ同様といえる。『世之助噺』では苦界から身請けされたおきくが嫁したのは鎌倉の屋敷であり、生活の場としての都市の魅力も強調していない。黄表紙では「鎌倉」が江戸を指すことも多いが、ここではあきらかに江戸とは別に設定されている。

亀遊自身がどこに暮らした人であったのかはわからないが、秋田藩の留守居であった喜三二の知遇を得ていることからして武家の妻女であろうか。そうであれば、「はじめに」においてふれた井上通女と同様に邸内で日々の大半を過ごした人であったのかもしれない。江戸座の俳諧を通じて知りあったとすれば町人の可能性もあるものの、いずれにせよ亀遊は本作で都市生活の華やかさには触れていない。このあと執筆する『亀遊書双紙』も遊女に入れあげて金に詰まった地蔵が諸商売を手がけるという筋で、定番の吉原こそ舞台の一つとされ、またいくつかの小商いが描かれるが、都市の消費生活への関心はみられない。芝居や遊芸、料理、あるいは物見遊山といった黄表紙にさかんに描かれた江戸の娯楽は、少なくとも作者としての亀遊の眼中にはなかった。黄表紙というジャンルそのものが、幼童向けを標榜した絵草紙の形式に大人が読んで楽しめるそうした都市の流行・風俗を盛りこむことで発達したものであることを鑑みれば、そうした要素の希薄さは逆に特徴的でさえある。

それでも、亀遊は江戸の出版界から生まれた黄表紙というジャンルに親しんだからこそ、その作品を手がけたのであろう。その執筆、そして出版を可能にしたのも都市であった。その意味で江戸の魅力を知っていたことも事実である。都市は危うさに満ちた場ではある反面、この人にとって作者になるという可能性を拓いたのも都市であった。

注

1 漢詩では頼山陽らとの交流が知られる江馬細香、原采蘋、梁川星巌の妻紅蘭が名高く福島理子『江戸漢詩選3 女流』（岩波書店、一九九五年）にその注釈が収められるほか、揖斐高『江戸漢詩選』上・下（岩波書店、二〇二一年）は十四名を紹介する。和歌では国学の家系に生まれた荷田蒼生子、賀茂真淵門の女性たち、油谷倭文子、鵜殿余野子らが名高く、古谷知新『女流文学全集』全四巻（文芸書院、一九一八・九年）に、次に述べる誹諧や狂歌の作品も併せて多くの作品が集成される。それらを概観したものに島津忠夫「女流の歌人たち」（『和歌文学講座8 近世の和歌』勉誠社、一九九四年、三一三～三三三頁）がある。

2 女性狂歌師の詠については以下で論じた。拙稿「智恵内子の狂歌と狂文」（『天明狂歌研究』第三章第二節、汲古書院、二〇〇九年、二五二～二七〇頁）、および同「狂歌に文芸性はあるのか」（佐伯孝弘〔ほか〕編『古典文学の常識を疑うⅡ』勉誠出版、二〇一九年、九十四～九十五頁）。

3 別所真紀子『江戸おんな歳時記』（幻戯書房、二〇一五年）、二四八頁。

4 『井上通女全集』（吉川弘文館、一九〇七）、六十八～六十九頁。

5 鈴木よね子校訂『只野真葛集』（国書刊行会〔叢書江戸文庫三十〕、一九九四年）、五十六頁。主要な著作を翻刻する同書のほか、真葛については関民子『只野真葛』（吉川弘文館〔人物叢書二五五〕、二〇〇八年）ベティーナ・グラムリヒ＝オカ著、上野未央訳『只野真葛論　男のように考える女』（岩田書院〔近世史研究叢書三十四〕、二〇一三年）などが備わる。

6 麗女については『荒木田麗女の研究』（和泉書院、二〇一七年）の雲岡梓、また時田紗緒里らによって、近年、精力的に研究が進められている。

7 板坂則子「草双紙の読者―表象としての読書する女性―」（『国語と国文学』第八十三巻第五号、二〇〇六年）、一～十三頁。

8 東海女性史研究会「知る史の会」「黄表紙　黒鳶式部作　哥麿画『他不知思染井』（翻刻）」（『江戸期おんな考』第十五号、二〇〇四年、七十七～八十五頁）、および門玲子・松崎潤子・森田淳子「黄表紙　黒鳶式部作『他不知思染井』について」（同誌同号、八十五～八十八頁）。

9 ほかに年代の近い俳書があるが、同一と判断する材料がないため今は措く。後述する朋誠堂喜三二の俳号は月成だが、師系に亀成がいるため黄表紙作者「亀遊」がその門人であってそのつながりで喜三二を知りえた可能性も否定はできない。

10 題材とした見世物興行の年次によって従来の同八年説を七年に訂正した棚橋正博『黄表紙総覧』前編（青裳堂書店、一九八六年）「古々路の鬼」項、一一六～一一七頁に従う。

11 尾崎久弥「蓬莱山人考」『江戸軟派研究』第十四冊（一九二六年）、二六一～二六四頁。

12　『黄表紙総覧』前編「江戸矗肩八百八町」項、八十～八十三頁。

13　なお吉原細見の形式を借りた狂歌作者一覧『狂歌師細見』（天明三年〔一七八三〕刊）の喜三二の見世に「亀遊〈割書：うきよ／よの介〉」とあることを「亀遊」と「亀遊女」同一人の根拠とするが、「婦人亀遊」の名のりはあっても「亀遊女」とは自身で記していないことから、これは根拠になっていない。

14　高橋則子『草双紙と演劇』（汲古書院、二〇〇四年）第三章第三節「初期追善草双紙の定型化」（二六〇～二八四頁）で詳述されるが、作者についての言及はない。

15　森銑三『黄表紙解題』（中央公論社、一九七二年）、三五四～三五六頁。

16　水野稔『日本古典文学大辞典』第五巻、同作品項（岩波書店、一九八四）、一七一頁。

17　日野龍夫・高橋圭一編『太平楽府他　江戸狂詩の世界』（平凡社、東洋文庫、一九九一年）、三十四～三十六頁参照。

※『他不知思染井』は国文学研究資料館古典籍総合目録データベースを通してデジタル公開されている東京都立中央図書館加賀文庫本、『菊寿草』は『大田南畝全集』第七巻（岩波書店、一九八六年）、『亀遊書双紙』はやはりデジタル公開されている東京都立中央図書館加賀文庫および東京誌料本、『世之助噺』は同じく国立国会図書館本を使用した。『太平楽府』は初刻本を影印した『銅脈先生全集』上巻（太平書屋、二〇〇八年）により、日野龍夫・高橋圭一『太平楽府他　江戸狂詩の世界』（注17）を参照した。読解の便のため、黄表紙の本文にはひらがなに適宜漢字を宛て、濁点を施し、句読点を付した。

# 12

# 訴えに行く女性たち——清末唱本の一側面——

岩田和子
IWATA KAZUKO

**要旨**——清末から中華民国期にかけて、書籍や演劇、民間芸能等の多様な文化メディアを介して、四川を中心に内陸部から全国に流布した『滴血珠(てきけつじゅ)』説唱故事は、「孝心」や「貞節」を起点として、正義・公正のために、当時の訴訟制度を利用して各級裁判機関や長官在所といった「都市」空間に「訴えに行く女性たち」の姿を描く。本章では、『滴血珠』説唱故事が、どのような形態とプロセスで人々に受容され、そのなかで「都市」は、女性たちにとってどのような役割と機能を担っていたのか、物語の形成と流布の背景への分析を通して、実社会における女性による訴訟の状況とあわせて考察し、人々が時代を反映した訴訟の物語を求め、物語の骨格である「都市」へ「訴えに行く女性たち」の正義への渇望という、いわば求心性が、常に民衆に作用していたこと、訴訟知識や情報が一般化、通俗化し、裁判が社会のひとつの制度として定着していく過程で、文化メディアの果たした役割が大きかったことを示した。

## 一、はじめに

清末から中華民国期にかけて、中国の各級都市の民間書肆では「唱本」（歌曲の歌詞や戯曲の台本、説唱テキスト等の総称）の木版印刷が盛んであった。唱本のなかでも各地域で人気を博した説唱（かたり「説」の部分と七言・十言を主とする斉言句のうた「唱」の部分で構成される語り物）故事作品は、民国期に上海で石印出版が隆盛すると、新たに翻刻されて石印本として流通しただけでなく、説唱芸能や地方劇の演目となって演じられ、民間に広く流布した。

本章で中心的に取り上げる『滴血珠』説唱故事は、清末から民国期にかけて四川とその周辺地域の民間書肆で出版された木版本や上海石印本が現存するほか、内陸部を中心に説唱芸能や地方劇として実際に上演された記録が残されている。

この物語の内容を簡略に述べると次のとおりである。北宋・仁宗皇帝の時代、四川省保寧府巴州の趙秉桂は、財産強奪を企む異母兄の趙秉蘭とその息子たちに、毒酒を飲まされた後、撲殺された。何も知らない妻の田氏と娘の趙瓊瑶は、趙秉蘭から趙秉桂は飲酒後に誤って転落死したと虚偽の説明を受けるが、ある晩、趙秉桂の冤魂が妻子の夢枕に立ち、趙秉蘭による殺害を暴くよう告げる。田氏母子は下女の証言を得て、四川省の各級裁判機関や、皇帝から全権委任を受けていると覚えめでたい河南省開封府の包公（包拯）に訴えに行く（「伸冤」）。母娘（途中から娘ひとり）で何度も――河南には四度にわたり訴えに行くことから、『四下河南』という名でも知られる――訴えに行くことを主軸に事件解決までの艱難辛苦が描かれる。

また、この物語は郷約（郷村の秩序維持、民衆教化と修養、相互扶助を実践するためにつくられた規約およびその組織）における宣講（聖諭の講釈、故事の講説、勧善歌の歌唱等を通じて民衆を教化する活動）の案証（勧善懲悪・因果応報の説話）

としても改編され、『滴血成珠』と題して講じられる一方で、各種案証を集めた宣講書にも収録され、各地で出版・流通したことも明らかとなっている。[*1]

このように地方発祥の『滴血珠』説唱故事は、多様なメディアを介して全国的に流布したが、この裁判機関や長官在所といった「都市」空間に「訴えに行く女性たち」を描く物語は、どのような形態とプロセスで人々に受容されていったのだろうか。そのなかで、清末中国における「都市」は、女性たちにとってどのような役割と機能を担っていたのだろうか。本章では、物語の形成と流布の背景、当時の実社会における女性と訴訟との関わりとあわせて考察したい。

## 二、『滴血珠』説唱故事の形成

この物語は時系列的に大きく二層に分かれ、そのモチーフは、ひとつは趙秉桂の無念を晴らすために訴えに行く妻と娘の「孝心」であり、もうひとつは、婚約者から疑われた純潔を証明するために訴えに行く趙瓊瑤の「貞節」である。本節では、物語の概要を確認しながら、(一) 清代の訴訟制度、(二) 民間における公案物(裁判故事)の流行、(三) 孝心と貞節の三つの視点から物語形成の背景を分析する。

### (一) 清代の訴訟制度

訴訟は、趙秉桂が謀殺されたことを知った妻子の訴えから始まる。まず妻子は州レベル、すなわち巴州長官に趙秉蘭父子を訴える。(以下【概要】は、光緒三十一年(一九〇五)合州・榮生堂、中湘・九總黄三元堂、民国七年(一九一八)遵義・好楽山房から刊行された唱本『滴血珠』、および宣講書『触目警心』(光緒十九年(一八九三)沙市善成堂)所収『滴血成珠』

の内容を整理したものである。）

【概要①】母子は巴州市街に入ると、代書人の劉忠信に訴状作成を依頼し、趙秉蘭が夫の殺害を隠蔽していると巴州長官の趙文炳に訴えた。長官は訴状（「呈詞」「呈子」）を読み、兄が弟を謀殺したとあれば礼に悖るとして、「詳験を候て」と書き付けて受理し（「批准」）、公差を派遣し、趙秉蘭を召喚して経緯を問いただす。趙秉蘭は妻子の動きに肝を冷やし、弟は酒に酔い階段から誤って転落して死んだと説明したが、家に戻ると息子たちと相談し、刑事訴訟事件を取り扱う官吏（「刑房」）に賄賂をおくった。次の日、賄賂を収受した官吏たちが検屍にあたり、趙秉蘭の説明どおりに死亡原因の判断を下す。報告を受けた巴州長官は、田氏母子の訴えを退けた。

田氏は、「古言天上還有天（昔から天の上にはまだ天があると言う）」と自分を鼓舞して、「母子三人回家轉、収拾路費与盤纏、太爺得銀不詳案、保寧府内告贓官（母子三人は家に戻ると、路銀と小遣銭を用意し、巴州長官が金銭を得て詳しく調査しなかったとして、保寧府に貪官汚吏を訴えた）」が、巴州の原案は覆らなかったので、さらに上級の、すなわち府、道、省レベルと階層をあげた裁判機関へと向かう。これは同時に、より中央の「都市」へと近づいて行くことを意味する。以下はその場面である。

田氏母女就去告在保寧府批下来仰巴州詳督仍是原案。就告在川北道、道台批准、仰閬中、通江、剣州三員詳験、這巴州太爺名趙文炳是趙苟欽的姪（侄）子、一来官官相為、二来趙秉蘭又用了手脚、三員無驗仍照原単詳上。田氏母女情実不甘、来在城都按察、布政、巡撫告下、又仰保寧府明詳定督、趙秉蘭費至一万餘金、仍照原単詳上。気得母女上天無路下地無門、放声大哭而回。

（合州・榮生堂『滴血珠』六葉ａ）

田氏母子は保寧府に訴えると、府は巴州に調査を指示したが原案のままだった。そこで川北道に訴え、川北道台は訴状を受理し、閬中（ろうちゅう）・通江・剣州の三委員に詳しく調べさせたが、巴州長官の趙文炳（ちょうぶんへい）が趙荀欽（ちょうこうきん）（時の権臣）の甥であることから、官吏同士でかばい合い、また趙秉蘭も賄賂を贈ったため、三委員は詳しく調べず原案のとおりに報告した。母子は諦めずに、四川省都に赴き、按察使・布政使・巡撫に訴えた。省は保寧府に処理指示をしたが、趙秉蘭が多額の金を積んだため、原案のとおりに報告された。憤慨した母子は天にのぼる道はなく、地にくだる門はなしと途方に暮れて、大泣きして帰った。

寺田浩明によれば、伝統中国においては「訴訟を受け付け争いを裁く作業は、国家による人民統治の自然な一部として行われて」おり、「それゆえ裁判と行政、裁判官と行政官の区分もない。国家行政機構がそのまま国家的裁判機構」であった。また、清代の行政機構は、最末端の行政区画として県または州があり、州県は「地方主要都市に所在し」、その上に「州県を十ほど束ねる仕方で府がおかれ」、さらに「府を十ほど束ねる形で省という行政区画が成り立」っている。裁判は「基本的に、管区の行政長官が担う仕事」であり、いかなる訴訟事件もまずは最末端の県や州の長官に対して提訴された。また、「官僚的な分業の原則に従って、軽微な事案はなるべく末端で処理されることが目指され、当事者がそれで納得すれば末端限りで事案は終結したが、当事者が裁判結果や裁判手順に不満を覚えた場合には、裁判の途中であっても随時、事案をより上級の官庁に持ち込むこと（それを「上控」と総称する）が当然の如く許されていた」という。[*2]

上控を受けた上司側の対処方法は、上控内容によって三つに分かれており、第一は、「原審州県官に文書で問い合わせや処理指示をするだけで、裁判自体は当該州県官の下で継続する」。これは「上控内容が手続きの促進に関するものである（と上司が判断した）場合」が当てはまる。第二は「部下や隣接する州県官を「委員」として派遣し、当該州県官と合同で審理に当たらせたり、事案を隣接州県に回付してその州県官に処理を任せる」（「委審」「批審」）。これは「訴訟処理の過程で過度の拷問などの不適切な行いがあると告発がなされた場合など」が当てはまる。第三は、「上司自らが関係人一同を召喚して審理する」（「提審」「親提」）。これは「事案が下僚の手には余ると判断された場合」が当てはまる。[*3]

先に引用した物語の田氏母子の訴訟行為は、まさに清代の裁判制度に則っている。つまり、巴州の判決を不服として、保寧府の長官、川北道の道台（布政使・按察使の佐弐官）、四川省の布政使（財政長官）・按察使（司法長官）・巡撫（省長官）と、順を追って各行政区画の長が在所する「都市」へと向かい上控をした。上控を受けた保寧府は、右記の第一の対応を取り、川北道は第二の対応を取ったが（閬中・通江・剣州は、清代に保寧府が束ねた巴州の隣接州県）、腐敗官吏がはびこるなか、最終的に省も第一の対応を取るのみで、最末端の巴州における原判決は覆らなかった。

訴訟は担当の官吏たちが腐敗していれば、当然、「伸冤」（「公平な立場から欺圧する輩をこらしめて、そこにある冤抑を伸ばし、そうしてすべての人に天あることを知らしめること」[*4]）も叶わなくなる。それは、省の判決を聞いた田氏が、「泪滾滾口兒里只怨老天（涙がとめどなく流れ、口をついて出るのは天への恨みばかり）」、「天不幸遇着了一派贓官、告上司幾次里都是原案、你叫我女流輩何処伸冤（天よ不幸にも貪官汚吏たちに遇し、上司に何度訴えるもすべて原案のまま、天は私たちにどこへ不当な扱いを受けたことを訴えに行けと言うのか）」「奴的夫你死得不明不暗、報不了這冤仇死不心甘（旦那様、あなたはよく分からないまま死んでしまった、この怨みを晴らすことができなければ死んでも悔しい）」（合州・

榮生堂『滴血珠』六葉b）と述べる様子からもうかがい知ることができる。

後日、田氏母子は河南省内郷県の古成璧を家に泊めたことが縁で、皇帝の全権委任を得ていると名高い清官、河南省開封府の包公に訴えることをすすめられる。

---

【概要②】田氏母子は河南省開封府に向かい（途上で古成璧と趙瓊瑤の結婚話がまとまる）、到着すると趙虎の宿屋に泊まった。翌日、訴状を提出し、受理されたが、審理直前に包公が武宣王を処刑したことで仁宗の怒りを買い、開封府長官の任を解かれる。しかも包公の代理は因縁の趙荀欽が務めたため、訴状は握りつぶされ、母子も巴州に戻される。趙秉蘭は趙荀欽から田氏母子の動きを聞き、一計を案じて、趙瓊瑶をさらって強制的に王黒蛮に嫁がせようとしたが、趙瓊瑤が駕籠のなかで首を吊って大騒ぎになる。その後、田氏母子は包公の復権を知り、二度目の河南行を決める。再び趙虎の宿屋を訪ねるが、折しも包公は陳州へ食糧放出に行って不在と聞き、田氏は絶望のあまり病死する。趙瓊瑤は開封府に留まり、包公の帰還を待った。

包公とは、包青天とも呼ばれた、北宋の包拯（九九九～一〇六二）のことを指す。『宋史』（巻三百十六、列傳第七十五）に伝があり、開封府長官時の貴戚や宦官を恐れない、公正無私な仕事ぶりが民衆の人気を集め、宋代以降、民間では包拯が難事件を解決していく公案物（裁判故事）が陸続と創作され、現代に至るまで、包拯は清官（清廉潔白な役人、公正な裁判官）を代表する、正義の味方のような存在となっている。

さて、清代の実社会において一般人が告訴し、裁判を行う手続き状況もまた、この物語の筋として明示的に反映されている。裁判には訴状の代書人、都市で投宿する歇家（宿屋）、訟師（訴訟代理人）の費用や路銀等、多くの金が必要であり、[5]田氏母子も同様に、路銀や小遣銭を用意し、代書人に訴状の作成を依頼し、開封府では趙虎の宿屋に泊まった。「衙役関係者が開設する訴訟当事者向けの宿屋」[6]は「歇家」と呼ばれ、「一連の訴訟の中で都市へと出向いてきた訴訟関係者は歇家に宿泊せざるを得ぬうえ、時として歇家の主人自身が旅館主にとどまらず「積慣訟師」であったことを窺わせている。[7]」と指摘されるように、歇家は訴訟知識のない一般庶民を手引きする役割を担っていた。物語の趙虎は「武官衙門的一個馬兵」（『触目警心』所収『滴血成珠』十一葉b）であり、「到了河南、尋個落妥之處、在趙虎店中住下。……次日、趙虎引他母女、攔馬喊冤、包文正接下呈詞、帯田氏回衙問明、已経批准。（河南に到着すると、宿屋を探し、趙虎の店に泊まった。……次の日、趙虎は母子を連れ、包公が乗る馬を止めて冤（不当な扱い）を大声で訴えた。包公は訴状を受け取ると、田氏を伴い役所に戻ると詳しく尋ねて、訴えを受理した。）」（合州・榮生堂『滴血珠』十一葉b）と描かれるように、衙役関係者として、訴訟関係者である母子に対し、訴状の提出を助け、裁判官の情報を提供する等、実社会の「歇家」と類似の役割を果たした。

## (二) 民間における公案物の流行

清代における公案物の流行も、『滴血珠』説唱故事の形成に影響を与えた一因と考えられる。以下は古成璧が田氏母子に包公に訴えに行くよう進言する場面である。

二娘若不嫌路遠、弊省有個包青天、断了多少無頭案、鉄面無私非等閑、開封府内把民管、文武官員心胆寒、他是領了上方剣、先斬後奏上金鑾、不論皇王親何眷、犯在他手命不全。（合州・榮生堂『滴血珠』九葉a）

お二人がもし道程が遠いのが嫌でなければ、わが河南省に包青天がいる。多くの手がかりのない事件を裁き、公正無私で等閑でないお方。開封府で民を取り締まり、文官・武官は恐れおののく。上方剣（皇帝佩用の切捨御免の剣）を受け取っているので、「先斬後奏」（まず犯人を処罰し、それから皇帝に奏上する）で皇帝に見える。たとえ皇帝の親族だろうと、彼の裁きにかかれば命の保証はない。

右の引用文の「鉄面無私」「上方剣」「先斬後奏」は、包公を形容する際の常套句である。とくに清代以降は、説唱・小説・地方劇等の多様なメディアと結びつき、各地で膨大な量の伝承故事の改変や新作が生まれ、その過程で包拯は神通力や全知全能の人格が付与され、冥界の訴訟や鬼神・妖怪をも裁くようになっていった。これらの物語は包公案、包公説話等と総称されるが、包拯のほか、各地の清官たちを主人公とする公案物の創作・上演も非常に流行した。[*8]

先の【概要②】に挙げた、包公が皇戚である武宣王を処刑した話（「包公為斬武宣王」）や陳州へ食糧放出に行った話（「包爺陳州放糧去」）も、それぞれ伝統劇に演目がある。前者は、貴州の布依(プイ)戯『武宣王鬧花灯・斬武』[*9]、湖南の辰河戯や衡陽湘劇高腔(こうこう)『鍘趙王(さつちょうおう)』[*10]のほか、京劇、豫劇、河北梆子、安徽淮北梆子にも同演目がある。物語は明代小説『龍図公案』巻二「黄菜葉」、『百家公案』巻四十八「東京判斬趙皇親」に見えるが、地方劇の提要等から判断するに、包拯の裁く相手が「趙王」ではなく「武宣王」という名で定着したのは、内陸部で流行した芸能であったと推測される。後者は、『陳州放糧』（一名『下陳州』『打金駕』『打金鑾』等）で、物語は元雑劇『包待制陳州糶米』や清代小説『三侠五義』等に見える。川劇、漢劇、滇劇(てんげき)、湘劇、秦腔(しんこう)、同州梆子(ほうし)、河北梆子、豫劇等の地方劇に演目がある。[*11] それぞれ内容に異同はあるが、いずれも盛んに演じられ、人々に広く親しまれたものである。

清代の地方劇において「女性がみずから包拯に訴えに行く」という筋立てを持つ物語のなかでは、科挙試験に合格した秀才陳世美が、未婚と偽って皇女の婿に選ばれて糟糠の妻秦香蓮を殺害するも、蘇生した秦香蓮によって包拯に訴えられて裁かれた、『鍘美案』（一名『秦香蓮』）がとくに有名である。この劇は明代小説『百家公案』巻二十六「秦氏還魂配世美」を源流とし、地方劇を中心に全国各地で演じられ、立身出世のために糟糠の妻を棄てた裏切り夫の物語の代表的存在として民間に定着した。しかし、同じく「女性がみずから包拯に訴えに行く」という筋立てを持つ『滴血珠』説唱故事の女性たちが、秦香蓮と大きく異なるのは、すぐに象徴的存在である包拯に伸冤を訴えるのではなく、まず清代の訴訟制度を利用して段階的に訴えるという、現実的な手続きを取った点であり、その現実的段階がまさに物語を構成し、推進していく点である。また、物語の時代設定が北宋の仁宗皇帝の御世とされたのは、最終的に包拯が登場するからであり、さらに内陸部の地方劇等で人口に膾炙した包拯にまつわる別作品も巧みに創作に取り込んだように、『滴血珠』説唱故事は「包公」を介して、現実社会と虚構世界が融合したものとなっている。

かつて孫玄齢は、民衆が清官に希望を託し、多くの清官劇が演じられてきた要因として、法そのものと法の実際的執行者の相違を指摘した。つまり、「秦漢以降の中国はずっと、皇帝を中心とした集権的専制政治により統治されてきた。皇帝は法を制定、執行する最高権力者であったのみならず、法律そのものも皇帝の意志を表していたといえる。」しかし、「また法律を実際に執行するのは、皇帝に従う各級の役人であることを、中国人はよく分かっていたのである。封建社会では、役人はみな長のようなものとみなされており、実際「父母官」と呼ばれた。これら役人が善人か悪人か、役人同士庇い合うかどうかは、法の執行に直接影響した。このため、中国人は「法治」よりも「人治」に頼るということになったのである。人々は自分たちの希望を「法」にではなく、明君賢相、清官良吏に託し、こうした人たちが公正に法を執行してくれることを願った」[*12]のである。ここから、『滴血珠』説唱故事もそのような背景のなかで生まれたと考えられる。

## （三）孝心と貞節

【概要③】半年後、包公は開封に戻った。趙瓊瑤は訴状を渡すために道端で待ち伏せるが、誤って趙荀欽に手渡してしまい、再度巴州に戻された。趙秉蘭は懲りない趙瓊瑤を湖広保康県の富商張化堂に妾として売る。趙瓊瑶が喪服姿で両親の位牌を抱えて嫁いで来たので、張夫妻は驚いて理由を聞く。その孝心に感じ入り、妾ではなく義娘として迎え、三度目の河南行きを支援した。趙瓊瑤はついに両親の無念を晴らし、家産を取り戻した。一方、婚約者の古成璧は三年間も流浪の生活を送っていた趙瓊瑤の貞節を疑い、結婚を拒絶する。趙瓊瑤は自身の純潔を証明するため、四度目の河南行きを決行する。包公は訴状を受け取ると古成璧を召喚し、相互に意見陳述をさせた後、その純潔を「滴血成珠」（指に切り傷を付けて水を張った鉢に入れ、血が散らずに珠状に固まれば処女）の方法で証明した。包公から報告を受けた仁宗は、趙瓊瑶の貞節と孝心を称えて「節孝公主」に封じ、節孝宮と節孝牌坊門を建てた。

【概要①、②、③】からわかるように、『滴血珠』説唱故事において、「孝心」と「貞節」は、「訴えに行く女性たち」の原動力となっていた。また、【梗概③】の傍線部のように、仁宗皇帝から称えられた「節孝」、すなわち「貞節」と「孝心」は、封建的道徳の行為規範として旌表された。強制結婚に命を絶つことで拒絶し、妾として売られた時に喪服姿で位牌を抱えて向かった趙瓊瑶の行為は、両親の無念を晴らすことを妨害する趙秉蘭に対する抵抗であり、「貞節」よりも「孝心」に重きがおかれたものであったと思われるが、両親の無念を晴らした後、婚約者に「貞節」を疑われた際に、自身が貞節であること（＝正義）を証明するため、公正な裁きを求めて婚約者を訴えた。

清代の女性の「貞節」について考察する際、しばしば档案（公文書）の訴訟記録、文人による伝記・行状、詩文や小説等を基に、寡婦（あるいは結婚前に夫を亡くした未婚の寡婦）を取りあげ、家制度における「孝」と「貞」という観点から、守節殉死する「烈婦」「烈女」や、再婚せず守貞する「節婦」、未婚のまま守貞する「貞女」について分析されることが多い。[*13] また、清末四川唱本の説唱故事において、夫に貞節を疑われた女性や、手違いから二つの家と婚約した女性が、血書を残して自死することで身の潔白（＝正義）を訴えるという展開も多いなか、[*14] 趙瓊瑶のような裁きによって正義を明らかにするという行為には、民間における訴訟の浸透を背景とした、規範に対する旧来のあり方での適合とはすこし異なる、女性の貞節へのあり方を見てとることができる。

## 三、『滴血珠』故事の流布

「はじめに」で述べたとおり、『滴血珠』説唱故事は、説唱・地方劇・宣講の案証となって、清末から民国期にかけて四川を中心とした内陸部から全国的に流布した。その流布状況については拙稿に詳しいが、[*15] 以下に補足も含めて概括的に述べる。

### （一）説唱と地方劇

清末から民国期にかけて、四川省の大小地方都市には二百件近くの民間書肆が林立し、唱本の出版も盛んに行われたが、当時は版権に関する明確な規定もなかったことから、売れる人気作品ともなると書肆間で版木を使い回す等して次々と翻刻され、省内にとどまらず周辺地域の書肆からも出版されたという。その販売方法も流動性が高く、店頭だけでなく通り沿いに露店を設けたり、「書牌坊」「戯書牌子」と呼ばれる竹竿を牌坊状に組んだものに唱本を並べて掛け、その竹竿を担いで街を練り歩き、市や廟会等の人が集まる場所で壁に立てかけるか地面に挿して販売したりと、唱本の広域的な流通を支えたといえる。*16

『滴血珠』説唱故事も例に漏れず、出版地不明の咸豊七年（一八五六）刻本のほか、四川では合州の榮生堂（光緒三十一年）、成都の古臥龍橋淙記、傅長發、重慶の明山書店、銅梁の森隆堂、順慶の興盛堂、湖南では中湘の九總黄三元堂、貴州では遵義の好楽山房（民国七年）、雲南では榮煥堂や鑫文書局（民国二十七年（一九三八））から出版された唱本の現存が確認されており、四川を中心に内陸部で人気の物語であったことがうかがえる。さらに続編の『後滴血珠』説唱故事も編まれ、四川では重慶の金城書店印刷・劉敬芝起鳳堂、璧邑の三合堂（民国二十三年（一九三四））、成都の古臥龍橋淙記、源盛堂、貴州では遵義の好楽山房（民国八年（一九一九））から出版された唱本の現存が確認されている。それぞれの出版年代から判断するに、続編ともとの物語が年代的に並行して流布しており、民衆が原形と同時に発展形をも受容していたことがわかる。民国期には上海の書肆からも多少の内容整理を経て石印出版され、錬石齋印行『新出趙瓊瑶替父伸冤滴血珠全傳』、劉徳記書局印行『新出趙瓊瑤四下河南替父伸冤滴血珠全本』等のテキストが確認されている。*17 また説唱芸能のほか、湖南の常徳花鼓戯、陽戯、祁劇、辰河戯、武陵戯、湖北の楚劇、雲南の滇劇、高甲戯、安徽の廬劇、江蘇の錫劇といった地方劇や京劇等に演目が残っており、内陸部を中心に広く上演された。

以上のことから、民衆が時代を反映した訴訟の物語を求め、また、その変化を楽しみ、同時に原形のもつ物語の骨格である「都市」へ「訴えに行く女性」の正義への渇望という、いわば求心性が、常に民衆へ作用していたことが読みとれるだろう。

### （二）宣講の芸能化と案証『滴血成珠』

『滴血珠』説唱故事は、清代の「宣講」すなわち郷約の民衆教化活動とも深く関わるようになる。清初の「宣講」は教化を目的とした皇帝の聖諭の説教が行われていたが、教条だけの宣講では民衆が興味を示さないこともあり、清末に至ると、民衆がより身近に感じるように、たとえば聖諭読誦の後で「案証」（勧善懲悪・因果応報の説話）による説教が行われる等、通俗的な形式を用いた芸能化したものが主流となった。[*18]『滴血珠』説唱故事も、その文言を部分的に踏襲しながら構成や文体を整理し、わかりやすく改められた案証『滴血成珠』となり、宣講の一環として語られる一方で、説唱体の案証を集めた宣講書にも収録され、調査の限りだが、『触目警心』（光緒十九年〔一八九四〕、沙市善成堂刊）、『宣講珠璣』（光緒三十四年〔一九〇八〕、湖南経元堂刊）、『宣講大全』（上海裕記書荘、上海広益書局、上海鋳記書局、上海錦章図書局等から石印出版、後に広益書局〔一九三六年〕、上海鴻文書局〔一九三七年〕から活字出版）、『消劫大全』（高霊宗手書、四川古臨江挽劫堂編輯）、『宣講全集』（民国三十六年〔一九四七〕初版、漢口鑫文出版社撰輯、重慶大同書局発行）等、湖北、湖南、四川といった内陸部を中心に、上海に至るまで多くの書肆から次々と出版された。このように『滴血珠』説唱故事が芸能化した宣講の案証に採用され、『滴血成珠』としても広く流布したことには、どのような意味が含まれていたのだろうか。

たとえば、清末四川中江県の劉省三による善書（善行や社会道徳をすすめる書物）『躋春台（せいしゅんだい）』は、宣講を背景として生まれた語り物と位置づけられ、公案物の形式をもって聖諭宣講する内容となっている。[*19]これについて崔蘊華は、ジョナサン・K・オッコによる清朝の法律と文学に関する研究から、「法律知識は、宗教儀式、市での上演、講談師、小説、裁判自体等、さまざまな異議のない公開された経路からもたらされた。そのため一般民衆は、訟師（訴訟代理人）のように手続きの細部を十分に把握していなくても、刑部の役人のように訴訟事件や裁判文書、訴訟事件の分析に精通していなくても、裁判の判決に対する無知な解釈者ではまったくなかった。[*20]」という指摘を引用し、小説家や説唱芸人が物語で補うという気楽に楽しむ方法をもって、民衆に朝廷の政策や法律知識を普及、伝播したり、物語を通じて法への畏怖を抱かせたりする作用があったと分析した。[*21]『滴血珠』説唱故事や案証『滴血成珠』も、民衆の正義の味方である包拯を登場させながら、芸能娯楽を通して、民衆に道徳的規範を説くとともに、清代の訴訟制度、訴訟の手続き、訴状の内容、長官による裁きの様子を描くことで、訴訟の情報や知識を普及する役割をも担っていたと考えられる。

## 四、清末四川唱本にみえる「訴えに行く女性たち」

清代において女性による訴訟が一般化していたことを示すように、現存する清末四川唱本には、しばしば「訴えに行く女性たち」の姿が散見する。

たとえば、『杏花楼』下巻『冰霜鏡』（同治二年（一八六三）劉興順筆、興順堂刊）は、婚約者の佘欽英に貞節を疑われて離縁状を渡された常州府宜興県の竹如山の娘竹雲英が、自身の純潔を証明するため、尚方宝剣（上方剣）を所有すると噂の蘇州府の沈長官に父娘で訴えに行く。沈長官が竹雲英の純潔を証明する際に、かつて古成璧に貞節を疑われた趙瓊瑶が包公に訴えた逸話を引き合いに出し、竹雲英も趙瓊瑶と同じ運命であると述べた（「昔年有一包文政，鐵面無私不容情，趙氏瓊瑤含血噴，四下河南告古成璧，狼心不把妻來認，仗他身榮稱威能，可憐瓊瑤泪滚々，遇着包公變冤情，設棹焚香把神敬，滴血成珠在金盆，雲英與他一様命」）。ここから、清末の四川では、『滴血珠』説唱故事は「貞節を証明するために包公に訴えに行った女性の物語」として定着していただけでなく、『冰霜鏡』のような他の説唱作品の創作にも影響を与えていたことがわかる。

また、『後雙上墳』（同治五年〔一八六六〕興順堂刊）では、河南省太康県の長官が裁いた婚姻をめぐる判決を不服とし、母の宿氏と娘の蘆三鳳とで清官と名高い上級の陳州府（河南省に属した府で太康県を含む七県を管轄）の長官に訴えに行き（「宿氏母哭得来泪流満面、叫一声三鳳児想個機関、蘆三鳳尊母親児曾聴見、陳州府来上任一員清官、他名諱葛子謙断才満貫、我不如做下了情詞一篇、母女們不辞路前行走走竄」）、『風水亭』（同治四年〔一八六五〕興順堂刊）では、殺人事件の犯人嫌疑をかけられて捕らえられた婚約者の白玉生を救うため、竹金蘭が母とともに酉陽州彭水県の長官に冤罪を訴えに行った（「彭水県太爺想、金蘭娘母告下花柳二人謀夫圖妻」）。これらの例からも、女性が公正な裁きを求めて地方長官のいる都市へ訴えに行くことは、普遍的な事象として人々に受け止められていたといえよう。そのほか、四川唱本や湖南唱本には、女性に限らずだが県や府の長官に訴訟を起こし、原告・被告が意見陳述する場面を描く説唱作品も多く、案件は婚姻をめぐる諸問題、財産分与、強盗殺人等さまざまである。

その実、女性が原告となる案件が実社会においても少なくなかった。それについては、清代の档案史料等の訴訟関係文書を用いた女性の訴訟事例に関する研究によっても明らかにされている。たとえば、臼井佐知子は『巴県档案』『徽州文書』『太湖庁（理民府）档案』『順天府档案』を分析し、「少なくとも、清代の訴訟をみると、抱告（筆者注：代理人）を立ててはいるものの、女性が原告となっている案件は地域の別なく少なくない。」「彼女等の訴訟は、深刻な重大事件からよくあるような夫婦喧嘩まで幅広い。訴訟を起こすには金を必要としたが、貧しい寡婦のような者も訴訟を起こしている。これは訴訟相手から金を得られるという見通しを当時たてられたということと、その見通しによって金を貸す者がいたことを推測させる。いずれにせよ、法律上は女性の訴訟が制限された時代であるが、実際には彼女等（そのほとんどは寡婦であるが）は頻繁に役所に訴え出ており、かなりの数の訴訟が受理されているといってよいであろう」[22]と述べる。

五味知子は、清の張我観が会稽県長官を務めた時の公文書や告示を収めた『覆瓮集』巻一条告「申教令広勧導等事」の「吾山右風俗婦女一経出入衙門、郷党即莫不賤之……今会邑無論大小事件、毎多婦女呈訴、甚至沿路喊冤、不惜臉面、何至于此。嗣後婦女出官逓呈、罪坐夫男。（わが山西の風俗では婦女がひとたび衙門に出入りすれば、郷党はこれをいやしんだ。……今、会稽では事件の大小にかかわらず、多くの婦女が訴状を提出し、甚だしきに至っては道端で不当な扱いを大声で訴え、体裁も顧みない、どうしてこうなってしまったのか。今後、婦女が役所に訴状を提出すれば、罪は夫や息子に問う。）」[23]という記事を引用し、「当時は、女性が顔をさらして他人に見られることや、役所に出入りすることを恥とする考え方もあり、避けるべきであるとの観念があった。もっとも、女性が訴え出ることについての感覚には相当、地域差が強かったようだ。[24]」と述べる。この引用記事にある「道端で女性が大声で訴える」という行為は、第二節で引用した田氏母子が包公に対して行った「攔馬喊冤、包文正接下呈詞」や、趙瓊瑶による「頭頂呈詞跪街道、等候攔馬把状交（頭に訴状を掲げて道端に跪き、馬が止まるのを待って訴状を渡した）」「頭頂呈詞把冤叫（訴状を頭に掲げて不当な扱いを大声で訴えた）」（合州・榮生堂『滴血珠』十七葉b、十八葉a）と類似しており、これらの描写も当時の世相を反映したものであったといえる。

また、陳玉良は、中国の伝統社会は「郷土社会」であったが、「儒家知識人たちが「無訟」の理想状態を追求しながら、明清時代の社会の現実は「好訟」の世界を呈していた。」として、好訟社会（訴訟社会）の状況を分析し、民が官を訴える風潮の出現や家庭内訴訟等のほか、「顔をさらけ出して告訴する婦女たち」を取り上げ、「伝統的な観念に照らせば、婦女は公然と外に出ることを慎まねばならないし、まして顔はもっとも見られてはならない。」「しかし現実はそうではなかった。明清時代の史料を見れば、婦女が堂々と公に告訴し、法廷に出入りすることが当たり前だったことは明らかである。清代の欒城県の知事・桂超万は「男は訴訟し、女が法廷に出るのが欒城の一大「悪習」だったとしている。また興化県では非常に多くの訴訟で「婦女を法廷に出させ」、「慣れ切って、恥じるところもなかった」とされる。[*25]」と述べた。先の張我観は康熙年間（一六六二～一七二二）、桂超万は道光年間（一八二一～一八五〇）を中心に活躍したことから、清代に女性が法廷に出入りすることを恥として家族に罪を負わせて抑制しようという意識もあったが、時代が下るほど、「不平の事があれば」「自分の利益を守る」[*26]ために、女性たちが堂々と公に告訴する行為は制約できなくなっていたことがわかる。

清末の四川唱本において「都市」へ「訴えに行く女性たち」の姿が頻繁に描かれたように、当時の説唱故事、宣講の案証、芸能活動や書物の出版・流通等、文化メディアと相互浸透して、訴訟知識や情報の一般化、通俗化が進むことで、裁判が社会のひとつの制度として民間に定着し、女性が訴訟を起こすのが当たり前の好訟社会も形成されていったといえるだろう。

## 五、おわりに

都市は、皇帝を最終審級とした階層的裁判機構が集約されている場であると同時に、正義・公正が存在していることを証明する場でもあった。清末『滴血珠』説唱故事は、そうした機能を果たしている都市へ、どちらかといえば階層の中に閉ざされた、あるいは下層にある女性が、女性が訴えることを恥とする父権社会的な眼差しがあるにもかかわらず、それをはねのけて、「孝心」や「貞節」を起点として、正義・公正のために、当時の裁判制度を利用して訴えに行き、州県、府、省へと、より上級の「都市」空間へと向かうことで、正義と公正を手に入れようとした。民衆はそうした正義・公正が実現されるプロセスを、物語の続編の制作、宣講、地方劇、他の説唱文芸作品への影響等、さまざまな形態に分岐した『滴血珠』説唱故事とともに追体験し、楽しみ、受容してきたといえる。また、物語においては、仁宗皇帝から全権委任を得ている包公によるお裁きという、日本の大岡裁きに似た、清官によるいわばヒーローものとしても喝采して楽しんだ（一方で、そのヒーローに頼るという解決方法は、近代社会においては限界としてあった）。清末の内陸部を中心とした『滴血珠』説唱故事の形成と流布において、こうした正義＝皇帝の威光は、民衆を教化するための効果的なストーリーと機能であったし、裁判制度が書籍、演劇、民間芸能といった文化メディアと相互浸透して定着していくなかで、「都市」へ向かう女性の役割というのはきわめてシンボリックだったといえよう。

注

1 岩田和子「「滴血珠」故事説唱流通考―清末民初の説唱本と宣講書を中心に―」（『中国古籍文化研究、稲畑耕一郎教授退休記念論集』東方書店、二〇一八年）。

2 寺田浩明『中国法制史』（東京大学出版会、二〇一八年）、一五二～一五四頁。

3 注2前掲書、一八五～一八六頁。

4 注2前掲書、一四七～一四八頁。

5 川勝守「明末清初の訟師について―旧中国社会における無頼知識人の一形態―」（『九州大学東洋史論集』九号、九州大学文学部東洋史研究会、一九八一年三月）。

6 注2前掲書、一七二頁。

7 夫馬進「明清時代の訟師と訴訟制度」（梅原郁編『中国近世の法制と社会』、京都大学人文科学研究所、一九九三年）。歇家については太田出「明清時代「歇家」考―訴訟との関わりを中心に―」（『東洋史研究』六十七（一）、東洋史研究会、二〇一〇年六月）等参照。

8 阿部泰記「「包公案」の創作と伝承」(『東方学』第九十九輯、東方学会、二〇〇〇年一月)等参照。

9 桂梅、一丁『布依戯研究文集』(貴州民族出版社、一九九三年)、劉玲玲『貴州布依戯研究』(光明日報出版社、二〇一三年)等参照。

10 范正明編著『湖南地方戯劇目提要』(湖南文芸出版社、二〇一一年)参照。

11 『中国劇目辞典』(河北教育出版社、一九九七年)参照。

12 孫玄齢(田畑佐和子訳)『中国芝居の人間模様』(白帝社、二〇〇五年)、八十五頁。

13 合山究「節婦烈女論―明清時代の女性の生き方―」(『中国―社会と文化』第十三号、中国社会文化学会、一九九八年)等参照。

14 『陰陽鏡』(同治四年(一八六五)劉興順筆)、『仙鶴縁』(同治壬申年(一八七二)興順堂)等。

15 注1前掲論文。

16 劉效民『四川坊刻曲本考略』(中国語戯劇出版社、二〇〇五年)「上編、四川坊刻曲本書業考」、一～九頁、四川省地方志編纂委員会『四川省誌・出版誌』(四川人民出版社、二〇〇一年)、二九四頁参照。

17 孔夫子旧書網(https://mbook.kongfz.com/9585/2659755401/ https://mbook.kongfz.com/23947l/4577908464/)(二〇二二年二月二十七日最終閲覧)。

18 阿部泰記『宣講による民衆教化に関する研究』(汲古書院、二〇一六年)参照。

19 阿部泰記「宣講の伝統とその変容」(『アジアの歴史と文化』七巻、山口大学アジア歴史・文化研究会、二〇〇三年三月)参照。

20 欧中坦(王冰如訳)「解釈性群体:清朝的法律与文学」(『南京大学法律評論』二〇〇六年二月春季号)から日本語訳した。

21 崔蘊華「民間視野下的法律唱叙:近代文学中的聖諭宣講与公案書写―以小説『躋春台』為中心的考察」(河北省社会科学界聯合会『社会科学論壇』、二〇一三年九月)。

22 臼井佐知子「訴訟関係文書を通してみた清代社会における女性」(『東洋史研究』第七十四巻第三号、二〇一五年十二月)。

23 楊一凡編『古代判牘案例新編』(社会科学文献出版社、二〇一二年)第十二、十三冊。

24 五味知子「清代における殺人事件の裁判と女性―楊乃武案を手掛かりに―」(『歴史学研究』九百四十六号、青木書店、二〇一六年七月)。

25 陳宝良「「郷土社会」か「好訟」社会か?―明清時代の「好訟」社会の形成およびその諸相」(夫馬進編『中国訴訟社会史の研究』、京都大学学術出版会、二〇一一年)。

26 注25前掲論文。

# 13

# 百貨店文化と女性作家
## ——与謝野晶子、森しげの『三越』掲載作品を中心に——

藤木直実　FUJIKI NAOMI

**要旨**——日露戦争期から大正初期にかけて近代化した日本の百貨店は、高度消費社会や大衆消費社会の原型を作ったとされる。その展開には文学者を含む多数の文化人が関与したことも明らかになっている。業界を先導した三越は、明治二十年代末より通信販売を手がけ、三十年代にはファッション雑誌と通販カタログの性質を兼備した機関雑誌を刊行した。四十年代には文芸欄を拡充して総合雑誌の性質をも付与した『三越』を創刊し、当時著名な男性知識人たちの原稿を掲載するとともに、ターゲット層の性質を踏まえて女性作家も多く起用した。ここでは『三越』に寄稿した女性作家のうち森しげと与謝野晶子を対象に、三越百貨店の表象やイメージにかかわる作品と、『三越』に掲載された作品を分析し、百貨店の販売戦略と合致しそれを促進するプロットや表象と、そこから逸脱しそれらを攪乱する傾向との双方を確認する。特に、家庭や結婚から逸脱する想像力を引き出す記号としての芸者や女義太夫をめぐる作品に着目する。

## 一、百貨店文化の展開と文学

延宝元年（一六七三）に開業した越後屋呉服店は、天和三年（一六八三）より、「現銀掛け値なし」、すなわち都度の現金決済と正札販売を世界で初めて実施したとされる。日清戦争前後の時期には、座売りから陳列販売方式へのシフトや、大福帳を西洋式簿記に改めるなどの近代化に乗り出し、日露戦争期には「デパートメントストア宣言」を発出して、日本で最初の百貨店となった。

その近代化の歩みは、まず店舗の外観に如実に表れている。天保二年（一八三一）に安藤広重が描いた「東都名所 駿河町の図」（天保二年）にも登場する越後屋時代の木造店舗【図1】に替わって、明治四十一年（一九〇八）には地上三階ルネサンス様式の本店仮営業所【図2】が開設され、夜にはライトアップされて東京のランドマークとして名を馳せた。大正三年（一九一四）十月には、横河民輔（よこがわたみすけ）設計による地上五階地下一階にエスカレーターとエレベーターを備えた本店新館【図3】が完成して、欧米型百貨店が実現する。

近代化は広告技法においても進められ、三越はポスターによる宣伝でもフロンティアとされる。明治二十九年の最初の広告ポスター【図4】には、当時画期的だった「陳列方式」と、従来の「座売り」の光景が描かれている。座売りとは、客の用途や予算に合わせて店員が店の奥から候補となる数点を持ってくるという販売方式で、陳列方式は大量に並べられた商品の中から客自身が好みのものを選ぶスタイルである。客の潜在的な欲望を喚起し、必ずしも必要ではない商品の購買へとつなげる陳列方式は、「ちょっと見るだけ」のつもりの客を「見るだけ」では済まなくさせる。資本主義に必須の販売方法であった。

図1　安藤広重「東都名所 駿河町之図」（国立国会図書館デジタルコレクション）

図2　本店仮営業所（『三越のあゆみ』株式会社三越、昭和 29 年）

図3　本店新館（『三越のあゆみ』株式会社三越、昭和 29 年）

さらにポスター上段には「通信販売」の案内が掲載されている。曰く、「三井呉服店は地方御客様居ながら御買物便利を謀り喩へは反物の品柄色合模様縞柄模様及び代価の大略等御認めの上三井銀行又は其の取引銀行ある地は其為替又或ハ郵便為替等にて御送金相成候得は精々選定仕り何方へなりとも無運賃にて品物御送り申上べくそろ」。すなわち、「リモート座売り」さながらに、直接日本橋に足

図4　三井呉服店陳列場の図・三井呉服店店先の図（早稲田大学図書館蔵）

を運ぶことのかなわない地方在住者にも希望に応じて商品を見繕い、銀行為替や郵便為替での支払いによって、送料無料で送ると謳っている。金融機関や交通機関の整備および近代化が可能にした新しいサービスを、いち早く取り入れているのだと言えよう。

明治四十年代には、石版多色刷の美麗な印刷によって、橋口五葉、岡田三郎助、杉浦非水らによる美人画をアイキャッチとしたポスターが大正期にかけて次々と打ち出された。それらに描かれた美しい装いの美女たちがしばしば手に取っているのが、三越の機関雑誌（いわゆるPR雑誌）である『三越』である【図5】。後述するようにこれは、三越で扱う商品の写真図版を並べ、巻末に注文表と払込用紙を綴じ込んだ、通販カタログの機能を持つ雑誌であった。したがってこれらのポスターからは、あなたも『三越』を読めば、三越で買物をすれば、こんなふうに美しくなれますよ、というメッセージを読み取ることが可能だろう。これらの美人画の女性たちは、単なるアイキャッチであるのみならず、顧客として想定される中流女性が想像的に自己投影するための触媒であったと言うことができる。

三越の自社宣伝媒体は明治三十二年（一八九九）の『花ごろも』に始まる。消費の拡大のために「流行」という概念を創出し、実質的にはファッション雑誌の性質も備えた三五〇頁ほどの大冊であった。商品カタログと読み物の性質を併せ持ち、服飾描写を得意とする硯友社同人たちによる小説が掲載されて、登場人物がカタログ紹介商品を身につけるなどの連繋が行われている。写真製版技術が未熟であった当時にあって、文章表現によって着物の柄行きやコーディネートを読者に伝えるものであり、すなわち、ここでは小説が広告メディアの機能を担っている。また、同年には、通販事業を行う「外売係通信部」（翌年より「地方係」に改称）が発足している。

『花ごろも』以下、ほぼ半年に一度の不定期刊行で『夏衣』『春模様』『夏模様』『氷面鏡（ひめかがみ）』が続いたのち、明治三十六年（一九〇三）創刊の『時好』より月刊化され、流行のサイクルのスピードアップが図られた。並行して明治四十一年（一九〇八）にはグラビアを拡充した旬刊誌（のち月刊誌）『みつこしタイムス』を創刊、これらを統合し、企業名を全面に示した月刊誌『三越』としてリニューアル創刊されるのが明治四十四年（一九一一）三月のことである。文芸欄を拡大して総合誌としての性質を付加したほか、しばしばポスターと同じ意匠が表紙画として採用されて、イメージの連繋が施されている。ポスターは「美人画看板」として地方の主要駅に掲示され、地方からの

図５　杉浦非水「三越呉服店　春の新柄陳列会」（大正３年）（『杉浦非水　時代をひらくデザイン』毎日新聞社、2021 年）

注文の増加を促進したという。

これらの刊行物は、単に企業の宣伝やPRに留まらず、みずから流行を創り出して発信し、その情報を消費者に直接届ける専門メディアであり、ファッション誌の性質に加えて、商品目録と通販カタログの役割を兼備していた。新しい都市文化を日本全国のみならず植民地にまで伝え、印刷メディアによる均質な消費空間を作り出して、今日の消費社会が形成される上での先進的な役割を果たしたとされる。それを可能にしたのが、郵便や電話などの通信網や輸送手段のネットワークとの接合であった。頒布方法は現代のPR雑誌と同様で、店頭で顧客に無料で配るほか、新しい号が刊行されると新聞広告を出してそれを見た消費者が請求する、あるいは書店で販売するなどした。刊行部数は『花ごろも』以下不定期刊行期で数万部、『時好』が各号一万六千から数万部、『三越』に至ると各号五万部とされ、明治後期の市販雑誌の多くが二千から三千部であったことを踏まえればかなりのマスメディアであると言える。白木屋、高島屋、十河（そごう）なども機関雑誌を刊行してこれに続いたが、たとえば白木屋の『流行』は最高で八千部とされ、『三越』は群を抜いていたようだ。

流行は、機関雑誌のみならず、組織化された知的集団によって戦略的に形づくられてもいた。その代表として挙げられるのが、巖谷小波（いわやさざなみ）ら『時好』寄稿者を中心に明治三十八年（一九〇五）に結成された「流行研究会（流行会）」である。毎月一回テーマを設けて意見交換し、三越が広く公募した「元禄風裾模様」「元禄風友禅図案」などの着物の懸賞図案の審査を行い、ここで生み出されたアイデアが商品化された。明治四十一年（一九〇八）になると、専務日比翁助（ひびおうすけ）の掲げた理念「学俗協同」を反映し、新規会員として多数の文化人や知識人が迎えられ、社会風俗を含めた研究活動が行われた。流行会は児童博覧会を提案し、その成功によって「児童用品研究会」が新設され、さらに会の選抜メンバーにより、「江戸趣味」や「西洋趣味」の研究が始まる。大正六年（一九一七）までに会員は七十名を超え、前述の巌谷小波や石橋思案、森鷗外、半井桃水、幸田露伴などの文学者、坪井小五郎、高島平三郎、新渡戸稲造、柳田国男などの学者、久保田米斎や黒田清輝などの美術家、東儀鉄笛などの音楽家、そのほか多様なジャンルの著名人や有識者が名を連ねた。全員が男性である。

これらのうちの多くの人々が寄稿する『三越』文芸欄は、文芸作品のみならず、演劇、美術、歴史、風俗などの記事を掲載して、既述のとおり総合誌としての性質を備える。そのうちの小説ジャンルに限って言えば、寄稿者の過半は女性の書き手が占めていた。彼女たちは流行会メンバーではなく、従ってジャンルとジェンダーの相関ないしは分配の様相を呈してもいる。『三越』創刊期の文芸欄への女性寄稿者としては、掲載順に、小金井喜美子（森鷗外妹・小金井良精夫人）、与謝野晶子、森しげ（森鷗外夫人）、長谷川時雨、国木田治子（国木田独歩未亡人）、三宅花圃（三宅雪嶺夫人）、岡田八千代（小山内薫妹・岡田三郎助夫人）、宮川寿美子、神崎恒、田村俊子などが確認できる。このうち宮川寿美子はのちの東京家政学院創設者の大江スミである。当時女子高等師範学校教授で、文学作品ではなく家政学関連記事を寄稿している。なお、『三越』は昭和八年（一九三三）まで続き、昭和期になると、ささきふさ、三宅やす子、中河幹子、小寺菊子、杉浦翠子、大村嘉代子、今井邦子、吉屋信子、岡本かの子、村岡花子などが寄稿していることを付言する。

同時代の俳人岡野知十は、白木屋百貨店機関雑誌『流行』明治四十一年（一九〇八）八月号に寄稿した「女流作家が作中の服装」において、「服飾を叙す点に於ては当世の作家が筆は特別の知識が十分だとは思はれない。そこへゆくと女流の作家は苦もなく筆をつけて居る。これは（一）女流の観察は労さずして自然に服飾の上に細かに行き届く、（二）男性の作家よりもその交際が上流の家庭に多く接近する便がある、この二因であらう」と述べている。百貨店刊行物における女性作家の起用は、男性作家よりも服飾に詳しいこと、上流家庭の内実に通じていることが期待されたからであることが伺えよう。男性寄稿者がクリエイティブな主体として、あるいはその分野の権威として認められていたのに対し、女性作家の書く行為はいわば広告の内容と同一視されてオブジェクトレベルに留め置かれていたと見なされ、女性作家には、創造の主体としてよりも、ファッション・リーダーや、いまで言うインフルエンサーあるいはセレブ妻としての役どころが期待されていたのだと言うことができる。

ひるがえって、創刊直後の『三越』で女性作家の起用に実際的に関わっていたと考えられるのは、自身も書き手の一人であった神崎恒（一八九〇～一九七五）である。神崎は日本女子大学校で学び、美学の講義を担当していた大塚保治の仲介で、明治四十二年（一九〇九）に夏目漱石の門下生となった。大塚は夏目漱石の友人であり、その妻で作家・詩人の大塚楠緒子は漱石の想い人の一人としても知られている。同年、衆議院議員をしていた父の神崎東蔵が、日本精糖疑獄事件の被告として有罪判決を受ける。職業婦人となることになった彼女が、女子大卒業後の明治四十四年（一九一一）に就職したのが、『三越』編集室であった。神崎は、同年九月に創刊された『青鞜』に社員として参加して三作品を発表したほか、同時期に『新小説』や『淑女かゞみ』にも寄稿している。

三越職員であり『三越』の書き手であった女性としてはほかに国木田治子（一八七九～一九六二）がいる。明治三十六年（一九〇三）より執筆を開始し、『中央公論』や『万朝報』などに寄稿して明治後期の主要女性作家の一人に数えられ、『青鞜』にも賛助員として協力している。独歩の存命中から経済的な苦労が絶えなかった治子は、夫の死後の大正元年（一九一二）、四児を抱えた生活の安定のために三越食堂部に勤務し、女性従業員の監督と教育に携わる傍ら、執筆を続けた。神崎恒や国木田治子の雇用は三越の経営戦略の一端と考えられるが、しかし一方で、父や夫の庇護を失った知的女性の活路ともなっていたのだった。

## 二、女性作家の描いた三越

さてここからは、『三越』に寄稿した女性作家のうち、特に森しげと与謝野晶子の作品を見て行こう。森しげ（一八八〇～一九三六）は、明治三十五年（一九〇二）に十八歳年長の鷗外に後妻として迎えられる。これはしげにとっても二度目の結婚であった。鷗外最初の言文一致体小説「半日」（『スバル』明治四十二年三月号）は、独逸三部作以降小説を手がけていなかった鷗外が約二十年ぶりに発表して注目を集めた作品であり、唯一の私小説であるとも言われる。いわゆる嫁姑争いを扱った本作において、主人公の妻は「悪妻」として造型され、そのため今日において森しげは、本人の創作活動よりも夫の作品のモデルとして知られる女性である。しかし、明治四十二年（一九〇九）十一月の『スバル』に発表した「写真」を皮切りに、『スバル』をはじめ『女子文壇』や『中央公論』などの媒体に毎月のように作品を発表し、約三年という短い執筆期間ながらもその間は有力男性作家を優に凌ぐ執筆量を示した著名作家であった。『青鞜』にも賛助員として二作品を寄せている。

『三越』には三作品を寄稿しているが、その最初の作品「チチエロオネ」（明治四十四年四月）は、新婚の妻が留学から戻って間もない夫に三越内の見どころを案内して回るというほどの内容の小品である。タイトルはイタリア語 cicerone、すなわち観光案内人を意味する。その冒頭は次のように始まる。

---

緞子張（どんすばり）の安楽椅子に美しい體を倒し掛けたやうに埋めた若奥様の櫻子は、ふいと立ち上がつて洋室の隅にあるピアノを開けて、しなやかな、綺麗な手で此頃習つたシユウマンの短い物を弾き始めた。はでな藤鼠（ふじねずみ）に写生風の桜花を銀糸と色糸で刺繍した上着に、クリイム色に上着と同じ縫模様の下着を襲（かさ）ねて土筆色（つくしいろ）の地に空色淡紅色（そらいろたんこうしょく）で桜の花を出し、金糸で線を抜いた糸錦（いとにしき）の帯を締めてゐる。薄紅梅色（うすこうばいいろ）のうら袖と

同じ色の襦袢（じゅばん）の袖が旨く揃つて、八重桜の様に美しい。

緞子張りの安楽椅子やピアノなどの高額な調度品を備えた西洋間でシューマンの小品を弾く美しい若妻櫻子と、上品で豪華な衣類の各アイテムや美麗なコーディネートの情報がきわめて詳細に記され、引用の後続部では櫻子の容姿が女性日本画家池田蕉園（いけだしょうえん）の美人画のようであるとされる。つまり、櫻子自身がこの家の調度品のひとつであるかのようである。三越の美人画ポスターの視覚表象や、あるいは中流以上の女性を中心購読層とする『婦人画報』などのグラビアをそのまま文章に変換したようでもあり、すなわち三越のイメージ戦略に過剰なまでに合致する表象であると言える。

その後、葉巻を口に咥（くわ）えながら妻の手を取って戯れていた夫が、灰を彼女の着物の袖に落として焼け焦げを作ってしまったのをきっかけに、新しい着物を注文するべくふたりは三越へと向かう。櫻子の馴染みの店員と言葉を交わし、夫の見立てで反物を選び、茶室、貴賓室、食堂をめぐり、夫婦が写真室へ入ったところで小品は閉じられる。いずれも三越本店仮営業所内の名物スポットであり、日本を離れていたために三越を訪れたことのない夫を、櫻子が案内するという趣向となっている。夫の台詞にも「まるで田舎者が東京見物に連れて歩かれてゐる様だね。」とあるように、これは地方在住者にとっても格好のガイドとなり得よう。

そもそもこの日は結婚後初めて夫婦揃って妻の実家を訪問することになっており、その前に夫婦の写真を撮影してくるようにと、直前にかかってきた電話で櫻子の母から命じられていた。つまりこの若夫婦の家には自家用電話が備え付けられていることがさりげなく示されている。最新鋭の機材を揃えて評判の三越写真室に立ち寄る段取りが、焼け焦げのアクシデントによって早まり、外出のために櫻子は急ぎ着替えて、「水色に貝尽（かいづく）しの縫模様の着物に、黒地に銀糸で竹の大模様を織り出した、唐織の丸帯」という別のコーディネートが示される。予定にはなかった買物によって、三越の主力商品である絹織物売り場の様子も点綴されることになる。

以上、本作は掲載誌の自社宣伝の企図にきわめてよく合致するものであり、櫻子によって「わたくしすこし位気分の悪い時なら、三越へ参りますと、直つてしまひますわ。」「日本には外に類のない立派な店ですわ。」と繰り返される三越賛美と相まって、「広告する小説」としての特徴を顕著に示している。と同時に、都会に暮らす富と教養を兼ね備えた若夫婦の、先進的な生活空間や生活様式をも読者にガイドするものとなっている。それらの情報の器としてのプロットの展開も巧みであると言えよう。その動因にもなっている、夫が妻の着物に焼け焦げを作った場面を見よう。既述のように、この日ふたりは結婚後初めて妻の実家を訪ね、妻のみが一泊することになっている。

「さうかなあ。今夜は浜町へ泊まると云つたつけね。婚礼をしてから、始めて別れるのだ。少し寂しいな。あしたはきつと帰るだらう。待つてゐるよ。おい。好いかい。」

　真赤になつて俯向いてゐる細君の両手を、夫は揶揄ひ半分に揺り動かすのである。どうしたはづみか口に銜へてゐた葉巻の灰が落ちて、細君の袖の紋際へ円い焼け跡が出来た。

夫婦間の恋愛とも言うべき甘やかな情緒を底流させて、戯れかける夫と恥じらう妻の姿とが活写されている。この場面以外での妻は明るく活発で、時にユーモアを交えて夫と対等に会話する「新しい女」である。小気味よいテンポの台詞がやりとりされ、寸劇のような味わいが醸し出されている。

「チチエロオネ」における三越賛美は、掲載媒体への配慮にのみ由来しているのではないことを、与謝野晶子の同時代作品から確認しておこう。「宮子」(『台湾愛国婦人』大正元年一月)は、生涯に十三人の子を産んだ晶子の、二度目の双子出産の経験に取材した小説である。同じ題材で随筆と短歌も発表されているが、一児は死産で母体も危険だった難産の経験をすさまじい迫力で描いたそれらとは異なり、「宮子」で焦点化されるのは、優れた容貌と画才を備えた長男をなかだちとする夫婦の親密な関係性、すなわち近代家族の表象である。小説の末尾は、宮子が難産を乗り越えたお祝いに、長男のために六十色の色鉛筆を三越に行って買おう、という夫の台詞で閉じられる。ハレの日の消費の場としての「三越」の名が、理想的な中流家庭の表象と結びつけられて示され、つまり消費への欲動と家族像の理想化が小説の中で同じ位相に置かれていることが認められる。

ここで長男の絵画教育のためのアイテム「色鉛筆」の購買が選択されていることも注目に値する。三越のデパートメント宣言は日露戦争における旅順陥落とまさに同時期にあたり、また、そもそも対外戦争が資本主義の成熟に伴う市場の拡大の要請と相関していることは言うまでもない。戦中戦後の国民に要請された倹約という美徳と、経済の循環という相矛盾する目標を止揚するのが、国家との接続が保証された場での消費、たとえば戦勝記念商品の購入であり、あるいは、次代を担う少国民への投資であった。言ってみれば、中流家庭の主婦たちは戦勝商品や児童向け商品の購入を通じて「国民」となっていったのであり、「六十色の色鉛筆」はその一例であったのだ。

小説「宮子」は長らく初出不詳で、近年になってこれが愛国婦人会台湾支部機関誌『台湾愛国婦人』に掲載されていたことが明らかになった。愛国婦人会は戦死者の遺族や傷痍軍人の救護および慰問などを目的として明治三十四年(一九〇一)に創設された団体で、明治三十八年には台湾総督府構内に台湾支部が設置された。主な活動は、先住民族への武力行使の際に死傷した警察官吏とその遺家族への慰問であり、その報告書かつ広告塔である『台湾愛国婦人』には制作費に公的資金が投入されたと推定されている。各号三〇〇頁ほどで最多発行部数は年間八万六千余部という、大冊で大部の月刊誌であった。執筆陣もきわめて豪華で、当時著名の知識人、思想家、文筆家、女子教育家などをほとんど網羅するようなラインナップである。なかでも与謝野寛（鉄幹）・晶子夫妻は、文芸欄に数多くの作品を定期的に寄稿し、家庭での写真を口絵に提供して、中心読者層である中流家庭の主婦の注視を惹こうとする編集・運営サイドの意図に積極的に応じた作家であった。「宮子」に底流する消費を通じた家族像の理想化と国民化を支えるエートスは、掲載誌のプロパガンダ性と親和性が高い。帝国の百貨店としての三越の表象は、小説「宮子」と『台湾愛国婦人』の媒介・経由によって植民地の人々にまで伝播されたのだと言えよう。

## 三、ノラたちの冒険

前節で見たように、夫婦や家族、家庭を単位とした消費の主体として主体化する女性像を描く一方で、これらの作家たちは、結婚という制度の外部の女性、あるいは家の内部にあって規範から逸脱するような女性像を描いてもいる。与謝野晶子の戯曲「損害」（『スバル』明治四十二年二月号）は、東京帝国大学で刑法を講じる高石博士の妻和代が、夫の教え子の弁護士と密会したことを夫に告白するという話である。郵便局から電報を打って男を三越に呼び出し、彼と落ち合って食堂でコーヒーを飲んだ自身の振る舞いは、夫に損害を与える行為であると和代は言う。つまりこの作品は姦通すれすれのドラマを描いていると言えるが、その舞台として選択されているのが三越で、この設定からは、都市の盛り場としての百貨店が、訪れる人々に一定程度の匿名性を担保しつつ、消費のみならず劇場型の快楽をも提供していることがうかがえる。また、和代の逸脱行動の前提として、買物をするための外出経験の蓄積が中流家庭の主婦に単身行動を習得させていくことが想定できるだろう。

同じく与謝野晶子が『三越』創刊号（明治四十四年三月）に寄稿した「呂行の手紙」は、女義太夫が関係者に宛てた八通の手紙を並べた書簡体小説である。女性による義太夫語りである女義太夫（娘義太夫、女義とも称する）は、江戸後期におこり、明治中期にブームを迎える。これに夢中になった文学者として、夏目漱石、高浜虚子、志賀直哉、木下杢太郎などが知られ、近年では、吉本興業の創業社長夫妻を描いたＮＨＫ連続テレビ小説「わろてんか」（平成二十九年下半期）で俳優の広瀬アリスが女義を演じて話題となった。「呂行の手紙」は、歴代の女義で最も著名な豊竹呂昇（一八七四〜一九三〇）をモデルとしている。呂昇は、大阪で人気を得たのちに明治三十二年（一八九九）初上京、以後各地を巡業して名を馳せた。寄席から劇場に進出して女義の位置を高めたことは歴史上画期的な事件と言われる。

折から明治四十年（一九〇七）に日米蓄音器製造株式会社（明治四十三年に日本蓄音器商会株式会社に改組、現在の日本コロムビアの前身）が創立されると、呂昇もレコードを発売する。新たな文明の利器の登場は彼女の盛名を全国に拡大した。『新小説』（明治四十五年四月号）に掲載された日本蓄音器商会の広告【図6】には、呂昇の前に大金を積み上げ、紋付の羽織姿で平伏する二人の男を描いた挿絵が用いられている。そのコピーには「義太夫界の明星豊竹呂昇を地方に招請して親しく其美音に接せんには数千円を要すべし。弊社の蓄音器によれば如何なる僻遠の地に在りても僅かに一円五十銭にて何回も繰返し聞く事を得。」とあり、末尾には蓄音器の価格が二十円から、レコード一枚が一円からと記されている。つまり呂昇のレコードは高額の部類に入り、それを聴くためには蓄音器も購入しなければならない。彼女の広告的価値と人気の高さがうかがえよう。

二度の自伝刊行や、芸評や消息記事、村松梢風による小説、さらには劇や講談や浪曲、写真集など、呂昇をめぐる資料は多数残されているが、たとえば長谷川時雨『近世美人伝』（サイレン社、昭和十一年二月）は呂昇に一章を割き、その艶治な美声や贔屓筋に愛される人柄を伝える。また、最盛期の彼女が信州の興行人に提示した報酬は一カ月七千円で、東京では有楽座を連日満席にしてドル箱と呼ばれたという。客の多くは中流以上の階層とされ、後援者としては秋元、柳原、松方、小笠原、樺山といった錚々たる貴族たち、大倉、福沢、古河ら大実業家の名が列記され、その夫人たちも贔屓を競ったこと、あるいは女子教育家として高名な鳩山春子は、それまで義太夫節が大嫌いだったのが、呂昇を聴いてすっかり変節したことなどが紹介されている。

与謝野晶子「呂行の手紙」はこうした豊竹呂昇の絶大な人気やイメージを前提とし、三十一歳に設定された女義が八人の関係者に宛てた手紙によって構成されている。それぞれの概要は、①十九歳の青年からの求愛を軽くいなす、②大学生に小遣いを送る、③某会社技師長から贈られた着物に駄目を出し、さらに帯をねだる、④京都在住の文学士に切々と恋情を訴える、⑤伯爵子息の求めに応じてサインを送る、⑥技芸雑誌記者に自身の閲歴を話すことには応じないと述べる、⑦かつての情人に婦人科の手術を受けたことを伝える、⑧贔屓筋の令嬢に同性愛的葛藤を表明する、というものである。

図6　日本蓄音器商会広告（『新小説』明治45年4月）

特記すべきは、複数のパトロンや情人らそれぞれとの関係性に応じて、ごくくだけた口語から最上級の候文までの文体が使い分けられていることである。短歌においては生涯文語を使用した与謝野晶子は、散文作品においては明治四十年頃より言文一致体の随筆や小説や戯曲に手を染める。「呂行の手紙」は習作とも言うべき小品ではあるが、晶子の言文一致体移行期の作品として注目される。手紙文の文体見本帳のような体裁のうちに女性の身辺のドラマが表現されていると言えるが、これは樋口一葉の生前唯一の単行本である書簡マニュアル『通俗書簡文』（博文館、明治二十九年五月）を連想させよう。『博文館五十年史』（博文館、昭和十二年六月）によれば大正元年（一九一二）までに三十五版を重ねたとされ、明治期の往来物のベストセラーであった。晶子もまた類書『女子のふみ』（弘学館、明治四十三年四月）を著しており、その文例のうちには「三越の売出に誘う文」とそれへの「返事」も見出せることを付言する。

先に①から⑧として八通の手紙の概要を示したとおり、呂行は相手によって様々に相貌を変え、その配列もまたドラマを構成している。①から④までは呂行にとってのそれぞれの男性たちの役割の違いが際立つ展開となっており、仕事にかかわる手紙である⑤と⑥を挟んで、⑦千種彦一宛と⑧横井家令嬢志摩子宛の内容は特に劇的である。すなわち⑦においては、湯治を口実に世間から身を隠していた呂行が、実は「××病院の婦人科」で「だんだん女が男の心持になる」手術を受けていたことが明かされる。千種の名は④の小川文学士宛書簡の中にすでに登場し、呂行がいつになく小川への恋情を募らせているのは千種の妻の出産に起因することが暗示されていた。呂行の手術は、「受けないで済ませれば済みもする」ケースであるとされ、疾病を理由とする内性器切除術が想定できる。術後「男の心持になる」という認識は端的に偏見と言わねばならないが、しかし、手術を選択した動機は「恋しくつて憎い人の、憎い所だけが忘れることも出来るだらうか」というものであり、千種への愛憎のもつれと妻の出産が相関しているのであれば、女性機能の放棄によって葛藤からの解放を企図していることがくみ取れよう。

かくして呂行は八通目の手紙の執筆にたどり着く。横井志摩子宛書簡の全文を引く。

ロベリヤの花、にほひ菫、つつじの花、藤の花、さくら草、牡丹、いろいろの花を絶えず贈つて下さるお嬢様、いつも自分は勝れたものが好きであるからと云ふ苦しい謎のお手紙を下さるお嬢様、私はあなたを憎んで居ります、そして感謝をして居ります。

---

以上、「呂行の手紙」が最後に示したのは、同性愛に近接する女性から女性への複雑な感情、すなわちセクシュアリティのゆらぎであった。翌年、大正元年（一九一二）十月刊行の『三越』に掲載された森しげ「お鯉さん」には、呂昇の名前がちらりと登場している。表題は、桂太郎の愛妾として嬌名を馳せた実在の芸者の源氏名である。お鯉こと安藤照（一八八〇～一九四八）は、十六歳で福地桜痴らの後援を受けて一本立ちとなり、歌舞伎役者の市村家橘（のちの羽左衛門）との結婚に敗れて明治三十六年（一九〇三）に芸妓に戻ると、日露戦争開戦に忙殺される桂太郎の身を案じた山縣有朋の仲介で、桂の知遇を得る。明治三十八年（一九〇五）、身請けされてその妾となった。病弱な本妻に代わって桂を世話するために官邸には「お鯉の間」が設けられ、彼女の消息は昭和期に至るまでメディアを賑わせている。

「お鯉さん」の概要は以下のようなものである。八重子が桜井女学校時代の同級生の小倉亀子の暮らす高輪の屋敷を訪れると、折しも洗い髪で素肌に寝間着というしどけない姿の亀子と同級生たちが集まっており、芸者たちが呼ばれてきて、「バツカナリアの祭」のごとき酒池肉林の騒ぎが始まる。翌日、八重子は早々に辞去するが、お鯉のエロティックな姿態は八重子の脳裏を離れない。驚いた八重子のもとに亀子からの手紙を持参した小倉家の使者が来訪する。手紙の内容は、今夜巣鴨の別荘に上京中の呂昇が呼んであるから遊びに来い、「お好きなお鯉も来る筈だ」というものだった。八重子は大いに逡巡した末に、母の判断に従って招待を辞退する手紙を書いたが、それを使者に託すのが惜しいような気がしたとして小品は結ばれる。作品内時間はお鯉が市村家橘と結婚する以前、呂昇が初上京した明治三十二年（一八九九）と見なされ、作品発表時は、桂太郎と西園寺公望とが交互に政権をとって桂園時代と呼ばれた当時の、第三次桂内閣の直前に当たる。

女性たちの痴態（ちたい）については「美しい唇から出るのは、『あら』とか『しつ』とか『きやあ』とか『あれえ』とか云ふ叫声ばかりである。詞（ことば）は通用しないのかとさへ思われる。起つ。駆ける。転ぶ。引き起す。逃げ出す。追ひ掛ける。くすぐる。打つ。衝（つ）つ衝（つ）く。」と描写され、八重子が回想するお鯉の姿は「光る様に白い前歯で軽く唇を噛む癖のある事、薄桃色をした素足の綺麗だつた事、濃い納戸地（なんどぢ）に白の細かい疋田（ひつた）の絽縮緬（ろちりめん）の裾を引いて騒ぐ時、美しい模様の長襦袢（ながじゆばん）の隙から優しい白い脛（はぎ）迄見えた事なんぞが、目の前にちらついてゐる。」と示される。女性同士の身体的接触と、女性身体を性的にまなざす女性の視線が、きわめて再現性高く臨場的に描出されていると言えよう。

「桜井女学校」は現在の女子学院の前身の名称に相当し、作中の同窓女性たちは財閥総裁や華族や駐日公使の令嬢とされている。新喜楽のお上、照近江のお鯉、伊東屋の小文、豊竹呂昇といった実在の芸能関係者が登場し、その上で女性から女性への性的欲望を「女の芸者買い」として、それも宰相の愛妾として国民の誰もが知る女性を名指しして描く本作は、三越の主要な顧客である富裕層女性たちのスキャンダラスな裏面を描いているとも見なされよう。亀子たちは連日このような遊びをしているが、八重子は強く惹かれつつも加わることはない。亀子の性的放縦（ほうしょう）に比して八重子は古風であるとも言えるが、ひるがえって八重子のありようは、金銭で女性を性的に消費することへの「否」を示しているのではないかと捉えれば深読みが過ぎるであろうか。

なお、本作の設定は、この直前の明治四十五年（一九一二）七月以降メディアが書き立てたいわゆる青鞜社二大スキャンダル、すなわち「五色の酒事件」と「吉原登楼事件」を連想させる。社員の尾竹紅吉（おたけべによし）が、パンの会のたまり場のレストラン兼バー「鴻の巣」に広告出稿を依頼しに行った際に、勧められて飲酒をしたこと、および、紅吉、平塚らいてう、中野初の三名が、娼婦の境遇の取材のために吉原に一泊したことを、各メディアは揶揄的に報じてバッシングを展開した。いずれも男性の「聖域」への領域侵犯的行動に対する制裁であり、この性差別を経験したことは『青鞜』を本格的に女性解放思想誌へと向かわせていく。「お鯉さん」はこれと同伴するものでもあるだろう。

以上、本稿においては、都市の消費生活を先導した三越の近代化の過程を踏まえ、機関雑誌『三越』と男性知識人や女性作家との関係を確認したうえで、森しげと与謝野晶子の小説作品のうち三越百貨店の表象やイメージにかかわる作品、および、『三越』に掲載された作品を分析した。これらの作品は、一面で百貨店の販売戦略と結びついた二十世紀初頭の国民化の機構やジェンダー規範と共犯関係の様相を示し、他方で逸脱と攪乱の様相をも備えている。とりわけ芸者や女性芸能人をめぐる想像力が攪乱的であったことは見てきたとおりである。「フェミニズムは近代を喰い破って生まれた「近代の鬼子」であった」とは上野千鶴子の箴言（しんげん）だが（『ナショナリズムとジェンダー』岩波書店、平成十年三月）、女性を家庭に馴致（じゅんち）しようとする近代の力学は、女性の自我や自意識を賦活することで家庭の外部を志向する女性をも必然的に生み出して行く。錯綜する力がせめぎ合うアリーナのひとつが百貨店であったのだと言えよう。

参考文献

・小平麻衣子『女が女を演じる』（新曜社、二〇〇八年）。
・神野由紀『子どもをめぐるデザインと近代―拡大する商品世界』（世界思想社、二〇一一年）。
・瀬崎圭二『流行と虚栄の生成―消費文化を映す日本近代文学』（世界思想社、二〇〇八年）。
・祖田浩一『お鯉の生涯』（筑摩書房、一九八二年）。
・瀧本和成・深町博史編『森志げ全作品集』（嵯峨野書院、二〇二二年）。
・長谷川時雨著・杉本苑子編『新編　近代美人伝（上）』（岩波文庫、一九八五年）。
・藤木直実「家庭への包摂と逸脱―与謝野晶子と三越」（『国文目白』五十四号、二〇一六年）。
・藤木直実「「さへづり」のモードと「お鯉さん」のエロス―森鷗外・しげの『三越』掲載作品を読む」（『二松学舎大学論集』六十六号、二〇二三年）。
・文京区立森鷗外記念館二〇一四年度特別展図録『流行をつくる―三越と鷗外』（文京区立森鷗外記念館、二〇一四年）。
・水野悠子『江戸東京 娘義太夫の歴史』（法政大学出版局、二〇〇三年）。
・山本武利・西沢保編『百貨店の文化史―日本の消費革命』（世界思想社、一九九九年）。

［付記］『三越』掲載作品の引用に際しては、仮名遣いは原文のままとし、漢字は基本的に現行の通用字に改めた。また、原文は総ルビだが、難読語を除いてこれを省いた。

14

# 清末民国初期台湾女性の都市――『楊水心日記』にみる――

呉　翠華　GO SUIKA

**要旨**――楊水心（一八八二～一九五七）は、清末民国初期、台湾で随一の富豪一家の当主であり、日本統治期の台湾民族運動の指導者となった林獻堂の妻である。漢文も台湾語白話字（教会ローマ字）も日本語もできる、優れた言語力を持つ女性で、夫の影響で日記をつける習慣があった。この人が残したその四冊は、現在見られる、日本統治期における女性、士紳の妻の日常の貴重な日記である。

楊水心の日記は主に自身を中心にした大家族の生活の記録である。祖先供養、親戚や友人との付き合い、夫と子どものことなどの家庭生活を幅広く記録しているほか、買い物、映画鑑賞、台湾国内や日本、中国への旅行などの娯楽も、また講演会などの文化活動も記している。台湾の普通の伝統的な女性の、家事などに全力を尽くし、自分の人生がない生活とは異なり、都会で活躍した上流階層の女性の生活を表現している。そこで、本章ではこの楊水心の日記に、当時の台湾女性にとっての都市、都市の様相や変化、都市での生活のありようを探ってみる。

## 一、はじめに

楊水心（一八八二～一九五七）は台湾の中部にある彰化の士紳（地域の名士）楊晏然の長女である。十七歳にして台湾で随一の富豪一家の息子であった林獻堂（十八歳）と結婚し、三男一女をもうけた。楊水心は清朝末期に生まれ、十三歳（一八九五）までは清朝、十三歳から六十三歳（一九四五）までの五十年間は日本統治時代、六十三歳から七十六歳（一九五七）までは中華民国の時代で、清朝、日本統治期と中華民国の三つの時代を歩んだ。

楊水心は名望ある家柄の生まれであり、私塾で教育を受けたことがあって、当時の女性には珍しく読み書きができた。漢文だけではなく、林献堂の同志であるキリスト教徒の蔡培火の影響で、台湾語白話字（教会ローマ字）をも用い、日本語も少しできる、優れた言語力を持つ女性である。夫の林献堂は、同時代の士紳が家中の女性に教育を受けさせながらも家で夫を助け、子どもを育てることに専心させたのとは異なり、家族の女性に勉強や公務に参加し、社会生活を発展させることを積極的に奨励した。楊水心は、林献堂の影響で新しい文化に触れること、吸収することを楽しんでいたようである。また、日本統治期に「愛国婦人会」、「台中婦人親睦会」などの婦人団体や社会文化を革新することを目標とした「一新会」に入り、積極的にイベントに参加、普通の伝統的な女性とは異なり、その行動力によって生活の自由を享受した。

許雪姫（二〇〇八）は「介於傳統與現代之間的女性日記―由陳岺、楊水心日記談起（伝統と現代のあいだにいる女性の日記―由陳岺・楊水心日記について）」において、楊水心について、古風な家庭に生まれたが、新しい文化に触れることを好み、心が広く親切で、見識があり、家庭のことを整然とこなす、活発で進取の気性に富んだ女性であると述べている（二三一～二三三頁）。親戚や親族と親しく交わり、貧しい人や困っている人を助け、家庭、仕事、文化・政治活動など、あらゆる面で活躍した林献堂の賢妻である。一九一二年に林献堂を育てた祖母の羅太夫人が亡くなった後、霧峰林家の中心人物となったのが彼女であった。

また、許雪姫（二〇一四）によれば、霧峰林家は日本統治期に台湾で民族運動や文化活動を主導した家系であり、家族には日記をつける習慣のある人が何人もいたようである。その中で、林献堂が残した二十七年間の日記は日本統治期と中華民国の二つの時代にまたがる最も重要な個人の日記だとされている。そのほか、林献堂の同族の兄嫁（側室）である陳岑と妻の楊水心にも日記をつける習慣があったが、陳岑の日記は一九二三年の一冊（ただし百二十四日分を欠く）、楊水心の分も四冊しか残っていない。そのように不完全ながらも、現在、見られる日本統治期の貴重な女性による日記、士紳の妻の日記である。この二人は正式な教育を受けていなかったため、伝統と当代の間にいた女性の日記とも言え、その点でも非常に稀であるといえる。伝統的な家父長制の社会では、歴史は男性が、より正確には知識人や上流階級の男性によって書かれ、解釈された。清朝末期から戦後にかけて時代が進むにつれて、台湾の上流階級の女性たちは教育を受けられるようになり、文字を書くことができるようになったことで、日記などをつけて、自分の人生経験の一片を残すことが可能になったのである。

これまでの戦前の台湾女性に関する研究は主に教育を受けた現代的な女性や女学生、あるいは社会的地位が低い娼妓を対象にしている。伝統的な教育を受けた士紳の妻に関する資料がなく、研究が少ない中で、本日記は研究上の価値が高い（許雪姫、二〇〇八、二四六頁）。

二人の日記は主にそれぞれの女性自身を中心にした大家族の生活の記録である。陳岑の日記は日々を五十文字ほどの長さで家族と家庭生活について記録している。一方、楊水心の日記は祖先供養、親戚友人との付き合い、夫と子どものことなどの家庭生活を幅広く記録しているほか、買い物、映画鑑賞、台湾国内や日本、中国への旅行などの娯楽も、また講演会などの文化活動も記している。ここに、当時の富豪一族の女性の生活の様子を窺うことができる。そこで、本章は楊水心の日記により、当時の台湾女性にとっての都市を探ってみたい。

日記の手稿は漢文、ローマ字で表記された台湾語の白話文と日本語が混じっており、中国語、台湾語、教会ローマ字、日本語ができなければ、理解できない。そのため、中央研究院台湾歴史研究所の許雪姫は二〇〇九年から日記解読チームを結成し、日記の読解を行った。二〇一四年に活字化し、注釈を加えて出版し、また、中央研究院台湾歴史研究所デジタルアーカイブで公開されている。注釈は固有名詞の解説だけではなく、日記に出ている人物や事件、背景、場所等も詳しく説明しており、大いに参考になる。*1 本章の引用では解読チームが漢字化した文章を用いる。

## 二、楊水心にとっての都市――霧峰林家

霧峰林家は台中市の霧峰山のふもとに屋敷を構える、台湾で著名な一族である。十九世紀中葉から台湾中部の田地を経営し、初代の林石は清国で起こった林爽文の乱、第五世代の林文察は太平天国の乱や戴潮春の乱の平定、清仏戦争に関わり、数千の兵を抱えていた。さらに、軍功を立てたため、台湾を含む福建省での樟脳の販売の独占権を得るなど、清朝統治時代の台湾で最も影響力のある家族となった。国民党政府が台湾に移った後は、霧峰林家は彰化銀行を経営し、金融界に影響力を発揮している。基隆顔家、板橋林家、鹿港辜家、高雄陳家とともに「台湾五大家族」と呼ばれている。

台湾はオランダ、中国、日本などの国に統治されてきた。「家族」と呼ばれる富豪一族は、統治の政権よりも影響力がある。台湾の「大家族」は、主に二種類に分けられる。
（一）年間の租穀収入が一万石以上の巨大家族（台湾の面積単位で約五〇〇〇甲＝四八五〇万㎡）。北部にある板橋

林家と霧峰林家がその代表である。

（二）年間の租穀収入が千石から一万石の間の地方豪族。清水（せいすい）の楊家（ようけ）、北埔（ほくほ）の姜家（きょうけ）などがある。

霧峰林家は当時の随一の家族で、当主であった林献堂（一八八一～一九五六）は、当時の台湾ではリーダー的存在であり、経済にも政治にも文芸にも影響力があった。

林献堂は林家の長男ではなかったが、才能と将来性を買われて霧峰林家の当主を任された。清朝末期に生まれた彼は伝統的な儒学教育を受けていたが、十五歳であった一八九五年に台湾は日本へ割譲された。日本統治下に入っても彼は植民地当局に迎合することなく漢民族的なライフスタイルを維持し、穏健な抗日運動の指導者として多くの人々から慕われる。実業家でありながら、日本統治時代の台湾民族運動の指導者となり、「台湾議会之父」と呼ばれている。

一九二〇年（大正九）、林献堂は「台湾議会設置請願書」を日本の国会に提出し、台湾民族運動を提唱した。また、一九二一年に台湾人の文化活動への参加を促進するための「台湾文化協会」設立を主導し、霧峰は台湾文芸発展の拠点となった。さらに、一九二三年に『台湾民報』を創立して社長となり、白話文を提唱した。林献堂は、たとえ穏健派とはいえ抗日運動の指導者でありつつも、台湾総督府や東京の中央政界から一目置かれる存在であった。

日本統治期に台湾のリーダーとして活躍していた林献堂は、一九四五年の日本敗戦に伴って台湾が中華民国に編入されると、当初は国民党政権と積極的に協力しようとした。しかし、政府の失政と腐敗に失望した末、一九四九年九月に日本事情の視察や病気療養を名目として日本へ渡る許可を得て、台湾を離れて日本へ行く。そのまま滞在を延長し、一九五六年に東京で亡くなるまで台湾へ戻ることはなかった。

インドの『往世書』（Mārkaṇḍeya-purāṇa 7.55）には以下の詩がある。

yatra tvaṃ tatra hi vayaṃ tat sukhaṃ yatra vai bhavān. nagaraṃ tad bhavān yatra sa svargo yatra no nṛpaḥ.
（汝のある所我々はあり、実に汝のある所こそには幸福がある。汝のある所これ町にして、我が王います所これ天である。[*2]）

王様がいるところは都であり、天であるとこの詩に詠まれているように、夫を以って天を為すとした伝統的な台湾の女性にとって、夫がいるところは都（都市）であり、世界である。家族の中心的女性である楊水心にとっては、林家が自分の都市である。とはいえ、日本統治期には政治の中心は台北にあった。重要性や繁栄度からすれば、霧峰は都市と見なされないかもしれないが、当時代の台湾人にとってリーダーであった林献堂がいた霧峰林家は政治や文化の中心とされたという意味で、都市であるといえる。その当主の妻である楊水心日記を通して、当時の女性にとっての都市の様子を覗くことができるであろう。

楊水心の日記は日本統治期の霧峰林家の生活、家族、林家に関係のある人物や事柄を記録している。特に、四冊のうち第一冊が記録する一九二八年は林家の最盛期であり、一月一日から七月三十一日までは、林献堂が日本に行っていた期間にあたる。楊水心は林献堂に厚く信頼され、台湾における代理人として、家のことも仕事のことも任された。祭祀は大家族の主婦の重要な務めであったようで、家族の年長者の命日のほか、春も冬も祖先を祭る。林家の一族の墓所は敷地内にあって、頻繁的に祭祀を行なっていたため、楊水心は祭祀に忙しかった。また、親戚との行事が多かったため、ほとんど毎日、来訪客の接待、親戚の訪問をしたりしていた。日記では夫のこと、子どものことが半分ぐらいを占め、そこには家庭を大事にした伝統的な主婦の側面が見られる。

一方、楊水心はまた、一族の中でもかなりの地位を持っていたようである。当主の妻として親族の縁談、財産分配の相談に乗ったり、まとめたりするほか、銀行等の家族事業に関する人事、家族の経済管理もした。前に述べたように、林献堂は台湾のリーダーであるだけに、人脈が広く、多くの政治や経済、社会運動の要人が自宅を訪れた。楊水心は饗応の準備だけではなく、ともに話をしたり、意見を出したり、適切に対応することができる人物であった。例えば、一九三〇年八月八日の日記には石塚英蔵総督が林家に訪ねて来たことを記している。

六時起床，準備物品，為石塚總督來訪問林家，主人與雲龍往於臺中，八時二十分之車番，同總督及令媛、知事及夫人，隨行大谷秘書官、二伯、陳炘。九時四十分到霧峰，瑞騰、資彬、根生、培英、金坤〔昆〕、梅堂、正霖往驛前迎接，女人素貞、月〔雪〕娥、阿釵、阿雨、璇璣、秀眉、珠如、小泉、培如〔佩萸〕等十一人在門樓之前迎接。總督直到宅，夫先紹介我，後紹介親〔族〕，一同少憩二十分間，同照紀念寫真，後往大花廳午餐，酒席四棹。

（六時に起きて、品物を準備した。石塚総督が林家に訪ねて来たから。主人と雲龍は八時二十分の電車で台中へ総督と令嬢、知事と知事の奥様を迎えに行った。太谷秘書官、二番目の伯父、陳炘も同行した。九時四十分に霧峰駅に到着した。瑞騰、資彬、根生、培英、金昆、梅堂、正霖たちは駅の前で、女性の素貞、月雪、阿釵、阿雨、璇璣、秀眉、珠如、小泉、佩萸等の十一人が門楼の前で出迎える。総督は直接に家に入った。主人はまず、私を紹介して、それから親族を紹介した。二十分ぐらい少し休憩してから一緒に記念写真を撮った。それから、大花庁に行って食事をした。酒席は四つのテーブルを用意した。）

昭和五年八月十日の《漢文臺灣日日新報》（夕刊第四版）によれば、石塚総督は新高山（現在の玉山）に下り、八月七日の夜、台中の春田館に一泊して、翌朝の九時ごろ大屯郡霧峰林家を訪ねた（注釈、五三九頁）。日記には楊水心は石塚総督を招待するために、朝早く起きて宴会の準備したこと、林家に着くと林献堂が先に自分を紹介したことを記した。ここに外交的な女性の一面が見られる。

林献堂は、家族の女性に公共活動への参加を強く勧めていたため、楊水心は台中の「台中婦女親睦会」（台中女性友好協会）の活動にもよく参加し、理事を務めていた。「台中婦女親睦会」は台中の著名な紳士や企業家の妻たちが、友情を深め、知識を交換し、女性の地位を向上させることを目的として結成された。一九三〇年十月七日、設立した日の日記には以下のことを記している。

> 至三時外去興業信用組合赴婦女親睦會，【一】、發會式，二、經過報告，三、選舉座長，四、審議會則，五、選舉理事，六、懇談，七、閉會。我為義〔議〕長，郭先生娘開會辭，陳炘先生娘閉會辭，蔡阿信様讀會則。
> （三時になると、興業信用組合へ婦女親睦会に参加した。（一）開会式、（二）設立報告、（三）座長の選出、（四）会則の審議、（五）理事の選出、（六）議論、（七）閉会。私は議長で、郭先生の奥さんは開会式の辞を、陳炘先生の奥さんは閉会の辞を、蔡阿信様は会則の読み上げを担当した。）

---

「台中婦女親睦会」設立の当日、議長は楊水心が務めることになったが、会議の司会経験がないため、前日に家で林獻堂と息子の猶龍の指導を受け、リハーサルを行なった。その甲斐あって当日、順調に議事を進めた。[*3]

一九三二年、ヨーロッパから台湾に帰ってきた長男の林攀龍は、霧峰で農村文化を向上させるという理想を実現するために、林献堂の支持を得て、三月十九日に「霧峰一新会」を設立した。林獻堂と楊水心とも一新会の顧問を引き受けた。委員長は林樊龍が担当したが、成立間もなく日本に行ったため、不在の間、林獻堂が代わりに会務を担った。林獻堂は啓蒙運動を行なうのに最適な方法は講演を行なうことであると考えた。一般大衆のほとんどは読み書きができず、たとえできたとしても、あらゆる種類の本を読むことは容易ではないのである。そこで、一新会に日曜講座を設け、毎週、霧峰青年会館で講演会を開催し、農村啓蒙教育を行う。[*4] 日曜講座は毎回の講義につき、男性一名、女性一名の講師を配置し、女性にも活躍の場を提供した。楊水心も一新会で「香港旅行談」というテーマで話した。一九三四年の日記は主に講演会に参加したこと、講師とテーマを記録したものであり、楊水心が講演会に積極的に参加していたことがわかった。家事や家業の経営、社会や文化活動での活躍など、現代のいわゆるキャリアウーマンの一面が見られる。そして、霧峰にある一新会は読み書きのできない女性に教育を受ける機会を与え、有能な女性に活躍の場を提供した。

楊水心は伝統的な社会に生まれたが、結婚してから、夫の林献堂の支えがあり、林家の当主の妻として自由に行動できた。台湾には、「嫁出去的女兒，潑出去的水（嫁に出した娘は打ち水）」ということわざがある。他の家に嫁いだ娘は他人の娘になり、実家とは関係なくなるというが、日記によれば、楊水心はしばしば彰化にある実家に帰った。弟の縁談にも意見を出した。また、自由に台中へ買い物、芝居や映画の鑑賞に出かけたりして、いろいろな娯楽を楽しんでいた。特に映画が好きであったようである。霧峰ではよく霧峰座や霧峰公園へ映画や芝居を、台中にある台中座、大正館へは映画を見に行った。一九二八年四月二十二日の日記には、息子の雲龍が日本に行くため、親戚と友人と台中駅まで見送ってから、金様という人を誘って大正館へ映画を見に行ったことを記している。

……然後招金様去大正館看活動寫真，皆是日本出〔齣〕，為忘記憶。臺中座是西洋ノ出〔齣〕頭，為我看無西洋出〔齣〕頭。忽然頭起痛，後同金様去月波ノ宅坐談。至夜車番歸家，到車中適松齡為伊有云要借高圓〔円〕寺ノ宅，欲暫住三週間，為思親族ノ情亦難辭，許之。

（……それから、金様を誘って大正館へ映画を見に行った。全部、日本の映画で内容は忘れた。台中座の映画は西洋の映画で私にはわからない。急に頭が痛くなったため、金様と月波（げつぱ）のお宅におしゃべりに行った。夜の電車で家に帰り、電車の中で松齢（しょうれい）さんに合った。彼は高円寺の家を三週間借りたいと言った。親族の情を思って断りにくかったので、承諾した。）

日記によれば、当時の台中には台中座と大正座という映画館があり、台中座は西洋映画、大正座は日本映画を上映していた。一九四二年一月三十日の日記にも林献堂と一緒に台中座へ「チャルダス姫」（一九三四年制作）と「夜のタンゴ」（一九三七年制作）二本のドイツ映画を見に行ったと記し、娯楽を楽しむ大家族の女性の生活の姿を現している。

映画のほか、芝居も見る。楊水心はよく、息子の嫁となった藤井愛子と一緒に霧峰座へ革新青年会の演劇や文化劇を見に行ったりした。革新青年会とは文化向上を目的とした成立した霧峰革新会のことである。その演劇も文化劇も台湾の青年が演劇を通して社会運動を行うため創った芝居であった。政治や社会運動に関わる芝居も楊水心は真剣に見ていた（一九二八年一月二十三・二十四日の日記）。

台中では買い物をしてから美食を堪能するのが楊水心の日常である。一九二八年五月七日に、土産を用意するために愛子と一緒に台中に行ったことを記している。

本日午後三時外ノ車，同愛子去臺中東華會社，然後去街仔買物品，後同愛子，坤山兄去精養軒夜餐。至一時二五分ノ急行車，同坤山去基隆，我與磐石送到臺中驛，適遇ピアノ女先生亦來送愛子出發。

（本日午後三時ごろの電車で愛子と一緒に台中東華会社に、それから、商店街へ買い物に行った。その後、愛子と坤山さんと一緒に精養軒へ夕食に行った。〔愛子は〕一時二十五分の急行で坤山さんと一緒に基隆に行くが、私と磐石さんは台中駅まで送った。女のピアノの先生も見送りに来てくれた。）

この日の日記には、愛子はまだ台湾での生活に慣れておらず、猶龍が台湾に帰ってくることがわかると、東京に行ってともに台湾に戻ることを楊水心に依頼したことを記している。この日は日本へ出発する前日であった。日本に持っていく土産を用意するために台中へ買い物に行った。買い物をしてから台中市内にある精養軒という西洋料理のレストランで食事をした。この精養軒は上野の精養軒と関係があるかどうかわからないが、日記には林家がよく精養軒を使った記録が残っている。当時の上流社会の人に人気があったのであろう。精養軒のほか、酒席で歓談するなら酔月楼、日本料理なら大和舘をよく使っていた。

日本統治時代における台湾の行政区分は総体的には十回の変更が行なわれた。一八九五年に初めて三県と一庁（台北県、台湾県、台南県、澎湖島庁）に分けられたが、一九二〇年の最終的な区分では五州二庁（台北州、新竹州、台中州、台南州、高雄州、台東庁、花蓮港庁、澎湖庁）となった。日記の時点では霧峰は台中州大屯郡霧峰莊、台中州は台湾中部の最も大きな都市であった。

台中で開催される祭りは、台湾中部の人々にとって大きなイベントとなる。楊水心も親族や友人と見に行った。

一九三〇年七月十一日の日記には迎城隍という祭りを見に行ったことを記している。

……至二時半同主人及阿綢、阿蜜、阿鶴、萬金乘大〔貸〕切自動車往臺中，先到大和舘會水宇〔有〕妹及子女阿眉共談，亦看迎城隍。……

（……二時半ごろ、夫、阿綢、阿蜜、阿鶴、萬金と共にハイヤーで台中へ行った。まず、大和舘で水有と娘の阿眉とお話をした。城隍を迎えるお祭りも見た。）

楊水心は台中に行って、妹の楊水有と姪の阿眉との会話を楽しんでから、迎城隍という祭りを見に行った。一九三〇年七月十日の《臺灣日日新報》（第五版）と七月十二日の《漢文臺灣日日新報》（夕刊第四版）によれば、台中市の各商圏では、例年通り、十日と十一日に都市とその住民を守護する城隍神祭礼と巡礼が開催され、三十五チーム、百五十の芸陣が行列に参加した。行列の総人数は三千人以上、各地方から大勢の見物客で賑わった（注釈、三一八頁）。

また、一九三〇年七月十七日に、納涼市のことを記している。

我午後三時半之車番往臺中杉時計屋作手環，後去納涼市看。

（私は午後三時半の電車で台中杉時計屋へバングルを作りに行ってから、納涼市に行った。）

納涼市は夜市のことであったが、《臺灣日日新報》（一九三〇年六月二十六日、第五版）によれば、この日の納涼市は台中実業協会、対中商工協会、台中商交が主催、日刊三新聞が後援し、台中市公会堂で開催された全国土産品展覧会で、非常に大きなイベントだったようである（注釈、三二八頁）。

楊水心は纏足をしたことがあったが、結婚してやめた。歩くには少し不便であるが、自由にハイヤー、車、汽車、船などの交通機関を使って移動することができる。台湾では第二の大都市であった台中には、商店街も、中華料理や西洋料理などのいろいろなレストランも、映画館もあり、大きな祭りやイベントも開催される、便利な都会であった。楊水心は台中に行って買い物をしたり、美食を堪能したり、映画を見たりして、多彩な生活を楽しんでいた。台中には親族や知人が多く、「大東信託株会社」などの事業もあるからであろうか、普通の人にとっては大都市である台中には慣れていて、自由に行動できた。ここには自立した女性の一面が現れている。台湾はよく美食天国と言われるが、それは国民党政府が台湾に移転する共に、中国大陸各地方の料理を持ってきたからであると思われる。楊水心の日記の記録によれば、植民地時代に、富裕層の生活にはすでに多くの有名なレストランがあり、さまざまな料理を提供していた。

## 三、もう一つの都市――東京

林献堂は新式の学校教育を受ける機会はなかったが、漢訳書を通して内外の事情に広く通じていた。彼は植民地台湾とは異なり、比較的自由な東京では先進的な知識や思想に触れることができると考え、将来を担う若者に留学を勧め、自らの子弟も日本や欧米へ留学させていた。長男の林攀龍は東京帝国大学法学部政治科を卒業してから、イギリスとフランスへ遊学に行った。次男の林猶龍は東京商科大学予科、三男の林雲龍は法政大学法学部政治科を卒業した。四人の子どもとも本格的な日本教育を受けるように東京に行かせたのである。

一九二八年、林献堂は休養のため、長く日本に滞在した。楊水心は一人で霧峰にいた。家族のことについては皆が彼女に相談した。解決できることなら自分で決めて解決するが、決められないことなら林献堂に電報を送って、意見を聞くことにしていた。家庭のことも事業のこともつつがなくこなした。六月の日記によれば、林献堂の体調が悪いことを知ると四日、東京に電報を送った。林献堂から「ミタ、アンシンアレ」という返信はあったが、不安は収まらず日本に行くことを決意した。仕方がなく、娘の関関が七月十日に台湾に戻って、七月三十一日に楊水心を連れて日本に行く。この日の日記には以下のように記している。

本早吳氏琴來坐，再準備ニモツ。至午後三時外，同阿關，秋福到臺中買物品，後去猶龍之處，適遇甜姊亦在。……後垂資〔珠〕夫婦取野山參一箱，要與主人食，為我辭不去，心甚不安。乘夜行車番一時二十五分出發往基隆。

（今朝、呉琴が訪ねて来た。荷物の準備を続けた。午後三時ごろ、阿関、秋福と台中へ買い物に行ってから、猶龍の住まいに行った。ちょうど甜さんもいた。……その後、垂珠夫婦は野生人参を一箱持ってきて主人に渡そうと言った。私は断れず申し訳なかった。深夜一時二十五分の夜行電車で基隆へ出発した。）

いつものように日本へ出発する前日に台中へ買い物に出かけ、八月一日に基隆で瑞穂丸に乗った。八月三日に門司に着き、八月四日に新神戸から上陸した。

本早六【時】起床，至午後一時外到新〔神〕戸港上陸，適雲兒有來迎接，同往於後藤旅館。

（今朝、六時に起きた。午後一時ごろ新神戸港に上陸した。雲くんが迎えに来てくれた。一緒に後藤旅館に行った。）

八月五日、やっと東京駅に着き、林献堂に会えた。

> 午前十時到東京驛，然後主人、榮鍾〔鐘〕、靈石、藤井夫婦，為我悲喜交集，夫婦年餘見面，不禁之深情。
> （午前十時に東京駅に着いた。主人、栄鐘、霊石、藤井夫婦に会って悲喜こもごもである。夫婦は一年ぶりに再会し、愛情を感じずにはいられなかった。）

林獻堂は世界一周旅行のため、一九二七年五月十五日に基隆港を出発。三百七十八日をかけ、十六か国六十以上もの都市を訪問した。旅行に行ってから楊水心が日本に来るまで、一年以上会っていなかったため、愛情が溢れ出したのであろう。一方、水心は林献堂のことを心配して日本に来たが、健康な夫を見て安心し、日本で買い物をしたり、映画や芝居を見たり、旅行をしたりした。

早速、八月十三日に銀座天賞堂へ時計のベルト交換、三越デパートへ買い物に行った。日記には以下のように記している。

> ……我同雲龍往於銀座天賞堂換時表〔錶〕，後去松□亦午餐，後去三越買物品。……
> （……私は雲龍と銀座の天賞堂へ時計のベルト交換に行ってから松□へ食事に行った。それから、三越へ買い物に行った。……）

八月十八日にまた阿関と銀座天賞堂に行き、夜には上海亭で食事をした。八月二十四日には映画を見に行ってからフランス料理を食べた。

午後同闗闗𢀖女中往於銀座，看邦樂座之活動寫【真】，遇雨，然後去松阪〔坂〕屋，亦去食弗蘭西料理，至九時外到宅。本早有接着榕紉來信，亦去天賞堂。
（午後、関関と女中と銀座へ邦楽座の映画を見に行った。雨が降った。それから松坂屋に行って、フランス料理を食べた。九時ごろ家に着いた。今朝、榕紉（ようごん）の手紙が届いた。彼女も天賞堂に行った。）

一九二八年八月五日から十月八日まで、日本に六十五日間滞在した。親戚や友人の訪問のほか、約三分の一の日は外出している。出かけたところと用事を【表1】にまとめた。

【表1】からは、楊水心が日本滞在期間によく映画を見に行ったことがわかる。銀座邦樂座、高円寺館、浅草松竹座、東京館、牛込館などの映画館でアメリカ映画も日本映画も見た。そして、三越、松坂屋、東京駅マルビル、銀座丸善、白木屋、玉屋、松屋などのデパートへ買い物に行った。十月二日に上野公園へ博覧会を、国技館へ菊花を見に行った。また、有名な中華料理レストランの會芳楼や聘珍樓、うなぎの名店の浅草ヤッコ、天丼の銀座天金で食事をしたりするほか、西洋料理、フランス料理も食べた。

一九三四年八月下旬、楊水心は娘の関関の希望でまた日本に行った。一九三四年八月二十八日の日記に以下のように記している。

表1　一回目日本滞在外出記録

| 日期 | 映画・演劇鑑賞 | 買い物―観光 | 食事 |
|---|---|---|---|
| 8月13日 | | 銀座天賞堂（時計の交換）、三越買い物 | 松□（昼食） |
| 8月18日 | | 銀座天賞堂 | 上海亭（晩餐） |
| 8月20日 | | 神田神保町観光 | |
| 8月22日 | | 新宿観光、ホテヤ | |
| 8月24日 | 銀座邦樂座―映画 | 松坂屋 | フランス料理 |
| 8月28日 | 高円寺館―映画 | | |
| 8月29日 | 高円寺館―映画（アメリカ映画「肉体の道」） | | |
| 8月31日 | | 東京駅マルビル、銀座丸善、白木屋 | 神保町會芳楼（昼食） |
| 9月4日 | | 銀座三越、松阪屋 | |
| 9月5日 | | 高円寺商店街散歩、買い物 | |
| 9月8日 | | 新宿ホテヤ、日比谷公園観光 | 帝国ホテル（茶）、銀座西洋料理 |
| 9月13日 | | 横浜観光 | 聘珍樓（晩餐） |
| 9月18日 | 浅草松竹座―映画 | 三越、丸善 | 浅草ヤッコ（鰻） |
| 9月20日 | 浅草松竹座―映画 | | |
| 9月21日 | 東京館―映画 | 白木屋 | 浅草ヤッコ（鰻、昼食） |
| 10月25日 | | 銀座天賞堂、玉屋、松屋、三越 | 須田町銀座天金（昼食） |
| 10月1日 | | マルビル、銀座 | |
| 10月2日 | | 上野公園（博覧会）、国技館（菊花観賞） | |
| 10月3日 | | 三越、白木屋、神田 | |
| 10月5日 | 牛込館―映画<br>帝国ホテル―ダンスを見る（夫） | | |
| 10月6日 | 牛込館―映画 | 銀座天賞堂 | 田源屋（西洋料理、昼食） |
| 10月8日 | | 神戸の商店街 | |
| 10月9日 | | 門司の商店街 | |

至十二時外入港、上陸，同秀眉、マツ去中華第一樓餐陽州麵。至三時十二分發車到京都，四時半抵〔抵〕，乘大〔貸〕切去參觀東本願寺、西本願寺、大佛殿、烏寺、耳塚、豊國神社、博物舘。

（十二時ごろ入港、上陸した。まず、秀眉と中華第一楼へ陽州麵を食べに行った。三時十二分発の電車で京都へ、四時半に着き、ハイヤーで東本願寺、西本願寺、大仏殿〔方広寺〕、烏寺〔専定寺〕、耳塚、豊国神社、博物館〔京都国立博物館〕へ見物に行った。）

今回も神戸から上陸したが、その足で東京に赴くのではなく、神戸で一番大きな中華料理屋であった中華第一楼へ陽州麺を食べに行ってから、京都の東本願寺など有名な寺院を見回り、次の日、二十九日に東京に到着した。十日ほど滞在して、九月八日に東京を出発し、中国へ行った。北京、蘇州、上海で友人と親族に会い、九月二十七日に長崎丸に乗り、長崎経由で神戸から上陸、再び第一楼で食事をした。

今回の訪日は主に友人と親族に会うためであったが、二カ月の滞在期間に外出した日は前回より多かった。林献堂がいないためであろうか、半分の三十四日出かけた。出先と用事を【表2】にまとめた。

二回目の日本滞在中には映画も見たが、歌劇のほうが多かった。魔術も見に行っている。映画より歌劇のほうに興味があったようである。

買い物にも変化があった。松屋、三越、白木屋のほか、高島屋、伊東屋、伊勢丹などの百貨店の名もみえ、百貨店での買い物の機会が増えたようである。また、時計店の天賞堂以外、銀座にある服部時計店（セイコーグループの源流企業）にも、めがね店の玉屋にも、本屋にも行った。食事にも洋食が増えた。六年の間に、東京自体が変化していたさまが見られる。

楊水心は日本滞在期間中、いつもハイヤーで出かけた。台湾にいた時と同じように映画を見に行った。また、百貨店や有名な店で買い物をし、有名なレストランで食事をしに行って楽しんでいた。自分の故郷のようである。現在の台湾人にとって東京は外国であるが、植民地時代の台湾上流階層にとって、台湾と繋がった同じ国の一部であり、自然に渡航したのであろう。そして、楊水心にとって東京もまた自由に生活を楽しむ都市であったこと

表2　二回目日本滞在外出記録

| 日期 | 映画・演劇鑑賞 | 買い物ー観光 | 食事 |
|---|---|---|---|
| 8月31日 | 帝国劇場 | | 銀座の喫茶店「コンパル」 |
| 9月3日 | 新宿松竹館 | | |
| 9月5日 | | 銀座服部、玉屋、松屋、三越、白木屋 | 中華第一楼 |
| 9月9日 | | 神戸の三越 | 第一楼 |
| 9月29日 | | | 第一楼（神戸） |
| 10月1日 | | 銀座（金の箱を買った） | |
| 10月2日 | | 新宿 | |
| 10月4日 | | 銀座玉屋、松坂屋、三越（ネクタイを買った） | 竹葉亭（鰻） |
| 10月6日 | | 新宿伊勢丹、ホテヤ、三越支店 | |
| 10月9日 | 新宿武藏野舘―映画「若草物語」 | | |
| 10月10日 | | 浅草観光、銀座松屋→玉屋→服部 | 浅草ヤッコ（鰻） |
| 10月13日 | | 松坂屋、松屋、玉屋、丸善 | 三越 |
| 10月15日 | | 横浜観光 | 博雅亭（昼食）、ホテル（茶） |
| 10月20日 | | 銀座玉屋、伊東屋、三越支店→日比谷美松デパート | 山水樓（招待を受ける） |
| 10月22日 | 日比谷―宝塚少女歌劇 | 神田三崎町青年会館（雑誌を買う）、三越支店 | 神保町會芳楼（昼食） |
| 10月24日 | 浅草松竹舘―エノケンの歌劇団、題名「村の無笑病」 | | |
| 10月26日 | | 玉屋、高島屋、白木屋、三越、玉屋 | 銀座天金(昼食) |
| 10月27日 | (1) 新宿松竹座―ダンテ大魔術団<br>(2) 松竹少女歌劇 | | |
| 10月30日 | 早稲田全線座―「ターザンノ復讐」 | 新宿三越、後乗大〔貸〕切同阿關去看 | |
| 11月2日 | | 国技館（菊花観賞）、三省堂、東京堂、丸善 | 神保町會芳楼（昼食） |
| 11月3日 | | 日比谷（菊花観賞）、銀座、服部、松阪屋、天賞堂 | 銀座アラスカ（友人を招待、西洋料理） |
| 11月4日 | | 本郷の文求堂（本を買う） | 新宿フジヤ洋菓子屋（昼食） |
| 11月5日 | 松竹座―歌劇 | 新宿 | 浅草ヤッコ（鰻、昼食） |
| 11月7日 | | 白木屋、玉屋、伊東屋 | 銀座フランス料理（昼食） |
| 11月9日 | | 鎌倉（長谷観音寺の観音像を見に）、江之島 | |
| 11月12日 | | 代官山（友人を訪問） | 目黒雅敘園（昼食） |
| 11月15日 | | 横浜買い物 | 安楽園（中華料理、昼食） |
| 11月19日 | | 上野―帝国美術展覧会 | 渋谷二葉亭（フランス料理、昼食） |
| 11月21日 | | 高島屋、三越、山本（ノリを買う）、銀座オーキ洋装店（シルクを買う） | 松屋（昼食） |
| 11月24日 | 昭和舘―フランスの映画「母の手」 | | 新宿伊勢丹（昼食） |
| 11月27日 | 銀座日本劇場―映画鑑賞 | 高島屋、伊東屋（香水と万年筆を買う） | 白木屋（鰻、昼食） |
| 11月28日 | | 日本キリスト教婦人教矯風会参観―保育園での子ども教育指導<br>南千住隣保舘参觀―貧民の状況 | 銀座資生堂（夕食） |
| 11月29日 | | 伊勢丹、三越 | 神保町會芳楼（昼食） |
| 11月30日 | | 新宿ホテヤ買い物、三越、ニーコ（鶏を買う） | 新宿ニーコ（鰻、昼食） |

に変わりはない。

## 四、おわりに

台湾には「お嫁さんの心得」という伝承童謡があり、一九六九年に民謡創作歌手である劉福助(りゅうふくじょ)により旋律が付けられ、「阿嬤(あまあ)的話」(おばあちゃんの教え)という歌となった。

---

做人的媳婦著知道理　　人の嫁さんになるには道理を知らなきゃいけないよ
晩晩去睡早早起　　夜遅く寝て、朝早く起きる
又擱煩惱天未光　　まだ夜が明けないと気を揉み
又擱煩惱鴨無蛋　　アヒルがたまごを産まないことに悩み
煩惱小姑欲嫁無嫁妝　　小姑が嫁に行くのに嫁入り道具がないことに悩み
煩惱小叔欲娶沒眠床　　小舅が嫁をもらうのに寝台がないことに悩む

做人的媳婦著知道理　　人の嫁さんになるには道理を知らなきゃいけないよ
晩晩去睡著早早起　　夜遅く寝て、朝早く起きる
起來梳頭抹粉點胭脂　　起きたら髪を結って、おしろい塗って、口紅つける
入大廳拭卓椅　　客間に行って、椅子とテーブルを拭き

踏入灶脚洗碗箸　　台所に行って、お茶碗にお箸を洗い
踏入繍房繍針黹　　裁縫部屋に行って、縫い物をする
…………

祖母が孫娘に嫁になるための心得を具体的に語り聞かせる歌であり、台湾の普通の伝統的な女性の生活を描いている。結婚した女性は舅姑から小舅小姑まで家族の世話、子育て、家事などに全力を尽くし、自分の人生がない。これが筆者が知っている母の世代の女性像であった。

楊水心の日記にはこのような普通の台湾の女性と異なり、都会で活躍した上流階層の女性の生活がかいま見える。また、楊水心の日記に見られた都市は、当時、台湾における代表的な家族であった林家の拠点とした霧峰、家族が生活していた台中と東京と、いずれも不便なことがなく自由に生活させることができる場所である。霧峰、台中、東京に関する記録を通し、これらの都市の繁華、文化や店、都市の変化、女性の活躍の姿などをも見ることができる。

注

1　本章の解説は多く注釈を参考しており、「注釈、頁数」と記す。
2　マールカンデーヤ・プラーナ 7.55、https://kotobank.jp/word/ マールカンデーヤ・プラーナ -137513。
3　李毓嵐〈林獻堂與婦女教育―以霧峰一新會為例〉、《臺灣學研究》第十三期、二〇一二年六月、一〇〇～一〇一頁。
4　李毓嵐〈林獻堂與婦女教育―以霧峰一新會為例〉、《臺灣學研究》第十三期、二〇一二年六月、一一〇頁。

参考文献
・李毓嵐〈日治時期臺灣傳統文人的女性觀〉、一〇七頁。
・李毓嵐《世變與時變―日治時期臺灣傳統文人的肆應》、二四〇頁。
・李毓嵐〈日治時期臺灣傳統文人的女性觀〉、一〇三頁。
・李毓嵐〈林獻堂與婦女教育―以霧峰一新會為例〉、《臺灣學研究》第十三期、二〇一二年、https://www.ntl.edu.tw/public/Attachment/281415581732.pdf
・許雪姬〈介於傳統與現代之間的女性日記―由陳岺、楊水心日記談起〉、《近代中國婦女史研究》、第十六期（二〇〇八年）、二二七～二五〇頁。
・許雪姬「許序」、『楊水心女士日記（一）一九二八年』中央研究院台湾史研究所、二〇一四年、vii～xi。
・「陳岺日記―低調的未亡人日記」、「流轉年華―臺灣女性檔案百年特展」（二〇一一年） https://herhistory.ith.sinica.edu.tw/Information.html
・劉世恩「《楊水心女士日記》的内容與解讀」、『臺灣學研究』第二十二期、一〇九～一二八頁。
・陳穎禎（二〇一七）『台湾阿里山における植民地産業開発にともなう地域・都市・集落の再編に関する研究』、十三～一五頁、http://hdl.handle.net/10291/19699

# 第3部　日中韓の女性たち

# 15 都市に生きた多様な女性たち

田中優子 TANAKA YUKO

**要旨**——「東アジア近世・近代都市空間のなかの女性」は、東アジアの中で、女性にとって都市とはどのような場所であったのか、女性の言葉は都市をどのように記述したのか、女性は都市のなかでどのように描かれたのか、をめぐるシンポジウムであった。『遊廓と日本人』を上梓したことから、遊女の文化を東アジアで比較することにも関心があった。実際に本章で挙げているように、女性の型を表現する際に、遊女や芸者や囲い者が大きな比重を占めている。しかしそれはやはり、都市文化を生きる男性の視点による願望を含む分類であって、実際には、現実生活の中で自分の身につけた能力の範囲で日常を送っている女性が、圧倒的に多いのである。都市の外に一歩出れば、さらに多くの優れた職能を持った女性たちが生産と経済を支えていた。ここでは都市がテーマであるから、その都市の中にいかに多様な女性たちが、多様な仕事と生活を生きているかを、少しでも表現しようとした。

そこで、平安時代と、室町から江戸時代にかけての記述から見えてくる多様性をまず紹介した上で、本章の中心に式亭三馬『浮世風呂』の女湯の編を置いた。『江戸期おんな表現者事典』もまた、女性の生き方と表現手段の多様性を知る上で、重要な資料であると考えた。

## 一、表現する女性、表現される女性

女性の歴史を考えるとき本来は、「都市に生きた女性」と「農山漁村に生きた女性たち」の両方を視野に入れる必要がある。とくに江戸時代では、後者が人口の約八割を占めていた。そのなかには農業だけでなく、機織りや紙漉きや焼き物や漆器作りその他の工芸生産によって職人的な生き方をした女性は少なくないどころか、多くを占めていたと考えられる。職能の範囲としては、都市の商家によって、商品として買い取られる高い質の生産品を一定量生産していた女性がいた一方、機織りで言えば「うちおり」と呼ばれるような、家族のための生産のみをしていた女性もいた。農村における職人仕事の多くは女性が大きな比重を占めており、日本の消費社会を支える生産物を、実は女性が担っていたのである。

農業とともに漁業に携わる者も、山林の仕事に携わる者も、里山できのこや木の実その他の採取に携わる者もいて、さまざまな兼業がおこなわれていた。農業と漁業を兼ねる者、農業と採取を兼ねる者、さらに被差別階級の女性であっても、死牛馬の皮の処理という職人仕事を家族とともにおこないながら、同時に農業の手伝いをしている人たちもいた。

女性の生き方・働き方は、それぞれの時代の人間全体の仕事と同じほど多様だと言っていいだろう。そこから見ると、都市における女性の仕事はきわめて狭かった。それはやはり、都市住民の仕事の範囲が、それ以外の範囲より狭いからである。にもかかわらず都市に生きた女性たちをなぜ対象にするのかと言えば、資料は都市住民に関することの方がはるかに多いからだ。都市とは、言語化することによって成り立っている場所である。それはたとえば平安時代においては貴族、中世においては貴族と上層武家の生活のみが文学その他の文献として残り、考える手段がそこしかない、というういわば残念な事実による。『源氏物語』に出てくる女性たちより、農村でその生活を支えた女性たちの方がはるかに人口は多く、はるかにその時代の課題を体現していたにもかかわらず、その実態はわからないのである。いわば、宮城を含む都市には「表現する女性」と「表現される女性」がおり、都市以外にはそのどちらもきわめて少なかった、ということなのだ。

それらの表現を通して、都市に生きる女性たちのその生きる方法の狭さと、それと裏腹の「自由」について考えることも重要である。その「狭さ」は現代社会では変わったのか、画期的に多様になったのか、と問うことも今後を考える上で有用であろう。そこで本章では近世の江戸に暮らしていた女性たちについて考えたい。しかしその前に、古代や中世の事例を見てみよう。平安時代において主に貴族階級に属する「表現する女性」は東アジアの中でも世界の中でも日本は圧倒的に多く、その質も高かった。ここではそれについては触れない。一方、「表現される女性」については近世の事例を見るときの重要な参照事例になりそうなので見ておこう。それは1052年ごろに成立したと考えられている藤原明衡の『新猿楽記』に登場する女性たちである。

## 二、表現される女性たち

下級官人である四十歳の右衛門尉には二人の妻と一人の妾がいる。本妻は右衛門尉より二十歳年上だというので、六十歳になる。妻の親の財産が目あてで結婚したそうだ。その妻は怪しげな信心にうつつを抜かし、もはや仕事も家事も何もやっていない。信心の理由はどうやら、若い妻妾にだけ気持ちが向いている夫を、自分に振り向かせるためであるようだ。二番目の妻は夫と同じ歳で、裁縫、染め、洗い張り、機織り、紡績、炊事、夫の装束の準備など全般をとり仕切っている。働き者で賢い。これらの仕事が当時の家庭の中にいる女性の仕事であることがわかる。今と異なるのは、それらを手伝う女中や下女がいることだろう。若い妾は派手で華やかだ。夫を慰めること以外何もしていないようだ。

右衛門尉には娘が十六人、息子が八、九人いる。四女は巫女である。占い、神楽、梓弓、口寄せ、歌舞をおこない、たいそう繁盛している。十五女は仏道に邁進し、日夜修行をしている。十六女は遊女であるとともに、淀川筋で遊女をたばねる女主人だ。江口、河尻、坂本（大津）を移動しながら仕事をしている。遊廓があるわけではなく、昼間は日傘のもとに、夜は船の中に客を招き入れる。客を招く歌声は迦陵頻伽のようで、顔は天女のように美しい。

この描写の中に、宮木、小鳥、薬師、鳴戸という遊女の名前が出てくる。都市で働く女性たちはこのように、仕事の内容とともに名前（本名ではないが）が記されることがあり、それは技能や存在が個人として承認されていることを示す。藤原明衡より五十年ほど後に生まれた大江匡房が書いた『遊女記』では、江口の最初の遊女は「観音」という名前で、中君（なかのきみ）、小馬（こま）、白女（しろめ）、主殿（とのも）などという遊女がそれに続いたという。蟹島の遊女は宮城（先述の宮木か）が最初で、如意、香炉、孔雀、立枚などがいたという。神崎では河菰姫（かこひめ）が最初の統率者で、孤蘇、宮子、力命、小児などがいた。やはり遊女たちは船で移動しながら美しい調べを奏で、歌声は、美声で知られるインドの黒ほととぎす「倶尸羅（くしら）」のようだと書かれている。遊女たちは「長者」という統率者によって束ねられ、呼ばれるとそこに派遣された。太政大臣たちが参詣などにやってくるときには、それぞれ遊女を呼んでいた。遊女は絹や米を受け取っていた。

このように見てくると、貴族階級の女性たちを除く平安時代の都市の女性は、家の中で使用人を指導しながら生活全般をマネージメントする他には、遊女、巫女、尼として生きる程度であったように思われる。しかし実際には、ここに書かれていない様々な都市における職人仕事や小売の仕事があったであろう。室町時代の1500年代末に成立した『七十一番職人歌合絵巻』には、都市の中の紺掻（染め職人）や機織り職人の女性が描かれている。江戸時代初期の『職人尽図屛風』になると纐纈師（絞り染め職人）、糸師、織師、縫取師（刺繍職人）の女性が描かれるようになる。やはり江戸時代の一六九〇年に刊行された『人倫訓蒙図彙』では紙屑買いを女性の仕事としている。その他に「おちやない」という、かもじ作りを目的に落ちた髪を集める仕事、「乳子買い」という里子を募る仕事、山椒の皮を売る仕事、「紙子師」という紙漉き職人、餅菓子を作って売る「餅師」、湯気で布を伸ばす「湯熨（ゆのし）屋」、着物に関係する洗濯、綿摘、機織、鹿子結（絞り染めの準備で布を括ること）、木綿打（弓で綿をほぐす仕事）、足打（組紐）、神子（みこ）なども見える。歌比丘尼、風呂屋の「湯女」、遊廓の傾城など、色を売る仕事も、職人仕事と同列に並べられている。それらから推測すると、家の中の仕事の他は、芸能を含めた遊女その他の売色の仕事と、巫女とが、古代から主要都市の女性の生き方であったことがわかる。そのほかの女性の代表的な仕事として、農村でも都市でも共通する機織り、紡績、染色、洗濯、ワタ打ち、紙漉きがあり、都市に特有の鹿子結、刺繍、組紐などの職人仕事があった。さらに都市では、リサイクルを目的にした紙や毛髪を集める仕事や、餅などの小売の仕事があったことがわかる。

## 三、江戸の女性たち

今まで女性の仕事として紹介したのは、近世前半までの上方の事例である。江戸幕府が開かれてから江戸の人口は急速に膨れ上がったが、まだ前半においては文化的にも商売の面でも上方が中心だった。やがて江戸にも多くの需要が出現し、女性の人口も多くなり、世界最大の都市の中で女性たちの生活も多様になった。

山東京伝の『人物図巻』に、女性たちを絵図で表現したものがある。山東京伝は終生江戸で暮らした。したがって江戸の女性たちを描いていると考えていいだろう。それを見てみると「町人の妻」「吉原の傾城」「品川の遊女」「深川の遊女」「芸者」「囲い者」「賎妓」「水茶屋の娘」「巫女」「箱入り娘」「乳母」「町家の婢女」「いなか娘」「後家」とある。以上を分類すると「商家の女性」「芸能で生きる女性」「性を売ることで生きる女性」「生産者」の四種類になる。生産者は「いなか娘」のみで、芸能で生きる女性は芸者と巫女のみ。商家の女性は町人の妻、囲い者、箱入り娘、乳母、町家の婢女、後家の六種。残りの五種は性を売ることで生きる女性たちだ。「囲い者」は商家の女性に入るのか、という疑問が生じるかもしれない。小林ふみ子氏からご教示いただいた十返舎一九の『家内安全集』という本を覗いてみよう。

これは家を安定させるために何が必要かについて、商家の構成員それぞれの心得を五・七・五・七・七で説いた絵入り本である。隠居夫婦、主人とその妻、四人の息子と二人の娘そして嫁が、この商家のメンバーである。三代十一人の家族だ。次ページからは番頭、支配人、手代、丁稚(でっち)、乳母、下女ら雇用している人々が列挙される。しかし、この家は十一人家族ではなく、十二人家族だった。家族の末尾に描かれている嫁は長男の妻と思われる。その嫁の前、二人の娘の次の位置に「妾」つまり「囲い者」がいるのだ。主人の妾なのであろう。六人の子供たちのいずれかは、この人が産んだのかもしれない。将軍家や大名家が継続するには大奥が必要だった。商家もまた、継続させるためには妾が家の「安全」を守る要の一人だったのである。

ここに登場していない都市の女性がいる。それは武家の女性たちだ。公家は江戸にはいないので除くとして、武家の女性は将軍家の家族やそこで仕事をしている女性たち、幕臣の家族や雇人、寺社の家族や雇人たちがいる。

将軍の正室は「御台所」と言い、「御殿向き」という場所にいる。同じ場所に「側室」がいる。基本的には、後継者を作らねばならない将軍は、彼女らの誰かが後継者を産めるよう行動する。大奥に勤める武家奉公の女性は側室たちの世話をするのが仕事である。さらに「長局向」という場所には奥女中たちがいる。彼女たちはお手つきもそうでない者もいるが、一生奉公が基本だ。むろん「病気のため」という理由でそこから出る道は確保されている。

これらの分類に現代の我々が感じることは、女性が「家族の継承」に果たしている役割である。逆に言えば、都市の女性は、総体として家族の継承にのみ役立っている、ということだ。「商家の女性」「芸能で生きる女性」「性を売ることで生きる女性」「生産者」の四種類のうち、「生産者」を除く三種類が都市に生きる女性たちであり、その三種類の女性たちは、商家の存続のために男性を支えている。芸能や性という側面もまた、男性の「家」の安全を背後から支える役目を負っている。時には遊廓が原因で破産に追い込まれることもあるが、それは例外だ。では男性の立場の保全ということと関係なく自立して生きている女性はいないのかというと、それもまたいるのである。料理屋や遊女屋（妓楼）や茶屋の経営者、水茶屋の女性、楊枝屋や楊弓場の女性、妓楼の遣手、常磐津や新内や琴・三味線などの師匠、手習い（寺子屋）の師匠、女髪結、鍼医、産婆、乳母、女中、子守、髪結、宿場の飯盛女、裁縫師、洗い張りなどである。

さらに言えば、商家の女性とも言えない、長屋に暮らす女性たちがいる。彼女たちは性を売るわけではなく、商家に雇われているわけでもなく、三味線や唄の師匠、裁縫、洗い張り、行商、掃除、髪結、口入れ、湯屋番、食べ物屋の給仕、古着屋、灰買いなどで生きている。最下層とは言え、自立している。男性が大工、左官、河岸での荷物運び、ぼてふりの魚屋や八百屋、煮豆屋、古道具屋などで生きているのと同じように、必要とされる細々としたあらゆる仕事を、都市でこなしている。黄表紙をはじめとする絵本類にも都市の女性たちが描かれているが、遊女、芸者、巫女、水茶屋の娘、楊弓場の女性、商家のおかみさん、洗い張り、口入れ、料理屋の給仕、団子売り、甘酒売り、和歌の師匠、寺子屋の師匠などで、さほど広がりはない。やはり職業の多様性で言えば圧倒的に男性が多い。それは零細商人には、ぼてふりの魚屋、八百屋や水売りなど、力仕事が多かったからであろう。

## 四、女湯に集う女性たち

式亭三馬の『浮世風呂』二編「女湯之巻」（文化六年・一八〇八刊）と三編「女湯之巻」（文化八年・一八一〇刊）には、長屋を中心とする江戸庶民の生活の場で暮らす女性たちの、のびのびとした姿が見え、本音が聞こえる。彼女たちの職業や生き方は、ここまでで述べて来た範囲をさほど出ることはなく、仕事の種類は限られている。しかしその乱暴なくらいおおらかで自然な言動には、驚かされる。まず二編である。

朝湯に来るのはたいてい、芸者か料理屋の娘だという。三馬はそれぞれのキャラクターや職業に沿って名前をつける。十八、九歳の芸者の「お三味（さみ）」が朝湯にやってくると、料理屋の娘の、その名も「お鯛」がいる。二人は髪結の話をしている。髪結の名はお櫛とお筋。お三味は、お櫛が今朝一番で来てくれた、と言っているので、家々をまわる女髪結が盛んに仕事をしている様子がわかる。髪結たちは前垂れをつけ、道具箱を下げ、高下駄をはいて廻るのだ。お鯛はお筋に結ってもらっているが、今朝は「替はり」だったと言う。女髪結たちはどうやらネットワークをもっていて、自分が行かれない時は他の髪結に行ってもらうのである。

そこに「お撥（ばち）」という三十歳ほどの芸者が来る。お撥も「白歯」つまり未婚の芸者である。三人のおしゃべりが始まる。ほとんどはゆうべの座敷の話だ。酒肴の席は当然だが、恵比寿講の宴席などにも芸者が呼ばれていたことがわかる。お三味は猫文字から誘われて、おづる、豊ぼたと一緒に芝居を見に行った話をしている。いずれも同世代の芸者のようだ。「文字」がつくのは常磐津を語る芸者で、「豊」がつくのは富本節を語る芸者である。流派に関係なく、座敷で一緒になり友人になるのであろう。酒宴は夜中の二時ごろに終わり、芸者たちはその時間に帰るようだ。そして朝風呂に入り、また一日が始まる。

そのうち、八歳のお玉と二歳のお杉の、二人の娘たちを連れた三十四、五才の母親がやってくる。お玉・お杉という名前は、小屋掛の芸人の通称で、物語にも使われる名前であるから、二人の子供にそういう名をつけることは現実にはない、と思っていいだろう。『浮世風呂』が職業と関連した象徴的な名前や、つけるはずのない名前を使うのは、もしかしたら、モデルを悟られないためかもしれない。次に八歳の「馬」が、母親の「辰」に、弁当をせがむためにやってくる。手習い（寺子屋）に弁当を持って行って友達と一緒に食べたいようだ。辰は五人の子持ちだ。弁当を作るのはいいが、おかずに注文をつけるのが困る、という会話は現代もさほど変わらない。辰とともに子供の話をしているのは「巳」である。巳は、嫁に行った長女がいま子供を宿していると話す。彼女たちの話から伝わってくるのは、やはり女性の生活の基本は嫁入りであり、夫婦仲が良いか悪いか、姑がやさしい人かどうかなど、話題が尽きないことだ。そこへ、辰の家から下女の喜代がやってきて、客が来ているので帰ってくれという。

さらに、子供も孫もいない「とり」六十歳と、「さる」七十歳が入ってくる。さるは五人の孫がいて、嫁が動かないので手こずっている。「いぬ」がやってくる。いぬの娘の「お釜」は生田流の琴の稽古をしているという。「きじ」の九歳の娘は「鍋」という。鍋には六歳から乳母をつけて屋敷へ奉公させ、そこで藤間流の踊りを習わせている。ここでは十二支を使って名前をつけている。「さる」と「いぬ」が出てきたので、そこからは桃太郎の登場動物に移行している。

ここまででわかることは、手習いはもちろんのこと、琴や踊りの稽古も娘たちにさせる親がいて、それも稽古場に通わせるだけでなく、屋敷へ行儀見習いの奉公をさせ、そこに教えにくる踊りの師匠に踊りを習わせる、ということだ。常に複数の庶民の娘たちがさまざまな屋敷に奉公している。親たちにとっては行儀見習いが期待でき、屋敷側にとっては安い人件費で手伝いをさせることができる。さらに師匠たちは、一カ所で複数の娘たちを教えることができる。女性の職業の面から見ると、女子たちの寺子屋（手習い）の師匠は女性が務めている。そして女子たちに教える各種芸能の師匠も女性が務めている。庶民の女子たちが手習いに通い稽古をすることになると、それらをささえる師匠たちの仕事は格段と増えていったであろうと想像できる。芸能を担う女性たちは決して芸者だけではなく、師匠である場合や、その両方を兼ねている場合もあったろう。ちなみに、ここには出てこないが、和歌の師匠も女性であった。

次に「かみがた」という、ずんぐりして色白の関西人の女性が湯に入ってくる。ベッコウのこうがいを髪に刺しているが、湯で反らないよう、紙でぐるぐる巻にしている。関西弁で、「お山」という女性の話す江戸弁とやりとりしながら、すっぽんの吸い物やうなぎの食べ方の違いなど、上方と江戸の違いで盛り上がる。互いの言葉をからかいながらの、漫才のような軽妙なやりとりだ。

商家のおかみさんと一緒に、子守の少女も来て、子供たちの世話をやいている。子供は春、夏、秋、冬、にくの五人で、人形でままごと遊びをしている。

よくしゃべる「お舌」、無口な筑田屋のおかみの「お苦」が、香のものの話をしている。「お貧」「おどろ」「お鳶」がそこに関わる。ここの眼目は「お舌」の、亭主についてのすさまじい悪口雑言だ。娘のおべそに三味線を買ってやったが、亭主がそれを壊して撥もどこかへ行ってしまった、というのだから暴力亭主である。このように、女性が女湯でたいへんな剣幕でまくし立てるようなことが、なかったわけではあるまい。女湯は男のいない世界である。ここで何を言おうと、暴力には見舞われない。気持ちの発散はここでしかできない。しかしそのかわり、かっかとして湯を跳ね上げるので、他の女性たちは避けるようになる。

そこにお舌の娘の「おべそ」が現れ、「お鬢（びん）とお髷（まげ）がぶったあ」と子供の喧嘩になるから、いっそうやかましくなる。そこにお鬢、お髷の祖母が現れて、それぞれの親と祖母との大喧嘩に展開。「こはいおかみさなんだネェ」「さやうさねェ。一体また、子供の喧嘩をとり上るは悪うございます」という噂の種になっていく。庶民に女言葉はない。上方出身者から江戸育ちの者、大人しい者もいれば乱暴な口をきく者もいる。まさに女たちの遠慮のない多様なありようが、はっきり見えてくるのである。

続いて盲目の姑につきそってきた二十四、五歳の嫁は、打って変わって上品だ。屋敷勤めをしていた嫁だ。同じ屋敷の使用人だった「おやす」が嫁付きの下女として婚家にもついてきたようで、一緒に現れる。嫁は「やすか」と呼び、やすは「あなたエ」と呼ぶ。お屋敷言葉なのだ。おやすはそこにいる他の女房の背中を流しながら、自分の仕える嫁の素晴らしさや、自分の姉の結婚の失敗について話す。「色男よりかせぎ男」だ、と女房が言うと、おやすは、姉が「小ぎれいな男」を亭主にしたばっかりに浮気がやまない。しかも近所の娘などを「いぢり散らし」て困っているという。女房は「地もの好みのぼろッ買い」と言う。素人を好み、区別なく弄ぶことを意味する。では「男らしい」男はどうするのかというと、「金を遣って売物買物が能いはな」となる。つまり婚姻外の遊びをするのであれば、素人ではなく、金でプロの女性を買うべきだと、女性たちが考えていたことがわかる。

ここで、売物買物である遊女たちが、囲い者と同じように、当時の家族制度を守っていると理解されていたことがわかる。家族制度の中にいるおかみさんたちは、浮気を困ったことだとは思うが、さほど気にしてはいない。ただし、気にならないのは売り買いの対象に限られる。プロの女性たちは結婚を目的としていないので、妻の立場が守られるからだ。都市の女性たちの職業の中で、売色という仕事の多様さと数の多さは、そのような考えに支えられていた。これは江戸時代の結婚が生活と家族制度を優先させたいわば「就職」の一種であって、恋愛結婚ではなかったことと関係がある。制度を守る結婚は「まじめな結婚」であり、恋愛結婚は「浮気な結婚」と呼ばれ、あまり評価されなかった。まじめな結婚が賞賛されるので、女性が男性よりかなり年上である事例や、婿養子である事例は特殊ではなかった。恋はあくまで、結婚の外の出来事だったのである。

なお、結婚について会話を交わしているこの「おやす」は、ご主人にあたる女性が結婚するときに嫁入り先に付き添って行ったのだった。この「おやす」の人件費は嫁の持参金でまかなっているのか、嫁入り先でまかなっているのかは、わからない。しかし話の様子では、いつまでも付き添っているわけにはいかないらしい。主人に子供ができた時には、自分は家から出て結婚する、と語っている。おそらく子供ができると今度は乳母と子守りが必要になり、人件費はそちらにまわされるのだろう。女中、下女、乳母、子守という職業が女性特有の職業として、広く採用されていたようだ。

風呂にはこの後、その、下女たちがやってくる。下女たちは主家の姑の悪口で盛り上がる。夫についての愚痴だけでなく、雇い主の愚痴も、ここでは自由に話している。雇い主にあたる人々は内風呂を使っていて、風呂屋には来ないのかもしれない。

そこに、三十四、五歳の乳母と、十三、四歳の子守がやってくる。乳母が四歳ほどの子供のさかやきを剃っている。つまり乳母といっても乳をやる年齢にのみ付き添っているのではなく、子供が大きくなっても雇用されている事例がある。彼らが風呂屋にやってくるということは、棟割長屋の住民だけでなく、表店の雇用人たちもやってくるということだ。そこに、梅毒で鼻が欠けてしまった中年増の「おかさ」と「おしつ」がやってきて、盛んにかんざしとこうがいの話をする。おそらく「もと遊女」なのであろう。

三編の冒頭は二篇同様に朝風呂であるから、富本節を語る芸者「豊猫」十八、九歳と、料理屋の娘と見られる「おはね」二十一、二歳、そして常磐津を語る芸者「婆文字」三十歳がさっそくやってくる。三人が拳の話などをしていると、そこに二十七、八歳のおつな囲い者「おかこ」がやってきて、前日の酒宴の話をする。おかこと他の三人が親しいところを見ると、元芸者が囲い者になったと見える。

そこに「お丸」と「お角」という十歳から十一歳と思われる少女がやってきて、親にやらされている稽古事の話に夢中になる。お角が語る一日のスケジュールがすごい。

朝むつくり起ると手習のお師さんへ行てお座を出して来て、夫から三味線のお師さんの所へ朝稽古にまゐつてね。内へ歸つて朝飯をたべて踊の稽古からお手習へ廻つて、お八ツに下ツてから湯へ行て參ると、直にお琴の御師匠さんへ行て、夫から歸つて三味線や踊のおさらひさ。（中略）日が暮ると又琴のおさらひさ。夫だからさつぱり遊ぶ隙がないから、否で否でならないはな。

という具合だ。これらは屋敷奉公に出るための稽古である。屋敷奉公は若い女性の重要なキャリアと見えるが、それはよいところ（たとえば大店や、それなりの商家）に嫁に行くためのキャリアなのであろう。もしそれがだめでも、芸者や師匠として生きていけるのであれば、遊女にならなくとも暮らしていかれる。これは重要なことだったろう。一方のお丸は、稽古事ではなく縫い物を覚えさせられている。裁縫の技能は、実直な結婚のための条件であるがそればかりでなく、何らかの理由で一人で生きていかねばならない時にも、仕立てや洗い張りを請け負って生きていくことができる。親は娘の将来を、「良いところへ嫁にやる」「一人でも生きていかれる」という二つの可能性のなかで考えているのだ。江戸時代のみならず戦後の高度経済成長時代までの日本社会では、そのように考えられていた。しかし一人の男性に一家を支えるだけの収入が望めなくなった現代社会は、結婚による専業主婦化が、裕福で幸福な生活を保障するものではなくなった。都市に生きる女性が、結婚のみで生きて行かれる可能性をほぼ失い、自分自身と子供を養うための生涯の仕事が必須になったのは、現代が歴史上初めてではないだろうか。

さてここに、「人柄の良いおかみさん」が登場し六十歳ほどの高齢の女性と話している。「おかみさん」には十六歳の娘がおり、近所の若者たちが近づきたがるので、やはり「何事もない内に御奉公」と考えている。奉公先は、と高齢者が尋ねると、自分が奉公していた所だと答える。今で言えば、自分の卒業した私立の女子校へ娘も入学させる、と言っているような雰囲気だ。屋敷奉公は寄宿舎付きの高校といったところなのであろう。

高齢者の方は、女中の「お三」を嫁にやったこと、新しくきた「おりん」ががさつ者であることで愚痴をこぼす。多くの家に女中が雇われている。つまり「女中」は明確な位置を占める都市の女性の仕事であり、雇用者の家から嫁に出してもらうことまであるのだ。

次に、「おべか」「おさる」という下女たちが入ってくる。二人は、すれ違いに出て行った「人柄の良いおかみさん」が実はとんだ「やかましや」なのだ、と噂をする。十カ月で五人も奉公人が替わった、という。そこに「高が一年限でふいふいと風まかせの奉公だものを。同じ値ならば気散に暮す方が徳さ」という感想が出てくる。下女奉公は一年契約だ。気に入られれば契約更新があるだろうに、それを目的に辛い奉公を我慢するより、居心地のよい働き場所を選んだ方がお得と考えている。ここには儒教的忠誠心など微塵もない。気軽なアルバイト生活がどのような未来につながるのか少々心配ではあるが、いかにも都市の労働者である。

ここに、多くの人を酔わせる「伊勢屋の女中」が登場する。これは三編中の山場だ。風呂のすみで、「鄙めきたる声」を張り上げて「さまよ銚子のー、荒濱そだちー」と、銚子の「なき節」を唄う声がする。「お松」という女性がその女中にもっと歌ってくれ、と言う。すると女中は、国にいた時に観音堂建立の御詠歌を唄った話を始める。自分が十三の頃に、十六、七歳の女性を頭にして、毎晩のように建立に歩いたという。建立の寄付金を集めるためのものだったのだろう。お松は「そんなら御詠歌も知居るだらうの」と問うと、「アイ」と答え、坂東の御詠歌、じやうかよ節、いたこぶし、しようがへぶし、甚九、川崎ぶしと並べ。「中でも海老屋の甚九がおもしれへだ」という。お松が「うたひなナ」と言い、下女が「うたひますべい」と答え、「今度喜代がさき海老屋の甚九。親の代から小間物賣よ」と始まる。銭湯の中でよい声の娘が甚句を堂々と唄うそのシーンが浮かぶ。その場にいた女性たちはさぞかし心を掴まれたであろう。ちなみに「甚句」とは地の句（その土地の唄）が語源だという説と、「長崎海老屋の甚九　親の代から小間物売りで」という、甚九という商人の名前を読み込んだ唄が由来、という説もある。唄い終わると皆がやんややんやとはやし立て、「とんだおもしろかった」「とんだ良い声だ」と風呂屋は楽しそうな笑いに満たされた。農漁村に育った者は、祭や寺社の催しや講や組や村芝居で芸能の力を蓄えた。彼らは都市に出て芸人になるわけではないが、決して田舎者と蔑まれるわけではない。このようにコミュニティを幸せにし、その能力で受け入れられるのである。そういう女性もたくさんいたことだろう。

この後、義太夫の稽古場の経営者の女房と思われる三十歳ぐらいの女性が入ってくる。多分、娘義太夫の芸人だった人で、今は太夫の妻となり、女子の稽古を担当しているのだろう、と作者は推測している。生まれは江戸だが、大坂弁を使う浄瑠璃の口ぐせと、亭主の上方言葉の影響で、言葉が大坂なまりになっている。しかも顔は美しいのだが、それに似合わない太いどすの効いた声を出すという。太棹三味線の一の糸で結えたぬかぶくろを口にくわえ、「竿から浴衣をはづしてひらりと身にまとひながら十六七のむすめの子に向ひ、小弦さん、おまへ今お出たか」などという表現はまるで浄瑠璃の人形でも見るようだ。

一方で、知識人と思われる女性たちも風呂屋に来る。「いにしへぶりの物まなびなどすると見えて、物しづかに人がらよき婦人二人」が入って来る。まるで「几帳のかげに桧扇でもかさしてゐさうな気位」だ。その一人鴨子は、『宇津保物語』を読み返そうと思って校訂をしている。もう一人のけり子は賀茂真淵の『源氏物語新釈』と、本居宣長の『玉の小櫛』をもとにして『源氏物語』に書き入れをしているという。風呂屋でそういう会話をしているのも何やら可笑しい。しかしこの二人はなかなか洒落た人たちで、やがて話題が狂歌に移り、狂歌を詠んで笑い合う。国学者や歌人に師事している女性たちがいたことはわかっているが、長屋に暮らし風呂屋に来る人たちもいたのである。

一方で、屋敷奉公から戻った二十四、五歳の女性を中心に三人の女性が屋敷での着物やお洒落について話が盛り上がっている。その奉公下がりの女性たちだが、どうやら屋敷奉公帰りの女性を嫁にもらって自慢に思う亭主もいるようだ。「お川」と「お山」の会話はそんな夫婦に及ぶ。しかし、女性たちが皆、屋敷暮らしに憧れているわけではないようだ。お山が言う。「花を活るの、琴を弾くのと、世帯もちのいらねへ事さ。飯を焚て着物を縫て、内外の者の身じんまく（身仕舞い）をして、物にすたりの出ねへやうにすりやア、女房の役は澤山だはな」と。

多様な女性たちが女湯に集まるが、武家奉公や金持ちを頂点に置いて、そこから自分を判断する、という価値観は持ち合わせていないのだ。「世帯もちに必要な能力で生きていく」、これが長屋を中心にした江戸庶民の人生観の中核であろう。『浮世風呂』は、その中核たる価値観を柱にして、都市の女たちの生き方と人生観が多様に渦巻く実に面白い空間なのである。

## 五、表現する女性たち

二〇一五年に『江戸期おんな表現者事典』（現代書館）が刊行された。約一二〇〇人の女性たちが収録されている。現代の県別にまとめられており、その範囲は全国に渡る。教育、音曲、工芸、書画なども入っているが、和歌俳諧が圧倒的に多く、江戸では狂歌詠みもいる。『名ごりの夢』を書いた桂川（今泉）みね、『南総里見八犬伝』を口述筆記で完成させた後、日記を残した滝沢みち、北斎の娘で「応為」という名の浮世絵師であったお栄などは、江戸の女性たちである。

女性狂歌師の活動も、江戸で広がっていた。知恵内子（ちえのないし）は元（もと）の木網（もくあみ）の妻で、幾地内子（いくじのないし）は娘である。秋風女房は吉原の妓楼・大文字屋市兵衛の養女で、垢染衣紋（あかそめえもん）は妓楼・扇屋宇右衛門の妻であった。歌之助は大黒屋甲子楼の遊女で、歌姫は松葉屋の遊女であった。遊女たちは狂歌だけでなく、和歌で知られた者もおり、雁屋の遊女、采女（うねめ）もそのひとり。薄雲という名の遊女は二人いるが、どちらも和歌と俳諧で知られていた。新吉原の芸者なをは、清元節・河東節の名手であるとともに、料理屋や娼家を経営する実業家でもあった。月光亭笑寿は草双紙作家で、画工の夫が挿絵を描いていたという。

地方都市にも、岐阜大垣にはよく知られている江馬細香（えまさいこう）がいた。生涯独身を通した漢詩人である。同じ大垣に、梁川星巌（やながわせいがん）の妻となった紅蘭（こうらん）もおり、やはり漢詩や文章を残した。『東路（あづまじ）日記』を書いた小田宅子（おだいえこ）と『二荒詣（ふたらもうで）日記』

を書いた桑原久子は福岡の人で、商家の妻であり歌人でもあった。亡夫から家業を引き継ぎ、それを子に譲って引退した後、天保十二年（一八四一）に五十代で約五カ月間にわたって、共に歌を詠むための旅をしている。地方都市を中心に、国学者に歌を学び、漢詩人に詩を、俳人に俳諧を学ぶ女性が増えたのである。歌集や俳諧集を発行し、添削を行うなど、積極的な創造活動の支援グループも生まれた。「和歌」が女性の文学活動に果たしたきわめて大きな役割を、あらためて思う。

膨大な和歌俳諧漢詩などが、平安時代だけでなく江戸時代まで、女性たちの表現の基本的な場であったことを、この事典で知ることができる。現在わかっている人名は歌集や俳諧集に載り、あるいは自分で編んだので残っているが、生活しながら単に歌をかきつける人もいたはずで、この背後にさらに多くの表現する女性たちがいたであろう。

表現する女性、表現される女性、と分けては見たものの、表現は仕事や活動としておこなうだけではない。風呂屋で歌い、風呂屋で人生観を語ることも、現代の我々にまで届いてくる。都市の職業はなるほど男性に比べてその種類が少ないと思えるが、それは「力仕事」ゆえであったから、もはや現代ではその垣根が崩れ始めている。かつては女中や乳母や子守りという女性の職業は、今や看護師、介護士、保育士など、男性の職業にもなった。しかし女性たちは結婚制度の中で生きていけなくなったにも関わらず、依然として非正規という分野に押し込められている。前借金を返すために色を売る女たち同様の生活が、まだまだある。「家庭」「家族」という理念を政治によって押しつけようとしている政党もある。本章で見てきた女性の「多様性」は、さらに広がっている。その多様性を生きることのできる社会こそが、江戸時代を越える社会なのである。

引用・参考文献

・大江匡房「遊女記」『古代政治社会思想』（岩波書店、日本思想大系八、一九八一年刊行版）。
・桂文庫編著、柴桂子監修『江戸期おんな表現者事典』（現代書館、二〇一五年）。
・式亭三馬著、中村通夫校注『浮世風呂』（岩波書店、日本古典文学大系六十三、一九七五年刊行版）。
・藤原明衡、川口久雄訳注『新猿楽記』（平凡社、東洋文庫四二四、一九八五年刊行版）。

# 16

# 中国明清時代の都市と女性をめぐる覚え書き

大木　康

OKI YASUSHI

**要旨**――中国明清時代の文学を専門とする筆者が、「東アジア近世・近代都市空間のなかの女性」シンポジウムにコメンテーターとして参加する機会を得たことから、その発表に刺激を受け、都市と女性について中国文学の視点から考えたいくつかのポイントを、覚え書きとして記してみた。

○文学作品に見える、生き生きした都市の女性と、抑圧された郷村の女性には明らかな相違がある。小説に、女性を含む都市の庶民がしばしば描かれた背景には、講談や戯曲の脚本を書いていた不遇の知識人の存在があった。

○良家の女性は、他人に顔を見せないのが理想であったのに対し、妓女は顔を見せてもよかった。妓女はきわめて都市的な存在であった。

○日本において、女性の戯作作者は少なかったという。中国においても、詩詞の作者としての女性はあったが、小説や弾詞など通俗文藝の作者としての女性は、やはり清朝になるまで現れなかった。

○裁判物の唱本について。中国は訴訟社会といえ、『○○公案』と称する裁判物の小説が数多く作られていた。日本において、仇討ちは直接相手に手を下すものであるが、中国にあっては、仇討ちであっても、裁判に訴えて相手の仇を討つのが普通である。

縁あって、二〇二三年二月二十八日、法政大学江戸東京研究センターの主催するシンポジウム「東アジア近世・近代都市空間のなかの女性」にコメンテーターとして参加する機会をお与えいただいた。以下は、中国明清時代の文学を専門とする筆者が、本シンポジウムでの発表から触発・啓発を受け、中国明清時代を中心とする都市と女性について考えて見たいくつかのポイントを、覚え書きとして記したものである。はじめに、この機会をお与えいただいた小林ふみ子氏をはじめとする諸先生にお礼を申し上げたい。

## 一、「商人の妻」

明代の嘉靖年間に刊行された短篇白話小説集『雨窓欹枕集』の翻訳（入矢義高訳『雨窓欹枕集』養徳社　一九四七）を読んで、一九四九年、日本史家石母田正は「商人の妻」一篇を『文学』一七—一〇誌上に発表する（後に『歴史と民族の発見』東京大学出版会　一九五二にも収む）。そこでは、主として「錯認屍（死骸を取り違える話）」の物語を取り上げている。

北宋の時代の杭州での話。遠隔地交易を行っている大商人の喬俊は、長安崇徳（現在の浙江省桐郷市、長安鎮）から糸を仕入れ、それを東京（北宋の首都汴京。現在の開封）へ行って売り、帰りに棗や胡桃など雑貨を仕入れて杭州に戻り、それを売りさばく商売に従い、四、五万貫の身代があった。明道二年（一〇三三）のこと、東京から杭州への帰り道、南京で、亡くなった役人の妾であった周春香を買い受け、杭州に連れて帰り、妻の高氏に目通りさせる。高氏はそこで、喬俊が妾といっしょに暮らしたいのならと、二つの条件を提示する。一つは、妾の周氏を引き取るからには、家を出てよそで暮らし、周氏を家に連れ込んではならぬこと、もう一つは、「かっきり今日から、もうあんたとはいっしょに暮らしませぬ。家のお金・道具・髪飾り・着物は、わたしと娘二人で使わせてもらいます。あんたに手出しはさせませぬ」とのことであった。喬俊は、この二つの条件を呑み、家を出て周氏と暮らし始める。

石母田は、この二つの条件を見て「おどろかされ」たといい、次のように述べる。

> 右の夫婦の交渉の場面で、われわれをうつものは、この商人の妻の毅然たる態度と、「一切お前の言ふがままに任さう」といって、しぶしぶその二条件を承諾して別に妾と居をかまえざるを得ない良人のよわい態度である。

そして、この商人の妻が、これだけ毅然としている背景には、「「家事や商売のきり廻し」から、店先きの金銭の出納や計算にいたるすべての仕事が、妻の肩にかかって」おり、

> この商人の妻はまめな働き手であり、その勤勉と労働と責任によって少なくとも家産の一部を蓄積することができたのである。ここに彼女の強さがあり、良人にたいして自己を主張し得る生活の根拠がある。

としている。

要するに、この大都市杭州の大商人の妻、高氏は、みずからが勤勉な働き手であり、その経済的独立を背景に、夫に対して一歩もひかぬ毅然とした態度を取ることができたという次第である。「男尊女卑」といい、ひどく抑圧を受けていたとされる、かつての中国女性のイメージから見ると、たしかに都市に生きたこの女性の姿勢には、驚きを禁じ得ないものがある。

## 二、郷村の女性と文学

こうした都市の女性の姿は、同じ文学作品の中で、郷村を背景とした作品の中にあらわれる女性の姿と比較して見ると、そのちがいが、より明瞭になるであろう。田仲一成『中国祭祀演劇研究』（東京大学出版社　一九八一）の第2篇「祭祀演劇の展開」などが示すように、明清の時代、中国の郷村で好んで上演された演劇は、煎じ詰めれば、男は勉強して科挙の試験に合格し、出世を遂げること、そして女は貞節であり、夫の留守の家を守ることを教育する内容の演劇であった。その代表的な作品が、明初の高明（こうめい）の戯曲『琵琶記（びわき）』である。『琵琶記』は、科挙を受けに行く男と、家に残される妻の物語である。男主人公の蔡邕（さいよう）は、家族（父母と、妻の趙五娘（ちょうごじょう））をおいて、都へ科挙の試験を受けに旅立つ。蔡邕は科挙に合格するが、牛宰相にみそめられ、その娘と結婚させられてしまう。一方、夫の留守の間、故郷では大飢饉がおこる。蔡邕の妻、趙五娘は自らを犠牲にして、しゅうとしゅうとめに孝養を尽くすものの、孝行のかいもなく、しゅうとしゅうとめはともに病で亡くなってしまう。貧しいなか、立派に葬儀と埋葬を行った後、五娘は夫を追って、琵琶を弾いて物乞いをしながら都へ上る。これが『琵琶記』の題名にもなっている。こうした内容を、一方では都で裕福な暮らしをする蔡邕と、郷里で苦しい生活をおくる五娘とを一幕ごとに交互に対照しながら描いてゆく。最後には、都へやってきた五娘が夫と再会し、五娘が本来の妻であることから、五娘が正妻、牛氏が妾となって、めでたしめでたしの結びとなる。

作中では、五娘のなめる辛酸が観客の涙を誘う。『琵琶記』第二十一齣「糟糠自厭」、しゅうとしゅうとめに、わずかばかりの米を食べさせ、自身は糠を食べ、そのつらさを述べる場面。

〔五娘、米糠を食べて吐くしぐさ〕

吐いてもわたしのお腹の中は痛み、涙は流れ落ち、のどはつまって声も出ない。ああ、米糠よ、おまえは臼でひかれ杵でつかれ、篩でふるわれても、じっとがまんしている。それはわたしがひどい目にあってあらゆる苦労をすべて経験しているのとよく似ている。苦しい人が苦い味を食べ、二つの苦がいっしょになった。呑み込もうとしても、のどを通らない。

糠と米とはもともといっしょにいたものなのに、篩でふるわれると、飛んで別々になる。片やいやしく、片や貴い。それはまるでわたしと夫とがついに会える時がないのと同じよう。夫は米。米は他郷にあって、訪ねていくこともできない。わたしは糠。どうして糠によって人のひもじさを救えましょう。夫は出かけていってしまい、どうしてわたしがしゅうとさましゅうとめさまに孝養を尽くすことができましょう。

思えば、わたしは生きていてもしかたがない。死んだとて、また何の意味がありましょう。それならひもじさを我慢して死んで怨鬼になったほうがまし。ただ、しゅうとさましゅうとめさまはお年寄り、頼るはわたしばかり。だからしばらくは生きていることにいたします。しばらく生きてはいられましょうが、長くなったらどうしようもありません。糠をわが身になぞらえても、糠はまだ人が食べることもできますが、わたしの骨は（役にも立たず）いったいどこに埋められるやら。

ある意味では、家に残された妻のあるべき姿を描いて教育的な作品ともいえるが、この芝居を見る女性たちは、趙五娘の悲しみに自身の悲しみを重ね合わせて涙を流したのである。

『琵琶記』と同じく明代初期に書かれたいわゆる四大南戯、『荊釵記』『白兎記』『拝月亭記』『殺狗記』などにつき、田中一成「荊釵記　貞女の怨み」（伊藤漱平編『中国の古典文学　作品選読』東京大学出版会　一九八一）では、

これらは、大家族の家庭を背負った女性を主人公として賢妻節婦の物語であり、地主宗族による村落支配が形成されつつあった明代初期の段階で、地主層の宗族、家族が総体として期待していた女性の〝あるべき姿〟を形象化したという側面が強い。

と説明している。

中国の郷村は、とりわけ華南において単姓村落であることが多く、一つの村が一つの姓の同族によって構成されている。こうした世界では、女性たちも含め、周りにいるのは顔見知りばかりの関係である。それに対して都市の場合、必ずしも同族ばかりで集まって住んでいるわけではなく、不特定多数の人、見知らぬ人々が集まって住んでいる。都市においての方が、いわば小説的な人間関係、事件は起こりやすい環境にあるといえるだろう。同じく女性を描いた作品でも、それが都市を背景にした作品であるか、郷村を背景にした作品であるかによって、大きなちがいがあるのである。

「錯認屍」の話を収めた『雨窓欹枕集』は、短篇の白話小説集であるが、そもそも中国の白話小説は、都市における盛り場の講談がその成立の出発点にある。北宋の都汴京（開封）の繁華のさまを記した孟元老『東京夢華録』巻五「瓦舎伎藝」には、盛り場（瓦子）で行われていたさまざまな藝能とその名人の名が記録されており、そこに見える「講史」「小説」また「説三分（三国志）」「五代史」は、当時の説話藝能であったと考えられる。説話藝能は、南宋に至ってさらに発展を遂げた様子であり、南宋の臨安（杭州）の記録である耐得翁『都城紀勝』や呉自牧『夢粱録』などには、いわゆる「説話四家」、講談の四つの分野とその専門藝人についての詳細な記録がある。「四家」とは「講史」「小説」「説経」「合生」である（最後の「合生」については、資料によって異同がある）。これら宋代における講談の資料を見ても、重要なのは歴史語りの「講史」と世話物である「小説」だったようである。もともと口頭で語られていた話が、やがて文字に書き留められ、「講史」からは『三国志演義』ほか、「小説」からは長編の『水滸伝』や短篇の『雨窓欹枕集』、さらに後の馮夢龍「三言」などの作品へと展開してゆく。都市市井の事件、できごとを扱った「小説」の作品、『雨窓欹枕集』や「三言」「二拍」などにおいて、商人やその妻が登場する比率がおのずと高くなっているのも、その由来を考えれば、自然なことであろう。

## 三、『雨窓欹枕集』の性格

多少脱線であるが、このたび『雨窓欹枕集』を読み返してみて、気がついた点について記しておきたい。石母田正は、入矢義高の解説にもとづきながら、

『雨窓欹枕集』は、宋代からあたらしい様式としておこってきた語物文学の一つであり、純粋な民衆文学である。

と述べ、一方で、

『欹枕集』の方は古来の英雄や忠臣の事跡を物語った講談めいたものであるが、『雨窓集』は直接民衆の生活を主題とした世話物である。

と記し、『雨窓集』と『欹枕集』の間に性格のちがいがあることを指摘している。重要な指摘である。『雨窓集』『欹枕集』は、もともと明の嘉靖年間に洪楩（こうべん）の清平山堂で刊行された『六十家小説』（『雨窓集』十巻、『長燈集』十巻、『随航集』十巻、『欹枕集』十巻、『解閑集』十巻、『酔夢集』十巻）の一部である。現在は『雨窓集』の五篇、『欹枕集』七篇、その他いわゆる『清平山堂話本』所収の十五篇を見ることができる。

たしかに『雨窓集』の「花燈轎蓮女成仏記」「曹伯明錯勘贓記」「錯認屍」「戒指児記」は、民衆の生活を主題としたものであり、『欹枕集』の「羊角哀死戦荊軻」「死生交范張鶏黍」「老馮唐直諫漢文帝」「漢李広世号飛将軍」「夔関姚卞弔諸葛」「雪川蕭琛貶覇王」「李元呉江救朱蛇」は、歴史上の人物に関わる話であって、たしかに石母田正のいうようなちがいを見ることができる。

『欹枕集』に収める話は、たとえば秦の始皇帝暗殺に向かった荊軻（けいか）であったり、三国志で知られる諸葛亮（しょかつりょう）であったり、歴史上の人物が取り上げられてはいるが、これらの話にほぼ共通するのは、たとえば「夔関姚卞弔諸葛（夔関（きかん）にて姚卞（ようべん）諸葛を弔う）」の話は、北宋仁宗朝のこと、嘉興の姚卞は才能があり、史書を好んで読んでいたが、科挙の試験には合格できないでいた。あるとき、ふとした機会から四川の成都へ行くことになり、途中、諸葛孔明が八陣図を描いた白帝城の古跡にさしかかった。そこで姚卞は、諸葛亮を祀った廟に、祭文を揮毫して奉納する。この名文に感心した諸葛亮の霊によって、姚卞は科挙の試験問題を事前に知ることができ、状元及第し、吏部尚書、参知政事（宰相）にまで昇った。そんな物語である。才能を抱きながら不遇であった知識人が、その文才を示すことによって、出世を遂げる夢物語である。『欹枕集』では「霅川蕭琛貶覇王」「李元呉江救朱蛇」、さらに『雨窓集』でも「董永遇仙伝」などが、こうした不遇な知識人の夢物語の類型に属する作品である。

そしてまた、作者たちにとって、これらの物語の重点は、その筋の運びよりも、作中に詩詞や賦、その他各種の散文（「夔関姚卞弔諸葛」の場合、諸葛亮を祀る祭文）を挿入することによって、作者の文章の力量を示したいとの意図が強かったのではないかとも思われる。こうした意図がうかがわれる小説には、文言小説でも、唐代の『遊仙窟』や明初の『剪燈新話』などがある。『欹枕集』では「霅川蕭琛貶覇王（霅川にて蕭琛覇王を貶す）」において蕭琛が書く榜文が目玉の一つになっているし、いわゆる「清平山堂話本」でも、「張子房慕道記」では張良が引退して山にこもりたい旨を一連の詩の形で述べる物語であり、これらにも詩や文章を作る力を示したいとの作者の意図がほの見える。

宋代の語り物や戯曲の脚本については、その作者たちの同業組合である「書会」があったことが、南宋臨安についての記録である『都城紀勝』などに見え、その作者たちは「書会先生」もしくは「書会才人」と称された。この書会先生たちの多くは、科挙に合格できない不遇な知識人たちであったと思われ、その彼らが筆を執って書いたと考えれば、右に述べたような知識人の夢物語が生まれた理由もわかろうというものである。そしてまた一方で、これらの書会先生たちは、知識人ではあっても、市井の庶民に比較的近いところにおり、『雨窓集』に収められたような市井の事件を扱った物語の筆を執ることもできたのだといえるだろう。

## 四、顔を見せない女性、見せてよい女性

シンポジウムにおける仙石知子報告では、馮夢龍編『古今小説』（『喩世明言』）巻一「蔣興哥重会珍珠衫（蔣興哥重ねて珍珠衫に会う）」が取り上げられた。湖北の襄陽に暮らす客商蔣興哥の妻三巧児は、夫が商売のために旅に出てから、「目は戸を窺わず、足は楼より下らず」といった暮らしをしている。良家の妻は、他人に容易に顔を見せないのが、あるべき姿と考えられていた。こうしたことは小説の中ばかりでなく、東京大学東洋文化研究所大木文庫に蔵される、客商の手引き書である『商賈便覧』（清の乾隆年間のもの）巻一「江湖必読原書」に、

> 妻女の声が外に伝わったり、容貌が外に見えるのは、循良とは言いがたい。婦女は内室に居るものである。人を招き入れたり表に出たり、人目につくようにし、大きな声で話して、人の耳を乱す。このようなことは奸淫の態度であって、良家の婦ではない。このようなことは慎むように。

とあることからも、うかがえるであろう。『商賈便覧』に「奸淫の態度」とあるように、他人、とりわけ夫以外の男性に顔を見せることは、密通につながりかねないことが危惧されたのである。

もともと夫のいいつけを守って二階にこもり、外に顔を出さなかった三巧児が、やがて新安商人の陳商と恋仲になり、陳商が襄陽を離れようとする時、自分もいっしょに連れていってほしいといい出すまでになる。では、どうして三巧児が、道行く男と顔見合わせることになったのであろうか。作者はそこを、正月四日に偶然通りかかった盲目の占い師（報君知）から、夫は間もなく戻ってくる、との予言を聞き、

およそ人は、願いを持たなければ、別に何も気にかけることもないのですが、ひとたび願いを持ってしまうと、あれやこれやと考えて、一時一刻といえども過し難くなるものです。三巧児は、この占い師のことばを信じたばかりに、一心に夫の帰りを思って、それ以来いつも道に面した二階の窓辺に行っては、すだれ越しにキョロキョロ見るようになったのです。

と説明し、ある日このように外を見ているところへ、夫とそっくりの陳大郎がぶらぶら歩いて来たので、すだれを掲げて手をふってしまう、ということにしている。

もともと、二階にこもって他人に顔を見せなかったほどの貞淑な妻であった三巧児が、たまたま占い師から、夫が間もなく帰ってくると告げられたからとはいえ、やはりよそから来た男に顔を見られてしまい、一目惚れした男の手の内に落ちてゆくところは、まさしく不特定多数の人が住む都市の物語といえるだろう。この物語の舞台になっている湖北の襄陽は、長江の支流である漢水に臨む交通の要衝で、『三国志』でおなじみのかつての荊(けい)州(しゅう)の地である。このような場所であったからこそ、三巧児と新安商人の陳大郎との偶然の出会いもあり得たわけである。

ところで、良家の女性は、一般によその人に対して顔を見せてはいけないことになっていたのに対し、人に顔を見せてもよい種類の女性があった。それが妓女である。妓女は、何か大きな出来事があり、パレードが行われた時、しばしばそれに参加して彩りを添えた。明末の崇禎十三年（一六四〇）、揚州の鄭元勲(ていげんくん)の家の庭園、影園(えいえん)に黄色い牡丹が盛んに花開き、それを機に多くの人々が黄牡丹の詩を贈った。鄭元勲は冒襄(ぼうじょう)らとはかり、この詩のコンテストを思い立ち、当時の江南文壇の泰斗であった銭謙益に評価を依頼し、その結果、広東出身の黎遂球が状元と決まった。檀萃『楚庭稗珠録』巻二「牡丹状元」によれば、

> 超宗（鄭元勲）は名士たちとともに、美周（黎遂球）にきらびやかな服を着せ、錦で飾った駕籠にのせ、楽隊の先導で、揚州二十四橋の間を練り歩いた。士女たちはむらがり集まり、観衆は道を塞ぎ、こんな騒ぎが三日も続いた。美周は年も若く男前で、きっぷもよかったから、冠帯も実によく似合っていた。三百年来これほど状元らしい状元もなかったものだと皆がうらやんだ。かくしてその評判は呉越の間に満ち満ちたのである。
>
> 美周が南に帰ると、郷里（広州）の人々は争ってその事をほめたたえ、錦の着物ひと揃いを作り、数十艘の画舫を連ねて、数千人近くのものが郊外まで出迎えに行った。美周は錦の服を着、画舫に座し、船の障子窓をすっかり取り払うと、採菱の歌がわきおこった。きれいどころを選んで着飾らせ、両側に並んでひかえさせた。それはまるで天女が神仙を取り囲んでいるようであった。前に後ろに管弦の楽が演奏され、船頭はゆっくり船を進めた。岸辺の高殿では、みな窓を開け、美人たちが白い歯を見せてほほえみ、状元を指さしていた。

揚州においてパレードが行われた二十四橋といえば、かつての色町として知られる場所である。また黎遂球が郷里の広東に帰った後、この郷里の詩人の栄誉を称えて大騒ぎになるのだが、そこで「きれいどころを選んで着飾らせ、両側に並んでひかえさせた。それはまるで天女が神仙を取り囲んでいるようであった」とあるのも、当

地の妓女が動員されたものであろう。岸辺の高殿で見物していた美人たちとあるのも、妓女たちのように思われる。
南京秦淮の色街の記録である余懐の『板橋雑記』巻下にも、次のようなエピソードが記されている。

> 嘉興の姚壮若は十二艘の屋形船を秦淮に浮かべ、四方から試験を受けに来た知名の士を百余人も招待し、舟ごとに名妓四人をよんで酒の接待をさせた。役者の一座をよび燈火も皎々と、お囃子入りで騒いだのは、当時の盛事であった。
> これより先、嘉興の沈雨若は千金を費やして花案を行い、江南ではその風流が評判になった。

---

南京では三年に一度、科挙の郷試が行われ、江南地方の秀才たちが南京に集まった。その試験場、江南貢院は、旧院の色町と秦淮河一つをへだてたところ、そして郷試は陰暦八月、仲秋の佳節に行われたので、試験の終了とともに、優雅な宴がくりひろげられた。嘉興の姚壮若は、ここで一世一代の大盤振る舞いをして、男をあげた。沈雨若の場合も、千金を費やして花案を行ったことで有名になった。花案とは、妓女たちのコンテストである。花案を行うためには、数多くの妓女、また審査にあたる文人たちを集めなければならず、それ相応のお金がかかったのであった。また時には花案の後にパレードが行われることもあったようである（褚人穫『堅瓠集』補集巻五「花案」）。

花案の結果は、時に絵入りの書物となって刊行されている。いずれも日本にある『呉姫百媚』（蘇州の妓女の花案の記録）、『金陵百媚』（南京の妓女のそれ）などがよく知られる。南京の『金陵百媚』の場合には、基本的にみな秦淮に暮らしているので、そうした記述はないが、蘇州の『呉姫百媚』にあっては、一人一人の妓女について、その住む場所までが記されている。そして、どちらの本にも、ランクの高い妓女については、その肖像画が付されている。いわば実名によって描かれた姿が刊行され、その似姿が多くの読者の目に触れることも、やはり妓女だから許されたのだといえよう。これは、日本の江戸時代の浮世絵の場合なども同様であろう。妓女という存在もまた、きわめて都市的なものであったといえるのではなかろうか。

藤木直実報告において、平塚らいてふら女性たちが、吉原に登楼した「事件」が紹介されていた。色街は、都市にありながら、男性の世界であって、女性は客として行けない世界、いわば一般の女性たちにとっては、都市の中の秘境であった。当然好奇心がわく場所であったことはまちがいなく、こうした突撃レポートが生まれてくる背景も理解できる。樋口一葉の『たけくらべ』にも描かれるように、吉原でも、お酉様のにぎわいの時には一種の開放地帯となり、女性たちも中に入って町の様子を見ることができたという。

吉原は悪所でありつつも、音曲や遊女の衣裳などは、当時の流行の重要な発信地であった。こうした流行は、浮世絵などのメディアを通して、広く流通した。これは中国にあっても同様であった。

## 五、「小説」を書く女性

小林ふみ子報告では、日本の江戸時代の女性作者は、多くが和歌や漢詩の作者であった一方で、戯作の作者はきわめて少なかったと述べ、男性作者ではとの疑いもありながら、女性の戯作作者と思われる「婦人亀遊」とその黄表紙『嗚呼不儘世之助噺（ああままならぬよのすけばなし）』について紹介された。中国にあっても、唐代の薛濤（せつとう）、魚玄機（ぎょげんき）や宋代の李清照など、数は少ないながらも、女性の文学者は存在したが、基本的には詩、詞の作者であって、女性の小説作者はきわめて少なかった（講談などを行った藝人には、女性もあったとの記録はあるが）。そして、明代くらいまでは、女性の詩人、詞人の多くは妓女であった。銭謙益が明朝一代の詩を集めた詩選『列朝（れっちょう）詩集』においては、女性の部も設けられているが、その多くは妓女の作である。とりわけ明末にあって、妓女は、詩作や書画など文人としての能力が求められ、ほかならぬ銭謙益と柳如是、龔鼎孳と顧媚、冒襄と董小宛などのように、大文人と妓女との交遊が佳話として伝えられてもいた。なお、この柳如是、顧媚、董小宛などは、実際に彼らの妾となったのであって、妓女という身分ゆえに妾になれないことはなかった。また、柳如是にしても、董小宛にしても、自分でこの人に嫁入ると決意して、それを実現させたのであった。一般にかつての中国における結婚が、「門当戸対」すなわち家柄重視であって、少なくとも正妻については、男女本人の意志よりも、家の事情によって相手が決まったのに対し、むしろ柳如是たちは、妓女であったがゆえに、「自由」に相手を決められたともいえる（もちろん、家の中での正妻と妾の地位には天地の開きがあったのだが）。

さて、明代までは、女性の詩人、詞人の多くが妓女であったのだが、清に入るとこの状況に大きな変化があらわれる。歴代の女性の著述を記録した胡文楷編著『歴代婦女著作考』では、漢魏六朝では三十三名の作者、唐代では二十二名、宋代では四十六名、元代では十六名、そして明代になると二四五名であるが、清代では何と突然のように三六八二名の多きに達する（清代については、施淑儀『清代閨閣詩人徴略』の輯もある）。事実、清代には女性詩人の詩集がそれだけ多く刊行され、現在でも見ることができる。清代に入ると女性作者が増大し、それだけ女性の文化水準も上がっていることがわかる。そして清代には、『紅楼夢』の続書である白話小説『紅楼夢影』を書いた女性、顧太清などもあらわれたし、また女性を多く聴衆とした弾詞の作者は、『天雨花』を著した陶貞懐、『再生縁』を書いた陳端生など、多くが女性である。

ちょうど日本の江戸時代において、女性作者の多くが和歌、漢詩などの作者であり、そこからわずかながら「夫人亀遊」のような人があらわれてくるのと同じように、中国においても、通俗文学に女性作者が参入してくるのは、比較的後、ようやく清朝に入ってからのようである。明治に入って樋口一葉たちが小説作者として世に出たのも、やはり相当画期的なことだったのであろう（平安時代の女性作家たちについてはひとまずおく）。

## 六、裁判と文学

岩田和子報告で取り上げられたのは、清末当時のいわゆる「唱本」における裁判物語、とりわけ女性が裁判に訴えて問題を解決しようとする物語である。「唱本」とは、一冊がせいぜい四、五葉のもので、おおむね七言の歌の形式によって、さまざまな内容を語っていくものであるが、それは日本の瓦版のように、ラジオやテレビがなかった当時において、一種のニュースメディアをも兼ねていた。たとえば台湾中央研究院傅斯年図書館に蔵される『洋人進京、太后回朝、洋人回国』は、清末義和団事件のニュースを歌にしたものである。

今回岩田氏が取り上げられた四川の唱本『滴血珠』は、異母兄に謀殺された夫の無念を晴らすために、娘とともに裁判に訴え、次第に上級審（それはつまりより大きな都市への旅という側面を持つ）に訴え、夫の無実と、犯人の異母兄の処罰を勝ち取る物語である。作品の時代は、中国の歴史を通じて人気のある名裁判官である包拯の北宋の時代に設定されているが、実際は、清代当時に起こった実際の事件を作品化したもの（つまりニュース）であろう。

作品では、何度も裁判に訴え、勝利を勝ち取る女性主人公が印象的であるが、この物語は、ある意味では仇討ちの物語である。冤罪を晴らし、真犯人を処罰するテーマは、中国の文学に古くからあるテーマであり、その一つに元雑劇中の名作ともされる関漢卿の『竇娥冤』という作品がある。寡婦となった竇娥は姑と暮らしているが、ごろつきの張驢児が言い寄ってくるのを拒む。張驢児は、姑を殺し、その罪を竇娥になすりつけ、竇娥は裁判によって死刑になってしまう。その刑場での歌。

（首斬り役人）まだ何かいうことがあるか。いま監斬官殿に申し上げないと、もうその機会はないぞ。

（竇娥　再びひざまずいて）お役人さま、いまは夏の真っ盛りでございます。もしこの竇娥がほんとうに無実でありましたら、身死して後、天は三尺の雪を降らせ、竇娥のしかばねをおおってくれましょう。

（監斬官）この真夏に、たとえおまえが天にとどくほどの怨みを抱いていても、雪の一片でもまねくことはできまい。ばかなことをいうな。

（竇娥　歌う）

暑さきびしく、雪など降らぬとおっしゃいますが、
鄒衍の怨みのために夏六月に霜が降りたをごぞんじないか。
炎と燃える怨みがあれば、
天を動かし六角形の氷の花が錦のようにわきだして、
わがしかばねを隠してくれるでありましょう。
素車白馬で荒れ地に葬られることもないでしょう。

---

この竇娥の叫びは、あやふやな裁判によって冤罪に泣かされることが多かった当時の人々の叫びでもあったと思われる。この事件、後に地方官として着任した竇娥の父親の前に、竇娥の亡霊があらわれて真犯人を告げ、再び裁判が行われて、張驢児が処刑されて結びになる。

なかなか興味深いのは、ここで竇娥の亡霊が直接張驢児を取り殺すのではなく、わざわざ裁判という手続きを

経ている点である。ここが、日本とは大きなちがいであろう。日本の場合、親の仇であれ、主君の仇であれ、曾我兄弟にしても、忠臣蔵にしても、だいたいは直接討ち果たすものと決まっている。ところが中国にあっては、仇討ちといっても、当人が直接手を下して仇を討つことは少ないようで、仇を討ちたい場合にも、いま見た『竇娥冤』の場合のように、裁判その他、何らか上級のものの判決によって、仇を討つと決まっているようである。

田仲一成「中国の仇討物語　中日劇文学の異同」（『日本学士院紀要』第七十五巻第三号　二〇二一）は、中国明代に実際に起こった事件に材を取った戯曲『湘湖記（しょうこき）』を取り上げている。この物語は、親を殺された孝子による仇討ちの物語ではあるが、その結末もやはり裁判による決着であって、孝子が直接仇を殺すわけではない。このあたりが、やはり日本と中国との大きなちがいであろう。

日本にも大岡裁きのような話もあるが、中国における包拯の『包公案』ほか、『〇〇公案』と称する裁判物の数の多さとは比較にならない。中国は、本質的に訴訟社会である。中国の町を歩いていると、時々けんか口論を目にする。こうした時にも、双方が周りをとりかこむ人々に向かって、相手がいかに悪いかを切々と訴えている。一般的にいって中国の人の自己主張の強さなども、こうした歴史的背景に裏打ちされているのかもしれない。

以上、はなはだまとまりに欠けるが、シンポジウムに参加させていただいて思いついたいくつかの点を覚え書きとして記してみた。

# 17

# 廳上の野談、廳下の淫談——朝鮮時代の女性たちの深奥にせまる——

染谷智幸 SOMEYA TOMOYUKI

要旨——イギリス人旅行家のイザベラ・バードが記録した『朝鮮紀行』には、同時代の朝鮮の記録には載らない当時の風景がいくつも記されている。その最たるものがソウルの夜の景色である。厳重な儒教的規範によって籠の鳥とされた女性たちが、その籠から解放されてしばしの自由を享受していたのである。こうした法の網から漏れた、男たちの視角から逃れた事実を、他の文献から確認することは中々に難しいが、丁寧に探せば見つからないわけではない。その例として、野談と淫談の二つを本稿では挙げてみたい。特に、二〇〇八年に日本の古書店で見つかった朝鮮時代の淫談『紀伊齋常談』には、男女のみならず、同性同士の恋愛・性愛が庶民の間に広がっていた様子を推測させる記述がある。また、野談と淫談には、その対象となった世界や享受層にも違いがあって、野談には、支配階級であった両班層の視点があるのに対して、淫談には庶民そのものの世界が紛れ込んでいる。こうした文献を取り扱うことで、イザベラのような視点を検証し、さらに展開することが可能だろう。

## 一、イザベラ・バードの見た、都市ソウルの女性たち

まず、十九世紀末に朝鮮半島を旅して、朝鮮の民俗・風俗をつぶさに観察した、イギリス人のイザベラ・バードの『朝鮮紀行』[*1]に載る次の文から始めたい。

> 朝鮮の女性はきわめて厳格に家内にこもっている。おそらく他のどの国の女性よりも徹底してそうではなかろうか。ソウルではとても奇妙な取り決めが定着している。八時に《大釣鐘》が鳴り、それを合図に男たちが家に引きこもると、女たちが家から出て遊んだり友人を訪ねたりするのである。通りから男たちを追い払うルールがときとして破られる。するとなにかしら事故が起きて、ルールは厳重に強化される。わたしが到着したのもそんな時間帯であり、まっ暗な通りにあるのはもっぱらちょうちん片手の召使いをお供にした女性の姿だけという異様な光景であった。ただし、盲人、官僚、外国人の従僕、そして処方箋を持って薬屋へおもむく者はこの取り決めから除外される。投獄を免れるためにこういった肩書をかたる場合は多く、長い棒を手に入れて盲人のふりをする者もままある。一二時にもう一度鐘が鳴ると、女たちは家にもどり、男たちはまた自由に外出できる。ある地位の高い女性は、昼間のソウルの通りを一度も見たことがないとわたしに語った。夜間の静けさはきわめて印象的である。鼻歌ひとつ、咳ひとつ聞こえず、ひそとも人の気配がない。通りに面していて、なおかつあかりのともった窓というのがほとんどないので、暗さも徹底して暗い。静寂を破って届く《大釣鐘》のゴーンという低い音には、不吉ともいえる響きがある。

イザベラの言うように、朝鮮時代の女性たち、とくに両班などの高位の女性たちが、厳格に家の中にとじこめ

られていたということは、朝鮮時代の歴史を知る者にはほぼ常識化した話である。ところが、そうした常識と同時に、その女性たちが籠の鳥であるにも関わらず、様々な情報を外部から得ていたこともまたよく知られた話である。これらの情報の多くは、一般的には、ムーダンの巫女たちや、出家した尼たち、あるいは下男下女を通じて得たものと考えられている。たとえば、これは文学作品であるが、古典小説の『雲英伝』の主人公雲英が、思慕する金進士と連絡を取ったのは巫女であったし、『謝氏南征記』の主人公謝貞玉のもとに羽化庵の尼僧が頻繁に出入りしていたことが、物語冒頭部で語られる。こうした物語の叙述は、当時の身分の高い女性たち（両班の妻娘＝謝貞玉、女官＝雲英）が置かれた状況を反映していると見て間違いない。

ところが、そうした仲介者のみと考えるに不似合いな場面も、朝鮮古典小説には多い。その典型として『九雲夢』の賈春雲（カチュンウン）を上げることができる。この春雲は、物語の主人公、楊少游と出会った八人の女性たちの一人である。彼女は鄭瓊貝（チョンキョンベェ）（後の英陽公主）の侍女だったが、瓊貝とはまるで姉妹のように仲良く育てられた女性であった。問題となるくだりは、主人公の楊少游は瓊貝会いたさに鄭の邸内に女装して忍び込んだ後の場面である。事件後に、姿を見られたと知った瓊貝は春雲とともに怪しくも美しい復讐を計画し、少游はそれにまんまと引っかかるのだが、問題は、この時の春雲の縦横無尽の行動力である。春雲は瓊貝の侍女であるから、瓊貝よりはるかに行動の自由があると考えてよいが、瓊貝は父親が三公（領議政・左議政・右議政の総称、三丞相）で将来公主（王の姫）にまで上がる高い身分である。その侍女で姉妹のように育てられた春雲が、市井のどこに住むともわからない少游を探し出し、自らが先導する形で少游を篭絡することが簡単にできるはずがない。

むろん、市井の人探し程度なら使用人の男性に命じることも可能だろうが、この瓊貝と春雲の行動は恋の復讐である。そこには女性ならではの事情を熟知した繊細さが求められる。春雲は自ら先頭に立ちつつ、何人かの女性たちを引き連れ、市中を徘徊したと考えるのが妥当だろう。[*2] とすれば、イザベラの言う「ちょうちん片手の召使いをお供にした女性の姿」が春雲にはぴったりである。また、「ある地位の高い女性は、昼間のソウルの通りを一度も見たことがないとわたしに語った」とあるが、これは裏返せば、夜のソウルは良く知っていることになる。この「地位の高い女性」にも春雲はぴったりである。

イザベラの言った、この解禁時間は十九世紀末の話であるので、それを十七世紀末の『九雲夢』に当てはめることは簡単には出来ない。まずは、イザベラの指摘したこのソウルの解禁時間が何時から行われていたのかを明らかにしないとならないからである。しかし、少なくとも、そうした検証をしつつ、この解禁時間が他の都市ではどうだったのか、また、この解禁によって女性たちの行動がどのような自由を確保したのかは検討に値する問題だ。

## 二、野談と淫談

イザベラ以外に、こうした女性たちの解禁時間に関する情報を聞かない。たとえば、同じ外国人の見た朝鮮の報告(チャールズ・ダレ『朝鮮事情』、ゲ・デ・チャガイ編『朝鮮旅行記』など)でも聞いたことがない。おそらく、それはイザベラが女性であり、同性に特別の関心を寄せていたからであろう。ただ、イザベラにしても、この解禁時間について他に記述しているわけでなく、うっかりすればこの情報も読み過ごしてしまうようなものだ。

朝鮮時代、女性が携わった文物はもちろん、女性たちの記録がきわめて少ないことは言うまでもない。それは、当時の朝鮮における女性の地位の問題である。よって、朝鮮時代に女性たちがどのような生活をし、どのような考えを持って、その日々の暮らしをしていたのかは、ほとんどわからないと言ってよい。しかし、イザベラの文のように、注意深く見れば、その片鱗を覗かせているものは少なくない。[*3]

そこで、ここでは朝鮮時代の女性たちの姿を記したものとして、野談と淫談を取り上げて検討したい。野談とは、朝鮮の民間に伝わった野史、巷談、軍談など、雑多な内容が収録された雑談集である。朝鮮時代当時の人情・世態・風俗などが描かれている。従来から、朝鮮民族の心を知る上で、貴重な資料とされてきた。いわゆる史話が正史をもとにしてつくられた談話であるのに対して、野談は一個人の手になる野史的なものが素材の中心となっている。ただし、書き手は庶民（中人以下）ではなく、上位身分の両班たちであり、漢文で描かれている。代表的なものとしては柳夢寅（ユモンイン）（一五五九～一六二三）の『於于野談』、十九世紀のものと推定される『青丘野談』などがある。

淫談は、性質やスタイルとしては野談に近く漢文で書かれている。よって、中人以下の人々が書いたり、読んだりしたものとは考えられず、著者も享受者も、おそらく両班たちであろう。淫談は野談の一つ、もしくは周縁的なものの一つとして数えればよいのかもしれないが、内容や対象を調査してみると、両者には大きな違いがあることに気付く。まず目につくのは、淫談が野談の対象とした人々よりも、さらに身分が低く、周縁的存在の人々を対象として描いている点である。貧しい農民・商人・寡婦・子供たちである。内容は性に関する風俗的、風刺的なものゆえに、必然的に周縁的存在を描く結果になったとも言える。日本の歌舞伎浄瑠璃を例にすれば、野談は世話物（せわもの）の世界、淫談は気世話（きぜわ）の世界と言ってよいかもしれない。

そこでまず、この淫談から取り上げてみることにしたい。対象とする作品は二〇〇八年に発見された『紀伊齋常談』である。

## 三、『紀伊齋常談』の一話

『紀伊齋常談』は二〇〇八年に北九州の古書店で見つかった朝鮮時代の淫談稗説である。発見・購入は私染谷がしたが、すぐに鄭炳説氏（ソウル大国文学科教授）と共同研究に入り、その第一弾の成果として、二〇一〇年に鄭氏の現代語訳（韓国語訳）と解説、染谷の推薦文を付した『조선의 음담패설（朝鮮の淫談稗説）』（정병설〔鄭炳説〕著、예옥社、二〇一〇年五月）が韓国において出版された。*4 この作品は全三十一話で内容は朝鮮時代の主に庶民（中人以下）の好色説話である。しかし、そうした内容とは別個に十九世紀のそうした人々の生活・風習が行間から透けて見えることがある。そこが甚だ面白い。

たとえば、その二十八話に「多産脱陰」（多産で女陰が抜けてしまった）という話がある。内容は以下の通りである。

南地方のソンビで権何某と申す人が娘を率いて婿の家に行った。婿の家では、牛と羊を捕まえて、酒を醸造し餅を煮て宴を催し持て成した。権何某は酒肴を整えたお膳を見て、口から涎を垂らして、これは箸、あれは匙と手が行くままに酒と肉を味わった。後にはあまりに多く食べたので、腸は膨れ胃ははち切れんばかりとなった。夜中の子の刻前に三回も便所に行った。酒の飲み過ぎで、眼は朦朧としていた父親は誤って母屋に入り女性たちの中に寝そべった。明け方になって一人の女性が父親の一物を撫でて笑いながら言った。聞くところによれば、鵝谷の家ではある女が、娘と息子を十五人も生んで、遂に陰門が抜け落ちてしまったそうだが、こんな感じなんだろうね。ところがその寝ている人の様子を見るに、頭に髷があり、顎には髭があった。これに驚いて横に寝ている女を起して言った。この人はどこの家の男なの。横の人は眼を丸くしてこれをよく見て言った。知らないわと。これを聞いてみんな逃げてしまった。

「鵝谷」とは、朝鮮時代後期の文官、李台佐（一六六〇～一七三九）の号である。何とも、すさまじき話だが、ここで注目すべきは、話の展開や父親の失態だけでなく、傍線部にこそある。ここから、朝鮮時代の両班などの内室（母屋）で女性同士の性愛が公然と行われていたことがわかるからである。両班たちの家には、こうしためでたい行事があると、親戚一同の女性たちが集まり、母屋で一緒に酒食をした。この場面は、そうした女性たちが雑魚寝をした明け方のことであろう。この母屋は、日本の「奥」と同様、いやそれ以上に厳しい男子禁制の場所であった。おそらく、そこではこうした同性の交情があったと考えられるのである。

こうした女性同志の交情の話は、他でなかなか見つからないが（これは日本も同様）、『於于野談』の四百二十話[*5]に「男女之間大慾存焉」（男女の間に大慾あり）という話がある。その中に、ある美しい婦人が乳母と二人きりになり、二人は添い寝をするのだが、乳母が婦人を「可愛い、可愛い」と言って男女の行為をまねて戯れる場面がある。結局、婦人は気持ちが高ぶるものの、乳母から逃げ出して事なきを得る。この場合も婦人の相手が乳母という点が重要だろう。言うまでもなく、乳母は女性同志の空間できわめて重要な位置にあるからだ。

## 四、『紀伊齋常談』のリアリティ

ただ、こうした淫談や野談に載る話は、どこまで当時の現実を表しているのか、不安を抱かないではない。面白おかしくするために話を膨らませたり、創作が入り込んだりすることは十分に予想されるからである。この『紀伊齋常談』の研究を進めるにあたって、もっとも気になった点の一つはそこにあった。ところが、研究・調査を進めていくうちに、話を膨らませたり創作したりする傾向はほとんどなく、きわめてリアリティに富んでいることがわかってきた。

たとえば、この作品中に「咬陽物之刑」（陽物を咬むの刑）という話がある。あけすけに言えば「代官、罪人の男根を噛めと命令す！」ということになるが、この話は、中国・朝鮮のあらゆる書物に通じていながら、現実に生きる術については何の知識・技術も持たない主人公の生員[*6]と、それと反対の世俗の知識に通暁した、知恵者の妻というコンビが引き起こすドタバタ好色喜劇である。この生員は毎日生活の足しになるようなことは一切せずに本ばかり読んでいるので、妻が科挙試験を受けるように言ったところ、生員はそれならばと科挙試験を受けに上京する場面がある。日ごろの勉強が功を奏して、難なく答案を仕上げた生員であったが、事務的能力に欠ける生員は科挙の答案をどこに提出してよいかわからずに、梨の木の上に置いて来たために、他人に盗まれて不合格になったという話が語られる。

最初にこの話を読んだ時、これは生員の実務能力の無さを誇張・肥大化させて読者の笑いを引き出そうとしたか、生員の失敗を通して、当時のソンビ層への風刺が書かれていると私は理解したが、鄭炳説氏のご調査によれば、朝鮮時代末期の科挙試験は相当混乱していた様子で、西暦一八〇〇年の科挙試験を受けた者が十一万人程も居たらしく、試験場はごった返していたらしい（この点については『朝鮮の淫談稗説』二十五頁の該当話解説に詳述されている）。そうした背景を基にすれば、提出場所がわからなかったというのはリアリティがある。

また、この生員は、解答を盗んで栄達した男の配慮で、トントン拍子で出世し、安東府使（安東地方の長官。知事にあたる）におさまった。そして、府使の役目として、住民からの訴えに基づいて、裁判を取り仕切ることになる。ところが、そうした裁判などという、今で言えば、実利実学に、これっぽっちも対応能力がない生員は、まことにトンチンカンな判決を言い渡して、周囲を凍りつかせてしまう。それを見て、妻は生員のすぐ近くで陰から適切な指示を与えようと試みる。

ある日、罪人に刑罰を与えることになるが、生員はまったく刑と罰の判断が出来ない。そこで、妻が裁判所の法廷の後ろに隠れながら、自分が手のひらを返したら、罪人をうつ伏せにさせて鞭を打てという合図だからと生員に教える。生員は妻の方を見て、その通りうまくやり遂げる。ところが、それを見て安心した妻は、ついその手を元に戻してしまう。生員はそれを見て、罪人をひっくり返して仰向けにし鞭を打てと命じてしまう。その姿を見た妻は、思わず笑ってしまうのだが、ここで声を出してはまずいと思い、自分の手を口に入れて笑いを噛み殺した。それを見た生員は、鞭打ちをしている男に、罪人の男根を噛めと命じてしまう。妻は驚いて、その行為を止めさせるとともに、ここにこれ以上は居られないと判断して、生員を連れて逃亡した。

図１　朝鮮時代後半と思しき古写真（筆者蔵）

罪人が仰向けにされた時、妻がなぜ大笑いをしたのか、話を最初に読んだ時にはわからなかった。こうした鞭打ちの刑の場面は、韓国のドラマや映画でもたびたび登場するので、それを念頭にいろいろ想像したのだが、いまいち、よくわからない。ところが、上に掲出した写真を見たところ、朝鮮時代当時の鞭打ち刑は、男性はズボン（パジ）を脱がせてスッポンポンにさせることがわかった。つまり、罪人をひっくりかえして鞭を打ったということは、これはもろに男根に鞭が当たるわけで、罪人はいわば地獄の苦しみに悶絶したことになる。それを見た妻は、びっくりしたと同時に大笑いしそうになったわけだ。

ドラマや映画では、この鞭打ちの刑を受ける役柄は、だいたい若い男優の方々だから、下半身をスッポンポンにするわけには行かなかったということだろう。パジを履いたまま鞭を打っている。しかし、本当は下半身丸裸の刑だったわけである【図1】。

この鞭打ちの話は、該書のリアリティと言うよりは、享受者たるこちら側の無知の問題でもあるが、該書を調べていると至るところにこのような気付きがある。

## 五、『紀伊齋常談』の特色

野談と淫談を読み比べていると、両者に大きな違いがあることがわかる。その一つは、言うまでもないことだが、淫談には赤裸々な性欲の発散が描かれていることだ。だが、違いはそうした素材によるだけでなく、描かれる世界そのものが違うことに気付く。二つほど例話を挙げる。

・陰門接口（陰門に口を接す）

田舎の村の夫婦が一緒に娘の家を訪ねた。その折はとても寒い冬で、娘の家に行く途中、妻は尿意を催すと、膝を折って溝の上にて放尿した。立ち上がろうとした時、陰毛が地に凍りついて離れない。力を入れてこれを引っ張るも甚だ硬くて痛い。堪えきれず夫を呼んで救いを求めた。夫は近寄ってくると、首を突っ込み、陰門に息を吹きかけて凍った所を解かそうと試みた。しかしまだ解けないうちに、夫は顎鬚が長かったために、かえってその髭が凍って陰門にくっ付いてしまった。暫く時が経つと、両親が時間がたっても来ないことを心配した娘は、外に出ると二人を見つけた。母が溝の上に座って父は母の陰門の下に伏せている。初めは躊躇して近寄れなかったが、声をかけてその状況を知った。娘は熱い湯を持ってきて氷を溶かした。

・環屋隅（屋の隅を環る）

江原道（朝鮮八道の一つ。ソウルの東方）の原州に金姓を名乗る商人が居た。子供は四人居たが、家は貧しく、別の部屋に住むことが出来なかった。それで夫婦及び子供の六人が共に一つの布団で寝ていた。四人の子供は、徐々に大きく成長するにつれて、父が母に近づけば必ず子供が生まれることを知るようになった。弟が生まれれば、それを背負って世話をしなければならない。その苦労を嫌がった子供たちは、父と母が近づかないように夜な夜な両親を監視した。ある日、商人が商売に出て十日後に帰ってきた。心からお互いを慕った夫婦は、夜中に子供たちが眠ると情を交わしたいと思った。夫は部屋の東の隅に居り、妻は西の隅に居た。中を隔てるように四人の息子たちが寝ていて、かつ部屋の中は真っ暗であった。息子たちが寝たとみるや、夫婦は小声でお互いを呼び合った。ところが、夫が南に行けば、妻は北へ行き、また夫が東へ行けば、妻は西に行くという具合で、四隅を巡って遂に会うことができなかった。夫は壁に沿って膝で這って巡ると、三男の足を踏んでしまった。笑いながら「痛い！」と声を出した。二男は続けて言った。「静かにしろ、お前、親父がお袋を探して壁伝いに這っているのを知ってるだろう。で、今何周目か分かるか」。長男は傍らに居て言った。「お前たちはどうして寝もしないで親父が部屋を回っている回数などを数えているんだ。いま、五周目だ。そんなことすぐにわかるだろう」。それを聞いた夫婦は恥ずかしくなって其々の寝場所に戻った。

前者は、寒い時は零下二十度にもなる朝鮮半島の冬。そうした環境なればこその笑話である。後者は貧しい一家の笑うに笑えぬ話である。両者共通するのは、そうした貧しい境遇と同時に、親、とくに父親の威厳からは程遠い話となっている点である。野談を横溢する儒教臭は淫談にはほとんどない。と同時にさらに重要な点は、両話ともに、どこか微笑ましく温かさを感じさせる話であることだ。この淫談の視線は、野談に多い民衆を見下す視線（いわゆる上から目線）がほとんどない。

## 六、廳上の野談、廳下の淫談

野談と淫談の違いを考える時、それを象徴するような話が『紀伊齋常談』にある。話が長いのでその一部を掲出する。

---

・筮仕卜妾（筮仕【＝最初の除官】に妾を卜ふ）

英祖の時代、張氏、李氏、玄氏の三武人が兵曹判書の洪鳳漢の家に十年間食客として仕えていた。彼らは長い間官職を求めて家産を傾け、賄賂を贈り、挙句は一つの職も得ることが出来なかった。ある日、三人は帰郷を決心して家の後苑に集まり、心の内を話し合った。張氏が言った。私は大監の食べる山海珍味を食べてみたい。李氏が言った。私は大きな杖で大監の脚をへし折るのを志願したい。最後に玄氏が言った。私は大監の妾を犯して、その陰門から火が出るほど交われば、これ以上の望みはない。対話が終わって各々外にある家に帰った。ちょうど別室に大監が居てその言葉を聞いていた。三人を呼んで大監は言った。お前たちは先ほど後苑に居て何を話していたんだ。三人は驚き恐れて顔色を失った。

（その後三人が散々に言い訳をした後、洪鳳漢は次のように言った）

大監は張氏に言った。お前は食べること以外に望みはないのかと。ありませんと張氏は言った。また李氏に言った。お前は私の脚を折ることが出来ると言ったが、それは本当かと。李氏はもし出来ないならば何故そんなことを口から発しましょうかと言った。大監は、板の間の上に脚を伸ばして、大杖を渡すと、それならばやってみよと言った。李氏は大いに怒り髪の毛は逆立ち冠を押し上げた。遂に唇を噛みしめて歯ぎしりをすると、大杖を取って突進した。大監は驚いて脚を縮めてこれを避けた。大杖は板間に打ちおろされ、板は木端微塵となった。大監は笑いながら誠に武士であると言った。また、玄氏に向かって大監は次のように言った。お前は私の妾を犯すことが出来るのかと。玄氏は、大監が許して下さるのなら、私は必ずそれを実行しましょうと言った。大監は妾を呼ぶと板間の下に伏させてこう言った。それならば之を犯してみよと。玄武士は遂に妾に覆いかぶさるとこれを犯した。そして終わるやいなや起き上がり、大きな手を伸ばして妾の尻を思いきり打った。そしてこう言った。今、陰門は火が出たように熱い。この女に放水させてこの火を滅しましたと。大監は笑いながら、まことに大丈夫であると言った。そして張氏に言った。お前はいたずらに食べたり飲んだりして、この家にとどまるだけで、どうして国の仕事を成し遂げようとするのだ。大監は食べ物を食べさせた後、故郷に張氏を帰らせ、相応しい家を与えるとともに、妾まで与えた。一方、玄氏を、北方の要衝地、平安道の宣沙浦の僉使にさせ、李氏には王の護衛や伝令などを行う宣傳官に就かせた。

---

洪鳳漢（ホンボンハン）（一七一三～七八）といえば韓国ではかなり有名な人物である。朝鮮時代の名君として名高い英祖（ヨンジョ）の息子・思悼世子（サドセジャ）の妻、後の、これも名君として誉れ高い正祖（チョンジョ）の母にあたる恵慶宮洪氏（ヘギョングンホンシ）の父である。英祖・正祖時代を代表する両班・政治家で、平安道観察使・正一品の領議政などを歴任し、英祖の蕩平策を支持しながら、激しい政

争の中、婿の思悼世子と、孫の正祖を支えた人物である。英祖・正祖の信頼も篤かったらしい。そんな人物がいくら豪放磊落とは言え、果たして本話のような行動を取っていたのか、その真偽はわからないが、彼の取った部下への仕打ちで、見逃せない箇所がある。それは、玄氏に向かって自らの妾を目の前で犯せと言い、それを板の間の下で行わせたことである。両班の家の構造で、両班が部下や使用人に指示を与えるのは、サランバン、もしくは大廳（両班宅にある広間のこと）と呼ばれる場所で前頁の図の該当箇所である。ここは両班宅でもっとも重要、

図２　両班宅の大廳（慶州良洞村の無忝堂）

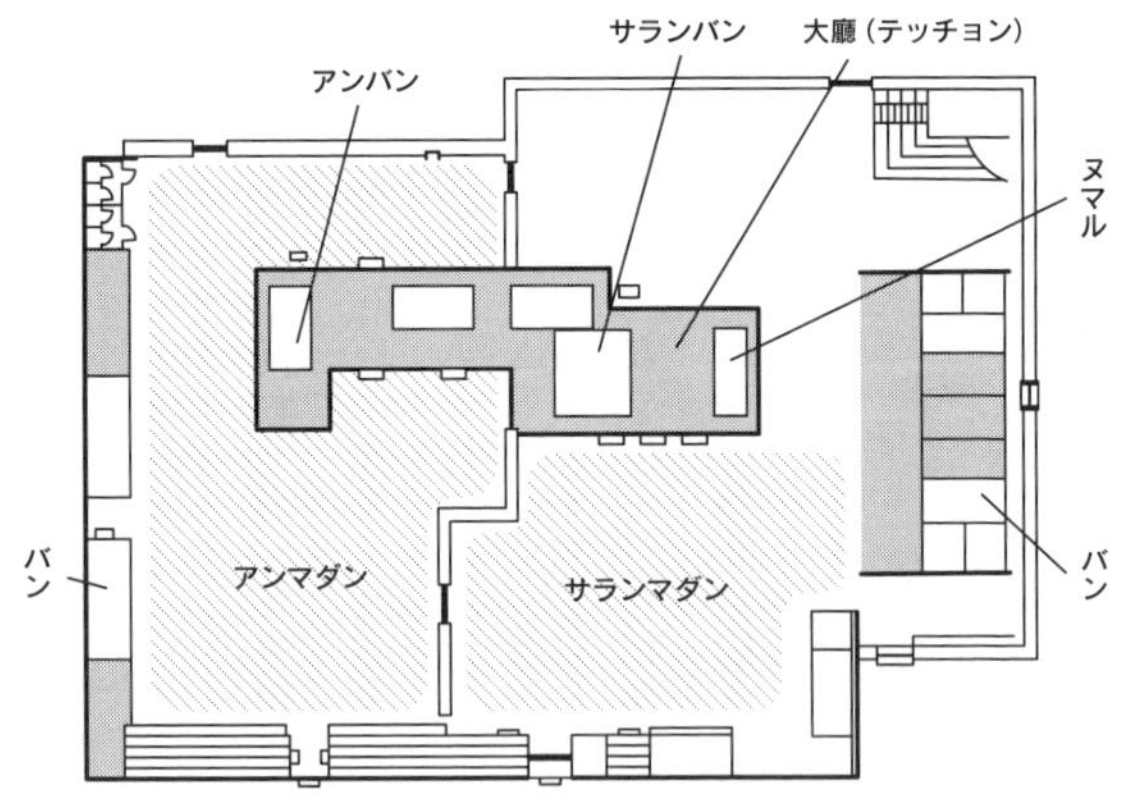


図３　両班宅の配置
「サランバン」主人（両班）の部屋、応接用。「大廳（テッチョン）」主人（両班）が使う広間。「ヌマル」主人（両班）が読書などに使う一段高い別室（上の写真では左側に配置されている）「サランマダン」サランバンの前の広場。「アンバン」主婦の部屋、奥の部屋。「アンマダン」奥庭。「バン」使用人などの部屋。

かつ象徴的な場所であり、主人やそれに類する男性しか上がることはできない。それを知らないでこの話を読むと、居候や妾とは言え、軒下で諸事をさせるのはひどい仕打ちだと考えがちである。むろん、仕打ち自体のひどさは同じであるが、大廳の上と下では、両班とそれ以外の人々のまったく違った世界が存在していたと言える【図2・3】。

いま、野談と淫談の違いを考えるに、それは、この廳上と廳下の違いと言うこともできる。野談はどんな内容であろうとも、それは両班たちが日ごろ話題としていた内容であり、廳上で語られ書かれたものであろう。一方の淫談は廳下の世界であった。

## 七、野談と淫談に通じるもの

朝鮮は、中国や日本以上に、女性に様々な活動を禁じた社会を構築した。その結果、女性たちは籠の鳥として家や社会の奥に閉じ込められたが、では、その籠の鳥の実態とはどのようなものだったのかは、実はよくわかっていない。それを知るためには、野談でなく淫談の世界を見る必要がある。

むろん、野談に比べて本の数、収録されている話の数も少ないが、その少ない話の中から、透けて見えてくる廳下の世界を、一つ一つ検討することが大切だ。注2に書いたように、まずは『紀伊齋常談』を二〇二三年度に日本でも公刊する予定なので、それを見ていただいて、その廳下の世界を知っていただきたいと考えている。また、朝鮮の淫談は他にもいくつか発見されているので、それらもいずれ公刊されることを望みたい。

ただ、本章では淫談世界の特色を述べるために、野談との違いを強調したが、先に紹介した、女性同志の交情の話(『於于野談』の四二〇話に「男女之間大慾存焉」)のように、野談と淫談がつながるような世界もある。『於于野談』

四五話「自古難化者婦人」（古より化す難きは婦人）の話は以下のような内容である。

古（いにしえ）より婦女子ほど教化するのが難しい存在はない。どんなに立派な男子でも妻を恐れない者があろうか、いやいないのだ。その昔に、ある将軍がいて、およそ十万の兵士たちを率いて陣を敷いた。大きな赤と青の旗を二本立たせて、将軍は全軍に向かって言った。

「女房の怖いものは赤、そうでないのは青の旗の下に立て」

十万の兵士たちは全て赤い旗に向かったが、ただ一人だけが青の旗の下に立った。将軍がその理由を尋ねたところ、

「私の女房はいつも私に、『男が三人集まると、必ず好色の話になる。よって三人以上の男が集まる所へ行ってはダメだ』と。それで青の旗の下に立ったのです」

と、言った。

---

兵士にしては何とも情けない話ではあるが、こうした恐妻話は中国・日本にもあり、東アジア共通の要素だろう。「教化」の視点がいかにも儒教臭く、そうした視点から作られた笑い話にすぎないが一面の真実を言い当ててもいよう。こうした話を丁寧に集めてゆくことで、見える世界が違ってくる可能性もある。というのは、先に挙げた『紀伊齋常談』の「咬陽物之刑」に登場する妻であるが、夫を馬鹿にすることなく、その夫の才能をうまく引き出しながら、自家に繁栄をもたらそうとする、その知恵者ぶりは見ごたえがある。「咬陽物之刑」に当時のリアリティが詰められていることは、先に指摘した通りだが、そうだとすると、この妻の存在にも一定のリアリ

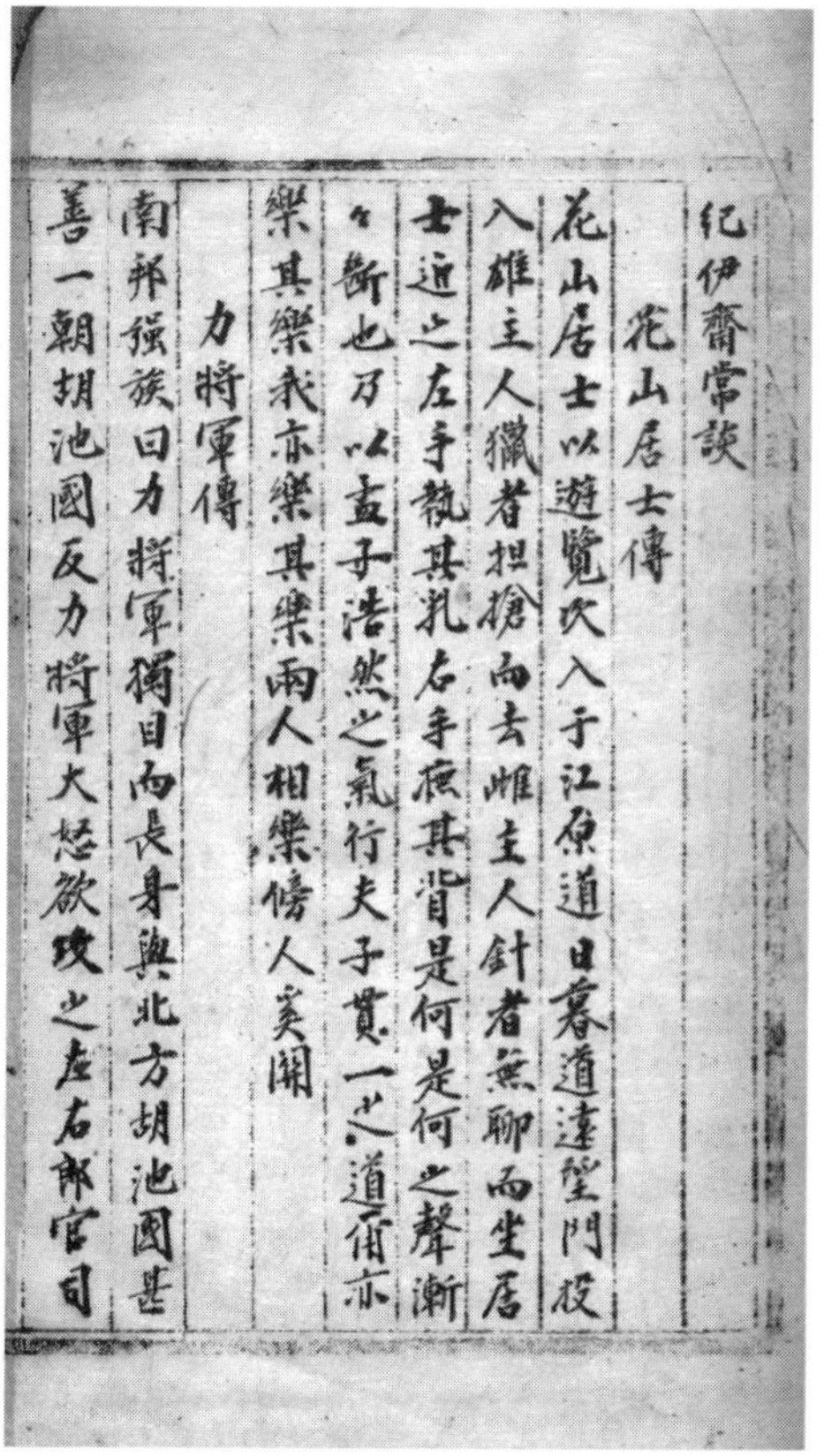
紀伊齋常談
花山居士傳
花山居士以遊覽次入于江原道日暮道遠望門投
入雄主人獵者担槍而去雌主人針者無聊而坐居
士近之左手執其乳右手撫其背是何是何之聲漸
々斷也乃以孟子浩然之氣行夫子貫一之道甯亦
樂其樂我亦樂其樂兩人相樂傍人奚關
力將軍傳
南邦强族曰力將軍獨目而長身與北方胡池國甚
善一朝胡池國反力將軍大怒欲攻之左右部官司

図４『紀伊齋常談』冒頭、１丁表

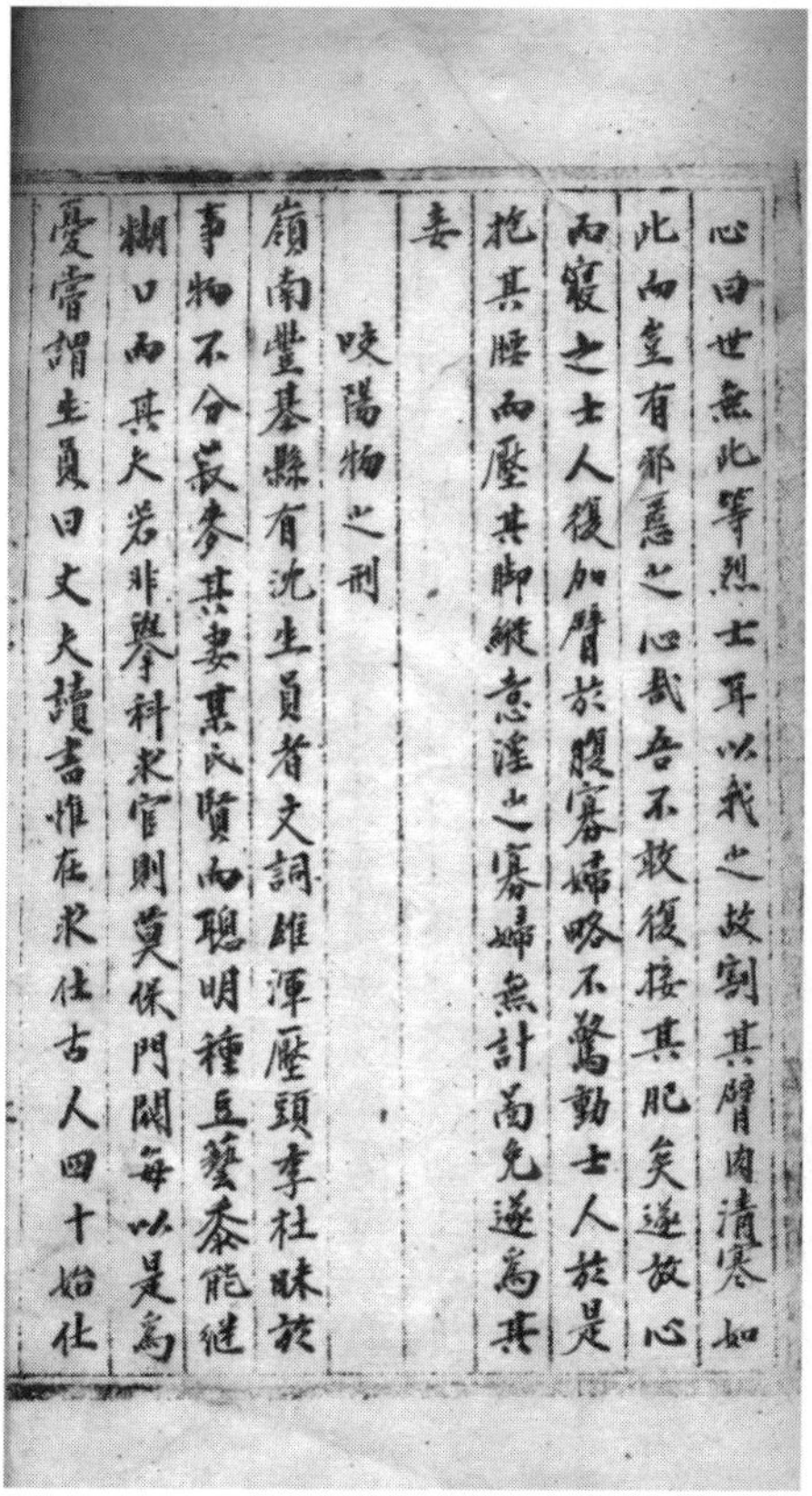
心曰世無此等烈士耳以我之故割其臂肉清寒如
此而豈有邪慝之心哉吾不敢復接其肌矣遂放心
而寢之士人復加臂於腹寡婦略不驚動士人於是
抱其腰而壓其脚縱意淫之寡婦無計而免遂爲其
妻
咬陽物之刑
嶺南豐基縣有沈生員者文詞雄渾壓頭李杜昧於
事物不分菽麥其妻崔氏賢而聰明種豆蓺黍能繼
糊口而其夫若非擧科求官則莫保門閭每以是爲
憂嘗謂生員曰丈夫讀書惟在求仕古人四十始仕

図５『紀伊齋常談』７丁表「咬陽物之刑」冒頭

ティがあると見てよい。（野談では、十万の兵士に怖がられる妻、という十把ひとからげに扱われる妻という存在であるが、淫談では、妻はもう少し大切にされている存在とも言える）

いずれにしても、朝鮮の文物における女性たちの存在、これは歴史の片隅どころか、闇に葬られてきたものであった。しかし、丁寧に淫談や野談などの文献を洗い直してゆけば、今まで見落としていた視点が多くあるように思われる。

また、二〇〇八年に日本で発見された『紀伊齋常談』のような好色説話が、まだ残っているように思う。そう思わせるのは、これが漢文で書かれているからだ。上に該本の影印を掲出したが【図4・5】、これを見ればわかるように、丁寧に書写されていて美本の部類に入る。漢文でなければ、この内容なら破棄されて残ることは無かったであろう。

それから、日本での発見ということも重視する必要がある。朝鮮の文物が日本に多く残っていることは、言うまでもないが、日本が朝鮮に比べて、好色的な文物が好まれる土壌にあったことは間違いない。とすれば、また漢文好きの日本のインテリ層が、こうした漢文好色説話を多く保持していた可能性は高いと思われる。*7

こうした説話の内容調査もさることながら、新資料の発見にも一層力を入れてみる必要を強く感じるのである。

注

1 イザベラ・バード『朝鮮紀行』(時岡敬子訳、講談社学術文庫、二〇一七年)。

2 この『九雲夢』に限らず朝鮮の古典小説には舞台を中国にするものが多いが、そこには自ずと朝鮮の風景が描かれていると考えてよい。

3 この点について理解を深めるために『朝鮮時代の女性の歴史―家父長的規範と女性の一生』(奎章閣韓国学研究院編、小幡倫裕訳、明石書店、二〇一五年)が参考になるだろう。特に、趙恩秀氏の書かれた第十章「信心の力で儒教画一化に抵抗する」は、朝鮮時代の女性たちと両班の男性たちとの間に、大きな齟齬・溝があったことを知ることができる。

4 日本での本格的紹介はまだされていないが、ようやく松本真輔氏(長崎外国語大学)、山田恭子氏(近畿大学)という韓国文学・文化研究の専門家のご協力により、全文の注釈作業が終わり、二〇二三年に出版を予定している。書誌を以下に載せる。

《書誌》

紀伊齋常談

大韓民国ソウル大学校奎章閣蔵本

写本一冊袋綴

本文：三十一丁、各丁十行、全三十一話

大きさ：縦―31・2糎　横―19・4糎

見返し：本文共紙
外題・題簽：ナシ
内題：紀伊齋常談
（備考）
漢文写本（鈔本）はすでに指摘されるように枠（匡郭）や罫線を持つものが多い（長澤規矩也『古書のはなし』四十四頁など）。該本も印刷された匡郭と縦罫線を持つ。匡郭は四周双辺。柱刻に「薬坡漫録　一（—三十一）」とある。薬坡漫録は李希齢の史談集で、李が正史・野史から選別して編集、孫の漢宗之が一七六四年に完成させた。『紀伊齋常談』とは内容的にはつながらない。

5　『於于野談』は伝本が多いが、ここでは萬宗齋本を採用している。話の番号も萬宗齋本の番号から。

6　朝鮮時代に小科である生員試に合格した人。小科は資格試験で任用試験の大科に合格しなければ役職等には任用されない。

7　朝鮮から日本に渡った文物がどのような経緯でそうなったのかは、いささか物議をかもす問題でもあるが、こうした好色説話は、朝鮮から日本が無理矢理に奪取したというようなものではないと考えられるので、その点の心配はないだろう。

# 付録『朝鮮の雑誌——18～19世紀ソウル両班の趣向』翻訳

# 『朝鮮の雑誌――18～19世紀ソウル両班の趣向』について

〈翻訳の意図〉

秦京煥著『朝鮮の雑誌』、全十九編のうち、目次・序・[8]・[14]・[15]・[16]の日本語訳を掲載する（各編の冒頭に『京都雑志』の訳と原文を追加した）。この部分を翻訳して掲出する意図は、上記『朝鮮の雑誌』の三つの章が、本書第1部01章～04章に深く関わるからである。

本書は、法政大学で行われた二回のシンポジウム・第一回「漢陽と江戸東京　それぞれの暮らし」（二〇二一年二月）、第二回：「東アジア近世・近代都市空間のなかの女性」（二〇二二年二月）を基にしているが、第一回目のシンポジウムの基本テキストとなったのが、この『朝鮮の雑誌』であった。本来なら一冊全体を翻訳したいところだが、紙幅の関係もあり、本書に関わる重要な章のみとした。

〈本の紹介〉

大昔、ソウルの両班たちは日々どのような生活を送っていたのだろうか。厳格な身分制の社会から近代へと変わっていった十八～十九世紀は、政治だけでなく社会・文化的にも変化の著しい時代であった。当時の支配層であった両班、とりわけ、朝鮮の中心地といえるソウルの両班たちの生活ぶりを鮮明に記録した柳得恭の『京都雑志』は、朝鮮後期の風俗の有様を示す貴重な文献である。

本『朝鮮の雑誌』は、その序（378頁）にある通り、『京都雑志』を骨組みとして、そこに両班たちの生活やそれに関連した物事の由来、趣向などの考察を肉付けしてゆくことを通して、これまで間違って伝えられてきた歴史を正そうとしたものである。権威と格式、体面を重んじる両班たちが次第に実用や効用、流行に走る様子をみることで、変わりゆく時代を読み解くという歴史読みの楽しさを味わうことができる。なお、『京都雑志』は漢文で簡便に記載されている。その一部を影印でこの文章の最後に掲出した。

## 〈著者紹介〉

秦京煥（ジンギョンファン／Jin Kyoung Hwan）

韓国・高麗大学国語国文学科を卒業し、同大学院で文学（古典学）博士号を取得。現在、韓国伝統文化大学教養基礎学部教授。

著書には『고전의 타작：소설과 문학사의 몇 국면（古典の打作：小説と文学史のいくつかの局面）』、『이야기의 세계 1（物語の世界1）』、『집 잃은 개를 찾아서：리링, 다산, 오규 소라이, 난화이진과 함께 떠나는 진경환의 논어 여행（家を失った犬を探して：李零、茶山、荻生徂徠、南懐瑾と共にする秦京煥の論語旅行）』（1・2巻）、『조선의 잡지：18～19세기 서울 양반의 취향（朝鮮の雑誌：18～19世紀ソウル両班の趣向）』があり、共著には『고전문학이 야기주머니（古典文学のお話袋）』、『전통, 근대가 만들어낸 또 하나의 권력（伝統、近代が生み出したもう一つの権力）』、訳書、注解書には『서울・세시・한시（ソウル・歳時・漢詩）』、『백마강, 한시로 읊다（白馬川、漢詩で詠む）』、『구운몽：누가 꿈이며 꿈이 아니냐（九雲夢：誰が夢で、夢ではないのか）』、『사씨남정기（謝氏南征記）』、『예로 부터 이른 말이 농업이 근본이라：주해 농가월령가（注解：農家月令歌）』、『서울의 풍속과 세시를 담다：완역 경도잡지（ソウルの風俗と歳時の話：完訳 京都雑志）』などがある。

（染谷智幸・鄭敬珍）

# 目次

景勝地としての漢陽／漢陽の花 - 桃の花、杏子の花、つつじ／柳、蓮と碧筒飲／蕩春台に登って酒を飲み、詩を詠む／漢陽の都城巡り

[16] 演奏して踊ってお芝居して

官庁に所属した演奏者・内吹と軍楽隊の細楽手／スローテンポの曲は嫌がられる／踊りには必ず相手がいる／医女と妓生／朝鮮の人形劇・山戯と野外仮面劇・野戯

[17] 学問と詩文

子供向けの教科書・『天子問』と『小学』／漢詩を学ぶための学習書・抄本唐詩、唐の学者・宋之問の「馬上唐音」／科挙を受ける儒生の集まり・接、漢詩の韻

[18] 書画

高麗時代から好まれた書体・蜀体、元の僧侶の雪庵の書体・額体／折った柳の枝に墨をつけて書く書体・飛白書／疱瘡除けのための鐘馗の絵／床にふしながら遊ぶ「臥遊」と富貴玉堂の牡丹の絵

[19] 賭博とペテン師

賭博と博徒／様々な闘牋（賭博の一種）遊び／ペテン師の出現

（翻訳担当：鄭敬珍）

# 序

（素々の本、二〇一八年）

この本は、二〇〇三年度に企画されたものである。ちょうど二年余りの時間をかけて、その年の十一月に『ソウル・歳時・漢詩』[*1]（都下歳時紀俗詩）を出した頃であった。この『ソウル・歳時・漢詩』は『東國歳時記』[*2]を書いた洪錫謨（ホンソクモ）[*3]（一七八一～一八五七）が、ソウルの歳時風俗を総百二十六首に上る七言絶句に謳った漢詩を書き綴った『都下歳時紀俗詩』を翻訳（ハングル訳）し、これに詳細な注釈をほどこした本である。『ソウル・歳時・漢詩』を編集した契機は、二〇〇〇年に韓国伝統文化大学校に在職したことにより、大学の持つ「伝統文化」教育・研究という特性上、自分の専攻である古典小説だけを研究目標とすることが難しかった事情のためである。「中世社会の生と文化」という科目を開設して二〇〇一年の一学期と二〇〇二年の一学期に柳得恭（ユドゥクコン）[*4]（一七四八～一八〇七）の『京都雑志』、金邁淳（キムメスン）[*5]（一七七六～一八四〇）の『洌陽歳時記』、洪錫謨の『東國歳時記』を順番に読み続け、その結果を本として編集した。お蔭で歳時風俗関係の書籍をかなり読むことができた。

ちなみに『ソウル・歳時・漢詩』は、もちろん解説と説

明がついてはいるものの、基本的に資料集の性格を強く帯びている。参考に引用した原典テキストは百七十余にのぼる。このような次第に基礎を定めておいたので、ひそかにこれらを編みながらも、もう少し自由に、これらにまつわる話を書いてみたいという気持ちが湧いてきた。ちょうど姜明官先生[*6]の『朝鮮の路地裏風景[*7]』が出て、空前のヒットを繰り広げていて、私も一度そのような生活史の叙述に挑戦してみたいという強い意欲が心から離れなくなってしまった。そうこうするうちに、朝鮮時代の生活史関連書籍が、その叙述の対象としてあふれ出ると、たちまちに私の意欲は委縮してしまった。

しかしながら、常に心の片隅には、私もあのような書物を何とか書くことが出来るのではないかという考えを失くすことは出来ず、いつかは必ず自らの思いを成し遂げてみたいと心に固く誓っていた。新しく入手した資料を一つずつ整理しながら機会をうかがってはみたが、今度は時間がひたすら流れるばかりで、あれこれ無駄ばかりをしているのではないかという憂慮を拭い去ることが出来なくなった。

集めた資料が整理できないほど積み上がると、もうどこから手をつければよいか見当すらつかなくなってしまった。そんな渦中にあっても、朝鮮最初の歳時風俗誌である『京都雑志』、その中の「風俗」編を繰り返し読みながら、このテキストを骨格にすれば、大きな問題はなく、何かを成し遂げられるように思えた。例えて言うならば、当代人が準備してくれた骨格に寄りかかって、肉を付け加えてみようという算段である。十八～十九世紀、ソウル両班の趣向という副題を掲げ、この本『朝鮮の雑誌』は、このような紆余曲折を経て世にでることが出来たのである。

知られているように『京都雑志』「風俗」編は、十九の項目[*8]を通して十八～十九世紀のソウルに住む両班たちの生活の姿を描写している。叙述の短さがいささか残念ではあるが、柳得恭は当時の生活実相を速やかに無駄なく核心的につかみ出している。その項目は以下のようになる。巾服、酒食、茶烟、果瓜、第宅、馬驢、器什、文房、花卉、鵓鴿、遊賞、聲妓、賭戯、市舗、詩文、書畫、婚議、遊街、呵導。衣食住から趣味と遊戯、遊興と学問、そして儀礼まで、当代両班の生活のほぼすべての部分を隅々まで盛り込んでいる。

この本を叙述しながら予想外の成果があった。それまでに翻訳され出版、またはインターネットに掲出された内容の多くに深刻な誤謬が発見されたことだ。これを二〇一五年から二〇一六年にかけて「『京都雑志』「風俗」編翻訳のいう文章にして提出した。

この本は、朝鮮時代後期、両班生活の姿を描写する、一種の生活史の性格を持っているが、ここに一つだけ付け加えたいことがある。この本が古典テキストの翻訳と注釈の方式から一定程度考えうる、新しい例示の方法を加えている可能性があるという点である。欲張った考えかもしれないが、伝統文化を勉強しながら、原文テキストに直接接することのできない人たちをたくさん見て来た私にとって、このような見通しを示すことは、とても重要なことだ。

この本は、基本的に大衆教養書として企画されているが、多くの学問分野の専攻者にも多くはないが助けを促す専門的な内容も含んでいる。それらは主に一千に及ぶ注(巻末注)に盛り込んだ。

最後にもう一つだけ付け加えておきたい。この本は、数年間の校内の研究費を受けて進めようと企画したのではあったが、多様な分野の専攻者が集まった審査委員五名全員が落第点をつけたことによって、暗礁に乗り上げるということがあった。もともと、それほど見栄えするものでなくて、地味な研究ではあるのだが、この分野にほとんど門外漢に近い教授たちが、一時に落第点を下したことには、不純な陰謀のごときものが働いていたと考える。その後、研究費支援の可否を決定する担当者が変わるやいなや、この本の出版計画は「優秀な内容」と認定されて研究費支援が確定したのであった。学問を学問として見ずに、私情を先立たせて白眼視し排斥するならば、その罪科は、恥ずかしげもなく、そのような振舞を犯すこれらの人々に、そのまましっぺ返しとして戻るのである。そのことを肝に銘じるとともに、これから、このようなことが再び起きないように警戒しなければならないという意味をこめて、ここに記しておきたいのである。

この本が世に出るまで、多くの方たちのご助力があった。最も大きかったのは『京都雑志』を一緒に読んでくれた韓国伝統文化大学校の学生たちである。わかりやすいとは言い難い授業に誠意を尽くして臨んでくれた受講生には感謝を述べたい。そして売れるとは思えない本を出版してくださった素々の本のパク・ナムスク代表にも感謝の言葉を捧げたい。

このたび印刷した初版三刷は、それまでの多くの箇所の誤りを直し整えたために、一種の改訂版だと言うことができる。この校訂作業に大きな助けとなった食物専門家、チョ・ミンジェ弁護士と、高麗大学校漢文学科ソン・ヒョクキ教授に感謝の言葉を捧げたい。もしこの本を引用したいとお考えの方たちには、この校訂本を参考にしていただければと思う。

所扶里 窺岩（ヨッパウィ）にて　秦京煥 記す

1 『ソウル・歳時・漢詩』（副題は「都下歳時記俗詩」）（秦京煥著、二〇〇三年十一月）。

2 洪錫謨編、一八四〇年前後の刊行。毎月の風俗を王室・両班・庶民の順にて記述。

3 朝鮮、純祖時代の学者、文臣。本貫は豊山、字は敬敷、号は九華齋、近窩、陶厓など。南原府使など歴任した。

4 朝鮮、正祖時代の学者、文臣。本貫は文化柳氏、字は惠甫、号は冷齋・冷庵など。北学派の一員として勢力的に活動した。主著に『東國地誌』『京都雜志』など。

5 朝鮮時代後期の学者、文臣。本貫は安東、字は德叟、号は臺山。主著に『朱子大全箚問標補』『洌陽歳時記』など。

6 釜山大学校漢文学科教授、一九五八年〜。他に『朝鮮時代後期閭巷文學研究』『朝鮮時代文学芸術の生成空間』など。

7 姜明官著、二〇〇三年、プルンヨクサ刊行。確かに存在するが誰も記憶してこなかった歴史、支配層によって無視された庶民の生と文化、を鮮やかに浮かび上がらせた。優れた著作として刊行当時、人気を博した。

8 376頁の目次参照。

（翻訳担当：染谷智幸）

注7の表紙

## 【8】花を育て、木を植える

> 植物を育てる上で、日本の蘇鉄と棕櫚、北京の秋海棠を上手に扱うと高く評価される。梅は黄色の萼が自然と傾いているのが美しいとされる。菊には紅鶴翎や黄鶴翎、白鶴翎の三鶴翎をはじめ、禁苑黄、酔楊妃などの名があり、鳥紅、大雪白、小雪白など様々な品種がある。（養花卉能致倭蘇鉄棕櫚燕中秋海棠為貴。梅以緑萼倒垂自然槎為佳。菊有紅黄白三鶴翎禁苑黄酔楊妃之号。梅亦有鳥紅大小雪白諸品）

**一つだけの布団は梅の花に**

漢陽周辺の風景を描いた朝鮮後期の画家・鄭敾（ジョンソン）（一六七六～一七五九）の真景山水画帳（しんけいさんすいがちょう）『京郊名勝帖（ギョンギョミョンスンチョプ）』にある絵「読書余暇（ドクソヨガ）」【❶】には、夏の日、四方冠（サバングァン）（網巾の上にかぶる四角いかぶり物）をかぶり扇子を手にしたソンビ（士）が縁側でくつろいでいる姿が描かれている。読書に夢中になっていた主人公が庭園の木や鉢植えの花を眺めながらつかの間の休みをとっている。絵の中にある小さい鉢植えが蘭で大きいものはシャクヤクのようだが、シャクヤクが満開になっていることから初夏であることがわかる。ところで、彼の目つきというか視線に注目してみると、彼は今、単に読書の合間に花をみているのではなく、それらを丁寧に育てていることが見て取れる。つかの間であっても彼の目つきは真剣そのものである。シャクヤクと蘭が植わっている植木鉢も普通のものではない。植木鉢の台もそうである。彼は今単に花を楽しんでいるわけではなく、むしろ、鑑賞の時間をじっくりもってから読書に入ろうとしているのではないかとも思われる。当時の知識人社会において花卉（かき）[*1]（観賞用に栽培する植物）が大流行していたことを踏まえると、この

❶鄭敾「読書余暇」（澗松美術館蔵）

推論はおそらく妥当であろう。

十八世紀以降、花卉や庭園作りが盛んに行われた。とりわけ、花卉に対する関心はほぼ「癖」、すなわち、マニア的なものであった。

癖のない人は真につまらない人である。癖という字は疾と僻が合わさったもので、病の中でもひどく偏ったものをいう。しかし、自分だけの世界を開拓しようとする精神のもと専門の技芸を習うのは、癖のある人でないと到底できない。

（朴斎家「百花譜序」）

承旨（王の命令を伝達する正三品の官職）・朴師海（一七一一～？）は梅の花を愛する癖があった。ある日、寝室で寝ているところ大吹雪が降った。彼は梅の花が凍ってしまうのではないかと心配し、一つしかない自分の布団を持ってきては植木鉢をぐるぐる巻いた。そして、震えながら妻に言った。「もう、寒くないだろうね」これは当時の文人たちの花卉癖を表す有名な逸話である。[*2] このような花卉愛はただの暇つぶし以上の愛好、すなわち、没頭、あるいは中毒のようなものであった。

このような動きは花卉関連の本の刊行につながった。柳璞（一七三〇～一七八七）の『花庵随録』、李鈺の『白雲筆』、洪万選（一六四三～一七一五）の『山林経済』、徐命応（一七一六～一七八七）の『攷事新書』、徐有榘（一七六四～一八四五）の『林園経済志』、安宗洙（一八五九～一八九六）の『農政新編』など、多くの関連書籍が次々と世に出た。ほかにも、丁若鏞は「竹欄花木記」や「茶山花史二十首」など、専門的な記述を残しており、李学逵（一七七〇～一八三五）は花瓶に菊を生けてその影を楽しむという菊影詩をいくつか残している。蔡済恭（一七二〇～一七九九）、南公轍（一七六〇～一八四〇）、李用休（一七〇八～一七八二）、李家煥（一七四二～一八〇一）、沈魯崇（一七六二～一八三七）らは花園記を著している。また、金徳亨、柳得恭、李徳懋、李書九（一七五四～一八二五）、金祏孫、朴師海、張混（一七五九～一八二八）、沈能淑（一七八二～一八四〇）、沈象奎（一七六六～一八三八）などは花卉の愛好家として名の知れた人たちである。このような花卉の大流行は、いずれも主に十八世紀から十九世紀にみられる。花卉への高い関心は花卉需要の増加をも意味していた。

需要の拡大は供給の増加をもたらす。珍しい草や花、木などが商品として流通し始め、それを専門的に売る者まで登場するようになった。

弼雲台(ピルウンデ)の下の楼閣洞(ヌガクドン)と桃花洞(ドファドン)、清風渓(チョンプンゲ)などには、年老いた貧しい衙前(アジョン)（官庁で勤める下級官吏）の中で花の仕事を生業にしている人が大勢いた。梅の花を珍しい台木に接ぎ木したもの、一つの植木鉢に三色の菊を植えたもの、ザクロを高く育て実らせたもの、竹や松、桃の木の盆栽など、多くの種類が販売され、値段もそれほど高くなかった。権氏の貴家には定期的に船で運ばれた椿や梔子(くちなし)、サツキ、百日紅、棕櫚、ツツジ、ゆずなどを担いだり背負ったりして供給する人々がいたが、いずれも市場では入手することのできないものであった[*3][❷参照]。

都城の中に住む民の中で貧しい人たちは土地を買い園圃(えんぽ)を作って花の種を植えたが、花売りの利益は畑仕事に比べ何倍も高いものであった。そういうわけで、花は民の生活にとって多いなる助けとなった。

城北や城東の方で花売りをし
競い合うように四季折々の花を咲かせる
お金を惜しまず買い集める者はだれか
花々は将軍の家や宰相の家に送られる

「お金を惜しまず」という表現は、当時花への愛好の様子がどのようなものであったかを物語る。「人の家に珍しい花があると聞くと、千金を払ってでも必ず手に入れようとした。外国の船が入ってきたということが知られると、万

❷「太平城市図」韓国国立中央博物館蔵（所蔵品番号：徳壽4481）

里の離れたところからも運んできた」とした柳得恭の話から当時の様子が浮かび上がる。「梔子、ザクロの木、椿／たくさんの植木鉢がそれぞれよい楼台に入る」という記録からも当時、花の木が漢陽近郊だけでなく地方からも水路や漢江を通じて漢陽に運ばれてきたことがわかる。

代表的な花卉商に趙八龍という人物がいる。当時、人々は彼のことを愛松老人と呼んだ。彼は「松を愛したあまり十年以上白華山に出向き、ついには三盤九曲松をみつけ、それを大きな植木鉢に植えた。その枝は虬竜*4のように荒く、皮はコケで覆われていた。客が訪ねてくるとそれを自慢し、「趙八龍は宰相の位の千石の俸禄や百万長者の富も羨まない」といった。一方、花卉商の中には没落した両班もいた。彼らは木を売る際に商人のように「売柴（木を売ります）」と声掛けせず、「吾柴（私の木）」と叫びながら客を呼び集めた。吹雪の激しい寒い日には路地裏を歩き回りながら叫び、道端にへたり込む時もあった。木を買いに来る人がいない時にはその場で読書もしたが、その本は古本の経書であった。普段は花卉商をしていることを隠そうとするが、生活の困窮する冬になると木を売りに路地裏を歩き回ったということから、朝鮮後期の没落した両班の苦しい生活ぶりがうかがえる。

## 珍しい木に蘇鉄あり

『京都雑志』によると、植物をうまく育てると認められるには蘇鉄や棕櫚、秋海棠を上手に扱うことが求められたという。ほかのものは育てるのに大した苦労をしないようだが、この三つの木は育てるのが難しかったらしい。蘇鉄と棕櫚は日本から、秋海棠は北京からの輸入品であった。「最近、多くの公子（裕福な家の子弟）と都尉（王の婿）の家で競い合うように蘇鉄と華梨*5、棕櫚などの木を植えているが、中でも外国産のものが人気が高く、庭園樹のなかで最もよいものとされた。」という記録からも当時の様子が見て取れる。

まず、蘇鉄について。死んだものに鉄のくぎを打つと蘇るため蘇鉄と名つけられたとされる。蘇鉄は乾燥を好み湿気を嫌うため、しおれそうになったら抜いてその皮に鉄釘を刺して屋根に置くとよみがえる、というかなり変わった性質をもつ。蘇鉄という名も鉄によって蘇らせることから由来し、鐵蕉とも呼ばれる。蘇鉄は葉が大きくて、細く裂かれている奇異な見た目をしており、かなり人気が高かった。

朴趾源の短編小説『虞裳伝』は天才的な訳官詩人で早世した李彦瑱を描いた作品である。虞裳とは李彦瑱の字である。『虞裳伝』には訳官として日本に赴いた際、日本の風物について詠んだ詩がある。

日本という国は／深き波のうねる島国／山林には木がうっそうと茂り／そこで日の出がみられ／女たちは絹に刺繍を入れている／お土産は橙とみかん／魚の中で奇異なものがタコなら／奇異な木は蘇鉄である（日本之為邦、波壑所蕩潏、其藪則搏木、其次則賓日、女紅則文繍、土宜則橙橘、魚之怪章挙、木之奇蘇鉄）[6]

今では韓国でもよく蘇鉄を見かけるようになったが、本来は中国の東南部と日本の南地方に自生していた。『京都雑志』にも倭の蘇鉄と特記している。『東槎録』や『扶桑録』などの日本見聞記によると、蘇鉄は日本の南地方ではよく育つが、気候の異なる朝鮮では育てるのが難しい、珍しい植物であったという。では、奇異な物性をもち、育てるのも容易ではない蘇鉄をなぜそこまで欲しがったのだろうか。しかも、高値なため有力者でなければ鑑賞することもできなかったとされる。なのに、なぜ蘇鉄のように珍しくて華麗な、しかも高価な植物を購買力と消費欲求のある需要先にすぐに供給することができたのだろうか。もちろん、そこには異国趣味が強く働いたのだろうが、脇からの小枝のない茎がまっすぐに伸びて、根も絡まずまっすぐに張り、一番高いところから葉が出て傘のように四方に広がる奇異な姿、とりわけ、鳳の尻尾のような形をした葉が鑑賞に値したことがその理由であろう。そのため、蘇鉄は鳳尾蕉とも呼ばれたが蕉といったのは芭蕉の葉に似ているからであった。[7] ここでは割愛するが、芭蕉は両班たちに好まれた植物の一つである。柳璞は『花庵随録』の「花木九等品第」の中で芭蕉を第二等の取富貴と、棕櫚は第三等の取韻致、そして蘇鉄は第四等の取同韻致と評価した。

蘇鉄は熱帯植物でほとんど花を咲かせないため、禅家ではそれを無心、あるいは、無作にたとえ思慮と分別をわきまえる修行の手本としていたという。詩人・黄玹（一八五五〜一九一〇）が「春風に木々が鐵樹の花を咲かせた（樹樹春風鐵樹花）」と感心した気持ちが理解できよう。鐵樹は蘇鉄の別名だが、もっとも「鐵樹開花」というと簡単にみることのできない珍しい現象をいうたとえであった。そのため、朝鮮の文人たちの詩において鐵樹開花はほとんどが長寿を表している。

棕櫚の木もその奇異な形のため高い人気を博した。ヤシの木の一種である棕櫚は日本の九州を原産地とし、日本産の棕櫚という意味から倭棕櫚とも呼ばれた。棕櫚の木は盆栽にしたものがあるが、その根の大きさは芭蕉ほどで、毛で覆われている。それを編んで敷物にしたり、ほうきにしたりした。葉っぱは扇子を開いたような形であった。

棕櫚の木は十六世紀日本から伝来したとされる。文臣・鄭経世（ジョンギョンセ）（一五六三～一六六六）の「一五九一年の春釜山（プサン）に着いた時、行袋（かばん）の中を空っぽにし、ただ石菖蒲（ソクチャンポ）と盆栽した棕櫚の木をいくつか入れた。安東（アンドン）の家にも寄らず、そのまま朝廷に上がり報告した」という文章から、棕櫚の木は高値な輸入品で王室からもとりわけ愛されたことがわかる。十七世紀には黄ホ（ファンホ）（一六〇四～一六五六）、文臣・李（イ）玄錫（ヒョンソク）（一六四七～一七〇三）の家に棕櫚の木があったという記録が彼らの文集から確認できる。[*8]ところが、棕櫚の木は漢陽で育てることが難しかったようである［❸参照］。

❸作者未詳「群賢図」韓国国立中央博物館蔵（所蔵品番号：贈 9977）

嶺南（ヨンナム）地方の軍営に棕櫚の木が一本あった。かなり背が高く葉は傘のように幅が広く、涼しい日陰を作るほどであった。それはそこの土壌が棕櫚の木を育てるのにふさわしかったためである。ある将帥がその木を漢陽に移植し何年か世話をしたが、残念ながら結局枯死してしまい多くの人が悲しんだ。

そのためか、棕櫚は大変重宝され国王にも愛された。「棕櫚の木、強奪事件」が発生したのもそのゆえんである。

十月、上（王）が後園の棕櫚の木を抜いて民家の主人に返すよう命じた。かつて上が棕櫚の木を欲しがっていたが、元安岳（アンアク）地方の郡守・洪万恢（ホンマンヒ）家に棕櫚があることを知り、掖庭署（エキジョンソ）（宮殿の庭の設備を管理する部署）の下隷を行かせ持って来させようとした。それは洪万恢が洪柱元（ホンジュウォン）（号は永安尉（ヨンアンウィ））の末っ子で、王の母方の親戚であったからであった。これに対し洪万恢が庭にひれ伏して言うに、「私の全ては国の陰徳によるものです。髪の毛や皮も惜しまないのに、ましてや植物は言うまでもありません。ただ、王様の外戚とはいえ、私は僻地の外防の臣下にすぎませんので、棕櫚の木を差し上げるのはあまりにも恐れ多くていたしかねます。また、小人の家に置くこともいたしかねますと言い、木を抜いてしまった。」その旨の報告を掖庭署の下隷から聞いた王は、立派なものだ、と褒めてこのような命令を下した。（『国朝宝鑑』巻四十九）

一方、棕櫚の木は実際、生活においても使い道の多い植物であった。皮はいかり縄とむしろに、根っこの部分は筆箱に、その灰は薬に、葉っぱは扇子作りに使われた。とりわけ、いかり縄は使い勝手がよく、網状にして田んぼを測量する道具として使われた。

棕櫚の木の皮で網目を作って網にするが、その網目は必ず百にした。網目は四面をそれぞれ六尺とした。六尺を歩といい、田地を測量する際にその網を田んぼに浮かせ一つの網目を一束にすると、百個の網目は十負になるだろう。棕櫚の木は皮がかなり丈夫なため曲げてその長さを縮めるのは困難で、ごまかすことはできなかった。（「農政類」『松南雑識』巻四）

北京から輸入された秋海棠も人気の高い植物だった。ある本に「秋の海棠花」という訳がみられるが、正式名は秋海棠である。中国の海棠花と朝鮮の海棠花は別のものであった。最近は海棠科の花をいずれもベゴニアというが、秋海棠は中でも木ベゴニアに当たる。八月に花が咲くため八月春とも呼ばれるが、「昔、ある夫人が恋人のことを想いながら北側にあるへいの下でよく泣いた。後に夫人の泣いたところに草が生えたが、その花があまりにも美しくて断腸花と名付けた」という伝説もある。形は金鳳花のようで色が赤く愛らしい。[*9] 秋海棠は、陰湿なところを好む性質で日光に当たると萎んでしまう。また、きれいな環境を好むため、汚い肥料を与えてはならない。（中略）霜が降った後に根を掘って凍らないように保管してから二月に土に戻すがよい。（中略）花だけでなく葉も美しくて花と葉がいずれも軟らかくその美しさを誇る。ただ、美しい分、手間がかかるため丁寧に手入れをしなければならない。朴斎家が詠った秋海棠は本物の花ほど美しいものであった。

ひと組の蝶々がゆらゆらと飛んできて／簪と耳飾りとなった／秋海棠の花はとても美しく／明るい机を照らしている（偃蹇雙飛蝩／亦能具簪珥／復憐秋海棠／瀟灑伴簾几[*10]）

**温室さえあれば問題無し**

熱帯植物である蘇鉄や棕櫚などにとって冬場を凌ぐこと

は容易なことではなかった。秋海棠の場合、冬に根が凍れば死んでしまうという。『京都雑志』の中で「植物を育てる上で、倭の蘇鉄と棕櫚、北京の秋海棠を上手に扱うことが高く評価された」といった理由が納得できる。では、当時の人々はこの問題をどのように解決したのだろうか。「絹の窓を取り外して毛布で塞いだら／外との冷気を一切感じなくなった」という記録から防風装置や穴蔵など様々な対策が講じられたようだが、もっとも効果が高いのは温室だった。

一四五〇年、医官・全循義（ジョンスンイ）の『山家要録（サンガヨロク）』に登場する温室がこの問題の解決策となった。『山家要録』は、世宗の時代に入ってから野菜栽培の盛んな普及など農業全般における新しい動きが求められた時期に、食医（シキイ）（王室で使われる食品の検収と衛星管理をする官職）出身で農業に関心の高かった医官・全循義が中国の農書を朝鮮の情勢に見合うように修正した最初の総合農書で、中世の朝鮮料理の調理法が三百近く紹介されている。とりわけ、この本には、冬野菜の育て方（冬節養菜）という題名で世界初の湿度と温度が調節できる温室の建築法も記されている*11［❹］。現代の温室と比べてみても遜色のない十五世紀の温室は、床にオンドルを敷き暖房熱を供給する一方で、太陽の輻射熱を油の塗られた韓紙（ハンジ）（韓国の伝統紙）を通して透過させ温室の中に差し込ませることで床と黄土の壁体に熱が吸収できるようにした。このように吸収された熱気が長波長の輻射熱に替わることによって、韓紙を通して再び透過し、外へ逃げないようにすることで、温室内の温度が上がる効果をもたらした。これはかなり科学的な設計だと言わざるを得ない。つまり、朝鮮の温室は地中加温と空中加温という二重の加温法を採択した、かなり優れた構造物であった。

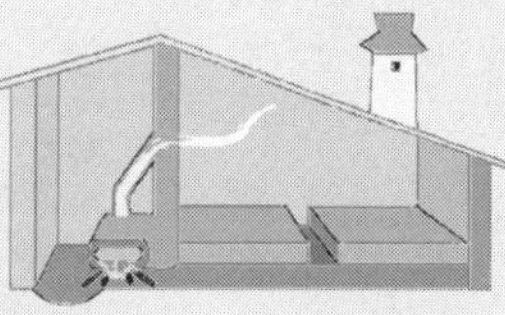

❹

この温室では主に野菜を育てたが、『山家要録』によると、きゅうりやすいか、冬瓜、夕顔、里芋、冬葵（ふゆあおい）、茄子、カブ、大根、カラシナ、しょうが、にんにく、葱、ラッキョウ、にら、きのこ、不断草（ふだんそう）、レタス、芹、白菜などの名が確認できる。江華島（ガンファド）での冬ミカンの栽培や泰仁（テイン）都会の冬場養蚕の生産もオンドルの入った温室で行われたことから、蘇鉄や棕櫚、秋海棠も冬場、温室の一角で育てられたことが推測できる。最後に、文臣・李冲（イチュン）（一五六八〜一六一九）が雑菜判書（ザプチェパンソ）（行政機関の官職）と呼ばれた逸話を一つ紹介しよう。

李冲は生まれつき貪欲で我がまま、そして荒っぽい気性であった。朝鮮の第十五代国王・光海君末期には裏で悪だくみをして様々な悪事を働きつつ、王にはへつらい機嫌を取っていた。冬場には必ず土の中に広い空間を設け、そこでいろいろな野菜を育て、新しい味を得た。朝と夕においしく調理したごちそうを進上することで寵愛を一身に受け、高い位についた。彼が外に出ると大人から子供まで「雑菜判書」と指さして唾を吐き貶した。（『光海君日記』一六〇八年十二月十日）

ここで注目したいのは「冬場には土の中に広い空間を設け、野菜を育てた」というくだりである。「土の中に広い空間を設けた」にあたる原文は「大作土室」である。曖昧ではあるが土室という言葉を温室と理解しても無理はないだろう。土を掘ってその上に布を敷いた後、土で覆うことで寒さと雨、風をふさぐウム（窩・食品を貯蔵するための穴）やウムジプ（穴蔵）が、主に野菜を保管する機能をしていたのに対し、「野菜の種をまいて新しい味を得た」とあるように、この土室は温室であった可能性がかなり高い。もちろん、土室が必ずしも温室を意味するわけではない。たとえば、高麗時代にも土室は存在したが、「冬に植物や果物を保管するのに適しており、また、機織りをする婦人たちにも役にたつものであった。いくら寒い日でも暖かい春のようで手が凍らなかったからである」[*12]という内容から、それは穴蔵を意味すると思われる。

## 梅を愛するために白髪にいたる

四君子（梅、蘭、菊、竹）の中でも一番とされる梅花については、関連記録が多すぎるためすべてを参考にするのは難しいが、それらを一言でまとめるなら学生時代に覚えた「雅致高絶（梅の節操を表す表現）」と言える。優雅な風情や高尚な節を有しているという意味だ。冬に孤独に花を咲かせる頼もしい姿は、氷のような透明さと玉のように優れた内面が強調され「氷姿玉質」（梅の異称）とも称された。歌人・安玟英（一八一六～?）は「梅花詩」でこのように詠った。

氷姿玉質とは雪の中の君のこと
静かに香りを漂わせ、黄昏月を楽しみとし
雅致高節は君の他いない

梅花に対する熱い愛情は貧しい画員・金弘道（一七四五～?）の例からも確認することができる。金弘道はもともと生活が困窮してご飯を食べるのもままならなかった。いつか、ある人が一株の梅の木を売り込もうとしたが、かなりかわったやり方であった。金弘道が梅の木を買えずにいたら、ちょうど絵の代金として三千銭を送ってくれた人がいた。彼はそのうちの二千銭を費やして梅の木を買い、八百銭で酒を仕入れ、同人たちを呼び集めては梅花飲の場を設けた。残りの二百銭を米と焚き物の購入に当てたが、その日を凌ぐこともできなかった。*13 梅花飲は梅の花が咲く頃、友を招待して酒宴を開き詩会を行うことをいう。

月光に照らされた老いた梅花の木は白く
秋の実は霜によって赤く
貧しい友の中に豪飲する者多く
悲しいその歌はかなり巧みなもの*14

これは李麟祥（イインサン）（一七一〇～一七六〇）が一七三八年の冬、北岳山の下にある李明翼（イミョンイク）（一七〇二～一七五五）の家で梅花飲を開いたときの思い出を詠んだ詩である。貧しい友の悲しみが伝わってくる。

梅においては格式や規範に捕らわれず自然と伸びていく線が高く評価される。（梅は）斜めに傾いてやせたものと老いた枝が奇異な形の珍しいものが評価された。*15 高尚なおもむきがあり格式が高く、斜めに傾いた枝に逆さまに伸びた老いた枝はその長さもまちまちで、幼い枝がまっすぐに伸びることでその香りが人にまで届くものを佳品とみなした。同じ梅でもかわった品種や様態に格別な関心を抱いていたことがわかる。他人と異なるいわゆる、「差別化」こそが文化マニアの特徴と言えよう。梅は花だけが好まれたわけではない。数多く詠まれた梅花詩がその裏付けと言えよう。また、その絵を身近において楽しんだり、硯や墨、そして扁額やお茶なども梅花と結びつけたりした。

自ら大きな屏風に赤い梅花を描き込んでそれを寝室に置いたら、小さな部屋にある様々な大きさの梅花が画中の梅花と競い合うように咲き始める。硯は梅花詩境研（メファシギョンヨン）を使用し、墨は梅花書屋蔵烟（メファソオクジャンヨン）を使った。詩を書いて壁にかけておいたが、「長寿する運命でないのに老境にとどまるのは、梅花を愛でるため白髪に至ったのだ」*16 といった。

いわゆる、梅花百詠をするつもりだが、詩が完成したら家の扁額に梅花百詠楼と書き、梅花への愛情を表そう。しかし、詩を詠むのがなかなかうまくいかず渇きを覚えたら、梅花片茶を飲むことで心を和ませる[*17]［❺参照］。

『京都雑志』では、梅花のうち、とりわけ「緑色の蕚が少しずれたものが美しい」と特記している。緑蕚梅、または、蕚緑梅というものだ。すべての梅の蕚とほぞは赤みを帯びた紫だが、この緑蕚梅だけは緑色を帯び、枝と茎も青である。緑英梅という名にふさわしい。

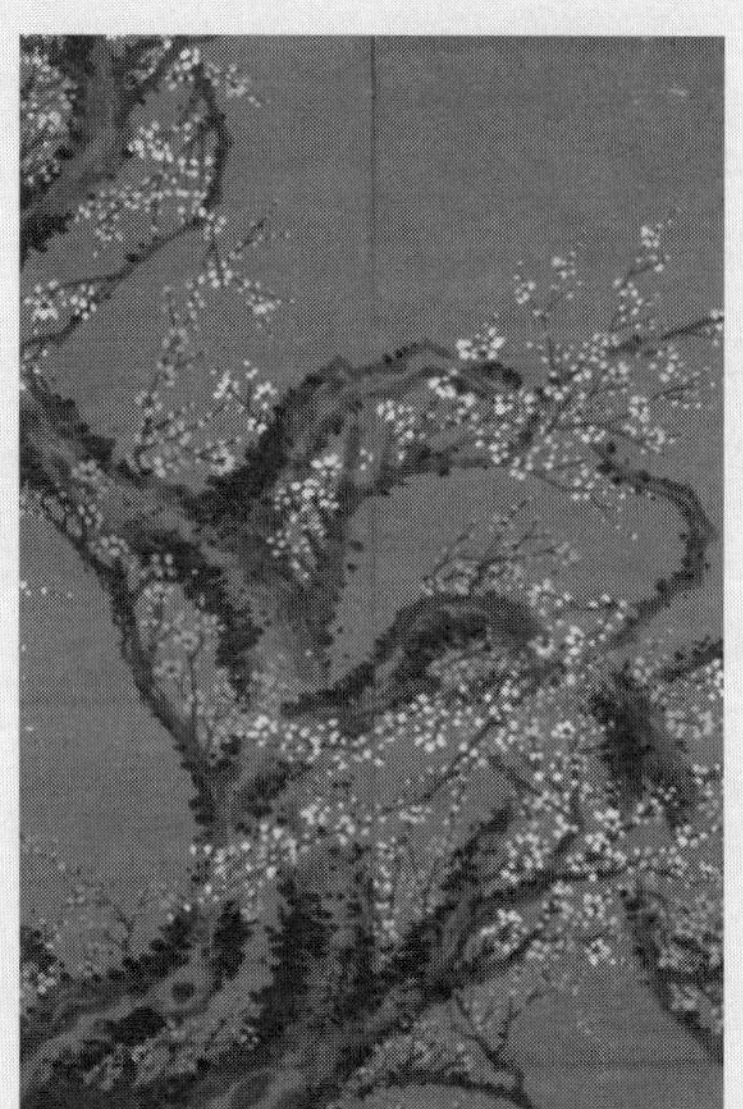
❺趙熙龍「紅白梅花図」韓国国立中央博物館所蔵（所蔵品番号：徳壽 1155）

真の姿を描写する画家につねに惜しいと思うのは／彩色が俗で水墨はカラスのようであること／君に出会いやっと麋公（陳継儒）の巧みを知る／女神仙[*18]の蕚緑華が独りこっそり描かれている（毎恨描真図画家／和鉛嫌俗墨疑鴉／対君始悟麋公妙／独写仙人蕚緑華）

これは徐栄輔（一七五九〜一八一六）の「かつて陳継儒が自ら梅花の絵を描き、仙人蕚緑華と題にしたのをみたが、今家にある梅花が麋公の描いたのとかなり似ていて、心から不思議に思いこのように詠む（『竹石館遺集』）」という長い題の詩である。蕚緑梅はその姿が特別清く高潔であったため、人々がそれを九疑山の仙女・蕚緑華と比べたという。

梅花を愛したあまり楽譜に歌詞や詩調などの唱法やリズムを書き込む際にも梅花の模様が用いられることもあった。朝鮮後期の歌客・張友璧（一七五三〜一八〇九）が考案したとされる梅花点のことで、一八七六年刊行の『歌曲源流』にはじめて登場する。梅花点は陰点と陽点で歌曲のリズムを表す。伝統楽器のチャングを打つ時に、陰点は素手で打つ「クン」と「ドン」を、陽点は太鼓を打つ棒で出す「ドク」、「ドロロ」、「ギドク」などの音を表す。その形がまるで梅花の枝に花房がついたようだとして名付けられたという。これを梅花点、あるいは梅花点リズムと呼んだのは歌曲が当時、士大夫や中人歌客に愛された歌のジャンルであり、また、彼らが鑑賞した四君子の一つが梅花であったからであろう。他方、朴趾源は梅花詩を詠み、絵を描く行為を見栄だととがめた。

> 『詩経』と『書経』には梅花について、実だけに言及され花については記していない。なのに我々は今、梅花詩を詠みながら香りについて評価したり、色を比べ合ったりして花の美しさを吟味している。それだけでなく、梅花の絵まで描くという見栄に見栄を重ねることで真の姿からますます遠ざかっている。[*19]

尹愭（ユンギ）（一七四一～一八二六）も同様のことを言い、雅致高節や氷姿玉質といった世間の評価を厳しく批判した。

> 古い根元から三四の枝が出てきて／小さな梅の盆栽が絹の屏風の中で斜めに収められている／寒さを凌いで花を咲かせたと言わないでほしい／君が目にしたのはすべて裕福な家にあるものだから（三四踈枝苗古査／小盆蔵得画屏斜／莫道淩冬開冷薬／君看画在貴豪家）[*20]

学生時代に感心した、あるいは、試験勉強のために習った内容が実はかなり偏ったものであったことがわかる。均衡を保つことで世の中のことを正しくみることができる。

## たいがいの家に何本かの菊の植木鉢があった

菊も両班士大夫に深く愛された樹種である。自然に囲まれて暮らす好事家たちは菊を君子によく喩える。彼らの説明によると、菊は季節が様変わり、草木が萎れる時にも孤独に輝かしく咲き、風と露にも負けず耐えるところが山人や逸士の節に通ずる。寂しく寒くても道を楽しむその豊かさはいつまでも楽しませてくれる。[*21] 菊に傲霜孤節（ごうそうこせつ）、すなわち、霜にも負けずひとり守り抜く節という名誉ある名をつけるに値する。ところで、十八世紀に入ってから菊はより専門的に栽培され、高値で売られるようになる。

> 我が国には花屋がない。したがって、かつて花売りはいなかった。弼雲台の下の楼閣洞や桃花洞、清風渓などに、年老いた衙前の中で、暇で貧しい人々は花を扱うことが多かった。彼らはすっかりそれを生業としていた。[*22]

昔、巷に金（キム）老人という者がいたが、菊をよく育て早くも遅くも花を咲かせることができた。また何寸の大きさにもし、花を爪のように小さくその色も美しく形はなまめかしくしたり、一尋を越える高さに育て上げたりして、非常に大きな花もあった。しかも、花の色が漆を塗ったかのように黒いものもあれば、また一つの枝に多色の花が混ざって咲いたものもあった。貴公子たちと高官たちが競い合いようにその花を買い込んだので、金老人はその商売で生計を立てていた。しかし、その育て方を秘密にしていたため、後世にその方法を知る者は一人もいなかった。[*23]

「最近、漢陽で菊を植木鉢に移し植えることが盛んになり（『廬沙集』巻一）」とあるように、たいがいの家にいくつかの菊の植木鉢があった。「菊の品種はかなり多い。中国宋時代の養菊の大家・劉蒙の譜に三十五種、石湖の譜にも三十五種、史正志の譜には二十八種とあったが、重なる品種を外しても、約百種に近い[*24]」。これは中国の事例だが、朝鮮も同様であった。儒学者・金正喜は菊の品種が百六十三種にいたるといった。かつてなかった品種を作り出したり、中国から多くを輸入したり、白雲朶（花弁が大きくて白い菊）のように日本から入ってきたものもある。丁若鏞は弟子の黄裳に菊を育てるならば少なくとも四十八種は必要だと言った。こうなると、自然とその中でどの菊が一番なのかを競う位付けが行われるようになる。金正喜は百六十三種の中で鶴翎を一番とし、沈能淑は三鶴を高く評価したが、中でも白鶴翎が一番とし、[*25]学者・奇正鎮（一七九八〜一八七九）も白鶴翎がもっとも人気だといった。

私には普段から菊の花を愛でる癖があり／泮水（成均館の周辺を流れる水）辺で高尚な菊の苗木を手に入れ／もし三翎に禁酔まで得ることができるなら／寂寞たる我が家も華やかに変わるであろう（平生性癖愛寒花／為乞幽叢泮水涯／若得三鶴翎禁酔／会看寂寞變繁華[*26]）

これは尹愭の詩である。彼も他の両班たちのように菊を愛で、自ら癖があるというほどであった。この詩の三翎とは三鶴翎のことで、禁酔は禁苑黄と酔楊妃を指す。これらも菊の一種であるが、「宮殿の庭に咲いた黄色い菊」、「酔いが回り、頬が赤くなった楊貴妃のような菊」というようなかわった名前のものが多かった。これらはいずれも『京都雑志』で特記している品種である。

柳得恭の目に映った十八から十九世紀の漢陽の両班たち

はこのほかにも烏紅や大雪白、小雪白などの名の菊も愛していた。すでに第十四代の国王・宣祖の時、日本からの回礼使[*27]の一人・平調信が書契（外交文書）の中で「所蔵している烏紅菊があるなら送っていただきたい（『宣祖実録』一六〇三年六月十四日）」と言っており、その美しさが日本人にまで知られていたことがわかる。麟坪大君（第十六代国王・仁祖の三男）（一六二二〜一六五八）は使節として清国を訪れた際に烏紅菊を目にしては感心し、それを朝鮮に持ち帰ろうとした。

我が国（朝鮮）の有名な庭園にも菊がたくさん植えられているが、このような烏紅の色と雪白色の種子がほとんどみられないのはとても残念なことだ。前回使節として赴いた時、ちょうど九月で起鳳堂の軒の下に菊の花がきれいに咲いているのをみた。のんびりと歩き回っていたら竹の森の近くに烏紅と雪白がほれぼれするほど美しく咲いていた。我が家に移し植えたいと思い、主人に懇願して植木鉢を二つもらって帰路に持ち帰ろうとしたが、その時になって主人が「真冬の季節に持ち帰ると、きっと萎れてしまうから冬至使（毎年の冬至の時期に中国に派遣された使節団）が帰国する祭に持たせ、あなたの思いに応えたく存じます」と言われたので、その通りにしておいた（『燕途紀行』（下）「日録」一六五六年十一月四日）。

雪白は雪のように白い菊のことをいう。ところで、『京都雑志』ではその種類を大雪白と小雪白に分けている。花房の大小の白い菊のことである。ところで、「待雪白」、「笑雪白」と記した例も多数目につく。「白い雪を待つ」とか「白い雪をみて笑う」という意味になろうが、それはそれで趣がある。

## お金がなければ想像の中の庭園でも

園林を経営して様々な花の木を育てるのは、当時の両班やソンビたちのあこがれであったはずだが、問題はお金であった。経済的に余裕がなければ、庭園を設け珍しくて高価な木々を植えることなどはできない。

池と楼、花壇や庭園、そして名の知れた花と美しい木は人の心情を育む。したがって、それを玩物喪志（珍しいものに心を奪われ、本来の志を見失ってしまう）とみなすのはよくない。若い時にそれに志を置き、年を取ればとるほどよりひどくなった。だが、存分に享受することができないのは財力がないためである。*28

唐の詩人・白居易（はくきょい）が晩年に庭園を設け楽しんだことを素材として「地上篇」という詩を詠んだが、姜世晃（ガンセファン）（一七一三～一七九四）はそれを絵にして妻の弟である柳慶種（ユギョンソン）のいとこの柳慶容（ユギョンヨン）に贈った［❻］。このように財力がなく、園林を設け花木であしらう余裕のない人々の間では、想像の中の庭園を造りそれを書き記すことが盛んに行われた。それを意園（ウィウォン）という。意園はお金や時間がなく、あるいは体調がすぐれず名勝地を遊覧することができないとき、その様子を描いた絵を壁にかけて鑑賞しながら、想像の旅を楽しむ臥遊に似たような行為である。貧しかったソンビ・兪晩柱（ユマンジュ）（一七五五～一七八八）は、一七八五年五月十六日の日記にこのように記している。

❻姜世晃「池上篇図」（部分、1748、個人蔵）*29

このようなことを考えた。庭の池辺には大きい十本の古松の木があり、生い茂るほどの竹の木や古い海花の木、棕櫚の木、みかんの木、ゆずの木、芭蕉、ザクロ、桜桃、蓮、菊、青桐（あおぎり）、紅葉の木、ケヤキの木、マサキの木、椿、春栢（チュンベク）（春に咲く椿）、ドンヘホン、セキチクの花も植える。薔薇、牡丹、紅桃、碧桃、季節ごとに咲く花、竹の木、杏子の木を植え合わせてもよい。このようにして品を高め、清さを保つことができるはずである。*30

意園を設計した意園記（ウィウォンギ）は十種類ほどが現存するが、そのうち九種が十八～十九世紀に作られたもので、二つを除けばいずれも十九世紀の前半に記されたのである。当時、想像の中の庭園に対するあこがれがどれほど高かったのかが見て取れる。ところで、この意園記を記した者たちのほとんどは漢陽やその周辺地域に住む、当時の主流勢力の一つでエリート士族である京華世族（ギョンファサジョク）たちで、彼らが志向したのは「俗気の除去」であった。想像の庭園の中から卑俗な風景や浅はかな会話を取り除こうとしたのである。

かつて一つのことを想像をしたことがある。奥山の人足の絶えた谷間ではなく、都城の中で人里離れた静かな場所に小屋を建てる。部屋の中には琴や書籍、酒瓶、碁盤を置き、石で垣根を造り、少しの土地を開墾して美しい木を植え、鳥を誘う。余った土地は野菜畑として耕し、野菜を育ててはそれらを肴とする。また、棚を作り豆やぶどうに涼しい風を当てる。軒の前は花と水石を置く。花は手に入れやすく四季折々の花が咲くものにし、水石も運びにくいものではなく小さくて細く、骨がむき出されて怪奇なものを選ぶ。心の通じる隣人と仲良くするが、両家はその形や中の装いが似ている。竹で編んだ柴の戸から出入りをする。縁側に立って隣人を呼ぶと、その音が消える前に彼がもう土間に上がってくるだろう。いくら厳しい雨風にも心配ない。このようにして悠々自適に年老いていきたい。

彼は心の通じ合う人と近くに住みながら談笑と高論を分かち合い、風雨のような世間の荒波にさらされない脱俗の人生を求めていた。一方、意園とは言えないが夢の中で出会った名勝や花の木などを絵と詩にした人もいた。その代表的な人物に権燮（一六七一～一七五九）がいる。彼は有名な山水のうち実際にみてみたいのに赴くことのできないところ、また、幾度が足を運んだものの頻繁には行けないところを描いた。想像の中で時々特別な景観が浮かんでくると、それを絵にしては横になって鑑賞する材料とした。

それは八十一歳の辛未（干支の組み合わせの八番目）年の一月十日昼にみた夢であった。祖父や父、孫が花枝洞の書斎に来ていた。彫刻をしたかのような絶壁が庭の前に広がり、絶壁の東側はスカートのしわのように三層になっていた。家の南の方には紫吊花の森が生い茂げって、下には長い川が流れ、曲がったところは池と早瀬となっている。西南側には石島が点々と並んでおり、家の裏には大きな岩がそびえ立っている。山の下に盤石を設けたが、色は白くて低いものも高いものもある。時には大小の石室を造り、座ったり横になったりした。やがて、みんなと盤石の上に座ったところで目が覚めてしまった。

（権燮「花庄奇兆」）

堅い盤石の上で幸せに暮らしたいという願いは目が覚めた瞬間、水泡のように消えてしまった。いわば一場の夢である。しかし、彼の夢を通して当時の両班が考えていた理想の住処のあり方が推察できよう。

一方、貧しい庶孼（ショゲツ）の文人・李徳懋は蜜蝋で梅花を作って売る商売をした。それを輪回梅という。

私は自ら考案したやり方で蜜蝋を溶かして梅花を作った。花心は毛で、萼を紙で仕立ててから青い枝につけたら輝かしく美しい愛らしいものとなった。（中略）輪回梅と名付けたのは、蜂が花蘂を採集して蜂蜜を作り出し、その蜂蜜が蜜蝋となり、蜜蝋がまた蜂蜜になるという仏教の輪廻説、三生説に通ずるからである。私はかつて『輪回梅十箋』の中で輪回梅の作り方について著したが、それを読まずにはこの詩の醍醐味を知ることはできないのであろう。（李徳懋「輪回梅」）

『輪回梅十箋』は十章立てだが、各章に絵を添え輪回梅制作の理解を助けている。「原、瓣、萼、蘂、花、條、植、帖、巻、事」を順に書いて、その後に付録として李徳懋自身と柳得恭、朴斎家の詩をおさめている。その中の朴斎家の詩を一篇紹介しよう。

生の花を見にして蜜蝋を作っていたら／いつの間にか梅の花が咲き枝にのっている／風輪の幻化もあれをみて悟る／他の生を信じないのなら我は誰か（目撃生花醸蝋時、旋看梅発倏騰枝、風輪幻化従渠覚、不信他生我是誰）

第二十二代国王・正祖年間（一七七六～一八〇〇）の詩人・睦万中（一七二七～一八一〇）の指摘の通り、当時は「国中が花に狂っている時代（一国顛狂總為花（「瓶花対人酬韻」）」であった。あらゆる奇異な花や珍しい木を買い集めて作られた衆香国（香しい花の国）をほしがっていたその当時、真なる花樹木の愛好家に安東の衙前・金遠鳴という人物がいた。彼は当時、花樹木のマニア中のマニアであった。

金遠鳴は安東の衙前である。父の葬儀を三年間行い、その後も素食を止めず毎日父の墓に出向いては声を出して痛哭した。死ぬ瞬間まで、部屋の中に父の服をかけたまま父を偲び、つねに立派な木と珍しい草を墓の前に植えていた。*31

1 ジョンミン『十八世紀朝鮮知識人の発見』（ヒューマニスト、二〇〇七年）、三十三頁。
2 ジョンミン、上掲書、三十七頁。
3 実是学舎古典文学研究室（訳）『白雲筆』（『完訳李鈺全集』三、ヒューマニスト、二〇〇九年）、二二〇頁。

4 龍の子で赤色で両方に角があるという。
5 南の方で生産される木材で、高い位の家の翫器に使われる。
6 シンホヨル・キムミョンホ（訳）「海覧篇」（『燕巌集』中、ドルベゲ、二〇〇七年）、二〇二頁。
7 ガンパングォン『歴史と文化で読む木の事典』（グルハンアリ、二〇一五年）、二十二頁。
8 洪敬謨（イジョンムク訳）『四宜堂志、我が家について語る』（ヒューマニスト、二〇〇九年）、九十一頁。
9 実是学舎古典文学研究会（訳）『白雲筆』（『完訳李鈺全集』三、ヒューマニスト、二〇〇九年）、二一九頁。
10 ジョンミンの他（訳）『貞蕤閣集（下）』（ドルベゲ、二〇一〇年）、四七五頁。
11 (社)ウリ文化ガクギ「(十八世紀宮中温室)蒼筍楼の歴史的考察」(パンフレット)。
12 李奎報「壊土室説」（『東文選』巻九十六）。
13 実是学舎古典文学研究室（訳注）「張友璧伝」（『趙熙龍全集』六、ハンギルアート、一九九八年）、七五頁。
14 李麟祥（パクヒビョン訳）『凌壺集』（上）（ドルベゲ、二〇一六年）、四九三頁。
15 姜希顔（ソユンヒェ訳）『養花小録』（ヌルファ、一九九九年）、四十五頁。
16 実是学舎古典文学研究室（訳注）「漢瓦軒題画雑存」（『趙熙龍全集』三、ハンギルアート、一九九八年）、四十八～四十九頁。
17 実是学舎古典文学研究室（訳注）「石友忘歳録」（『趙熙龍全集』一、ハンギルアート、一九九八年）、一四七頁。
18 伝説の中の仙女の名。
19 シンホヨル・キムミョンホ訳「ソクチに送る四」（『燕巌集』中、ドルベゲ、二〇〇七年）、四一七頁。
20 実是学舎古典文学研究室（訳注）「張友璧伝」（『趙熙龍全集』六、ハンギルアート、一九九八年）、八十八～八十九頁。
21 姜希顔（ソユンヒェ訳）『養花小録』（ヌルファ、一九九九年）、三十七頁。
22 実是学舎古典文学研究室（訳）『白雲筆』、前掲書、一二〇頁。
23 姜彝天の「梨花館叢話」にでる話である。（アンデフェ『朝鮮の名文章家たち』ヒューマニスト、二〇一六年）、四九七頁。
24 実是学舎古典文学研究室（訳）『白雲筆』、前掲書、一二〇六頁
25 ジョンミン「十八～十九世紀文人知識層の園芸趣味」（『十八世紀朝鮮知詩人の発見』ヒューマニスト、二〇〇八年）、二一一頁。
26 尹愭「従泮水覓菊叢栽」（『無名子集　詩稿』冊二）。
27 日本からの使節に対する答礼として、朝鮮から日本に派遣した使節団のことをいう。
28 沈魯崇（シムノスン）（アンデフェ訳）『自著実紀』（ヒューマニスト、二〇一四年）、五十八頁。
29 ゴヨンヒ『絵、文学に酔う—文学作品からみる古画鑑賞法』（アートブックス、二〇一一年）、一八五頁より転載。
30 アンデフェ「十八～十九世紀の住居文化と想像の庭園」（『ジンダン学報』九十七号、ジンダン学会、二〇〇四年）、一二〇～一二一頁。
31 劉在建（ユジェゴン）（是学舎古典文学研究室（訳））『里郷見聞録（イヒャンギョンムンロク）』（グルハンアリ、二〇〇八年）一五五頁。

（翻訳担当：鄭敬珍）

## 【14】市場にはあらゆる食べ物と詐欺師、そして語り手

> 絹、紬、紙、麻布を売る大規模の店舗は鐘街を中心に建て込み、他の店舗はあちらこちらに散在している。買い物をする人々は、早朝には梨峴と昭義門の外に、正午には鐘街に集まる。ソウルで消費されるもののうち、東部の野菜と七牌の魚がもっともよく売れる。南山のもとでは酒を上手く醸し、北部には餅屋が多いため、「南酒北餅」と言った。薬を売る店舗は葦で作られた簾に「神農遺業」、「万病回春」などを書いて掲げておく。薬を売る人はみな奉事と称した。（緞紬紙布諸大舗挾鍾街而居餘皆散處凡趨市者晨集于梨峴及昭義門外午集于鍾街一　城之所需者東部菜七牌魚爲盛　南山下善釀酒北部多賣餅家俗稱南酒北餅　藥舗垂葦簾揭神農遺業萬病回春等號賣藥者皆稱奉事）

### 東部の野菜、七牌の魚

ソウルには三大市場があり、東の梨峴、西の昭義門、中央の雲従街がそれである。共に左右に廛が銀河のように並べてある。あらゆる職人や商人らが各々の持ち物を取り出すので、その周辺に積まれた物貨が雲のように押されては、また再び水のように集まる。市民たちはここで冠帯、衣服、履物、そして食料品を買うのである。したがって、万人の視線が注がれ、ひとえに利益を求め、万人の口をたたき、ひとえに利益を企む。一人が売ろうとして一人が買おうとするので、また一人が仲立ちをし、日が昇れば集まり、日が暮れると終わる。市の立つ場所に通うと肩と背がぶつかり、立っていても冠（「カッ」と呼ぶ。馬のたてがみや尾の毛で作った被り物）をきちんと被れない。悪賢い小人らが肉の池や鳥の群れを作り、そこに出没しながら人を惑わす。ひどい者は強盗を働いて他人の金を奪い、その次は嘘をついて有利に売り渡す。

（李鈺「桃花流水館小藁」[*1]）

朝鮮後期の都の市場の風景を生々しく描写している。ところで、関心を引くのは市場の配置である。今の鐘路である雲従街と、鐘路四街から仁義洞までの梨峴（「イヒョン」または「ベオゲ」とも呼ぶ）、そして崇礼門と敦義門の間、すなわち今の西小門洞の大路にあった昭義門に市場があった

のである。もちろん小さな店舗はあちらこちらにあったが、この三カ所を三大市場と称した。これは上掲の李鈺（一七六〇～一八一五）の「桃花流水館小藁」に基づいたものである。

　これと違って、朴齊家（一七五〇～一八〇五）は「城市全圖應令」で「梨峴・鐘樓・七牌、これこそ都の三大市場」と述べている。一方、『東國與地備考』によると、「世に伝えるに、神武門の外の北側には昔市場があった。これは『周禮』で述べている後市のことであるが、今はそうではない。（今、市場は）四カ所にある。鐘樓街上・梨峴・七牌・昭義門外である」。

「『周禮』で述べている後市」云々は、前朝後市の原則のことである。都を建てる時、宮殿の前には行政の部署を、後ろには市場を配置するという意味である。それで景福宮の前面には六曹を設置した。問題はその後面に市廛（市の商店の意）を配置することであった。ところで、景福宮の後ろは山である。最初は「景福宮の後の神武門の外にも市場があった」ということから、そこにも市場があったようである。もちろん、すぐになくなった。山の中に市場を設置してできるものか。とにかく『東國與地備考』では四大市場に触れている。そして、李鈺が昭義門を、朴齊家は七牌を挙げているという違いが確認される。

　ところで、七牌と昭義門は距離が近かったし、七牌市場の規模がだんだん大きくなるにつれ、両者がほぼ同じ市場として考えられるようになったと思われる。もちろん、さらなる考証が必要であろう。

四方に通じる多岐の道は昭義門に接して
高い鐘閣の下に人々が雲のように集まっている
二階の樓閣には昼間は簾がおろされている
梨峴の南側の周辺は一頻りうるさいのである

（姜彛天『漢京詞』）

梨峴と七牌（あるいは、昭義門）の店舗と雲従街の店は格が違っていた。鍾路通りの大規模の市場は市廛と呼んだ。政府は店舗である公廊（官が商人に貸し出す商売空間）を建てて、自ら指定した商人らに貸し出し、その代わりに公廊税（官が公廊を貸し出す代わりに、商人から徴収した税金）を取った。つまり、市廛は国家で指定した公式的な市場だったのである。これに対し、梨峴と西小門にあった市場は、個人、すなわち私商が自ら運営する市場であった。鍾路通りの市廛を六注比廛（朝鮮時代、漢陽に存在していた特権的な御用商人の中で規模の大きかった六種の商店のこと）と称し、七牌と東部の市場は乱廛という私商らが営んだ。

六矣廛ともいう六注比廛は鍾路にあった六ヶ所の廛で、絹などを売る縇廛、綿布を売る綿布廛、綿紬を売る綿紬廛、紙を売る紙廛、苧布を売る苧布廛をそれぞれ一つの注比とし、内魚物廛と青布廛を合わせて一つの注比にした。正祖十八年（一七九四）に内魚物廛と青布廛を注比廛から外し、布廛を加えて六注比にしたが、純祖元年（一八〇一）に再び内魚物廛と外魚物廛の二つを合わせて一つの注比に、布廛を苧布廛に付けて一つの注比にして、その数は六を満たすが、実際のところ廛の数は八なので、八注比廛の名称があった。[*2]

専売の特権と国役負担の義務を担う六矣廛は紬、紙、魚物、苧、絹、木綿などを独占販売したが、これらは国家の主な需要品でありながら同時にいつでも貨幣として使える重要な品目であった。売買する対象から七牌と梨峴のような私商乱廛には明らかな差があったのである。

現在の地図を見ると、「六矣廛商店街は光化門から鍾路三街に至る地域で、開港当時の状況を見ると鍾路の交差点から光化門まで左側には綿紬廛と綿布廛があり、右側には縇廛と苧布廛が、鍾路から東大門までには縇廛、楽園洞一帯には魚物廛があった。そして鍾路から南大門の方には左側に苧布廛、右側には綿布廛、紙廛が並んであった。つまり、光化門から鍾路三街に至るまで、そして広橋一帯が六矣廛商店街であった」。[*3]

昭義門と崇禮門の間で繁盛した七牌市場は、都の関門である京江地域（朝鮮時代に漢陽を横切るクァンナル（広津）からヤンファジン（楊花津）までを指す地域。漢陽の都内市場に供給する卸売市場があった）と近かったので、西海からの各種魚物や米穀などが販売された。市廛の一つである外魚物廛は、西小門にあった。この地域は七牌市場ととても近くて麻浦、西江、銅雀津を掌握して船主らと船で運ぶ魚物と接触できたので、都に搬入される水産物は外魚物廛と取引しやすかった。そのため七牌市場はその規模が日に日に大きくなった。一八〇八年に完成した『萬機要覧』によると、巡廳洞、萬里峴、灼灼洞の石隅までを七牌と言ったが、それ以後、南大門の外から青坡を中心に西氷庫、麻浦、龍山を含む地域を指すようになった。ここにはもちろんその地域の人口の増加が大きな役割を果たした。正祖十四年（一七九〇）の戸口調査によると、都の五部のうち、七牌が属した西部の戸口の数が最も多かった。中部四三八二戸・東部七六三四戸・南部九九七〇戸・北部五八一七戸であるのに対し、西部は一一六三七一戸だった。農村から離れた人口が都市に集中した結果である。

一方、梨峴市場は東大門の内側で、現在の広蔵市場の根本になった所である。梨峴は鍾路区仁義洞（イニドン）にあった峠のことである。昌慶宮（チャンギョングン）の東南側にあった梨峴は元々森が鬱蒼として獣や鬼が出るため鬼峠（トケビゴゲ）とも言われた。また、峠が険しくて昼間にも百余名が集まってから越えたといってペッコゲ（百峠）、あるいはペッゼ、またはペッチェとも呼ばれた。そして峠の入口に梨の木が多くて梨峠（ベゴゲ）、または梨峴（イヒョン）と言った。道が広がりながら峠もなくなり、今の礼智洞（イェジドン）と仁義洞から鍾路五・六街に至る街路を合わせたところであった。「梨峴市場は東北地域から都に向かう商品が一次的に集まる市場であった。そのため、咸鏡道（ハムギョンド）地域から運ばれてきた干しメンタイが売れ、もう一方では都の近郊から商業的に栽培された野菜が主に売れた」[*4]。

「東部菜七牌魚」は梨峴の代表商品である野菜と七牌の代表商品である魚を強調して表した言葉である。もちろん、この他にも「街路上には多様な雑市と焚き物の市場があり、都心のあちこちに独自に店舗を設けて営業する店舗商業も繁盛した。これに従って都の商業は市廛中心から次第に乱廛市場である梨峴市場と七牌市場、そして店舗商業に多様化されて行った」[*5]。

『京都雑志』にあるように、「買い物をする人々は、早朝には梨峴と昭義門の外に、正午には鐘街に集まる」。ここで「買い物をする人々」の原文の表記は「趨市者」である。この言葉には先を争って走るという意味がある。この言葉は『史記』の孟嘗君（もうしょうくん）の物語に初めて登場する。

> 君は朝市場に押しかけて行く人々を見てはいなかったのですか。朝早くはお互いに肩をこすりながら先を争います。日が暮れてから市場を通り過ぎる人は腕を振り回しながら市場を気にしません。それは朝には好きで夕方には嫌いだからではありません。夕方には期待できる利益がないからです。
> （『史記』「列伝」孟嘗君）[*6]

また、少し後代のことであるが、実際にこのような証言がある。

> 朝早く南大門で城内に殺到する馬は二、三千もの莫大な数に達した。当時、南大門は夜間に閉まったので、朝

早く門が開くのを待ち、先を争って市内に入ったのである。定刻の二三時間前から待ちながら先を争う状況だったので毎日喧嘩が絶えなかったといい、一旦開門というとそれこそ怒濤のような形勢で馬、牛、人、荷物がいっぺんに入っていったのである。

(『韓国社会風俗夜叉』[*7])

ところで、何故こんなに先を争って押しかけて行くのだろうか。それは良い品物を他人より安く買おうとするからである。

早朝四時、三度の罷漏(朝鮮時代、漢陽の都内の通行禁止を知らせるために鐘閣の鐘を鳴らす制度)で四大門が開き、
馬に積み、車で運んで、群がって来る。
無数の魚、塩、無数の野菜類
紛々と買うために追いかけて来たらもう全部売って帰るね(あれこれ買おうと人々が押し寄せたときにはもう全部売り切れて売り手が帰るところだね)。

(「韓京詞」[*8])

早朝四時に城門が開いてすぐに客が集まってきて、早めに売り渡して帰るその時はまだ巳時、すなわち午前十時前後だったのである。

七牌の魚廛に各種の魚がみな揃っている。
民魚(鮸科に属する魚)、石魚(石首魚と似ているが異なる種類の魚)、石首魚、鯛、ヒラ、鯖、
真蛸、サザエ、イカや貝、エビ、コノシロだ。[*9]
魚物廛を見ると各種の魚物が並べてある。
干しメンタイ、貫目(干したニシン)、イイダコ、民魚、石魚、
丸ごと干だら、ヒラメ、タコ、エイやアワビ、ナマコ、カレイ、昆布、ワカメ、小さい昆布や青海苔、海苔、テングサ。[*10]

七牌市場の魚廛で売った魚物には、民魚、石魚、石首魚、鯛、ヒラ、鯖、真蛸、サザエ、イカ、貝、エビ、コノシロを挙げた。そして六注比廛のうち魚物廛では、干しメンタイ、貫目、イイダコ、民魚、丸ごと干だら、ヒラメ、タコ、エイ、アワビ、ナマコ、カレイ、昆布、ワカメ、小さい昆布や青海苔、海苔、テングサなどを売った。

貫目は目をさして干した鯖である。「鯖を干して食べるに、皮をむきぶつ切りにして酢コチュジャンを付けて食べ

ると、つまみとしては生臭いだろうが味は一番で山菜チヂミに入れると味がとても良い」[*11]。最近よく食べるサンマの干し物である。しかし、今は鯖が貴重なのでサンマを代わりに食べる。この中で石魚と石首魚は異なる種類である。引用したとおり、普通は両者とも石魚と石首魚と書くのでイシモチと考えるが、種類が同じであるのなら別々に並べる必要もなかったであろう。しかも「漢陽歌」はハングルの歌辞（朝鮮時代に発生した詩歌形式。韻文形式に散文的な内容が盛り込まれているのが特徴）なので「ソゴ（석어）」を石魚と表記する理由はない。『玆山魚譜』を見ると螯魚が出てくる。一名、遜峙魚である。「鄭文基の『韓國魚圖譜』では遜峙魚をオコゼとした」[*12]。そして昆布（곤포）と小さい昆布（다시마）を同じものだと考えるが、これまた同じ理由で不自然である。「昆布（곤포）の中で小さいのは方言で小さい昆布（다시마）」[*13]といい、「葉は手のような形で、大きさは薄い葦と似ていて紫赤色である」[*14]。このように動植物の名前は非常に慎重に考察しなければならない。

一方、十八世紀以降、都城の外の山地が耕作地として開墾され、郊外に商業的な農業地帯が形成されはじめた。都の都市化が急速に進みつつ、都の住民の大多数は日頃のおかずの材料を市場で購入する都市民に変わったので、郊外に野菜や果樹農業と薬草栽培業などが発達したのである。代表的な場合を見ると、東大門と西大門の外ではセリが、独立門の周辺では大根と白菜が比較的多く栽培された。特に、往十里では大根、箭串橋ではカブ、石橋ではナス・きゅうり・すいか、衍禧宮では唐辛子・にら・海菜、青坡ではセリ、梨泰院では里芋などが主に栽培された。これらを売買していた市場が梨峴だったのである。

### 父子詐欺団、そして小説の朗読者

市場なのではかりごと無きあたわず。詐欺師もいて、スリもいるのは、今と同じであった。むしろもっと酷かったかもしれない。その頃の事情を李玉が生々しく語っている。

> 都の西大門に大きな市場があった。ここは偽物を売る者たちの巣窟であった。偽物とは、白銅を銀といい、ヤギの角を玳瑁といい、犬の皮を用いて貂皮という。父子兄弟の間で品物の値段をかけ引きする演技をする。田舎者がチラ見して本物かと思って呼び値で買うと、売った者は謀がぴったり合って、一挙に利文を十倍、百倍と稼ぐのである。のみならず、スリもその中にいる。他人の袋や胴巻きに何か入っているような

ら、鋭いナイフで切って盗んでいく。スリに遭ったと思い追いかけて行くと、あちらこちらに甘酒を売っている路地裏に逃げて行く。曲がりくねった狭い路地である。ほぼ追いついて捕まえようとすると、大きな籠を背負った者が突然「籠を買ってください！」と飛び出してきて道を防ぐので追いかけられなくなってしまう。そのため、市場に来る人は戦場で陣を守るごとく銭を守り、嫁に行く女性が身を守るように物を守るが、よく騙されるのである。[*15]

玳瑁はウミガメの背を腹を包む外皮であるが、一種の宝石のように思われたし、貂皮はテンの毛皮のことである。安っぽいヤギの角を玳瑁と偽って売るのはよくあったと思われる。

イセン（人名）は都の商人も身の程知らずに自分を騙すことができないと自負した。ある日、西門市場を歩いていたら、子供と老僧が争っていた。

老僧：君に十文をあげるから、君の持っている物をおくれ。

子供：この人はちゃんと目はついてるか？　俺の物がどうして十文しかしないのかね？

老僧：君、これどこで手に入れたのかい？　圏子廛（クァンジャジョン）で盗んだのであろう。十文もただでもらう金だろうに、値段を問う必要もなかろう。

子供：俺が盗むところをあんたがいつ見たというのかい？　この人、今後俺の悪口を受ける人としてぴったりだね。

老僧：子ネズミのような奴が行儀が悪いな。

子供：強盗のような老人。

イセンがよく見ると、それは黄玳瑁（ファンデモ）であった。事情を話し、十二文でそれを買った。買って来る途中に圏子廛の主人に見せたら、ヤギの角だと答えるのであった。イセンは恥ずかしく思った。ひそかに後を付けると、さっきの子供は老僧の子であって、その老僧は市場で物の偽造を本業とする者であった。[*16]

驚かないわけにはいかない。いわゆる、父子詐欺団である。利益を得るためには何でもできる。「はかりごとが横行すると世の中が暗くなる。（…）民風が日に日に堕落して、純朴だったのが変わってずる賢くなったのであろうか？」[17]という嘆きは過度ではない。それくらい世の中は貨幣が中心となる社会に急変していたのである。

さて、この話を紹介、または翻訳した人々は圏子廛を未詳であると述べている。ところで、圏子は貫子（写真の丸印）のことである。これは網巾に付けて紐を結ぶ役割をする小さな輪である［❶］。誰もがカッを被っていたのでその中に網巾を巻いていたし、そうであるなら貫子を付けないわけにはいかなかったのである。急所である耳と目の間の太陽穴をこめかみ（クァンジャノリ：관자놀이）と言うが、これは「貫子（クァンジャ：관자）が遊ぶ（「遊ぶ」を韓国語で「ノルダ」という。「クァンジャンノリ」の「ノリ」は「ノルダ」の名詞形である）ところ」という言葉からできたという話もある。

❶

董越（一四三〇～一五〇二）は『朝鮮賦』（一四九〇）で貫子についてこのように述べている。

> （朝鮮の）人々は網巾の貫子で貴賤を区別する。（その国では髪の毛を包む網巾を全て馬尾毛で組み、貫子で品階と階級を決める）[18]

市場では物だけを売るのではない。市場が大きくなると、遊びと楽しさも売り買いしはじめた。傳奇叟という昔話を朗誦するのを業とする芸能人の出現である。

> あらゆる物を売る十二の市廛が東西にあるに
> 珠を紐で繋げておいたように
> 騒がしく毛の座布団に集まるのを気にしないで
> 我が言葉で演義編を朗誦するね。[19]

演義とは小説のことである。傳奇叟は人が集まる大きな市場で小説を読んでお金を稼いだ。このような事情を趙秀三（一七六二～一八四九）が『秋齋紀異』で詳細に描写している。

> 傳奇叟は東大門の外に住んでいた。「淑香傳」、「蘇大成傳」、「沈清傳」、「薛仁貴傳」のような言文小説をよく朗誦した。毎月の初日には第一橋の下、二日目には第二橋の下、そして三日目には梨峴に、四日目には校洞の入口に、五日目には大寺洞の入口に、六日目には鐘閣の前に座って朗誦した。このように上って行き、次

の月の第一週目には再び下りて来る。このように下りてはまた上り、上ってはまた下りながら、ひと月を終える。次の月も同じであった。あまりにも面白く読んだので、見物する人々に囲まれていた。彼は読みながら最も重要な場面になると、つい読むのを止める。そうしたら聴衆は次の話が気になって競り合って金を投げる。これを邀錢法という。[*20]

## 南山の下の酒、北村の餅

南山の下では酒を上手く醸し、北部には餅屋が多く、南酒北餅と言われた。まず、閭巷詩人の鄭來僑（一六八一〜一七五七）の話を聞いてみよう。

都の民俗は南北で違う。鍾路以南から南山に至るところが南部である。ここには商人と富豪が多く住んでいて、彼らは利が好きで鞍馬と第宅（りっぱな家）の豪奢を争った。白蓮峰の西側から弼雲臺に至るところが北部である。ここには貧戸に遊息する者らが住んでいたが、折々任侠の群れがあって、意気で交友するにも相手に恵むのが好きで、信義を大切に思い、他人の患難を助けてあげた。詩人の文士らが季節に伴い交際して戯れ、林川雲月の楽を追求したので、しばしばたくさんの詩を詠むのを自慢し、または麗句を比較した。これまた気風なのであろうか。[*21]

「南部は市廛商人と閭巷富豪の生活世界で、北部は一般閭巷人の生活世界である。白蓮峰（一名、白蓮社）は北岳山の麓の三清洞付近であり、弼雲臺は仁王山の麓の西村（現在の楼上洞、楼下洞、玉仁洞）付近で北社西台と称されたところである。その一帯が胥吏層の住居地であった」[*22]［❷参照］。

南部と北部は地域的な差のみならず住んでいる人々の身分も異なっていた。南部は金持ちの市廛商人で、北部には貧しくて義侠心の強い人が居住した。「北村の人々の言う品は骨髄に近く、南村の人々の言う品は敏捷に近い」[*23]という話が理解できる。骨髄とは、直言を言いながら強直だという意味で、敏捷とは打算に手早いという意味なので、北部と南部の人々の性格をよく代弁していると言えよう。

なので飲食の風習も異なっていたに違いない。「およそ北村には富裕な家が多いので、食べ物がはなはだ豪華で、餅の作り方も発達した。だが、南山の下は貧窮で思考の古い人や時勢のない虎班らが住むところなので簡単にほろ酔い、不快なことは忘れようとして酒の作り方がうまくなっ

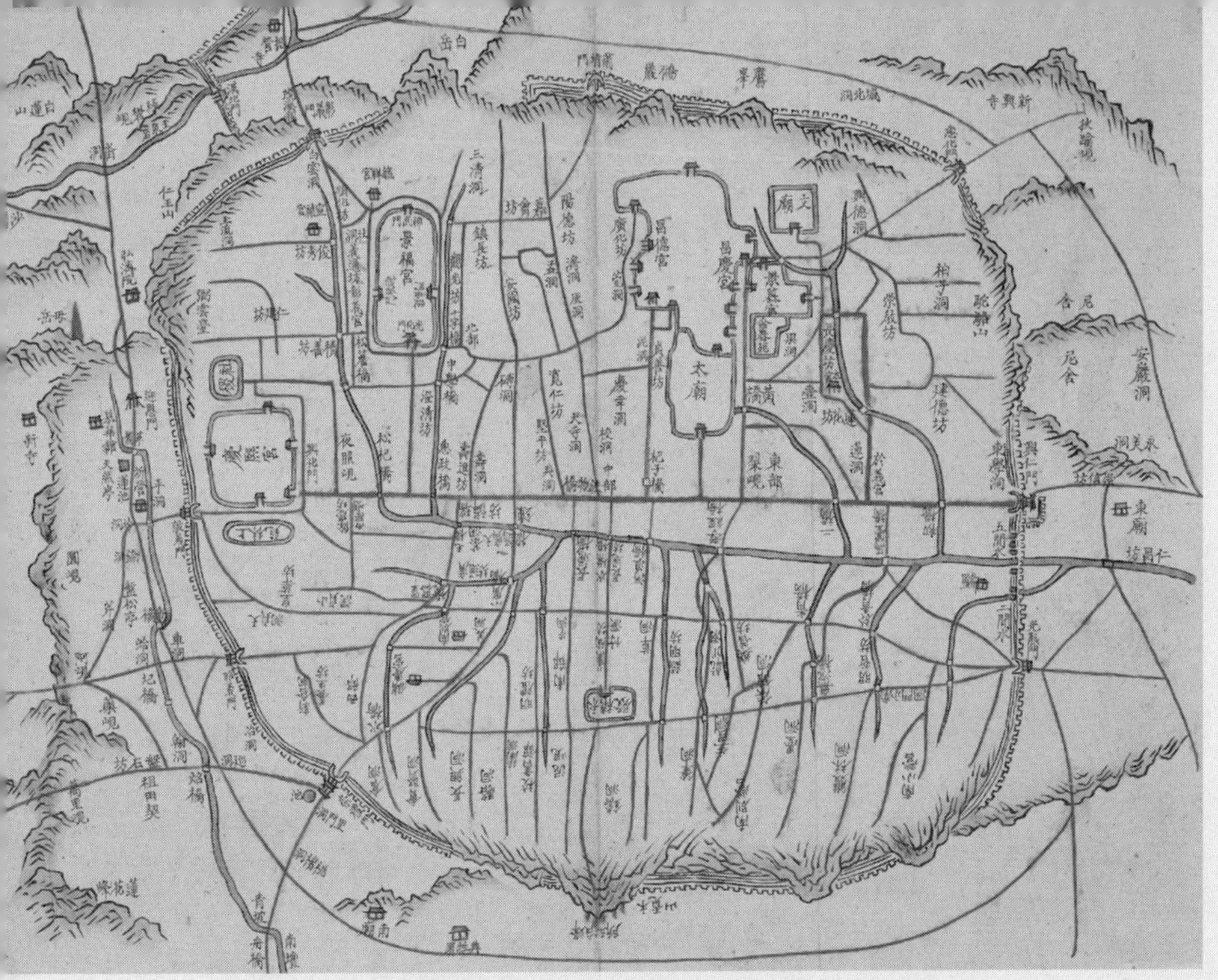


❷「東輿圖」（ソウル歴史博物館所蔵、遺物番号：ソウル歴史 003069）

たと考えられる」[24]。

特に南村の酒は「長興洞と會賢洞で醸すのを第一とした。その味と色が優れていて酔ってもすぐに酔いが醒め、喉も乾かないので、国中で名高い名酒であった」。これ以上の酒があるものか。

具体的にどのような餅と酒が有名だったのかは知られていない。ただ、後代の記録である『別乾坤』（一九二九年十月号）に載っている「京城名物店」にその変貌の様相を探ることができる。

「南村の酒、北村の餅」という言葉も時代が変わるにつれ昔言葉となった。今に至り、南村は正宗（清酒）を飲むめ色変わりな人の村になったし、酒も会社の独占物になったので、酒がどうのこうのと論評する余地がない。欲しいままに言うと、孔徳里の焼酎と薬酒としては市内の尹家酒、李家酒、その他の中央酒が比較的に優れる。餅も近来のホットク、倭餅、ロシアのパン、その他の菓子などができて、以前より餅を求める人々が減ったために餅屋も餅の種類も減っていく。しかし、京城の時食の特色はそのまま保存して、春にはヨモギ入り松葉餅、シナモン餅、ソンギトク（松の内皮を粳の粉と混ぜて作った餅）、ピンデトク（チヂミ）で、四月八日にはヌティトク（ケヤキの軟らかい葉を米の粉に混ぜて蒸した餅）、五月の端午には酔餅、六・七月には蒸餅、ゴマのインジョルミ、八月の秋夕には松葉餅、冬にはシルトク（甑で蒸した餅）、ドゥルトクなどが有名である。そうそう、都の餅の中で色切餅は田舎で見られない輝かしい餅である。それも一名物である。[*25]

今も安国洞の一帯には餅屋が命脈を維持している。それに対し、南村は日帝強占期の後、日本人の居住地になって本来の姿をほとんど失ってしまった。当然、南村を中心とした開発が進み、都市としての姿を一新していった。だから「南村の繁栄」を羨み、「北村の差別政策」を批判する声も多かった。日帝の政策に抗拒して停刊、発行禁止、罰金、そして発行停止などの過酷な処罰を甘受しながらも民族意識の鼓吹に力点を置いた代表的な総合雑誌『開闢』（一九二二～一九二四）には「兄弟よ、南村の施設はああなのに北村の施設はなぜこうですか」、「南村市街の極盛、没落した北村の惨状」という文章が載った。

## 薬舗と奉事

薬舗（今の言葉でいうと薬局）は、主に銅峴、つまり仇里介の左右に並んでいた。仇里介は現在の中区乙支路入口の一帯のことで、泥道の坂になっているためそのように呼ばれた。仇里介に薬舗が集中していたのは、朝鮮初期から五百年間、医薬と一般庶民の治療を司った恵民署がそこにあったからである。薬舗は看板として葦の簾に「神農遺業」や「万病回春」という文字を書いて掲げておいた。「万病回春」は万病を治して青春を取り戻すという意味なので万病統治に通じる。「神農遺業」の神農は中国神話時代の農業と医薬の神で、遺業は代々引き継ぐ事業という意味なので、薬舗の象徴としてなかなか適切だといえる。

そこでは様々な種類の薬が売られた。その事情を『漢陽歌』が詳細に伝えている。

人参・沙参・玄参と、黄蓮・黄芩・黄柏と／陣皮・青皮・
大服皮と、甘草・紫草・夏枯草と／牛黄・佗黄・狗黄と、
熊膽・狗膽・蛇膽と／沈香・丁香・唐麝香と、龍脳・龍眼・
龍骨と／蘇合丸・廣濟丸と、太乙丸・焼針丸と／青心丸・
安神丸と、抱龍丸・萬應丸と、雲母膏・牛黄膏と、五毒膏・
新異膏と、濟衆丹・玉樞丹と、辟瘟丹・紫金丹と／玉屑・

金屑・珍珠屑と、銀箔・金箔・琥珀屑と／閩薑・橘餅・
金箋餅と、鹿茸膏・瓊玉膏だ。[*26]

朝鮮後期の野談集である『青邱野談』には、薬舗は単に薬だけを売る場所ではないという話が載っている。仇里介のある薬舗に正体が分からない老学究が訪れる。彼は数か月間、薬局にいながら、薬を求める人が来ると症状を問わず藿香正氣散（藿香というシソ科の多年草を煎じた薬）を三貼もっていくように助言する。ところが、そのたびに不思議に効き目を得た。後には王様も彼の藿香正氣散を飲んで病気が治った。この話の末尾に記録者は次のような評を載せた。

> 彼は異人である。医書によると、時運が循環する時期に、百人が発症して症状が異なるといっても、その根源は年運によると言えよう。実に年運がよく分かって適切な薬を使うと、合わない症状に対しても、みな効き目を得るのである。近来、医業に携わる者は、こうした理のことを知らず単に症状だけを見て薬を使おうとするので、枝葉を気にして根本を失うと同様である。こうして思いもよらずに人を殺すのである。[*27]

根本的な病因を極めず、症状だけを見て臨時的に治療する当時の対症療法に厳しく警告している。そこには世の中が病気になったので人々もそれに伴い病気になるしかないというメッセージが含まれている。個人の病は症状が違っても時運と年運によって生じるので、まず世の中を正しく治そうとする姿勢が求められるということである。

しかし、それは非凡な異人たちだけが見抜くことができるのであって、誰でもそうなれるのではない。ほとんど症状によって病を一時的に和らげることに寄与するのみである。一部では偽物も勢力を振るった。

> 霊妙な草、神異な根で薬を作るといって
> 毎度仇里介を通る時にその香りに気づいていた。
> 主人が積んでおいた珍しい薬材だとごまかして渡すと
> 新しく訪れた南のソンビ、新奇な処方だと嬉しがって
> いる。[*28]

一方、薬契奉事（薬局で韓薬を作って売ること）という言葉から分かるように、薬を売る人を奉事と称した。元来、奉事は現在の天文台に当たる観象監（天文・暦などに関する業務を担当する官庁）、刑務所である典獄署（囚徒に関する業務を行

う官庁）、通訳館である司訳院（通訳・翻訳などを務めた役所）などに属した従八品の低い官職であった。大概、この官職に少卿（盲人のこと）が雇われたので、その後官職の名であったこの言葉が盲人を敬って指す言葉になったのである。

薬を売る人を奉事と呼んだ理由については、明確に説明できる根拠が分からない。ただ、次のような類推が説得力をもっている。

我が国の人たちは、片目の人、耳の聞こえない人、口のきけない人、兎唇の人、腕が曲がっている人、足がなえた人、足の不自由な人、背中の曲がった人、ハンセン病患者など、凡ての病者と障碍者を賤視・蔑視しながらも、ひときわ視覚障害者にだけは「ニム（様）」という文字を加えて「ジャンニム」、すなわち「杖をついたニム」と呼んだり、少卿や奉事という官職まで与えた。

視覚障害者を特別扱いしたところには理由があった。

第一に、肉身の目が閉じると心の目が開くという、古くからの考えが働いた。東西を問わず人々は目を閉じた状態で見える形象、つまり夢は予示の意味を持つと考えてきた。それで目を閉じたまま生きる人は神の啓示をもっとよく分かっていると信じた。

第二に、前述のとおり、我が国には視覚障害者の主な仕事が官職の体系の中に含まれていた。高麗時代の少卿は占卜を担当する官吏であって、朝鮮時代の奉事は内醫院（宮中の医薬品を担当する官庁）、典醫監（医学教育を担当する官庁）、恵民署（庶民の治療を担当する官庁）など、三醫司に所属された医院であった。

盲人を敬って呼んだ意識の底には巫と醫が本来一つだった「古い昔」の記憶があったであろう。醫の旧字は毉で、これは矢筒を背負って手に槍を持った巫女を表したものである。この字が醫に変わったのは、呪術の代わりに薬だけを使う治療法が定立した後のことであろう。

しかし、その奉事の地位は歴史の展開とともに苦境に陥ることになる。開港の直後である一八に朝鮮に設立された最初の日本人の病院である釜山の濟生醫院で勤務した軍医官の小池正直が著した『鷄林醫事』にその事情がよく表れている。

> 醫のようなものはその名があるだけで、家の外に神農遺業の文字を表示しても賣藥兒（医者の処方による調剤ではなくあらかじめ作った薬を売る人）として賤業に当たるので、上流の人は彼らの診療を受けるのを恥だと思って自ら薬剤を処用する。そして、病気が相変わらず治らないと、

巫覡（ふげき）に依託するのが普通である。医業の頽敗もまた想像するに適する。[*29]

1 李鈺「桃花流水館小藁」（李佑成・林熒澤『李朝漢文短篇集（中）』、イルジョカク、一九八二年）、二二六頁。

2 カン・ミョンファン注解『漢陽歌』（シング文化社、二〇〇八年）、七十二頁。

3 イ・コンヨン『ソウル物語』（ナナム出版、一九九四年）、三十三頁。

4 ゴ・ドンファン『朝鮮時代ソウル都市史』（テハクサ、二〇〇八年）、一七〇～一七二頁。

5 ゴ・ドンファン、上掲書、一六六～一六七頁。

6 「君独不見夫朝趨市者乎、明旦側肩爭門而入、日暮之後過市朝者、掉臂而不顧、非好朝而悪暮、所期物忘其中」（『史記』「列伝」孟嘗君）。

7 イム・ジョングック『韓国社会風俗夜叉』（ソムンダン、一九八〇年）、六十六頁。

8 「五更三点四門開、馬載車輸一簇来、無数魚鹽無数菜、粉粉買趁巳前回」（『韓京詞』、バン・ヒョンア「姜彝天と『韓京詞』」『民族文化史研究』第五号、一九九四年）、二〇三頁。

9 姜明官注解『漢陽歌』（シング文化史、二〇〇八年）、七十頁。

10 姜明官注解、上掲書、八十頁。

11 『朝鮮無雙新式料理製法』（永昌書館、一九二四年）、一九二頁。

12 イ・テウォン『『玆山魚譜』を探して（二）』（青於藍メディア、二〇〇二年）、三四四頁。

13 昆布之小者、方言云多士麻」（『経世遺表』巻十四「均役事目追議」一、関北）。

14 姜玟求『松南雜識』（ソミョン出版、二〇〇八年）、三〇七頁。

15 李佑成・林熒澤『李朝漢文短篇集（下）』（イルジョカク、一九八二年）、一九九・二〇〇頁。

16 李佑成・林熒澤『李朝漢文短篇集（中）』（イルジョカク、一九八二年）、二二八・二二九頁。

17 李佑成・林熒澤『李朝漢文短篇集（下）』、前掲書、一九九頁。

18 鄭東愈著・安大会訳『書永編』（Humanist、二〇一六年）、三十七頁。

19 ジョン・ウボン「『東国銆文』の史料的価値」（『民族文化研究』第三十七号、高麗大民族文化研究院、二〇〇二年、影印本四十一頁）。

20 李佑成・林熒澤『李朝漢文短篇集（中）』、前掲書、三三五頁。

21 上掲書、一二二頁。

22 林熒澤『韓国文学史の視覚』（創作と批評社、一九八四年）、四四三頁。

23 『皇城新聞』光武四年（一九〇〇）十月九日。

24 崔南善『朝鮮常識問答』「風俗編」。

25 姜明官『消えたソウル：二十世紀初、ソウルの人々のソウル回想記』（プルン歴史、二〇一〇年）、三五八頁。

26 イ・ゴンヨン『ソウル物語』（ナナム出版、一九九四年）、四十二頁。

27 李佑成・林熒澤『李朝漢文短篇集（中）』、前掲書、一九三頁。

28 バン・ヒョンア「姜彝天と『韓京詞』」（『民族文化史研究』第五号、一九九四年）、二〇六頁。

29 イ・ホンギ「十九世紀末・二十世紀初の医薬業の変化と開業医」（『医者学』十九―二、二〇一〇年）、三四七頁から孫引き。

（翻訳担当：金美眞）

# 【15】花見（花遊び）はここで

酒と詩と歌を楽しむ人々は弼雲台のあんずの花、北屯の桃の花、興仁門の外の柳、天然亭の蓮華、三清洞、蕩春台の水と石を好んで訪れた。漢陽都城の周囲は四十里で、一日中歩き回りながら都城内外の花や柳を鑑賞するのを最高の楽しみとした。早朝に登りはじめ夕方まで遊ぶ。ただ、山道がかなり険しく、くたびれて途中でやめて返ってしまう人もいる。（弼雲台杏花、北屯桃花、興仁門外楊柳、天然亭荷花、三清洞蕩春台水石、觴詠者多集于此。都城周四十里、一日遍巡周覧城内外花柳者為勝。凌晨始登、昏鍾可畢、山路絶険、有委頓而返者）

**すてきな風景があるから遊びにいく**

朝鮮の両班たちは四季折々の花を観賞しながら詩を詠み、歌を詠い、酒を嗜むのを風流とした。官僚たちは杏子の花が咲く春になると紅桃宴を、バラが咲く初夏には薔薇宴を、真夏には松の下で碧松宴を開き、文人たちは様々な賞花会、すなわち、花見を楽しんだ。漢陽の両班たちの間で定番の花見の名所は弼雲台、北屯、興仁門、天然亭、三清洞、蕩春台などで、そこらは杏子の花や桃の花、柳、蓮、そして水や石の有名なところであった。その他にも、楊花津の東側の丘にある蠶頭峰や、第二十二代国王・正祖が訪ね詩を詠んだという洗心台は遊賞客が雲や霧のように群がり一カ月が経っても混雑する場所であった。十九世紀半ばに著された風俗歌詞「漢陽歌」にも数多くの遊びどころが紹介されている。

どこで遊ぼうか楼台川山はとてもすてきで／朝陽楼 夕陽楼／茗仙楼 春水楼／紅葉亭 老人亭 松石園 生花亭／暎波亭 春初亭 壮猷軒 夢踏亭／弼雲台 上仙台 玉流洞 桃花洞／彰義門の外の蕩春台 洗剣亭／玉泉庵 石瓊楼 漢北門の津寛／景江亭 滄浪亭 狎鷗亭／足閑亭 濯纓亭 別営のうちの揖清楼

詩人・崔南善（一八九〇〜一九五七）によると大韓帝国末期には彰義門の外にある蕩春台や、崇礼門の外の梨泰院、恵化門の外の城北洞などが桃の花や杏子の花で有名な京城（ソウル）における社交の中心地だったという。[*1] 一九二七年に李元壽作詩、洪蘭坡曲の童謡・「故郷の春」の中に「私の住んだ故郷は花咲く山里／桃の花やあんずの花、ツツジの花」という歌詞が登場するのは、全国津々浦々でこれらの花々をよく見かけることができたという理由もあろうが、崔南善の言う通り、「京城における社交の代表地」のシンボルが桃花やあんずの花であったからであろう。

ちなみに、正祖の詠んだ「国都八詠」にみられる漢陽の名勝地やその特徴は次の通りである。弼雲花柳（弼雲台の春花と柳）、狎鷗泛舟（狎鷗亭での舟遊び）、三清緑陰（三清洞での夏の涼しい緑陰）、紫閣観燈（彰義門から見下ろす陰暦四月八日の灯籠祭り）、清溪観楓（清風溪での紅葉鑑賞）、盤池賞蓮（西大門近くの盤松の池での蓮の鑑賞）、洗剣氷瀑（洗剣亭渓流の涼しい滝）、通橋霽月（広通橋からする雨上がり後の月見）。

一方、朝鮮初期の「漢都十詠」にも漢陽の景勝地十か所の地名が記されている。「漢都十詠」は朝鮮の第九代国王の成宗の兄である月山大君をはじめ、姜希孟、徐居正、李承召、成任など当時の文臣たちが漢陽にある十の美しい風景を詠んだ詩である。蔵義尋僧（洗剣亭での葬儀のため訪れる僧侶たちの様子）、済川翫月（漢川済川亭での月見）、盤松送客（盤松坊で客を出迎えする様子）、楊花踏雪（真冬に楊花津の雪道を歩く情景）、木覓賞花（南山での花見）箭郊尋芳（箭串坪での春の花見）、麻布泛舟（麻布川の蠶頭峰での舟遊び）、興徳賞蓮（興徳寺の池での蓮華鑑賞）、鐘街観燈（陰暦四月八日の鐘路での灯籠祭り）、立石釣魚（漢川豆毛浦の前にある立石浦での釣り）。

### 桃の花やあんずの花、ツツジの花

『京都雑志』に記された順に沿ってまず、弼雲台のあんずの花についてみてみよう。弼雲台は今のソウル鐘路の培花女子高校の裏庭にある岩壁を指す。「目の前に広がる市内の風景がまるで碁盤のようだ」（『無名子集　詩藁』第一冊）という文章からもわかるように、そこは市内を見下ろすのにうってつけの場所だった。そもそも弼雲台という名は、そこに住んでいた朝鮮中期の学者・李恒福（一五五六〜一六一八）の号にちなんだものとされている。しかし、それ以前の一五三七年に第十一代国王・中宗が慶会楼で明の使節団のための宴会を開いた際に、白嶽山と仁王山に新しく名をつけてもらおうと頼んだところ、上使が白嶽を拱極と改め、福使が仁王を弼雲と改めた。雲龍、すなわち、慶福宮を守るという意味が込められているという記録が確認できる。弼雲山という名がそのようにしてつけられたとしても、石に彫り付けられた弼雲台の大字は彼の九代孫の李裕元の記録にあるように李恒福の手筆であることに間違いない。

弼雲台の近くの民家で花の木を大量に植えたおかげで、ここは漢陽の花見名所として知られるようになった。目当てはやはりあんずの花だった。詩をあまり残していないとされる朝鮮後期の実学者・朴趾源（一七三七～一八〇五）も「弼雲台であんずの花をみる（弼雲台看杏花）」（『燕巌集』巻四）という詩を詠んでいる［❶参照］。

夕日が急にその魂をおさめて／上は明るく下は奥深くして静かで／花の下には大勢の人がいて／その服と髭は人それぞれである（斜陽倐斂魂／上明下幽静／花下千万人／衣鬚各自境）

十八世紀の実学者・朴齊家（一七五〇～一八〇五）も友とともに弼雲台に登り、あんずの花を観賞して杯を傾けた経験を詩（『貞蕤閣集』）で詠んだ。その一部を紹介しよう。

君が谷間から来たと聞いて／君を連れて漢陽の西に向かった／あんずの花はすでに咲き乱れ／酒を買ってこようと晴れた麓に座り込んだ／君を思う抱懐が積まれていて／日が暮れても話は止むことがない（聞君自峡来／拉向城卤曲／杏花已爛熳／沽酒坐晴麓／思君積懐抱／日斜話諄複）

❶鄭敾「弼雲台賞春」（十八世紀）、個人蔵[*2]

一方、あんずの花の咲く時期は清明と寒食（冬至後百五日目の日）の時期とも重なり、出かけるのに最適である。昔のソンビ（士）たちはこの時期になると、あんずの花が満開になった家で酒を楽しんだ。あんずの花の咲く村、すなわち、杏花村を酒屋と呼ぶのもこのようなゆえんである。[*3] これは唐の詩人・杜牧の詩「清明」の中の「借問す酒家は何れの処にか在る／牧童遥かに指さす杏花の村（借問酒家何處有／牧童遙指杏花村）」の詩句に由来する。

次は北屯の桃の花について。北屯とは恵化門の外から北の三～四里離れたところにある北渚洞のことで、今の城北洞にあたる。ここは王を守る軍隊・御営廳に属した城北屯があったために北屯と呼ばれた。他にも、墨寺があったため墨寺洞や北寺洞とも呼ばれ、紫霞門の北側の桃花洞とともに桃花の景勝地として知られていた。小川に面した丘のあちらこちらに桃の木が植わっていたため春の時期には大勢の人や車馬でごった返して、人々はここを桃花洞と呼んだ。

学者・尹愭（一七四一〜一八二六）は「上巳の日に北渚洞で遊ぶ（上巳遊北渚洞）」（『無名子集　詩藁』第三冊）という詩で

> 目の前に広がっている桃の花に／青々とした柳が色づいている／深みのある紅色とうすい紅色が映り／霞のように野原に広がっている（桃花満眼舒／色之以緑柳／深紅映淺紅／霞蒸亘原畝）

と詠んでいる。花の霧という表現が幻想的な雰囲気を漂わせる。朴齊家はそのような雰囲気を「赤い霧がかかっているようだ」とし、

> 北屯の桃の花が天下を赤くし／家々の低い垣根と青い谷川／堅固な城と豊富な土地はすべてが美しく／太平の御世もまた楽しいことよ（北屯桃花天下紅／短籬家家碧溪沚／金城天府儘哉／壽域春台亦楽只）*4

と詠ったが、あながち言い過ぎではなかったようだ。ところで、桃の花の色は桃色と呼ばれ嫌われていた。いわゆる桃色雑誌や桃色映画という表現からもわかるように、桃色は色情をおびているとみなされてきた。しかも、桃花煞（行き過ぎた性欲によって災いを招くという迷信）は色情を越えて好色や淫乱をも表す。男の四柱（運命の占い）に桃花煞が入っている場合、好色気質のため酒色によって家庭が崩壊するし、女の四柱に桃花煞があると、その淫乱な気質のため自分自身だけでなく家庭をだめにするとして、結婚において忌み嫌われることが多々あった。とりわけ、女の顔が紅潮し美しくみえるのを桃花煞があるとみなし、後ろ指を指すこともあった。しかし、いずれも根拠のない俗説である。

### 柳の木と蓮葉酒

興仁門の外は柳の名所であった。興仁門は今の東大門である。東大門の外にある清溪川の両岸には、土手が崩れるのを防ぐために柳の木が植えられていた。一七六〇年、溝川の水路がふさがれ積まれた砂によって橋が埋もれ、梅雨の時期になると洪水を起こしてしまうため、民を集めて溝川の水路確保の工事をした。その後、濬川司を水標橋の

北側にある川に設置し、両側の丘に柳の木を植え結び、土砂崩れを防止してから一七七三年にはそこに石を積んだ」[*5]。その当時、清渓川の両岸に植えた柳の木は漢陽の名物となった。

今も小川のほとりには主に柳の木が植えられている。余談だが、大学生時代、学生デモに参加すると「ぶれないように」という歌をよく歌った。「ここに集まり一つになろう／ここに集まり一つになろう／水辺に植わった木のように／ぶれないように」という歌詞である。ここで「水辺に植わった木のように」を私は長い間「水辺に植わった柳の木のように」と歌詞を替えて歌った。水辺に木を植えるのは水路を保護するためであり、その際にもっともよく使われたのが柳の木であるから、あながち間違いではないだろう。

朝鮮時代には宮殿や各村に柳の木がよく植えられ、亭の木や風致樹などに使われた。平壌の長林や慶北慶州の柳林のように生い茂る森になるところも多かった[*6]。朴齊家が「一万の淡い色の柳の木は居眠りをしているようだ（万柳如寝眠緑池邐）」（『青荘館全書』巻二十「雅亭遺稿」十二）と詠んだように、柳の木は立ち並んだときに壮観である。

一方、柳の木はだれでも自由に折ることができた。花柳といえば売春する女性を卑下する意味として使われる場合もあったが、そのしなやかで優麗な動きは青春期の男女の心をときめかす。その代表的な場面が金万重（一六三七〜一六九二）の『九雲夢』にみられる。楊小游と秦彩鳳が交わす「楊柳詞」がそれである。まず、楊小游の方が先にふざける。

「柳はなぜ青いのか／長い枝が絹の柱に垂れ下がっている／どうか君はその枝を掴み取って折らないでほしい／この木のことが一番気に入っているから」

これに対し、秦彩鳳が答える。

「楼閣の前に柳が植われているとは／あなたの馬をつないでおくためでしょうか／どうして枝を折って鞭にし／慌てて漢陽に向かおうとしているのでしょうか」

すると、楊小游はとどめを刺す。

「垂れ柳の千万の葉の／いずれの葉にも真心が宿っている／お願いだから月の下で紐を編み／春の知らせを結ばせよう」

ここで「お願いだから月の下で紐を編み」というのは、結婚を望むという意味である。

柳の木といえば、朝鮮の妓生（歌や踊りで遊興を盛り上げるのを生業とする妓女）・洪娘の詩調と詩人・金素月（一九〇二〜

一九三四）の詩が思い浮かぶ。「柳の花を摘みあなたに贈る／寝室の窓の外にそれを植えてどうぞご覧ください／夜雨に若葉がでたら私のことを思い出してください」。これは洪娘が別れの贈り物として柳を贈ることで、ここに留まってほしいという本音を表しているものである。「柳」と「留」が同音であることを活かしている。また、柳の枝はどこに植えようとも若葉が出るため、再会への約束の意も込めている。

　たくさんの垂れ柳の枝が垂れ下がっていても／過行く春を止めることはできないのか／どんなに惜しくても／心変わりしたあなたを止めることはできない／垂れ柳はむなしく風に老い／まもなく我が身も憂いでやつれる／風に草の虫が鳴くころ／寂しい夜に君も眠れぬ

金素月の「垂れ柳」というこの詩は、まさに絶唱と呼ぶにふさわしい。柳得恭と同時期に活動した書道家・姜浚欽（ガンジュンフム）（一七六八～一八三三）の「駝駱山（タラクサン）」（『三溟（サムミョン）詩集』篇六）という詩にも柳がとても美しく描写されている。

　漢陽の山のうち、駱山は小さい山で／城の東側にある柳の枝はゆらゆらとゆれ／南には興仁門を囲い／西は景慕園（ギョンモウォン）と向かいあっている／一帯の閭巷（ヨハン）（庶民が住む村）は絵に描いたようで／高麗時代には楊柳村（ヤンリュチョン）と呼ばれ／私もこの山の下に住みたい／企斎園（ギジェウォン）の楼は最高に素晴らしく／川沿いの小屋は清らかで／日陰は草が青々と芽吹いて瓦で葺く必要がない（漢陽諸山駱山小／城東一枝柳糸裊／南挹興仁門／西対景慕園／一帯閭閻似画図／伝是高麗種楊村／我欲移家住山下／企斎園亭最秀野／臨渓小閣合簫洒／蔭陽青芽不用瓦）

一方、柳の木は仏教、とりわけ、観音菩薩の図像では浄瓶（ジョンビョン）（胴の肩に受け口が付き、頸の上方に細長い口が備わる形式の水瓶）に挿されていたり、手にしている形で描かれることがあるが、それはただ絵の背景としてではなく、観音信仰のあり方を表している。観音は民衆の苦しむ声を聴いて（観世音）ただちに彼らの苦しみを慰める温かい母のような菩薩である。苦しみを癒すために用いられるのが柳の木である。子供の頃、歯が痛い時、柳の枝をひたすら噛むと痛みが和らいだりした。今、世界中で使われている痛み止めのアスピリンの原料も柳である。

ここからは蓮についてみてみよう。天然亭は蓮華で有名な場所である。天然亭は京畿監営（京畿地域の行政を司る官庁）のあった敦義門の外の亭のことで、今の独立門の近くにあたる。そこは大きな亭のある池として名が知られ、数多くの蓮が咲いていた。そのため、唐の詩人・李白の「清水出芙蓉、天然去雕飾（論詩）」の句にちなんで名付けられた。[7]柳得恭の子・柳本芸（一七七七〜一八四二）は天然亭について次のように紹介している。

> 天然亭は敦義門の外の西池にある。[8]そこはもともと朝鮮の文臣・李海重（一七二七〜?）の書斎であったが、今は京畿監営の中営の公廳（官庁）である。池には蓮が広がっており、夏になるとその花を楽しむ場所として城内の人々の間で人気を博していた。（『漢京識略』「名勝」）

人々は泥沼に咲くきれいな蓮をみながら、世俗で汚れた心を洗うという「洗心遊び」を楽しんだ。だれもいない明け方、池に船を出すとしきりに聞こえてくる蓮の咲く音が詩心を呼び起こす。そのためか、朝鮮後期の儒学者・丁若鏞（一七六二〜一八三六）は西池で文臣・蔡弘遠（一七六二〜?）など十五人の文士とともに竹欄詩社を結成し詩集を編んだ。丁若鏞は詩集の序文（『茶山詩文集』巻十三、「竹欄詩社帖序」）において次のように記している。

> 杏子の花が咲きはじめたら一度集まり、また桃花が咲きはじめたら一度集まり、真夏にそして涼しい初秋の日は蓮華の花見のために西池に集まり、菊が咲きはじめたら一度集まり、冬大雪の時に一度集まり、歳暮に盆梅の咲くとまた集まり、毎回酒と肴、筆とすずりなどを用意して酒を飲みながら詩を詠む。盟主は若い人から最年長者まで順に担当し、全員終わったら最初からまた一周する。息子を出産した人がいればその人が呼びかけ、守令に抜擢される人がいればその人がまた呼びかけ、品階が上がり昇進する者や、子弟の中から科挙合格者が出ればその人がみんなを呼び集める。

天然亭にまつわる口伝の中で一九一六年に採録したものの一部を紹介しよう。

> ちょうど偏論（偏った正論）だの黨論（正論）だのという時期に池は偏色一色でした。この池は西人（朝鮮の官僚の派閥の一つで、中小の地主が基盤となっている）の色を帯びていたんですよ。そのため、この池の蓮が満開となると西

人にいいことがあるとされました。かなり当たっていたみたいです。南門の外にも池があったんですが、それは南人（朝鮮の士林派の朋党）の池と呼ばれていました。[*9]

そもそも蓮は仏教の象徴で知られている。仏が弟子たちに蓮を見せたところ迦葉だけが仏の真意を悟り微笑んだという故事から「拈華微笑」、「以心伝心」、「心心相印（心が通じ合う）」という言葉ができた。韓国の古典小説『沈清伝』にも沈清が蓮によみがえるというくだりがあるが、それも仏教的な解釈である。儒教において蓮は君子を象徴する。その代表的な例が中国北宋の儒学者・周敦頤（一〇一七～一〇七三）の「愛蓮説」である。「蓮はひとり泥から突き出て身を汚さず、清い水で洗っても妖艶でなく、中は空いているが外の茎はまっすぐで蔓を延ばさず、枝をつくらず、香は遠くにいくほど清く、まっすぐに立ち遠くを眺めることはできるが、気軽に扱うことのできないところを私は愛している。花の中で菊を隠者のボタンを富貴の象徴というなら、蓮は花の中の君子といえよう」。

しかし、蓮は必ずしも宗教や哲学上の真理だけを象徴しているわけではない。その花の美しさを詠った詩も多く見受けられる。高麗時代の文人・崔瀣（一二八七～一三四〇）は「風の中の蓮（風荷）」（『東文選』巻十九）という詩の中で、蓮の姿を湯上りの女性の美しさにたとえた。

清い夜明けにやっと入浴を終え／鏡の前に座るが力がぬけ／天然で限りない美しさ／めかす前の方がより美しい（清晨纔罷浴／臨鏡力不持／天然無限美／摠在未粧時）

詩題をみない限り、この詩が蓮を詠っているとはわかりにくい。きれいな女性の姿と香りについてまじめに想像していたところ、ふと詩題をみて蓮の詩であることに気づくが、だからといってだまされた気はしない。詩題と内容の間に意図的なギャップを生じさせたため、詩の含蓄がより豊かになっている。その後、朝鮮中期の女性詩人・許蘭雪軒（一五六三～一五八九）は「採蓮曲」（『惺所覆瓿藁』巻二十六）でこのように詠っている。

秋の清い湖は碧玉のように流れ／蓮の花の沈んだところに木蘭の舟を繋ぐ／水を隔て君と会い蓮の実を送り／もしや人に知られたのかと半日も恥ずかしいこと（秋浄長湖碧玉流／蓮花沈処繫蘭舟／逢郎隔水投蓮子／或被人知半日羞）

蘭舟は飾りをつけた木の小舟のことをいう。蓮華の茂ったところは密やかな雰囲気を漂わせる。実際に行ってみればわかるが、外から覗くことのできない空間がそこにある。しかも、船で向かったので他人が近づくことはできない。二人だけに許された場所である。人にみられることはない。にもかかわらず、話者は人にみられたのではと恥ずかしがる。しかも半日もだ。おそらくその恥ずかしさの本音は他人の視線ではなく、愛する人の視線や感触だったのだろう。愛する人と過ごしてきた日には、半日、いや一日中そのときめきが続いたのだろう。そうせずに、このような詩を詠うことはできない。

ここからは朝鮮後期の蓮の詩をみてみよう。文臣・韓(ハン)章錫(ジャンソク)（一八三二～一八九四）の「天然亭で蓮華を観賞しながら詠う（天然亭賞荷与申白坡尹蓮史同賦）」（『眉山(ミサン)集』巻三）という詩の二句に蓮華にまつわる当時の重要な文化が紹介されている。

一万の蓮が境内の隅々までを清くし／茅屋は絵のようで、渚には鳥が鳴く／我は酒を飲まずとも愚かなものだが／君はどうして詩のことで痩せてしまったのか／玉井に船が来ると、風が影を引き／碧筩に真珠ができても、しずくは音も出さず／必ず苦しいほどの暑さを洗い飛ばすべき／池の亭で杯を止め、明るい月を待とう（万柄荷花一境静／茅茨如画渚禽鳴／儂非解飲還癡絶／君豈緑詩太痩生／玉井船来風引影／碧筩珠滴露無声／会須滌尽朱炎苦／池館停杯待月明）

この詩からとりわけ、興味深い詩語は碧筩(ビョクトン)である。中国の魏時代の人物・鄭愨(ジョンガク)は三伏（暑い夏季の内でも最も極暑の時期）によく使君林へ向かい暑さを凌いだ。すると、いつも大きな蓮の葉に三升の酒を入れ、簪(かんざし)で葉と茎の間に穴をあけ酒がその間に垂れるようにしたとされる。まるで象の鼻のように捻じ曲げた茎の先に口を当て、酒を吸い込むように飲むことから、碧筩酒と呼んだという。高麗末期の人・李穡(イセク)（一三二八～一三九六）が「象の鼻のような碧筩酒を飲む／この至福を天地に感謝する（碧筩如象鼻／勝事謝乾坤）」（『牧隠(モクウン)詩藁』巻二十四）と詠んだことから、碧筩酒の習慣は高麗時代にすでにあったことがわかる。とりわけ、碧筩酒は朝鮮後期にかなり人気を博したとされるが、その趣はより深みを増していた。

朝鮮後期の文人画家・尹之(ユンジ)（李胤永(イユンヨン)、一七一四～一七五九）

は咲いたばかりの蓮華を折って蓮の葉のある水にそれを浮かせ、伯玄（任邁、一七二二～一七九四）を呼んではガラスの杯を花の真ん中に置くようにした。画家・元霊（李麟祥、一七一〇～一七六〇）が杯の中のろうそくに火をつけた。灯りがガラスの杯を照らし、杯が花を照らした。花の色と水の色が再び葉っぱを照らした。外側の色は青く、中は銀色を帯び明るく輝いた。（中略）その時、月の明かりが西の窓から美しく差し込んだので、昼間のように明るくなった。伯玄が再び碧筩酒に倣って蓮の葉に酒を入れては茎の穴から吸って飲んだ。飲みたい分だけ少しずつ飲み進めたら葉っぱ中に酒の香りが満ちた。*10

最後に面白い逸話を一つ紹介しよう。黄海道の監司（行政の責任者）が巡察のため訪れた時、延安府使は妓生の代わりに官庁所属のはしためにお酒の付き合いをさせた。また、府使の妻は蓮が好きで花が咲くまで毎日のように花見に出かけた。そのため、部下たちの不満が続出し、その噂が漢陽にまで広がったので、監察役の台諫が上疏し府使をやめさせようとした。ところが、その府使はある宰相とのつてがあり息子を通して隠密に請託した。宰相は台諫を懐柔して「衙婢（官庁所属の女奴婢）を接待の場に行かせたぐらいで恥をさらす理由はありません。また、その奥さんももし、下衆が好きになったならそれは大問題ですが、賞蓮したぐらいでそれほど咎められる筋はありません」と話した。これを聞いて皆あきれた。「アビ」の音が父と同じで、蓮を観賞するという「賞蓮」の音が「サンニョン」、すなわち、下品な女を指す意味であったからである。*11

### 蕩春台に登り酒一杯と詩を一首

朝鮮の第十代の国王・燕山君の即位十一年（一五〇五）に彰義門の外に蕩春台が設けられたが第二十一代の国王・英祖の即位三十年（一七五四）に錬戎台とその名が変わった。錬戎台は軍事訓練や弓術試験、賑恤（貧しい人々を救済すること）などのための軍事施設であった。朝鮮後期の実学者・李徳懋（一七四一～一七九三）が北漢山を遊覧して「洗剣亭の左側の立石に錬戎台という字が刻まれている」といったことから洗剣亭から錬戎台がみえたことがわかる。蕩春台は昔、瑞葱台と呼ばれた。「成宗の時、昌慶宮の後園にネギが生えてきたが、一つの茎に九つの枝がついていたので、人々はそれをめでたい葱（瑞葱）と呼んだ。その後燕山君の時、ここに台を築き瑞葱台と名付けたのだが、それが今の蕩春台である。蕩春台は数々の受難の歴史に見舞われた場所でもあった。三角、白雲の二つの山の間に位置したため水石の景色が素晴らしく、蔵義寺の跡地には燕山君が離宮を設け宴会を開くこともあった。また、石槽を設け宮女たちと淫乱なことをしていたとされる。その後、この宮は壊され小川の左側には造紙所が設置された。

『京都雑志』にも「蕩春台の水石」が登場するが、儒学者・鄭齊斗（一六四九～一七三六）がその風景を詳しく描写している。「水は蕩春台を囲い込む形で左にある谷間に沿って流れる。その淵のほとんどは石と盤石でできており、地面には白い砂が敷かれていた。石であるため、水は音を立てながら流れ、砂であるため、水は清らかで砂と混ざっても濁らず砂と石は水とよく調和した。そのため、すべてがなめらかで明るく輝き、日差しと砂の光が照らし合っていた。澄んだ風と松は趣をなし実に山間の絶勝といえる」。（『霞谷集』「蕩春台記」）

詩人・金尚彩（一七一〇～？）は「蕩春台八景」という五言絶句の詩を残しているが、彼が選んだ八景には「春台孤松（蕩春台の孤独な老松）」「瀑巌鳴泉（岩を流れる渓谷の水の音）」「旺洞茂林（蕩春台渓谷の生い茂る林）」「香峯晴嵐（香峯の朝の清い気運）」「獐峴帰僧（遠い山の峠道から帰ってくる僧侶）」「雲寺暮鐘（北漢山にあるお寺の鐘の音）」「曲城残照（白岳曲城に照らされた夕日）」「北壇霽月（北壇からみる月）」がある。

蕩春台は見晴らしのよさでも人気を博した。文臣・宋相琦（一六五七～一七二三）の詩「蕩春台から城後を訪ねる（蕩春台往審城址）」（『玉吾斎集』巻四）によると、後方には北岳山の険しい山勢が、遠くには江華島（今の仁川市江華郡に属する島）から向かってくるほかけ船が、そして雲に隠れた木の間から楊州が見渡せたことがわかる。

北岳山の険しい山勢をみようと／登ってみたら季節はもう秋／ほかけ舟は江華島からやってきて／雲のかかった木の間から楊州がみえる（北嶽看天険／登臨属素秋／帆檣来沁島／雲樹見楊州）

丁若鏞は文臣・蔡濟恭（一七二〇～一七九九）の養子である蔡弘遠（一七六二～？）に送った書簡の中でこのように記した。「ご苦労の多い吏曹（任官や人事考課など行う行政機関）参議（官職）の職をまだ就いていらっしゃるのですか。雨上がりの後だから蕩春台の下の滝に水が豊富な時期なのに、そちらに飛んでいき一緒にそれをみることができず、とても残念に思います」（『茶山詩文集』巻十八）。「飛んでいきみたい」というほど、蕩春台は絶景であったに違いない。
このような景勝地に酒はかかせない。京畿都事に就任した後、酒に酔い先聖を侮辱したという理由で免職された文臣・鄭斗卿（一五九七~一六七三）は元斗杓（一五九三~一六六四）、李へ（一五九一~一六七〇）とともに蕩春台で酒をふるまう宴会を開いた時の様子を詩にした。

門を出て馬に乗り互いに笑いあってから／鞭を打ちそのまま蕩春台に向かった／野原で鷹を逃したことを恨み／服を預けて酒を買っては飲んだ／岩の間の草の芽は青く／ここからの道に冬の梅に出会えるのだろう／雪が止み晴れ上がると華岳山が聳え立ち／楼に登り酒を飲むと春風が吹いてくる／古くからのこの風景は昨日と変わりないのに／当時の英雄豪傑はみなどこに行ってしまったのか／酒が残ったので君は再び蝋燭に火をともし／白髪の長さの促しは思わず飲もうではないか（出門騎馬一相笑、鳴鞭直向蕩春台、恨無呼鷹攔平野、且復典衣傾金盃、岩間草芽半青出、此行可得尋寒梅、雪罷天晴聳華岳、登楼縦酒春風来、万古風景如昨日、一時英豪安在哉、請君有酒更秉燭、不見白髪長相催）

酒が回るとおのずと詩を詠いたくなるものだ。何人かと出かけた先で一人ずつ詩を詠んではそれを詩軸にするのが当時の風習であった。絵の腕で一世を風靡した文人・姜世晃（一七一三~一七九一）もそうであった。その様子は実学者・李瀷（一六八一~一七六三）が記した詩軸の序文から確認することができる。

わが友の姜君光之（姜世晃）は山響斎を建て、法札と名画で埋め尽くされた空間で琴と読書を楽しみながらのんびり過ごしていた。以前訪ねた時、春の蕩春台で詠んだ詩の一軸をみせてくれた。蕩春台は都城の北門の外に位置した景勝地である。高くそびえたった山と小川のみえるところに大きな亭を新設したが、とくに丹青がきらびやかで、まさに三絶と呼ぶにふさわしいところであった。都城の士大夫やソンビたちがその亭に集まったが、光之は布衣を身にまとってそこに参加した。そして、雄筆で典雅な長編の詩を詠いながら、筆に墨をつけ草書の混ざった真行体でその詩を書き進めると、座中の皆が感銘を受け称賛した。その後、詩の内容を描きだしたが、そこに漂う思いの緻密さは、ただの描写にとどまらず、名の知れた景勝地の絶景を筆一本で大胆に描いたものであった。そのため、多くの士大夫とソンビたちが和酬に応じ、氏名と字号を書き添え、それを集めて詩軸を編んだ。

（『星湖全集』巻五十二、「姜君光之晃蕩春台遊春詩軸序」）

一方、蕩春台は洗草（セチョ）をする場所でもあった。洗草とは朝鮮王朝実録の編纂が済んだ後、草稿を破棄したことをいう。もともとは紫霞門の外の造紙所で史草を水に洗い墨を落としていた。文臣・申翊全（シンイクジョン）（一六〇五～一六六〇）が『朝鮮王朝実録』の一つの『仁祖実録（インジョ）』の編纂後、草稿を蕩春台のきれいな水で洗草したことを記念して詠んだ詩（「今朝実録罷後蕩春台宴謹次白軒李相国韻」『東江遺集』巻七）から当時の様子がうかがえる。

腕の優れた工人が著わすのは天を模写するごとく／天は深い愛をもって二十七年間覆ってくれた／清く澄んだ水に洗われる草稿を存分に見たため／神妙な政事はすでに青編の中に入ってしまった／耳に響く仙腔の音楽は春官（礼曹（イエジョ））からのもの／壺いっぱいの酒は内史（ネシ）（朝廷の記録を担当）がふるまったもの／先祖を善く受け継ぐのを本来達孝（ダルヒョウ）と称する／この日の恩恵と栄はあに徒然と言おうか（宗工撰述等摸天／天覆深仁廿七年／草藁剰看湔白水／神謨渾已入青編／仙腔咽耳春官押／法酒盈罍内史宣／善継元来稱達考／恩栄此日豈徒然）

そして「弟は昨日、永叔（ヨンスク）と在先（ジェソン）・朴齊家とともに蕩春台に出向き『武芸図譜（ムイェドボ）』に習い、弦楽器を鳴らして酒を飲んでは酔っぱらって帰ってきました」（「成士執大中」『青荘館全集』巻十六）と言ったことからもわかるように、蕩春台は正祖の命に従って李徳懋（一七四一～一七九三）と武官・白（ベク）東脩（ドンス）（一七四三～一八一六）、朴齊家が武芸訓練書の『武芸図譜』を編纂し、武器を使う動作などを実際に練習した場所でもあった。[12] 蕩春台の名は一七五四年に錬戎台と変わったが、錬戎台も軍事訓練や弓術試験のための場所であった。

### みんなで周ろう。都城一周

『京都雑志』に紹介されている弼雲台や三清洞の蕩春台、天然亭、興仁門の外、北屯はいずれも漢陽の都城を囲い込んでいる。そのため、自然と都城巡り、すなわち、巡城遊びにまつわる話も登場する。柳得恭は漢陽都城の周りを歩く遠足を念頭に置いて、近くの花見名所を紹介している。

漢陽を囲む山々は天幕を広げたようで／八の大門の城郭がくねくね回っている／それぞれが優れた景観をみせることを知っている／春が到来すると城郭を踏み切ったことを人々は言い誇る（山向京師賓帳開／八門城堞自紆回／饒知面面供奇賞／春到争誇歴踏来）

漢陽都城が完成したのは朝鮮の初代国王・太祖(テジョ)五年（一三九六）のことであった。全国から約十九万七千四百人を動員し、九十八日をかけて築城した。全体の工事空間（のべ五万九千五百尺）を六百尺ずつ九十七区間に分けて各区間を『千字文』の順に沿って名付けたのち、それを郡県別に割り当てた。築城がはじまった太祖の時代には、平地に土城を山地には石城を築いたが、第四代の国王・世宗(セジョン)の時に改築し、土の区間も石城に替えた。年月が過ぎて城壁の一部が崩れ落ちると第十九代国王・粛宗(スクジョン)年間から大掛かりな改築がはじまり、その後も何度も整備が行われた。漢陽都城は、近代化の歴史の流れの中で昔の姿をかなり失ってしまった。一八九九年に都城の内外をつなぐ電車の開通により、まず城門の機能が失われ一九〇七年には日本の皇太子訪問を控え、道路拡張を理由に崇礼門(スンレムン)（今の南大門）の左右の城壁が撤去された。次いで一九〇八年には平地の城壁のほとんどが取り払われた。城門も例外ではなかった。昭義門(ソイムン)は一九一四年に取り壊され、敦義門は一九一五年に建築資材として売却された。光熙門(グァンヒムン)の門楼は一九一五年に壊され、恵化門は一九二八年には門楼が、一九三八年には城門と城壁の一部が撤去された。日本は一九二五年南山の朝鮮新宮と、興仁之門(フンインジムン)の隣の京城運動場を建設する際に、周辺の城壁を壊して城の石を石財とした。民間の人々も城壁の近くに家を建てたため城壁は毀損してしまった。終戦後も道路や住宅、公共施設、学校などが次々と建てられ、城壁の崩壊は繰り返された。粛靖門(スクジョンムン)や光熙門、恵化門は再築されたが光熙門と恵化門は残念ながら元の場所ではなく違うところに建てられた。[*13]

一方、漢陽都城の築城が決まった際に城郭の長さや幅についての意見がまとまらず、天命に従って決めたという伝説が伝えられている。

ある日の夜雪が降ったのだが、雪は都城を囲む四方の山を取り囲むように降ったが、その境界の外には降らなかった。やがて、その境界線に沿って城郭が決まり、太祖五年から世宗四年にかけて築城された。[*14]

漢陽都城の周りは四十里ほどであった。十里を約四キロだとするとおおよそ十六キロになる。平地もあるが、ほとんどは山地で険しい道となっていた。その都城を一周するには、早朝に出発しても夕方鐘が鳴る頃まで時間がかかったとされる。夕方の鐘は午後七時、城門の閉まる時間に合わせて鐘閣（ジョンガク）（鐘路に設置され八大門の開閉を知らす鐘がある楼）にて八回鳴らした。もし朝七時に出発するとしても十二時間を歩く経路となる。しかも、今のように登山服や専用の靴があったわけでもないので、かなり大変な道のりであったことが推察できる。そのため、くたびれる人や途中帰ってしまう人もいたはずである。漢陽都城は二〇一四年の現在、全体区間の七割のベ十二・八キロ（二〇一四年基準）の区間が残っているが、それを一周するのは今でも容易ではない。

注

1 崔南善『朝鮮常識』「歳時篇」（『六堂崔南善全集』三、高麗大学アセア問題研究所六堂全集編纂委員会、ヒョンアム社、一九七三年）、二一一頁。

2 チョイヨル『昔の絵から観るソウル』（ヘファ出版社、二〇二〇年）、一七八頁より転載。

3 ガンパングォン『歴史と文化で読む木の事典』（グルハンアリ、二〇一五年）、二四九頁。

4 李徳懋「城市全図」（パクヒョンウク『城市全図で読む十八世紀のソウル』ボゴサ、二〇一五年）、五十三頁。

5 『新増東国輿地勝覧』巻三、『東国輿地備考』第二編「漢城府」

6 イソン『我々と共に生きてきた木と花』（スリュウサンバン、二〇〇六年）、六〇五頁。

7 亭以池勝，池於近都最大，且饒芙蓉，遂取天然去雕飾之義，名亭云「天然亭重修記」（『阮堂（ワンダン）全集』巻六）。

8 西大門の外にあることから「西池」と呼ばれたが、盤松坊の隣にあったことから「盤池」、「盤松池」とも呼ばれた。

9 一九一六年六月二十五日から八月十六日『東亜日報』で連載された「京城百勝」（一九二九年東亜日報社出版部から単行本を刊行・ガンミョングァン編集『消えたソウル：二十世紀初、ソウルの人々のソウル回想記』プルン歴史、二〇一〇年、三〇二頁）。

10 李胤永「西池賞荷記」（イジョンムク「朝鮮のソンビの花見と風雅なる詩会」『韓国漢詩研究』二十号、韓国漢詩学会、二〇一二年）、三一五頁。

11 朝鮮後期の野談集『禦睡新話』「衙婢待客」に出る話である。（イウソン、イムヒョンテク編訳『李朝漢文断片集』（中）、イルジョガク、一九八二年、二三〇～二三二頁）。

12 李徳懋は文献を考證する責任を、朴齊家は考證とともに版木大本の字を書き、白東脩は武芸を実技として考證することと編纂監督する仕事をした。（キムヨンホ『朝鮮の侠客、白東脩』プルン歴史、二〇〇七年、十六頁）。

13 「ソウル漢陽都城ホームページ」（https://seoulcitywall.seoul.go.kr/index.do）参照。

14 ジョンドンユ（アンデフェ訳）『ジュヨン篇』（ヒューマニスト、二〇一六年）、四十四頁。

（翻訳担当：鄭敬珍）

# ［16］演奏と踊り、そして芝居

太鼓、杖鼓、奚琴、大笒、大笛、小笛で合奏するのを打風流という。宣伝官庁に所属された楽手を内吹といい、将勇営、訓練都監、禁衛営、御営庁に所属された楽手を細楽手という。梨園の俗楽部にもそれがある。歌には清音と濁音の二つがある。それが変化して中大葉、数大葉などの名ができた。葉は腔の意である。踊りは必ず向かい合って踊るが、男は袖を垂らして、女は後ろに手を裏返しする。内医院の恵民署には医女、工曹の尚衣院には鍼線婢がいる。みな関東と三南で選抜された妓女である。宴会の時に彼女らを呼びつけて、歌らせ、躍らせる。内医院の医女は黒い絹で作った頭巾を被り、他は黒い麻で作った頭巾を被る。カリマ（頭巾の一種）は純粋なわが言葉で覆うという意である。その形がまるで書帙の意のようで、髪の毛を隠すことができる。演劇には山戯と野戯の二つの部があるが、みな儺礼都監に所属とされる。山戯では二本の棒を建て、幕を張った舞台で獅子舞、虎舞、萬石舞などを踊り、野戯では唐女と小梅が踊る。萬石は高麗の僧侶の名前である。唐女は高麗の禮成江の辺にきて住んでいた中国の女の芸人で、小梅も昔の美女の名前である。（皷腰皷奚琴横篴小竹觱篥合奏謂之打風流　籍係宣傳官廳曰內吹　壯勇營訓局禁御二營曰細樂手　梨園俗樂部亦有之　歌用清濁二音　轉變有中大葉數大葉等名　葉猶言腔也　舞必對舞　男拂袖女翻手　內醫院惠民署有醫女　工曹尚衣院有鍼線婢　皆關東三南選上妓也　宴集招致歌舞　內醫院醫女戴黑緞加里麽餘用黑布爲之　加里麽者方言羃也　其形如書套可以羃髻　演劇有山戲野戲兩部屬於儺禮都監　山戲結棚下帳作獅虎曼碩僧舞　野戲扮唐女小梅舞　曼碩高麗僧名　唐女高麗時禮成江上有中國倡女來居者　小梅亦古之美女名）

**宮中楽団の楽手「内吹」と軍営所属の軍楽手「細樂手」**

掌楽院は朝鮮時代に宮中音楽を担当したところであった。礼曹に属した掌楽院は、基本的に儒教の礼楽思想に基づいて楽の範疇に入る音楽を司った。しかし朝鮮時代のすべての宮中音楽が楽の範疇に入るとは言い難い。軍事またはそれと関係のある儀礼的機能を持つ、すなわち軍楽のようなものは掌楽院で関与していなかった。これらの音楽は十七世紀以後、掌楽院の衰退とともに重要視されることとなった。[*1]

この章で取り扱う内吹と細楽手の音楽活動がその代表的な例である。

　まず、打風流を紹介している。打風流は『京都雑志』以後の文献にはあまり登場しない言葉である。その代わりに竹風流という言葉がよく使われることとなる。これは笛二つ、大笒、奚琴、杖鼓、太鼓で構成される。三絃六角[*2]の音楽編成と同じであるが、三絃六角は舞踊の伴奏用語で、竹風流は観想の時によく用いられる用語であると言われている。金弘道の「舞童(ムドン)」に三絃六角の構成がよく描かれている【❶】。

　宣伝官庁に属した楽隊、または楽手を内吹(ネチ)という。宣伝官庁は王様の命令を伝えたり、王様を護衛したりする任務を担った官庁であった。その任務の中に、啓螺(ギェラ)、すなわち王様の行幸の際、吹打を奏でることもあった。その吹打を担当するのが内吹であった。彼らは国王が行幸する際、または正殿で業務を行う際の護衛を担当する行列の一員で、現在の軍楽隊に当該する。

　楽器の編成は王様の行幸の際と宮殿での宴会である進宴、進饌などによって異なるが、だいたい次のように構成される。鉦(ジン)、太平簫(テピョンソ)（木で作られた管に八つの穴を作り、下のほうに漏斗型の真鍮をあて、口先は葦でできている）、螺角(ナガク)（大きい法螺貝）、號笛(ホゾク)（合印で吹く笛）、啫哱囉(ジャバラ)（真鍮でできた打楽器で、二枚の皿の形をしたものを合わせて、音を立てる）、龍鼓(ヨンゴ)（太鼓の両面に二つの輪があり、木綿の布を背負いひもとし首から下腹まで伸ばして結び、両手に二つのばちを持って上から打ち下ろして演奏）、喇叭(ナバル)（黄銅で作った金部楽器で一つの音のみ出せる）などである。

　内吹の音楽は営門に属した細楽手と違って軍事的な機能より、儀礼的な機能のほうが強かった。そのため、内吹は軍服ではなく、上着と下着が別々になっているものを腰のあたりでつなげる袍である天翼を着た[*3]。

　これと違って状勇営、訓練都監、禁衛営と御営庁に所属される細楽手は、六人がチームを組んでそれぞれ異なる楽器を演奏する三絃六角に編成される。細楽とは、大きくてうるさい音である吹打と違って、優しくて繊細な音楽を意味する。

　細楽手は、軍隊に所属されて宮中や官衙(かんが)の賦役として奏楽を主要任務とした。彼らは王様の行幸である鹵簿(ノブ)と王様が臣下のために設ける宴会である賜宴で音楽を担当した。本来、掌楽院の楽生と楽工に任せられたことだったが、十八世紀後半になってからは細楽手が一部に関わるようになった[*4]。

　一方、細楽手は市中で音楽活動をしながら報酬を受けて

❶金弘道「安陵新迎圖」（韓国国立中央博物館所蔵、所蔵品番号：德壽 6441）

いた。柳得恭が著した『柳遇春傳』を見てみよう。

> 軍門にあるのは細楽であって、勇猛をそそって凱歌をあげるに、なだらかでデリケートな音まですべて具備しないところがないので、宴会でこれを用いる。哲の琴、安の大笒、東の鼓、卜の笛があり、柳遇春、扈宮基は共に奚琴で有名だ。*5

これは演奏のベテランたち、すなわち職業としての楽師が登場し始めたことを意味する。柳遇春のような専門的な演奏者たちは、宮中以外に宗親や大臣の邸宅、貴公子や門人たちの集い、侍従別監や閑良が妓女を同伴して催した宴会などで活動した。そうして洗練化・専門化された新たな音楽文化が出現したのであった。*6

『京都雑志』に「梨園の俗楽部にもそれがある」とある。「それ」とは細楽手のことである。梨園は、朝鮮時代の宮中で演奏される音楽および舞踊に関するあらゆる仕事をこなした役所である掌楽院の別称である。

> 我が国には二通りの音楽があるが、一つは雅楽で、もう一つは俗楽である。雅楽は昔の音楽で、俗楽は後代の音楽である。社稷と文廟は雅楽を用い、宗廟は俗楽を混用するものである。これが梨園の法部である。*7

「梨園の法部」とは、掌楽院の別称である。この掌楽院に細楽手がいたというのは、十八~十九世紀の音楽の重心が掌楽院の楽工から細楽手に移ったことを語る例である。「掌楽院の伝統音楽が祭禮楽に用途が限定されている反面、軍門で発達した細楽は一般の遊びと演戯に転用されて開放的」[8]であったためである。

一方、新しい音楽のジャンルに弦の風流というのが登場したが、これは弦楽器を中心とする室内楽を指す。「琴、伽倻琴、洋琴、奚琴などの弦楽器を主体とし、そこに鼓、横笛、八尺を伴奏として加えて、同好者同士で静かに楽しむ室内楽[9]」がそれである。「「細楽」が都市の小市民的な音楽とされながら「弦の風流」を成立させたのであろう[10]」。

**スローテンポは嫌い**

音楽のリズムは、時代の変化に敏感である。社会の雰囲気が急に変化し、人生が速く進めば拍子も速くなるものだ。「雅楽や俗楽もだんだん速くなり、昔の意味がほとんどなくなった[11]」という魏伯珪（一七二七～一七九八）の意見は、単に個人的な所懐のみによった判断ではない。

そのような変化は、すでにちょっと以前の時期でも起こっていた。李瀷の伝言である。

我が国の風俗歌詞に大葉調があるが、その形式が皆同じく長短の区別がない。その中にまた遅いもの（慢）、中間のもの（中）、速いもの（數）の三つの調がある。（……）中遅いのは遅過ぎて人たちが飽きてしまい閉止され、中間のは少し速いが好む人が少なく、今に通用するのは則ち速い數大葉である。[12]

だが、このような変化はわずか百年もしないうちにできあがった。魏伯珪の伝言を確認してみよう。

しかし、六十年前の民間の俗楽は、聞きたくないものや促急なものではなかった。歌の場合、中大葉は平調や界面の種類なので、聴者が十分憂いや憤りを忘れて和平な心を養うことができたのであって、踊り手も身持ちがのんびりして和楽しているし、心の状態が安らかであった。演奏曲としては「靈山會相」があるが、これは音だけあって歌詞がなく、その音が絶えず心地よくてほどよいので、そのリズムに合わせて踊ることができた。（……）だけど、近年以来、中大葉以下はようやくすべてなくなり昔の老人たちも皆死に、その音楽について語る人もいなくなったので、世俗で用いる音楽は登登曲よりもっとひどい曲である。[13]

魏伯珪によると、「壬辰倭乱以前の民間には「登登曲」があったが、複雑で急なので、聞くに煩わしくてうるさかった」[14]。「登登曲」がどんな性質の歌だったかについては、趙慶男（一五七〇～一六四二）の証言が比較的詳細である。

都のソンビたちがおおよそ百人千人と群がって気違い沙汰や怪異な沙汰をするが、それが千態万状で奇怪極まりない。時には巫女を真似しながら興に乗って歌いながら踊ったりもし、あるいは初喪と葬儀を企んで飛び跳ねたり地面を押し固めたりし、東に行ったり西に走ったり笑ったり泣いたりした。そうしては自分たち同士で「なんで笑っているの？　なんで泣いているの？」と聞いて、大きな声で自ら「将相たちがちゃんとした人ではないので笑うのだ。国家が危機に遭い滅びていくので泣くのだ」と答えては、空を見上げながら大きく笑ったりする。一時これを「登登曲」と呼んだ。[15]

「登登曲」も煩わしくてうるさかったが、六十年が過ぎた今は、さらに速くなったというのだ。人たちがだんだん新しいものを好きになって昔のものが嫌いになることはあるが、それにしても前のものを全て捨てて一方的に新しいものだけを求めるというのは愚かであるという批判もあった。[16]

しかし、事情はともあれ、鈍い曲調である中大葉が完全になくなったわけではなかった。「確かに十八世紀の初め頃から數大葉は歌曲の中心的楽曲に速く浮上していくが、同時に中大葉も數大葉と共存しながら十八世紀中にかなり連唱された。だとしたら數大葉の勢いの中で鈍い中大葉はどのようにして連唱が可能であったか。（……）「中大葉と台歌」という連唱方式[17]のおかげである。

「台歌」は原曲の対となる歌を意味する。次のようである。

| 原曲 | 台歌 |
|---|---|
| 平調　慢大葉 | 羽調　二數大葉<br>界面調　二數大葉 |
| 羽調　初中大葉 | 羽調　初數大葉 |

「要するに「原曲の中大葉と台歌の數大葉」のような連唱方式が[18]」その解決策であったのである。須らく大勢とはすでにその中に少数あるいは非主流の存在を想定または前提としている。世に一人ぼっちで存在するものはない。少数と多数、主流と非主流がお互い疎通して連絡をしたとき、美的価値の完成体としての調和が可能になる。

## 一人では踊らないでしょう

踊るときは必ず向かい合って踊った。申潤福の「雙劍對舞」にもあるように、必ず對舞であった。もう少し考証しなければならないが、友達を意味する同儛も、對舞と関連があるという見解がある。

韻書（いんしょ）に「同儛は對舞である」とある。今友達を同儛というのはここから出てきたのだ。[*19]

一人で踊る獨舞（ドクム）は厳密にいうと踊りと言えない行為である。

無念なのは、長袖の美人がいないので、遠い空の夕焼けに一人で踊ることである。[*20]李恒福（イハンボク）が慕った美人が誰であれ、やむを得ない時にはこのように一人で踊る。それは欠乏と別離を切なく思う怨望（えんぼう）の仕草である。

老年の田園生活は奥ゆかしい情趣に慣れて当日の班行では物望が帰った（「物望」は人望や嘱望の意で、「野望が帰る」とは「人望が集まらない」または「嘱望されない」という意である）。早く分かるに上国で科挙に合格して、遅くにして一人で高堂の前で内衣（ネイ）（下着の意）を着て踊った。[*21]

李穡（イセク）の詩句である。高堂は他人の父母を敬う言葉で、安輔（アンボ）（一三〇二～一三五七）の母親を指す。安輔が元の制科に合格して帰国し、老母の前で内衣を着て一人で踊ったという話を詩で詠んだのである。なぜ内衣を着て踊ったのか。昔、楚の孝子であった老萊子（ろうらいし）が七十歳にして親を楽しませるために、色鮮やかな五彩衣を着て親の前で踊りながら子供のように振る舞ったという故事を模倣したのだ。ここで獨舞は、子供のようなかわいい仕草であって、厳密にいうと踊りではない。

一方、踊り、すなわち對舞を踊るが、男子は袖を振り切り、女子は手をひっくり返す。これは申潤福の『納涼漫興（ナツリャンマンフン）』に見られる。美人が纖纖玉手（女性のきれいな手の意）を出して踊ると、その手の動作だけでも男子の心に刺激的である。そのきれいな手をあえて袖で隠すと、踊りの趣は半減してしまうだろう。同じく、男子は袖を振り切ってからこそ男らしく見える。当時、男女が對舞をする風習が流行ったのであろう。

## 医女と妓女

朝鮮は性理学に基盤をおいた「倫理国家」であったので、理念上、妓女の歌と舞踊を楽しんで性的快楽を求めるのは難しかった。士林（サリム）の道徳主義が受け入れられるにしたがって、そのような趨勢はさらに強まった。そんな中で己卯士禍（キミョサファ）で士林が逐出されると妓女制度が一時的に復旧されたが、壬辰倭乱で疲弊した状況で綱紀が緩んだことによってまた禁止されるに至った。妓女を「生産」する核心的な制度である妓女選上、つまり地方の妓女を都に「上納」する制度も閉止された。

しかし、妓女制度がそう簡単に閉止されたのではなかった。すでに選上されて都に居住する妓女たちをどうするかという問題が残っていた。そこに宮中の宴のみならず中国の使臣の接待などに妓楽が必要であるという現実論が台頭したのであった。

性理学の倫理主義は妓女制度の非倫理性をもって閉止を主張したが、同時に性理学が追及した家父長制は男性の欲望を一方的に貫徹させるものであったので女性に対する性的搾取を諦めることができなかった。朝鮮の家父長制は女性に倫理的存在としての烈女と快楽的対象としての妓女を同時に要求したのである。*[22]

『京都雑志』は、十八世紀後半の都の妓女、すなわち京妓（キョンギ）について説明する際、内医院恵民署の医女と工曹尚衣院の針線婢を地方である関東と三南から選ばれて都の官衙に所属されている妓女としている。地方から選上したので選上妓という。宴の時は、彼女らを呼んで歌わせたり踊らせたりした。

ところで、医女と針線婢がなぜ妓女であるか。「壬辰倭乱以降、（宮中の）行事が大幅に縮小された。王様が宮廷の外に幸行することが顕著に減ったのはもちろんで、王室の演戯も稀であった。中国の使臣を接待することも顕著に減り、女眞（じょしん）と日本からはほとんど使臣が来なくなった。しかも、性理学が次第に社会化されると、妓女を国家の行事に動員することを非道徳なことと見なす視点が圧倒的になったので、国家と王室の妓女の需要はだんだん減少するようになった」*[23] その減少した分、医女と針線婢に代わり、国家と王室から逃れた妓女は市井に進出して妓房（キバン）が現れたのであった。

十八世紀後半の人物である李萬運の『國朝搢紳案（ジンシンアン）』によると、内医院には医女三十名、恵民署には医女七十名、尚衣院と工曹には針線婢がそれぞれ十名がいた。これが十八世紀後半の都に常存する京妓の数である。*[24]

この妓女たちは、皆頭を隠す「カリマ」という頭巾を被っていたが、内医院の医女は黒い絹のカリマを、他は黒い木綿のカリマを被った。同じ妓女であっても内医院恵民署の医女と工曹尚衣院の針線婢の間には位階があったことが分かる。カリマは、韓国語で隠す（韓国語で「カリダ」という）という意味で、その模様はまるで書套のようである。書套は数巻におよぶ帙冊を一遍に揃えておくための本箱のことである。二〇〇三～二〇〇四年のテレビドラマ「宮廷女官チャングムの誓い」でチャングムが着用していた被り物である。チャングムは朝鮮時代の中宗代の医女で、生没年は不明である。『中宗実録（チュンジョン）』にその記録を見ることができる。

**山戯と野戯**

演劇には山戯と野戯がある。『京都雑志』によると、山戯では棚を結んで幕を張った舞台で、獅子舞、虎舞、万石踊りなどを舞って、野戯では唐女と小梅が踊る。

現代風にいうと、山戯は舞台劇で野戯は庭劇である。山戯と野戯が具体的に何を意味するかは多くの議論がなされるが、「奉使図」[*25]を綿密に分析した史眞實（サジンシル）の研究が参考になる。史眞實によると、山戯は三臺[*26]の上に雑像を作って操作する三臺雑像遊びで、野戯はその前庭で行われる仮面舞踏と雑技を併せたものである。

> 十八世紀初頭に「奉使図」の三臺の上に姜太公（キョウたいこう）と女性、猿が登場し、十八世紀後半に柳得恭が言及した山戯に獅子と虎、萬石僧が登場したように、山戯の内容は特定の人物や獣に限定されたのではなく、多様に演出された。（……）野戯の仮面舞踏もまた特定の人物に限定されず、様々な内容が演出された。「奉使図」には緑色の獣の仮面と黒色の幽霊の仮面が登場し、柳得恭の言及した野戯には唐女と小梅が出てくる。[*27]

崔南善によると、一名「サジ踊り」または「ジュジ踊り」とも呼ばれる獅子舞は、大概インドで始まったものである。この踊りが我が国にいつ頃入ってきたのかは確実でないが、崔致遠（チェチウォン）の『鄕樂五詠（ヒャンアクオヨン）』に狻猊（さんげい）があるのを見ると、その伝統が古いということが分かる。[*28] 新羅于勒（ウロク）の伽倻琴十二曲の中にすでに「獅子伎」があり、鳳山の獅子仮面舞踏でもその伝統が見られる。特に、慶州の月南（ウォルナル）と普門（ポムン）でジュジ仮面が発掘され、町ごとにそれを養うためのジュジ畑があって、その所要費用を供給した。[*29]

慶尚南道の海岸地域の仮面舞踏である水営野遊の第四科場は「獅子舞」であるが、そこに獅子と虎が共に出演する。康龍權の採録に次のように述べられている。

> 巨大な獅子が舞いながら登場する。獅子の仮面は水營野遊の仮面の中で最も大きく、獅子の頭部は仮面を被った人であり、胴部は風呂敷を引っかぶった人（二人または三人）である。そのため、自然に風呂敷の中に入った人同士が調和した舞を舞わなければならない。楽曲に合わせて獅子が獅子舞を舞っている時、虎が虎舞を舞いながら登場する。獅子と虎はお互いうなりながら格闘乱舞する。一頻り闘舞してはようやく虎が獅子に食べられるという雄大な舞踊劇である。[*30]

一方、萬石僧遊びは影絵芝居、すなわち影劇と知られているが、『京都雑志』によると、それは人形劇に違いない。キム・ジェチョルの『朝鮮演劇史』を見ると、萬石僧は胸を通して腕と脚につながれた紐だけで脚で蹴ったり腕で胸を打つ動作を演出する人形劇である。萬石僧と一緒に演出された龍、鯉、鹿なども簡単に紐で結んでお互い喧嘩する様子を演出する。塀の隅に棚を設置したのは、人形の操縦者の隠れ場を確保するためである。塀の方は棚で隠さなくてもいいので経済的である。（……）「奉使図」の雑戯の場面を通して、山台の下にいる人形操縦者の姿を確認することができる。[*31]

野戯では、唐女と小梅が踊るという。民俗劇研究の初期には、彼らを「今日の仮面舞踏で見られる仮面を被った女性と小巫かもしれない」[*32]とする見解があった。しかし「小梅は中国の有名な文臣である鍾馗の妹の小妹であって、「鍾馗嫁妹」の故事は宋と金の雑劇、元本、明代の雑劇、伝奇をはじめ現代の京戯にも残っている。そして後代の儺禮は方相氏[*33]が姿を消し（代わりに）鍾馗が驅儺の中心人物の一つとなると、小妹も共に登場したのであって、（……）儺禮の小妹が山台戯の小梅に変わった」[*34]のであった。

儺禮や驅儺という言葉が出るので、儺禮都監について見てみよう。儺禮や驅儺は、宮中で魔物や邪神を追い払うために行う儀式である。儺禮都監は大晦日の夜、儺禮と驅儺のために臨時的に設けた役所であった。光海君の時に常設の機関として儺禮庁があったが、仁祖の時にその弊端によって儺禮庁はなくなり観象監が代わりに行った。

ところで、史眞實の研究によると、ここでいう儺禮は、方相氏が登場して鬼神を追う驅儺ではなく、才人らの雑戯で壮観を演出する設儺（ソルナ）である。これによると、「朝鮮時代の儺禮は驅儺、観儺、設儺に区別され、伝承」されたのであって、観儺が王室内部の公演の行事である反面、設儺は還宮の行事のみならず中国の使臣を迎える行事として挙行されたりもした。[*35]

要するに、儺禮都監の位相が次第に弱まりながら、儺禮の性質より公演の性質が強まったのである。しかし、その後仁祖の時に儺禮自体が閉止され、その結果、宮廷の公演文化は大きく委縮され、民間の公演文化は成長するようになった。

1 植村幸生「朝鮮後期の細楽手の形成と展開」（『韓国音楽史学報』第十一号、一九九三年）、四七一頁。

2 「三絃六角は太鼓、杖鼓、奚琴、笛（一対）、横笛のことであり、三絃六角の語意は実に明確ではないが、大概三絃は奚琴を別に扱ったもので、六角は楽器の総数をいうもののようです。三絃六角の代わりに「六ザビ」という別称もあります」（崔南善『朝鮮常識問答　続編』六堂崔南善全集・三、高麗大学アジア問題研究所六堂全集編集委員会、ヒョンアム社、一九七三年、一四八頁）。

3 ところで、内吹と細楽手は混じったりもした。「細樂兼内吹」からも分かるように、営門の細楽手の中で優秀な者を宣伝官庁所属の内吹に昇格した場合もあった。

4 植村幸生、前掲論文、四八三頁。

5 李佑成・林熒澤『李朝漢文短篇集（中）』（イルジョカク、一九八二年、二一三頁）。「哲の琴」の「哲」は当時の琴の名手に対する呼称であって金哲石を指すと思われ、安の大笒、東の鼓、卜の笛の安と東と卜が誰なのかは未詳である。柳遇春は龍虎營の楽師で、柳遇春の知音である扈宮基も未詳である。

6 吹打は室内や宴の場で演奏するには適切でないため少数の細樂手のような専門的な演奏者が求められたであろうが、そのため新しいジャンルの音楽が出現することになり、音楽の文化が飛躍的に発達するようになる。

7 李佑成・林熒澤『李朝漢文短篇集（中）』（イルジョカク、一九八二年）、二一三頁。

8 林熒澤「十八世紀芸術史の視覚」（『實事求是の韓国学』創作と批評社、二〇〇〇年）、二三五頁。

9 崔南善『朝鮮常識問答　続編』（六堂崔南善全集・三、高麗大学アジア問題研究所六堂全集編集委員会、ヒョンアム社、一九七三年）、一四九頁。

10 林熒澤、前掲書、二四一頁。

11 雅俗樂漸以促急、殆無古意。（『存斎集』巻十三「雑著」格物説「事物」）。

12 東俗歌有大葉調、四方同然、槩無長短之別、其中又有慢中數三調（……）慢者極緩、人厭発久、中者差促亦鮮好者、今之所通用即大葉數調也。（『星湖僿説』巻十三、「人事門」「国朝音樂章」）。

13 然六十年前民間俗樂、猶不甚煩促、歌唱則中大葉、平調界面之類、聽者足以忘憂憤養和適、舞者亦容止舒暢、意態安閒、鼓節則有靈山會上者、有聲無辭、而其聲曳曳平適、可以節舞、（……）近年以来、中大葉以下遂以全亡、古老盡歿、談者亦無、世俗所用、之登登曲之尤甚者也（『存斎集』巻十三「雑著」〇格物説「事物」）。

14 「壬申乱前、民間始有登登曲、煩急乱れる聒」（上掲書）。

15 『乱中雜錄（一）』の注は次のようである。「当時、これを主張した人は、鄭孝誠、白震民、柳克新、金斗南、李慶全、鄭協、金誠立などの三十余人であって、彼らに従った者はさらに多かった。この時期から東人と西人の論争が格段とひどくなり、各自が自身の理解を図り国事は忘れ、己丑年（宣祖二十二年（一五八九））の禍の際にはソンビが殺され、文禄の役の際には国がほぼ滅びるところであったので、ああ、悲痛である。当時の歌曲には楽時調があったが、その音が哀れで頭を振り回し首筋を動かしたりする。また、啓眠調はその音が寂しく可憐で切ない。そして、於平調・偶調・邈邈調は悲惨なものを敬い白衣を崇め、識者らは音が痛ましく衣装が白いので縁起が悪いと考えた」（韓国古典翻訳院DB）。

16 其所謂離別曲者作、而人漸悦新而厭古、然猶並行而送奏。（韓国古典翻訳院DB）。

17 愼慶淑「歌曲連唱方式における中大葉・慢大葉と台歌」（『民族文化研究』四十九、二〇〇八年）、三十三頁。

18 愼慶淑、前掲書。

19 カン・ミング訳『校勘国訳　松南雑識（十）』「方言類」・「同儛」（ソミョン出版、二〇〇八年）、四十七頁。

20 「恨無萬尺長袖、獨舞斜陽遠天」（『白沙別集』巻五「朝天録」上「次海月高平野韻」）。

21 「老年田舎幽霊熟、歸當日班行物望、上國早知通桂籍、高堂晩獨舞菜衣」（『牧隠詩藁』巻六「詩」「次安政堂韻、奉送安密直歸山」）。

22 姜明官「朝鮮後期の妓女制度の変化と京妓」（『韓国古典女性文学研究』十八、二〇〇九年）、十一・十二頁。

23 姜明官、上掲論文、二十四・二十五頁。

24 姜明官、上掲論文、十七頁。

25 一七二五年、清の使臣である阿克敦を迎接するために用意された才人たちの雑戯を描写した七幅の絵で、北京中央民族大学に所蔵されている。

26 「結棚如山、設戯其中」（李晩永『才物譜』六四七頁）。

27 史眞實「山戯と野戯の公演の様相と演劇史的意義」（『公演文化研究』三、二〇〇一年）、二五五頁。

28 狻と猊は両者とも獅子という意である。

29 崔南善『朝鮮常識問答　続編』「演劇」（六堂崔南善全集三、高麗大学アジア問題研究所六堂全集編集委員会、ヒョンアム社、一九七三年）、一六二頁。

30 http://koreangate.tistory.com/609

31 史眞實、上掲論文、二八〇・二八一頁。

32 趙東一「民俗劇の展開と発展の過程」（『口碑文学の世界』セムンサ、一九八〇年）、二七七頁。

33 方相氏は儺禮を挙行する儺者のひとつで、四つの金色の目があって、熊の皮でできた鈴付きの仮面をつけている。また、赤と黒の衣装を着て槍と盾を持っている。この方相氏は目が四つなので人には見えない存在を見ることができたという。喪輿の最前に置いたのは、死体の埋め場所に住んでいる悪鬼を追い払うことができると思われたからである。ある方相氏は目が二つで人の目より大きかった。これに関する風俗は「夜光鬼」である。大晦日に降りてきて履物を盗む鬼神を避けるために床の上に篩を掛けておく風俗のことである。夜光鬼が着て篩の目を数えるのだが、その数が多すぎて数え間違えるのを繰り返し、朝になって鶏が泣いたら帰ったというのである。これについては、秦京煥『都・歳時・漢詩』に詳しい。

34 金學主『韓中両国の歌舞と雑戯』（ソウル大学出版部、一九九四年、四〇頁）。ところで、ここで「山台戯」は「野戯」の間違いであろう。

35 史眞實、前掲論文、二五八・二五九頁。

（翻訳担当：金美眞）

| 日本 | 琉球 | 台湾 |
| --- | --- | --- |
| | | |
| | | |
| **1500年頃**　『七十一番職人歌合絵巻』（15章田中稿） | | |
| **1600年代頃より**　神田青物市場形成（03章金谷稿）<br>**1640年頃**　『職人尽図屛風』（15章田中稿）<br>**1690**　『人倫訓蒙図彙』刊行（15章田中稿） | **1623**　『おもろさうし』最終編纂（07章福稿） | |
| **18世紀前半**　京都菊ブーム（05章市川稿）<br>**1769**　畠中観斎「婢女行」（11章小林稿） | | |

# 関連年表

| | 歴史的画期 | 中国 | 朝鮮 |
|---|---|---|---|
| 1300 | 1368　明朝成立<br>1392　朝鮮王朝（李朝）成立・漢城建設開始 | | |
| 1400 | 1406　琉球王国第一尚氏王統成立<br>1421　明朝、永楽帝治世に北京遷都<br>1469　琉球王国、政変により第二尚氏王統へ | 明初　『琵琶記』成立（16 章大木稿）<br>1450~50 頃　『雨窓欹枕集』刊行（16 章大木稿） | 1479　徐居正「漢都十詠」執筆（04 章鄭稿） |
| 1500 | 1590　徳川家康関東転封<br>1592 ～ 98　壬辰戦争 | 1522　最古の『三国志通俗演義』（嘉靖本）刊行（09 章仙石稿） | 16 世紀後半～　畿湖学派の活動（08 章山田稿） |
| 1600 | 1603　江戸建設開始<br>1627・1636　丁卯・丙子の乱（清の朝鮮出兵）<br>1644　清朝成立（この前後、明清交替）<br>1683　清朝による鄭氏台湾制服 | 1621　馮夢龍『古今小説（喩世明言）』刊行（09 章仙石稿）<br>1650 頃　陶貞懐『天雨花』成立（16 章大木稿）<br>1693　余懐『板橋雑記』成立（16 章大木稿） | 17 世紀前半以降　『雲英伝』成立（12 章高稿）<br>1620 頃　『於于野譚』（柳夢寅）成立（17 章染谷稿）<br>1643 ～ 1690　女性詩人李玉斎（08 章山田稿）<br>1681 ～ 1722　女性詩人金浩然斎（08 章山田稿）<br>1687 頃　『九雲夢』（金萬重作）成立（17 章染谷稿） |
| 1700 | | 1750　『乾隆京城全図』成（06 章高村稿）<br>1750 頃　曹雪芹『紅楼夢』成立（16 章大木稿）<br>1759　徐陽「姑蘇繁華図」（06 章高村稿） | 1725　『奉使図』成立（01 章土田稿）<br>1748 ～ 1807　『京都雑志』著者柳得恭<br>1755 ～ 1788　文人兪晩柱（05 章市川稿） |

| 日本 | 琉球 | 台湾 |
|---|---|---|
| 1781 「婦人亀遊」作『世之介噺』刊行（11 章小林稿） | | |
| 1803 式亭三馬『戯場訓蒙図彙』刊行（01 章土田稿）<br>1808 式亭三馬『浮世風呂』第二編刊行（15 章田中稿）<br>1808 山東京伝序『江戸風俗図巻』（15 章田中稿）<br>1818 「旧江戸朱引内図」（06 章高村稿）<br>1818～ 江戸・菊ブーム（05 章市川稿）<br>1826 『山王祭之図』（01 章土田稿）<br>1829 十返舎一九『家内安全集』（15 章田中稿）<br>1834・36 斎藤月岑ほか『江戸名所図会』刊行（04 章鄭稿）<br>1841 『東路日記』『二荒詣日記』（15 章田中稿）<br>1878～1942 与謝野晶子（13 章藤木稿）<br>1880～1936 森しげ（13 章藤木稿） | | 1882～1957 楊水心（14 章呉稿） |
| 1911 雑誌『三越』創刊（13 章藤木稿）<br>1923 『青物市場調査資料』成立（03 章金谷稿） | | 1928～1934 『楊水心日記』（14 章呉稿） |

| | 歴史的画期 | 中国 | 朝鮮 |
|---|---|---|---|
| | | | 1786 林得明『登高賞花』成立（04 章鄭稿） |
| | | | 1792 『城市全図応令』成立（02 章金稿） |
| | | | (18 世紀) 「太平城市図」成立（02 章金稿） |
| | | | 1796 『落成宴図』成立（01 章土田稿） |
| | | | 1797 女性詩集『風謡続選』（08 章山田稿） |
| 1800 | | | 1809 南華散人『折花奇譚』執筆（12 章高稿） |
| | | | 1818 頃 趙雲従『歳時記俗』（04 章鄭稿） |
| | | | 1819 頃 金邁淳『洌陽歳時記』（04 章鄭稿） |
| | | 1830 顧禄『清嘉録』（06 章高村稿） | |
| | | | 1840 『首善全図』（02 章金稿・06 章高村稿） |
| | | 遅くとも 1856 唱本『滴血珠』刊行（10 章岩田稿） | |
| | | | 1866 以降 『布衣交集』成立（12 章高稿） |
| | | 1863 四川唱本『杏花楼』下巻『冰霜鏡』成立（10 章岩田稿） | |
| | 1868 明治政府成立 | | |
| | | | (19 世紀) 『紀伊齋常談』成立（17 章染谷稿） |
| | | 晩清 顧太清『紅楼夢影』成立（16 章大木稿） | |
| | 1879 明治政府による琉球併合（「琉球処分」） | | |
| | 1894 日清戦争 | | |
| | 1897 大韓帝国成立 | | |
| | | | 1898 イザベラ・バード『朝鮮紀行』刊行（17 章染谷稿） |
| | | (1900 頃より) 「滴血珠」説唱故事流通（10 章岩田稿） | |
| | 1895 下関条約により台湾、清朝から日本の統治下へ | | |
| 1900 | 1911 辛亥革命 | | |

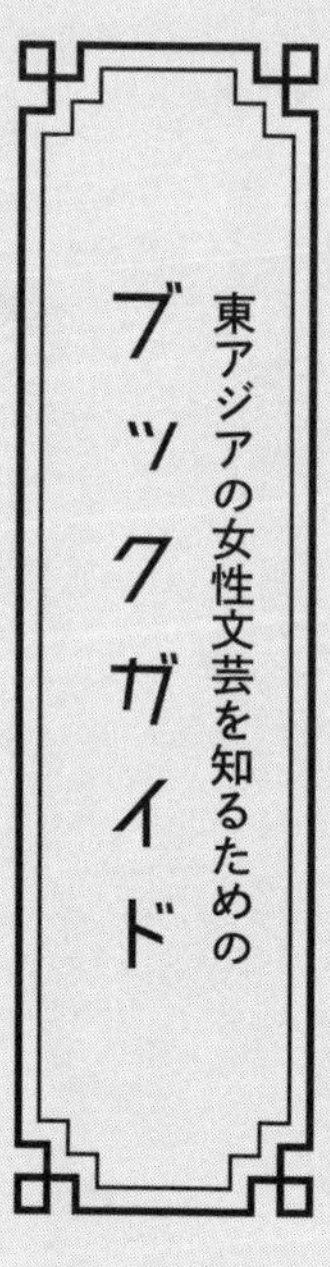

# 東アジアの女性文芸を知るためのブックガイド

## 中国

**『中国女性の一〇〇年――史料にみる歩み』**（中国女性史研究会編、青木書店、二〇〇四年）

十九世紀からはじまる女性解放における女性の自立への公的・私的な活動の足跡を多くの史料により解説し、中国女性が激動の一〇〇年をどのように生きたかを描き出している。（仙石）

**『増補改訂版　中国女性史入門――女たちの今と昔』**（関西中国女性史研究会編、人文書院、二〇一四年）

古代から現代までの中国女性を取り巻いてきた婚姻や生育をはじめとする様々な問題に関連した項目の解説をしている。二〇〇五年に刊行された『中国女性史入門――女たちの今と昔』の増補改訂版である。（仙石）

**『性からよむ中国史――男女隔離・纏足・同性愛』**（スーザン・マン著・小浜正子・リンダ・グローブ監訳、秋山洋子・板橋暁子・大橋史恵訳、平凡社、二〇一五年）

中国ジェンダー史を専門とするスーザン・マン氏が、二〇一一年に出版した中国ジェンダー史テキストの全訳である。一九世紀末から二〇世紀におけるジェンダーとセクシュアリティの変容について論じている。（仙石）

**『中国のメディア・表象とジェンダー』**（中国女性史研究会編、研文出版、二〇一六年）

メディアと表象という角度から女性像、男性像を分析し、観念的に表象されイメージされる女性／男性のあり方から中国社会におけるジェンダー秩序の変遷をたどった論文集である。（仙石）

**『中国ジェンダー史研究入門』**（小浜正子・下倉渉・佐々木愛・高嶋航・江上幸子編、京都大学学術出版会、二〇一八年）

古代から現在までの間に変化したジェンダー秩序の変遷過程を家族・労働・ナショナリズム・身体・LGBTなど今日的な研究視点をも取り入れた研究成果から描き出した中国ジェンダー史研究の入門書である。（仙石）

## 韓国

**『朝鮮女俗考』**（李能和、東洋書院、一九二七年）

朝鮮の女性文学を知るためにはまずその風俗を知る必要がある。李能和（イヌンファ）の『朝鮮女俗考』では士族の婦女子で漢文を解する者と詩をよく作る者、士族の妾で詩をよく作る者、妓女で詩をよく作るものに分け、それらの女性文学について詳しく紹介している。また婦女子が好む小説の基層となる諺文書を多く紹介しており、朝鮮女性の思想的影響もよく知ることのできる書である。（山田）

**『東アジアの女神信仰と女性生活』**（野村伸一、慶應義塾大学東アジア研究所叢書、慶應義塾大学出版会、二〇〇四年）

東アジア全般にわたる女性と信仰そして生活についての研究だが、野村の総論では朝鮮の問題を重視し、また、第七・八・九章では、朝鮮の問題を集中して扱っていて、朝鮮・韓国と女性の問題を考える上で有益である。（染谷）

**『韓国の古典小説』**（染谷智幸・鄭炳説編、ぺりかん社、二〇〇八年）

朝鮮・韓国の古典小説は女性への視点が溢れている。該書で代表的古典を二十作あげて解説を加えているが、そのうちの十四作は女性が主人公、あるいは主人公的役割を担っている。文信座談会や各論説も女性や都市を考える上で参考になる。（染谷）

**『朝鮮朝宮中風俗の研究』**（金用淑著・大谷森繁監修・李賢起訳、法政大学出版局、二〇〇八年）**（韓国の学術と文化29）**

王妃や宮女の選出過程、階級、職分、日常生活、服飾、宮中語、寝室、産俗や巫俗まで、宮中風俗のすべてが網羅された名著。著者が生き残りの宮女から直接取材しており、その内容は信憑性がある。（山田）

**『王妃たちの朝鮮王朝』**（尹貞蘭著、金容権訳、日本評論社、二〇一〇年）

王と外戚の関係は時には協力者、時には敵対者へと常に変化していく。また権力争いである党争は王権すらも揺るがしかねない。その狭間で犠牲になった歴代王妃たちの姿が描かれており、「朝鮮社会の基盤を固める生贄」となった彼女たちの政治的一面がよく分かる内容となっている。妃選び（揀択（カンテク））については『朝鮮朝宮中風俗の研究』を参照されたい。（山田）

『**風俗画の中の女たち**』（金貞我著、神奈川大学評論ブックレット35、お茶の水書房、二〇一二年）

朝鮮時代も半ばを過ぎ十八世紀中盤になると風俗画が現れる。代表は宮廷の画員であった金弘道と町絵師の申潤福である。彼らの風俗がには当時の都市や女性が多く描かれる。該書ではその絵をもとに丁寧な解説がほどこされている。（染谷）

『**朝鮮時代の女性の歴史――家父長的規範と女性の一生**』（奎章閣韓国学研究院編、小幡倫裕訳、明石書店、二〇一五年）

朝鮮時代の女性の一生に視点をすえて、全十三章にわたって韓国を代表する学者が執筆した論文集の翻訳。様々な問題が取り上げられておりきわめて有益な書。第五章は、本書やシンポジウムの企画に多くのアドバイスをもたらした鄭炳説氏（ソウル大）の妓生に関する論文も載せてある。（染谷）

『**日朝古典文学における男女愛情関係――17～19世紀の小説と戯曲**』（山田恭子、勉誠出版、二〇一七年）

一七～一九世紀の日朝古典文学における男女の愛情関係を比較することで両国の文学の特徴、社会・文化・宗教的背景を考察している。特に主人公の類型、男女の結縁方式、葛藤の様相、愛情話素、思想的背景と文化・制度的関連を中心とする。（山田）

『**韓国漢文愛情伝奇小説**』（日向一雅編・野崎充彦 解説・金孝珍・千葉仁美・朴知恵・李興淑・金木利憲・太田陽介訳注、白帝社、二〇二〇年）

明治大学の日向氏や牧野淳司氏が中心となり、大学院での研究会が基になった朝鮮古典小説の注釈書。朝鮮時代の女性やその恋愛様相を知る上で有益である。日本では読むことが難しい作品を多く取り上げている。（染谷）

## ■日本

『**はじめて学ぶ　日本女性文学史［近現代編］**』（岩淵宏子・北田幸恵編著、ミネルヴァ書房、二〇〇五年）

明治から平成までの女性文学の軌跡を新視点から通覧し、豊穣な魅力を明らかにする。小説・短歌・詩・評論・翻訳の全ジャンルを網羅し、代表的作家の解説や作品の抄録も収載。姉妹編として、後藤祥子・今関敏子・宮川葉子・平舘英子編著の［古典編］がある。また、『編年体 近代現代女性文学史』（岩淵宏子・北田幸恵・長谷川啓編著、至文堂、

二〇〇五年）は、女性表現と社会事象および文学状況との相関を一年ごとにたどることができる。（藤木）

**『日本女性文学大事典』**（市古夏生・菅聡子編、日本図書センター、二〇〇六年）

古代から現代までの女性歌人、作家、詩人約六百名を収録。サブカルチャーの領域の表現者や、教育者、社会活動家、宗教家なども広く紹介する。作家に関する基本データのほか、主要作家についてはその代表作の解題を併記。資料編には、論考、年表、生年没年一覧、文学賞受賞作家一覧などを付す。（藤木）

**『【新編】日本女性文学全集』全12巻**（岩淵宏子・長谷川啓監修、菁柿堂、六花出版、二〇〇七～二〇二〇年）

日本で最初の包括的な近現代女性文学全集。十九世紀末から現代までの女性作家九十二人による約二百作品を収録し、百二十年余におよぶ女性表現を一望できる。また、監修者および各巻の編者の多くがメンバーである新・フェミニズム批評の会編『明治女性文学論』（翰林書房、二〇〇七年）以下既刊四冊の時代別作品論集は、近代の支配原理に対抗する女性文学の領域を理解する上で参考になる。（藤木）

**『彼女たちの文学――語りにくさと読まれること』**（飯田祐子、名古屋大学出版会、二〇一六年）

フェミニズム第四波とされる現在、ジェンダーは、人種、国籍、階級、性自認、性指向などの様々な差異と相互に関係し合いながら形成されるものとして捉えられ、その複合的な機能や様態が議論されてきている。こうした「交差性（インターセクショナリティ）」の視座にもとづき、田村俊子や野上弥生子など明治期から松浦理英子や多和田葉子など現代までの、多様な女性作家とその文学の複雑性を論じている。（藤木）

**『新書版 性差（ジェンダー）の日本史』**（国立歴史民俗博物館監修、「性差の日本史」展示プロジェクト編、集英社インターナショナル、二〇二一年）

二〇二〇年秋に国立歴史民俗博物館で開催され反響を呼んだ企画展「性差の日本史」の内容を、手に取りやすいダイジェスト版として新書化したもの。古代から現代までの日本の歴史の中での男女の区分の生成やジェンダーの変容を、豊富な史資料と先端的研究成果を踏まえたわかりやすい解説によってたどっている。本書の元になった展覧会図録も併せて参照されたい。（藤木）

# あとがき

◉小林ふみ子

法政大学江戸東京研究センターでは、将来にわたって世界的な課題であり続けるであろう都市のあり方を構想するために、東京がなにを提示できるのかという課題を探究している。本書は、そのなかでこの都市の「ユニークさ」を探究するプロジェクトによる企画である。筆者がこのプロジェクトの運営を担当することなったとき、正直に言えば、この都市に優れて独特な点を見いだそうとする課題設定そのものに違和感を抱いていた。すべての都市は多かれ少なかれ独自性をもつはずであろう。しかし、与えられた職務は職務である。

独自性ないし特色を見いだすには他の都市と比較するに如くはない。江戸東京を「ユニーク」なものとみる発想はもともとヨーロッパの歴史的な都市との対比に由来したもので、歴史的背景も文化も大きく異なるのだから、当然といえば当然である。比較するなら文化的に共通の要素をもつところで考えたい。そこで本書のもととなるシンポジウム二回の企画と相成った。

この企画は、奇しくも世界的な伝染病の蔓延によって国境を越えた交流が危ぶまれ、オンラインでの意思疎通もおぼつかなかった二〇二〇年の春の構想に始まった。人を呼ぶことができないのならば、書物とその翻訳で漢陽の様相を知り、それと江戸東京を比較しよう。こう考えて本書の共編者である染谷智幸氏に相談して漢陽の文人柳得恭（ユドゥクコン）の記した歳時記『京都雑志』をもとにした『朝鮮の雑誌―18〜19世紀ソウル両班の趣向』を取りあげることとしたのだった。そのなかから江戸東京との比較に適するであろう四編を選んで金美眞氏、鄭敬珍氏に翻訳を依頼、これが本書の付録となった。まずは本書共編者の染谷智幸氏を介して『朝鮮の雑誌』をご紹介いただいた朝鮮古典小説の専門家・

鄭炳説氏（ソウル大学）、抄訳をご快諾くださった著者の秦京煥氏と版元の素々の本、翻訳を担当してくれた金美眞氏・鄭敬珍氏に感謝したい。

比較研究を進めるにしても、東アジア各国・地域の文化には好奇心があるだけで、知識も語学力もない筆者はひたすらそれぞれの専門家にご参加、ご協力を依頼するしかない。ご寄稿のみなさまのご厚意で無事、このような比較都市文化論が実現した次第である。

とくに第2部については、各章の執筆とともに、仙石知子氏・山田恭子氏・藤木直実氏にこれまでの各国のジェンダー批評や女性文学研究の蓄積に対する知見をもご提供いただいて参考文献もご紹介いただくことができたのも心強く、その分野の素人である編者としても大いに勉強になった。あらためてご寄稿のすべてのみなさま、そしてこのような寄稿者の多い論文集の編集の労をお取りくださった西内友美さんに心より感謝申しあげる。

最後に、比較によって江戸東京の歴史的な特徴を見いだすという当初のねらいにたち返ってひとこと述べたい。江戸東京は漢陽に較べれば中国文明に由来する価値観の影響は薄く、自然を尊ぶよりも人工的に造りこむ傾向がみえた。儒教的な規範による女性の行動の制約もこの比較の上では強くはなく、日本近世社会においては女性が比較的自由に行動できていた。

女性に関してさらにいえば、しかし、それでも儒教倫理による強い拘束があった中国・朝鮮と対照的で自由であったとは、とてもいえない、むしろかなり多くの共通する面が見えてきた。さらに身分制が廃止された現代にあっても立場や状況で分断されがちであること、あるいは都市が女性にとって容易に危険な状況に陥りやすい場であることは変わりない。これは各国・都市に共通する問題であろう。しかも今日の日本では、指数化されたジェンダーギャップがこれらのどこよりも大きい。とくに沖縄の女性たちは本土の女性にもまして二重の差別にさらされている。近代初期までの比較で見えてきたことが、それ以降の女性のおかれた環境が日本と韓国・中国・台湾において逆転したとさえいえるような現況をあぶりだしたといえるのではないか。これは明らかに近代以降、今日まで続く、政治を含めた日本社会の問題である。

女性をめぐる状況はここ数十年でだいぶ改善したのは事実であろう。それでも変わっていないこと、あるいは日本が、東京が他の東アジア各国の諸都市に較べて平等と公正実現に向けた反応が鈍く、変わるのが遅いところがまだまだある。そのことに私たちはもう少し自覚的になってよい。

# あとがき ◉染谷智幸

個人的な思い出ばなしになるが、三十歳代から五十歳代にかけてアジアをよく旅した。勤務先の大学に「文化交流学科」という学科を作ったために、そのいくつかは学生を引き連れてのものとなったが、その旅先で出会った方々との思い出は、いまだに忘れがたい。

とくに印象に残っているのは、ミャンマーのイラワジ川で出会った三十代ぐらいの女性たち〈川水で髪を梳いていた、その美しさ〉と子供たち〈タナカという日焼け止めを塗った、その屈託のない笑顔〉、ベトナム北部の少数民族の女性たち〈その煌びやかな民族衣装〉、そして韓国のソウル、そこで露天商（ポジャンマチャ〈漢字で書くと布帳馬車〉）を営むアジュモニ（おばさま）たち〈その生きの力強さ〉である。

韓国のアジュモニたちには韓国語も教わった。驚いたのは、彼女たちは実によく働くが、週末も休まずにソウル近くの山々にハイキングに出かけることであった。ポジャンマチャに似合わぬ立派なアメリカ製シューズもお持ちであった。あるアジュモニは山々に咲く花を見るのが楽しくてならないと言う。私は日本でもハイキングに行くけれど、花は鉢植えや切り花にして家や窓、庭に飾ると言うと、山に行けばいつでも花木が見られるのだから、そんなことをする必要はないと言う。花を持ち込んだり、切ったりするのは子供のすることだとも言った。

こうした経験から日韓の文化比較を考えたこともあったが（座談会「トランス・アジアの文学」染谷智幸・ハルオシラネ・小峯和明、岩波『文学』二〇一四年五、六月号）、今回、たとえば土田牧子氏の「漢陽における芸能が、自然の中に自らを置き、内なる世界から外なる宇宙へというベクトルが感じられるのに対し、江戸における芸能は人間の手によって創り込んだ世界、外界とは区切られた世界に芸能を入れ込む、外から内へというベクトルが働いているように感じられる」（第1章「十八世紀の漢陽と江戸における芸能」要旨）を拝読して、改めて韓国での経験を思い起こした。土田氏の指摘されたことは、おそらく芸能だけでなく、花・茶・庭園・詩・小説といった多くの文化・文学に通じるように思う。

また、市川寛明氏が指摘された「意園」の韓日での有無（第5章、二『花を育て、木を植える』を読む」）も重要な問題で、日ごろ朝鮮文化や朝鮮古典小説を読みながら、私も同じような感慨をまま抱く。朝鮮古典小説にはまさに「意園」のような世界があり、これは日本には見出し難いと感じるのである。

この二つ以外にも、本書には優れた論考があって、読み手に様々な気付きを与えてくれる。特に、日ごろから、日韓や中国・琉球を含めた東アジアに興味を持たれている方々にはぜひお薦めしたいと思うが、その上で、本書の優れた問題提起として強調しておきたい点がある。それは本書後半の「女性の描く都市・都市のなかの女性」で主に展開された、表現主体としての女性という問題である。

社会学者の上野千鶴子氏は、巷間でも話題になった、二〇一九年度の東京大学入学式の祝辞で「女性学を生んだのはフェミニズムという女性運動ですが、フェミニズムはけっして女も男のようにふるまいたいとか、弱者が強者になりたいという思想ではありません。フェミニズムは弱者が弱者のままで尊重されることを求める思想です」と述べた。この「尊重」を文学研究に置きかえるなら、表現主体として認識する、ということだ。この点を本書では、田中優子氏がいみじくも指摘され、江戸期日本の様々な女性たちの「表現」の有り様を丁寧に追っておられた（第15章「都市に生きた多様な女性たち」）。これは第8章「朝鮮後期女性漢詩人の特徴とその周辺環境」で朝鮮の女性詩人たちを取り上げた山田恭子氏をはじめ、第2部の諸章で多くの方が奇しくも取り上げた問題である。

文学は、読む・書く・聞く・話す、の四つの技能を基にするが、それはあくまでも技能の問題で、そこに創作・創造・表現という眼目が加わる。そこが最も重要なことで、四つの技能は他から「せる・させる」ことが可能だが、創作・創造、そして表現「させる」ことは出来ない。そこにはどうしてもアンガジェな「主体」が必要となるからである。昨今、国語を論理国語と文学国語に分けることが行われているらしいが、ここには「表現」に関する貧しい認識が露呈している。

それはともかくも、私も、表現主体ということとはぴたりと重ならないが、イザベラ・バードが『朝鮮紀行』に載せたソウルの観察文から話をいくつか展開させてみた（第17章「廳上の野談、廳下の淫談」）。その中にも書いたように、この観察文は、イザベラが女性であったがゆえに感知された景色であり、それゆえに歴史的に残ったと考えてよい。私は、表現主体としての女性を尊重することで、こうした埋もれた世界がまだまだ見出せるはずだと確信している。

なお、今回、私が編者を引き受けたのは、小林ふみ子氏も「まえがき」で触れて居られるように、二〇二一年春に刊行された小峯和明、染谷智幸、金文京、ハルオ・シラネ編の『東アジア文化講座』全四冊（文学通信刊）からの繋がりがあった。この講座は、総勢百五十七名に及ぶ識者にご参加いただき、東アジアの文化・文学を多角的に掘り起こしたものであった。従来にない企画で、今後の東アジア文化・文学研究の起点となる叢書と自負するが、小林氏も指摘されたように、ジェンダーの視点をもう少し盛り込んでも良かったと思う。本書にはそれを補う視座があり、叢書と本書を合わせ読んでいただければ、より総合的に東アジア文化・文学を理解できるはずである。

最後に、本書の出版をお引き受けいただいた文学通信の岡田圭介社長と、編集の労をとられた西内友美氏に心よりお礼を申し述べたい。また、江戸東京研究センターより、出版の援助をいただいたとのことである。学術出版が置かれた厳しい状況下、ありがたいことである。記してお礼にかえたいと思う。

# 執筆者一覧（五十音順）

**市川寛明（いちかわ・ひろあき）**

江戸東京博物館学芸員（日本近世都市史）

著書・論文「陸尺入口人宿遠州屋長左衛門の経営実態と発展過程」（『東京都江戸東京博物館紀要』11、二〇二一年）、「参向公家衆御馳走仕法改革と御賄方料理人足の商人請負について」（『東京都江戸東京博物館紀要』9、二〇一九年）

**岩田和子（いわた・かずこ）**

法政大学法学部教授（中国通俗文芸）

著書・論文『北京大学版 中国の文明 8 文明の継承と再生〈下〉』（単訳、稲畑耕一郎監修・監訳、潮出版社、二〇一六年）、「神原文庫所蔵清代四川唱本提要（一）」（『言語と文化』19、法政大学言語・文化センター、二〇二二年）、「神原文庫所蔵清末四川説唱本の興順堂刊本について」（『中国文学研究』46期、早稲田大学中国文学会、二〇二〇年）

**大木 康（おおき・やすし）**

東京大学東洋文化研究所教授（中国明清時代文学）

著書・論文『明清江南社会文化史研究』（汲古書院、二〇二〇年）、『馮夢龍と明末俗文学』（汲古書院、二〇一八年）、『馮夢龍『山歌』の研究 中国明代の通俗歌謡』（勁草書房、二〇〇三年）

**金谷匡高（かなや・まさたか）**

法政大学江戸東京研究センター客員研究員、世田谷区教育委員会学芸員（建築史・都市史専攻）

著書・論文「明治初期に始まる東京旧武家屋敷の牧場転用による都市空間の変容について―飯田町・番町への牧場移転集中を例として―」（『日本建築学会計画系論文集』781、二〇二一年）

**金 美眞（キム・ミジン）**

蔚山大学校日本語日本学科助教授（近世後期絵入り小説、日韓比較文化）

著書・論文『好古趣味の歴史：江戸東京からたどる』（共著、文学通信、二〇二〇年）、『柳亭種彦の合巻の世界：過去を蘇らせる力「考証」』（若草書房、二〇一七年）、「オンライン教育時代における日本の伝統文化教育方法論：日本博プロジェクトと二〇二〇東京オリンピック」（『日本語教育』98、韓国日本語教育学会、二〇二一年）

**呉 翠華（ゴ・スイカ）**

台湾・元智大学応用外国語学科副教授（中国童謡、日本児童文学、植民地期の台湾文学、AR/VR日本語教材）

著書・論文『文學、風土與社會―童詩詩人金子美鈴作品研究』（二〇〇九年）、A Comparison of Lü Kun and Kaibara Ekiken's Views on Women's Education―Including Insights from Adaptations of Ban Zhao's Lessons for Women（2022）、「日治時期臺灣女性的處境―以《臺灣新民報》的歌謠為中心」（Eryk Hajndrych、二〇二二年）

**高 永爛（コウ・ヨンラン）**

全北大学校日本学科副教授（江戸時代文学・日韓古典文学比較）

著書・論文「言論ビックデータでみる日本文化に関する認識の様相と変化小考」（李ジス・高永爛共著、『日本研究』61、中央大学日本研究所、二〇二二年）、「江戸時代の蘇生譚試論」（『日本学報』130、韓国日本学会、二〇二二年）

**小林ふみ子（こばやし・ふみこ）**

→編者・奥付参照

**鄭 敬珍（ジョン・キョンジン）**

釜山大学校人文学研究所研究教授（近世東アジアの文人研究、近世日朝文化の比較研究）

著書・論文『交叉する文人世界 朝鮮通信使と蒹葭雅集図にみる東アジア近世』（法政大学出版局、二〇二〇年）、「祇園南海の詩論からみる雅俗—「詩学逢原」（一七六三）と「南海詩訣」（一七八七）を中心に—」（『比較日本学』53、漢陽大学日本学国際比較研究所、二〇二一年）

**仙石知子**（せんごく・ともこ）

二松学舎大学文学部准教授（中国明清小説）

著書・論文　『毛宗崗批評『三國志演義』の研究』（汲古書院、二〇一七年）、『明清小説における女性像の研究—族譜による分析を中心に—』（汲古書院、二〇一一年）、「『列女傳演義』における節義について」（『日本中国学会報』73、日本中国学会、二〇二一年）

**染谷智幸**（そめや・ともゆき）

→編者・奥付参照

**高村雅彦**（たかむら・まさひこ）

法政大学デザイン工学部建築学科教授（都市史、建築史）

著書・論文　『中国の都市空間を読む』（山川出版社、二〇〇〇年）、『中国江南の都市とくらし　水のまちの環境形成』（山川出版社、二〇〇〇年）、『水都学Ⅰ～Ⅴ』（共編、法政大学出版局、二〇一三～二〇一六年）

**福　寛美**（ふく・ひろみ）

法政大学沖縄文化研究所兼任所員、法政大学兼任講師（琉球文学・神話学・民俗学）

著書・論文　『平安貴族を襲う悪霊の風—『栄花物語』異聞—』（新典社、二〇二二年）、『火山と竹の女神　記紀・万葉・おもろ』（七月社、二〇二一年）、『新うたの神話学』（新典社、二〇二〇年）

**藤木直実**（ふじき・なおみ）

法政大学大学院兼任講師（日本近現代文学（特に森鷗外とその周辺、女性文学）・ジェンダー論）

著書・論文　『〈妊婦〉アート論—孕む身体を奪取する』（山崎明子・藤木直実編、青弓社、二〇一八年）、「「パルタイ」と文学場—出発期の倉橋由美子と批評のジェンダー」（新・フェミニズム批評の会編『昭和後期女性文学論』翰林書房、二〇二〇年）、「円地文子—反体制のアラベスク」（今井久代・中野貴文・和田博文編『女学生とジェンダー—女性教養誌『むらさき』を鏡として』笠間書院、二〇一九年）

**田中優子**（たなか・ゆうこ）

法政大学名誉教授・法政大学江戸東京研究センター特任教授（江戸時代の文学・文化、比較文化）

著書・論文　『遊廓と日本人』（講談社、二〇二一年）、『苦海・浄土・日本　石牟礼道子　もだえ神の精神』（集英社、二〇二〇年）、『江戸から見ると』1・2（青土社、二〇二〇年）、「江戸における水辺の文化」（『水都としての東京とヴェネツィア：過去の記憶と未来への展望』法政大学出版局、二〇二二年）

**土田牧子**（つちだ・まきこ）

共立女子大学文芸学部准教授（歌舞伎音楽、近代の歌舞伎や周辺演劇とその音楽）

著書・論文　『黒御簾音楽にみる歌舞伎の近代—囃子付帳を読み解く』（雄山閣、二〇一四年）、「浅草興行街における小芝居の音」（細川周平編著『音と耳から考える：歴史・身体・テクノロジー』アルテスパブリッシング、二〇二一年）、「女役者、中村歌扇：浅草娘芝居時代を中心に」（『共立女子大学文芸学部紀要』68、二〇二二年）

**山田恭子**（やまだ・きょうこ）

近畿大学法学部准教授（朝鮮古典文学・日朝比較文学）

著書・論文　『日朝古典文学における男女愛情関係～十七～十九世紀の小説と戯曲』（勉誠出版、二〇一七年）、「妓女と遊女の文化」（ハルオ・シラネ編『東アジアの自然観：東アジアの環境と風俗』東アジア文化講座第四巻、文学通信、二〇二一年）、「誠信交隣—文化理解と知新精神」（『東アジア経済経営学会誌』14、東アジア経済経営学会、二〇二一年）

**編者**

小林ふみ子（こばやし・ふみこ）

法政大学文学部教授（日本近世文学・文化）
著書・論文に『へんちくりん江戸挿絵本』（集英社インターナショナル、2019年）、『大田南畝　江戸に狂歌の花咲かす』（岩波書店、2014年）、『好古趣味の歴史　江戸東京からたどる』（共編、文学通信、2020年）、「江戸文芸のなかの外来者―方言と視点と」（法政大学江戸東京センター編『EToS叢書4　新・江戸東京研究の世界』法政大学出版局、2023年）、「（コラム）東アジアの地図を読む―19世紀大坂商人の東アジア」（小峯和明編『東アジアに共有される文学圏』（東アジア文化講座第3巻、文学通信、2021年）など。

染谷智幸（そめや・ともゆき）

茨城キリスト教大学文学部教授（日本近世文学、日韓比較文学・文化）
著書に『冒険・淫風・怪異―東アジア古典小説の世界』（笠間書院、2012年）、『西鶴小説論』（翰林書房、2005年）、『はじめに交流ありき』（編著、東アジア文化講座第1巻、文学通信、2021年）、『全訳　男色大鑑・武士編／歌舞伎若衆編』（編著、文学通信、2018・2019年）、『韓国の古典小説』（共編、ぺりかん社、2008年）、『日本近世文学と朝鮮』（共編、勉誠出版、2013年）、論文に「日朝文士の齟齬はいかに起こり得たか」（『文学』岩波書店、2015年）、「十六・七世紀の東アジア海域と男色ネットワーク」（『文学』岩波書店、2012年）など。

執筆者：市川寛明／岩田和子／大木　康／金谷匡高／金　美眞／呉　翠華／高　永爛／小林ふみ子
鄭　敬珍／仙石知子／染谷智幸／高村雅彦／福　寛美／藤木直実／田中優子／土田牧子／山田恭子

---

# 東アジアの都市とジェンダー

## 過去から問い直す

2023（令和5）年3月31日　第1版第1刷発行

ISBN978-4-86766-005-8　C0095 

---

**発行所**　株式会社 **文学通信**

〒114-0001　東京都北区東十条1-18-1 東十条ビル1-101
電話 03-5939-9027　Fax 03-5939-9094
メール info@bungaku-report.com ウェブ https://bungaku-report.com

**発行人**　岡田圭介
**印刷・製本**　モリモト印刷

ご意見・ご感想はこちらからも送れます。上記のQRコードを読み取ってください。